제3판

경찰학개론

Introduction to Police Science

최응렬 · 하상군 · 김종길
조성택 · 송병호 · 박상진
박헌국 · 신소영 · 염건웅

도서출판 대영문화사

제3판 머리말

우리나라 경찰은 창설 이래 다양한 변화와 발전을 거듭하며 현재에 이르고 있다. 「국가경찰과 자치경찰의 조직 및 운영에 관한 법률」에 근거하여 2021년 7월 1일부터 자치경찰제도가 전국적으로 시행되어 제2기 자치경찰위원회도 출범하였다. 2020년 12월 8일 「형사소송법」의 전면 개정으로 2021년 1월 1일부터 경·검 수사구조의 변화로 경찰의 역할이 더욱 확대되었다.

이번 제3판에서는 초판과 개정판의 내용을 유지하면서 경찰학의 학문적 추세를 적극 반영하였고, 개정된 법령을 충실히 반영하여 법적 근거와 실무적 적용을 강화하였다. 국제화되는 현대사회에서는 여러 나라의 경찰조직과 정책을 이해하고 학습하는 것이 더욱 중요해지고 있어 해외경찰 사례를 전면적으로 수정·보완하였다. 각국의 사례를 통해 얻을 수 있는 교훈은 우리나라 경찰의 정책과 실무를 발전시키는 데 중요한 기반이 될 것이다. 범죄예방을 위한 첨단기술의 활용, 공동체 경찰활동 강화, 재난 및 대규모 사고 대응체계 등은 여러 국가의 경찰조직에서 공통으로 강조되고 있는 변화들이다.

이 책은 이러한 시대적 요구를 반영하여 경찰학의 이론적 기초와 실무적 적용을 균형 있게 담아내고자 노력하였다. 최신 학문적 성과와 다양한 국가의 사례를 종합하여 독자들이 국제화 시각에서 경찰학을 탐구할 수 있도록 구성하였다.

이 책이 출간될 수 있도록 많은 지원과 배려를 해 주신 대영문화사 임춘환 사장님과 관계자 여러분께 깊이 감사드리며, 교정을 위해 수고해 준 박시영 박사와 동국대학교 일반대학원 경찰행정학과 박사과정 박주애·배병준·선준하 원생에게도 고마움을 전한다.

경찰학을 연구하고 공부하는 모든 독자분에게 이 책이 유용한 지침서가 되기를 바라며, 우리나라 경찰이 세계적 기준에 부합하는 치안 서비스를 제공할 수 있는 기반이 되기를 기대한다.

2025년 1월

공저자 일동

개정판 머리말

우리나라 경찰은 해방과 함께 1945년 10월 21일 미군정청 경무국으로 출범하여 1946년 1월 16일 경무부를 거쳐 여러 차례 변화와 발전을 거듭해 왔다. 1948년 8월 15일 대한민국 정부가 수립되고, 1948년 11월 4일 대통령령 제18호로 내무부직제에 근거하여 내무부 치안국으로 개편되었다. 내무부 치안국 체제는 1974년 8월 15일 국립극장에서 개최된 8·15 광복절 기념식장에서 재일동포인 문세광에 의해 육영수 여사가 저격되는 사건이 발생하면서 경호의 중요성과 경찰활동의 중요성을 재인식하여 1974년 12월 24일 법률 제2713호로 「정부조직법」을 개정하여 내무부 치안국을 내무부 치안본부로 개편하였다. 이후 1991년 5월 31일 법률 제4369호로 「경찰법」이 제정되면서 1991년 7월 31일 내무부 외청인 경찰청으로의 기구독립과 경찰위원회의 설치를 보게 되었다. 2006년 2월 21일에는 「제주특별자치도 설치 및 국제자유도시 조성을 위한 특별법」이 제정되었고, 그 해 7월 1일 제주특별자치도에 한하여 자치경찰이 출범하였다. 2020년 12월 22일 법률 제17989호로 「경찰법」이 「국가경찰과 자치경찰의 조직 및 운영에 관한 법률」로 전면 개정되어 2021년 1월 1일부터 시행되면서 2021년 7월 1일부터는 전국적으로 자치경찰이 시행된다. 2020년 12월 8일 「형사소송법」의 전면 개정으로 2021년 1월 1일부터는 67년 만에 검찰 수사지휘권이 폐지되었고, 경찰은 1차 수사 종결을 결정할 수 있는 권한을 갖게 되었다. 경찰사무는 국가경찰사무, 자치경찰사무, 수사경찰사무로 지휘 계통이 분리되었다. 국가경찰사무는 경찰청장, 자치경찰사무는 시·도자치경찰위원회, 수사경찰사무는 국가수사본부장의 지휘·감독을 받게 된 것이다. 지금까지 경찰청장이 경찰의 모든 경찰사무를 총괄하여 관장하던 시대에서 경찰사무에 따라 지휘 책임자가 분리되게 된 것이다.

경찰조직의 변화 못지않게 경찰 개념을 새롭게 정립하도록 요구받고 있다. 1882년 6월 14일 크로이츠베르크(Kreuzberg) 판결 이래 적극적 공공복리 조치를 제외한 소극적 사회질서 유지 작용을 경찰의 개념으로 이해했다. 그러나 학교폭력과 가정폭력을 비롯하여 2020년 코로나19(Covid-19)의 확산으로 K-방역 현장에서 경찰이 다양한 업무를 수행하면서 실질적 의미의 경찰 개념의 변화를 요구받고 있는 것이다.

이 책은 초판의 내용을 유지하면서 경찰학의 학문적 추세를 적극 반영하였고, 개정된 법령을 충실히 담는 데 중점을 두고 개정판을 출간하게 되었다.

이 책을 출간할 수 있도록 많은 지원과 배려를 해주신 대영문화사 임춘환 사장님과 관계자 여러분께 진심으로 감사드리며, 교정에 수고해 준 동국대학교 대학원 경찰행정학과 박사과정 김승현 군, 이상헌 석사와 석사과정의 박시영 · 박주애 · 배병준 · 전준하 원생에게도 고마운 마음을 전한다.

2021년 3월
공저자 일동

초판 머리말

최근 지속적인 경기 침체로 인한 생계형 범죄의 증가, 사회적 약자에 대한 관심 증대, 외국인 범죄의 사회문제화, SNS의 확산으로 인한 소통방식의 변화로 왜곡된 사실의 무분별한 확산 등 사회 전반에 많은 문제가 제기되고 있다. 이러한 상황 속에서 우리나라 경찰의 헌신적인 노력과 치안성과에도 불구하고 국민의 지지와 신뢰는 여전히 미흡한 것이 현실이며, 근본적인 문제해결을 위해 끊임없이 경찰 변화를 요구받고 있다.

사회과학의 한 분과 학문인 경찰학은 경찰조직관리 및 범죄와 사고 및 위험예방, 질서유지 등 다양한 현상을 연구하는 종합학문으로서의 성격을 가진다. 아울러 경찰윤리, 최신의 정보와 기술 등도 경찰학이 관심을 갖는 중요한 분야이다. 경찰학을 연구하는 본질적인 목적은 경찰행정 전반이나 사회현상의 이해를 통해 보다 향상된 공동체의 삶의 질을 개선하여 사회 전반적 번영과 행복에 기여하는 것이다.

대부분의 사회과학이 그러하듯 경찰학도 현실적인 문제해결을 지향하는 학문이라는 점에서 과학성과 처방성이 요구되는 학문 영역이다. 문제해결을 위해서는 법학, 행정학, 사회학, 심리학, 범죄학, 철학 등 다양한 학문 간의 교류와 융합을 중시하는 학제적 접근이 필요하다. 경찰학은 다양한 학문적 영역의 이론을 융합하고 실무경험의 지식을 활용하는 종합학문으로서의 성격을 가진다.

이 책은 기존의 경찰학 관련 교재들이 간과하고 있는 부분들을 상당히 보충하는 데 역점을 두고, 경찰행정과 활동에 필요한 이론적 체계와 실무적 지식과 기법의 통합화를 시도하였으며, 일부 사례를 제시하여 이해의 폭을 넓히는 데 주력하였다. 이것은 저자가 대학과 대학원에서의 강의 경험과 학생 지도가 상당한 밑바탕이 되었다.

학생들이 경찰학을 난해한 과목으로 인식하여 학습에 고충을 느끼는 것을 보면서 쉽게 다가갈 수 있는 교재의 집필을 절감하였다.

이 책의 특징을 간략히 소개하면 다음과 같다.

첫째, 경찰학, 경찰제도, 경찰조직, 경찰작용, 경찰행정법, 경찰실무 등을 전반적이고 체계적으로 정리하여 경찰학 전반에 대한 이해 증진과 동시에 심화학습이 가능하도록 서술하였다.

둘째, 대학에서 경찰학을 학습하는 학생은 물론이고 경찰 입직을 준비하는 수험생, 경찰 승진을 준비하는 경찰공무원들이 강의교재 및 수험서로서의 역할에도 상당히 심혈을 기울였다.

셋째, 경찰작용과 관련한 대법원 및 헌법재판소의 최근 판례나 이와 관련한 사례를 집중 배치였으며, 최근 제 · 개정된 경찰 관련 법률, 경찰청 내부규칙, 외국 경찰제도 등을 거의 포함시켜 별도의 법전 없이도 학습이 가능하도록 하였다.

이 책은 경찰의 이해, 경찰활동의 이해로 구분하여 정리하였다. 먼저, 제1편 경찰의 이해에서는 경찰학 기초, 한국경찰사, 비교경찰론, 경찰의 법적 토대, 경찰관리, 경찰통제 및 경찰개혁 등 6장으로 구성하였다. 둘째, 제2편 경찰활동의 이해에서는 생활안전, 수사, 경비, 교통, 정보, 보안, 외사, 기타 경찰활동 등 8장으로 구성하였다.

이 책을 출간할 수 있도록 많은 지원과 배려를 해주신 대영문화사 임춘환 사장님과 관계자 여러분께 진심으로 감사드리며, 현재까지도 학문적 지도와 격려를 아끼지 않으신 이황우 교수님을 비롯한 많은 분들께도 사의를 표한다. 항상 올곧은 길로 한결같이 갈 수 있도록 지원과 배려를 해주신 부모님을 비롯한 가족들에게도 고마움을 전한다.

2016년 2월에
공저자 일동

차례

제 2 편 경찰활동의 이해

제 1 장 생활안전 경찰활동

제4장 교통경찰활동

경찰학개론

제 1 편

경찰의 이해

Introduction to Police Science

01 경찰학 기초

제 1 절 경찰의 개념

1. 대륙법계 국가의 경찰개념

1) 고대 및 중세의 경찰개념

경찰이라는 용어는 라틴어의 'politia'에서 유래하는 것으로 도시국가(polis)에 관한 일체의 정치, 특히 헌법을 가리키는 말이었다.

14세기 말 프랑스에서의 경찰이라는 개념은 국가 목적 · 국가작용 · 국가의 평온한 질서를 의미했다. 이 개념이 15세기 말 독일에 계승되면서 경찰권이 전통적으로 영주고권체제로 인정되던 재판권, 입법권, 과세권 등에 접목되었다.

1530년의 제국경찰법에서는 교회의 제후가 가지고 있던 교회행정 권한을 제외한 일체의 국가 행정을 경찰이라고 하여, 경찰권은 절대주의적 국가권력의 기초가 되었으며 세속적인 공권력으로 사회질서를 유지함을 의미하였다. 한편, 독일에서는 역사적으로 모든 국가작용을 의미하는 포괄적인 경찰개념이 사용된 바 있다.

2) 경찰국가시대의 경찰개념

독일에서 17세기에서 18세기에 걸쳐 차츰 외정(外政) · 군정(軍政) · 재정(財政)을 위한 특별 관청이 설치되고, 사법(司法)도 국가의 특별작용으로서 다른 국가작용으로부터 분리되었다. 1648년의 「베스트팔렌(Westfalen) 조약」을 계기로 사법(司法)이 경찰에서 분리되었다.

경찰은 이러한 분야를 제외한 나머지 국가작용, 즉 사회공공의 안녕과 복지에 직접적으로 관계되는 내무행정의 전반을 의미하기에 이르렀다. 그러나 국왕의 절대적인 통치권이 내무행정 전반에 미치는 이른바 경찰국가적 행정이 전개되었다.

3) 법치국가시대의 경찰개념

(1) 독일

18세기 계몽철학이 등장함에 따라 경찰국가가 극복되면서 법치국가의 시대가 도래하였다. 즉, 영국의 명예혁명 · 미국의 독립 · 프랑스 대혁명 등을 통해서 세계에 보급된 입헌정체는 자연법에 근거한 인권의 존중을 이념으로 한다. 따라서 경찰은 국가의 목적과 임무에 한정될 뿐만 아니라 법치주의의 생성에 따라 군주의 권력도 법의 구속을 받게 되는 권력분립주의적 사고를 기초로 하는 데서 출발한다.

법치국가시대가 도래하면서 경찰국가에서는 국왕의 절대적 경찰권의 객체에 지나지 않았던 시민이 그 주체성을 회복하고, 경찰 분야에 있어서도 적극적인 복지경찰 분야가 제외되면서 경찰권의 발동은 소극적인 위험방지 분야에 한정되게 되었다.

칸트(I. Kant) 등의 계몽주의와 자연법사상에서 1794년 「프로이센 일반란트법(Prussia Allgemeines Landrecht)」이 제정되었다. 이 법 제2장 제17부 제10조는 '경찰관청은 공공의 평온 · 안녕 및 질서를 유지하고, 또한 공중 및 그의 개개 구성원들에 대한 절박한 위험을 방지하기 위하여 필요한 기관이다'라고 규정하여, 경찰의 직무를 공공의 안녕과 질서유지에 한정함으로써 이러한 사상을 반영하였다. 이 규정은 실제로는 프랑스 혁명에 대한 반동으로 독일 권력자들에 의한 국권강화 기도의 영향을 받아, 제정 후 반드시 지켜진 것은 아니었으며, 오히려 19세기 전반까지는 경찰의 역할이 소극적인 보안경찰 외에 복지경찰까지도 인정되는 것이 현실이었다.

그러나 이러한 상황은 1882년의 프로이센 고등행정법원이 「크로이츠베르크 판결

(Kreuzberg-Urteil)」[1]을 통해서 경찰관청이 일반수권 규정에 근거하여 법규명령을 발할 수 있는 분야는 위험방지 분야에 한정된다고 판결하였다. 이후 경찰의 임무에서 적극적 복지경찰 요소를 배제하고 소극적인 위험방지 분야에 한정시키는 등의 판결들이 축적되어 19세기 말경에 가서야 비로소 소극목적의 위험방지에 다시 한정되었다.

1931년의 「프로이센 경찰행정법」은 제14조 제1항에서 '경찰관청은 일반 또는 개인에 대한 공공의 안녕과 질서를 위협하는 위험을 방지하기 위하여, 현행법의 범위에서 의무에 합당한 재량에 따라 필요한 조치를 취하지 않으면 안 된다'고 규정하였으며, 경찰의 직무 범위는 소극목적에 제한한다는 경찰개념이 확립되었다.

그럼에도 불구하고 제2차 세계대전 이전의 독일경찰에서는 여전히 위험방지라고 하는 이름으로 복지증진을 위한 행정, 예를 들어 영업경찰, 건축경찰, 보건경찰 등이 경찰에 의하여 수행되는 등 이른바 협의의 행정경찰사무도 경찰사무의 범주에 속하였다. 그러던 것이 나치정권의 등장과 함께 1936년에는 각 주(州)에 속해 있던 경찰권을 국가에 집중하여 국가경찰화하고, 1937년에는 형사경찰과 비밀국가경찰을 포함하는 보안경찰, 그리고 질서경찰과 돌격대를 합쳐 국가치안본부를 설치하여 온갖 학대를 저질렀다.

이러한 경찰의 실태를 간파한 연합국은 점령정책의 일환으로 경찰의 탈(脫)나치화, 탈(脫)군사화, 비(非)정치화, 민주화 및 지방분권화를 추진하였다. 즉, 종래의 국가경찰을 주(州)경찰로 다시 회복시켰으며, 생명과 재산의 보호, 법과 질서의 유지, 범죄의 예방과 검거 이외의 모든 협의의 행정경찰사무, 예를 들어 영업경찰, 건축경찰, 보건경찰 등의 경찰사무가 다른 관청의 분장사무로 이관되어 질서행정이라는 분야로 관장되는 비경찰화 작업이 단행되었다.[2]

(2) 프랑스

1795년 「죄와 형벌법전」 제16조에서 '경찰은 공공의 질서 · 자유 · 재산 및 개인의

1) 베를린의 크로이츠베르크 언덕에 있는 전승기념비에의 조망 및 그곳으로부터 시내를 내려다 볼 수 있는 조망을 방해하지 않기 위해서 주변의 토지에 대한 건축물의 높이를 제한하는 것을 내용으로 하는(건축법적 규율이 없었던 당시에) 베를린 경찰청장이 발한 법규명령에 대하여, 그러한 명령은 심미적 이유로 내려진 것으로 복지의 증진을 목적으로 하는 것이므로 무효라고 함으로써 경찰의 임무는 위험방지에 한정된다고 하는 사상이 법 해석으로 확정되는 계기를 만든 판결이다.
2) 참고로 비범죄화란 간통죄의 경우처럼 국가가 형벌을 수단으로 특정한 종교적 · 노력적 가치관을 강제하는 것은 그것이 사회생활의 유지에 없어서는 안 되는 기능이 되지 않는 한 허용될 수 없다는 것이다.

안전의 보호에 임한다'고 규정하여 경찰의 직무를 소극목적에 한정하였다.

이러한 경찰의 개념은 1884년의 「지방자치법전」에도 계승되어 제97조는 '자치단체 경찰은 공공의 질서 · 안전 및 위생을 확보함을 목적으로 한다'고 규정하였다. 이러한 규정들에서 알 수 있듯이 경찰의 직무를 소극목적에 한정하고 있으나, 역시 위생사무 등 협의의 행정경찰적 사무가 포함되어 있음을 알 수 있다.

4) 우리나라에서의 경찰개념의 형성

프랑스의 「죄와 형벌법전」 제16조의 규정이 일본의 1875년의 행정경찰규칙의 모범이 되었고, 이것이 1894년 우리나라의 「행정경찰장정」을 통하여 우리나라에 그대로 이식되었다. 일본의 「행정경찰규칙」 제1조 및 우리나라의 「행정경찰장정」 제1절 제1조에 규정되어 있는 행정경찰이라는 용어나 행정경찰의 정의는 다름 아닌 프랑스로부터 유래한 것이다. 이러한 규정은 일본에서는 1947년의 「경찰관 등 직무집행법」, 우리나라에서는 1953년의 「경찰관 직무집행법」이 제정되기까지 각각 존속되었다.

그러나 1946년 일본의 패전에 따라 미군정이 실시되면서 종래의 대륙법계의 치안유지 중심의 행정경찰적 관점이 강조되던 입장으로부터, 영 · 미법계의 민주주의적 이념에 따른 경찰개념이 강조되면서 '국민(개인)의 생명 · 신체 및 재산의 보호(경찰법 제1조)'가 경찰의 책무로서 강조되기에 이르렀다. 이러한 변화는 독일에서와 마찬가지로 제2차 세계대전의 종전과 함께 영 · 미를 중심으로 하는 연합국의 점령당국이 일본과 우리나라에서 행했던 협의의 행정경찰사무를 포괄하던 경찰사무의 정리, 이른바 비경찰화 작업에 따른 것으로 영업경찰, 건축경찰, 보건경찰 등의 경찰사무가 다른 관청의 분장사무로 정리되었던 것이다.

2. 영 · 미법계의 경찰개념

영 · 미법계의 경찰개념은 경찰을 시민과 대립적인 상대로 보지 않고, 오히려 주권자인 시민으로부터 자치권한을 위임받은 조직체로서 경찰개념이 주권자인 시민을 위해서 수행하는 기능 또는 역할을 중심으로 형성되었다고 볼 수 있다. 이와 다르게 대륙법계 국가의 경찰개념은 경찰권이라고 하는 통치권적 개념을 전제로 그 발동 범위와 성질을 기준으로 형성된 것이다.

따라서 영·미법계에서 'police'라는 말은 질서를 유지하기 위한 목적으로 설치된 조직체라고 정의되고 있고, 경찰은 무엇인가라는 문제보다 경찰은 무엇을 하는가 또는 경찰활동이란 무엇인가라는 문제로 경찰의 개념이 논의되고 있다. 즉, 경찰은 시민을 위하여 법을 집행하고 서비스(service)하는 기능 또는 역할을 수행하는 조직체라고 할 수 있다.

3. 경찰의 개념 구분

1) 형식적 의미의 경찰

형식적 의미의 경찰은 조직을 기준으로 결정된다. 즉, 「경찰관 직무집행법」 제2조에 규정된 경찰의 직무 범위가 우리나라에서의 형식적 의미의 경찰개념에 해당한다. 형식적 의미의 경찰개념은 실정법상 보통경찰기관에 분배되어 있는 임무를 달성하기 위하여 행하여지는 경찰활동을 의미하며, 보통경찰행정기관이 관장하는 모든 행정작용을 의미한다.

형식적 의미의 경찰과 실질적 의미의 경찰은 반드시 일치하는 것은 아니어서 경찰기관이 행하는 경찰활동 중에는 성질상 실질적 의미의 경찰작용으로 볼 수 없는 것이 포함되어 있다. 범죄의 수사 등 이른바 사법경찰이라고 불리는 경찰활동은 형식적 의미의 경찰에는 속하지만, 실질적 의미의 경찰개념에는 속하지 않는다.

경찰의 서비스적 활동은 실질적 의미의 경찰개념으로는 설명하기 어려운 경찰활동이고, 다만 형식적 의미의 경찰개념에 포함된다고 할 수 있다. 정보경찰, 사법경찰활동 등은 실질적 의미의 경찰이 아니라 형식적 의미의 경찰이다.

2) 실질적 의미의 경찰

일반적으로 실질적 의미의 경찰은 사회공공의 안녕과 질서를 유지하기 위하여 일반통치권에 의거 국민에게 명령·강제하는 권력적 작용이라고 정의되고 있다. 실질적 경찰개념은 행정조직의 일부로서가 아니라 작용을 중심으로 파악한 것이다.

첫째, 본래 실질적 의미의 경찰개념은 학문상으로 정립된 개념이다. 독일의 행정법학에서 경찰법의 이른바 일반조항의 존재를 전제로 경찰관청에 대한 권한의 포괄적 수권(授權)과 법치국가적 요청을 조화시키기 위하여 구성된 도구개념이다. 이른바 경찰권의 한계론도 이와 같은 배경에서 형성된 것이다.

둘째, 실질적 의미의 경찰개념은 행정조직의 일부로서가 아니라 사회공공의 안녕과 질서유지라는 작용을 중심으로 파악한 것이다.

셋째, 실질적 의미의 경찰은 사회공공의 안녕과 질서를 유지하기 위한 국가 목적적 작용이다.[3] 외교 · 재정 · 군사 등의 작용과 같은 국가의 조직 또는 존립을 직접 목적으로 하는 국가 목적적 작용과는 구별된다.

이러한 경찰개념이 오늘날 행해지고 있는 형식적 의미의 모든 경찰활동을 포함하지 못하고, 다른 일반행정기관에 속하는 행정작용 중에도 실질적 의미의 경찰활동에 속하는 것이 적지 않다. 예를 들면, 건축허가와 같은 건축경찰활동, 유흥주점의 허가와 같은 위생 또는 영업경찰활동 등이다.

3) 경찰의 분류

(1) 행정경찰과 사법경찰

행정경찰과 사법경찰은 경찰활동의 직접적 목적이 무엇이냐를 기준으로 구분한다. 행정경찰은 공공의 안녕 · 질서유지를 직접적 목적으로 하는 실질적 의미의 경찰이다. 행정경찰은 일반경찰권의 작용이기 때문에 경찰법규의 적용을 받고, 경찰청장이나 각 주무부장관의 지휘를 받아 수행하지만, 사법경찰은 범죄가 실행된 이후에 범죄의 수사 · 범인의 체포를 목적으로 한다. 흔히 수사경찰이라고 말하는 것으로 형식적 의미의 경찰이다. 사법경찰은 일반경찰기관이 담당하고 있지만, 「형사소송법」에 의하여 수행되는 형벌권의 작용이기 때문에 검사의 지휘를 받으며 실질적 의미에서는 형사사법작용이다.[4]

---

3) 「경찰관 직무집행법」 제3조에 의한 '불심검문'은 권력작용이라는 면에서 실질적 의미의 경찰에 해당하고, 실정법에서 경찰행정기관에 그 권한을 맡긴 것이란 면에서 형식적 의미의 경찰이기도 하다.

4) 참고로 우리나라는 영 · 미의 영향을 받아 현행 「경찰조직법」으로는 행정경찰과 사법경찰이 구분되어 있지 않으며, 보통경찰기관이 행정경찰사무와 더불어 형식적 의미의 경찰로서 사법경찰사무를 동시에 관장하고 있다.

(2) 안보수사경찰과 협의의 행정경찰

광의의 행정경찰은 업무의 독자성을 기준으로 안보수사경찰과 협의의 행정경찰로 구분할 수 있다. 안보수사경찰은 사회공공의 안녕과 질서를 유지하기 위하여 다른 행정작용에 부수되지 않고 그 자체로서 독립하여 행해지는 경찰작용을 말한다.[5] 협의의 행정경찰은 다른 행정작용에 부수하여 그 행정작용과 관련해서 발생하는 위험을 방지하기 위해 행해지는 경찰작용으로 행정주무부서가 담당한다. 경제경찰, 산림경찰, 철도경찰, 위생경찰, 문화경찰, 환경경찰 등으로 비경찰화의 대상이 되었다.

(3) 예방경찰과 진압경찰

예방경찰과 진압경찰의 구분 근거는 경찰권의 발동시점이 기준이다. 예방경찰은 경찰 위해의 발생을 방지하기 위한 권력적 작용으로 행정경찰보다는 좁은 개념이다.[6] 정신착란자에 대한 보호조치, 총포・화약류의 취급제한, 순찰활동 등이 대표적인 예이다(Walker et al., 2002: 86). 진압경찰은 이미 발생된 범죄의 수사를 위한 권력적 작용으로 사법경찰과 일치하며, 범죄의 제지・진압・수사, 피의자의 체포 등이 대표적인 예이다.

(4) 국가경찰과 자치경찰

국가경찰과 자치경찰의 구분 근거는 권한과 책임의 소재이다.[7] 국가경찰은 통일적 운영과 경찰활동의 능률성 확보, 타 행정부문과 긴밀한 협조와 조정 원활, 전국적인 통계자료의 정확성 등의 장점이 있지만, 조직이 관료화되어 국민을 위한 봉사기능이 저해될 수 있으며, 각 지방의 특수성이 반영되기 곤란하다는 단점이 있다. 반면에 자치경찰은 각 지방의 특성에 적합한 경찰행정이 가능하고 민주성이 보장되어 주민들의 지지가 용이하고 독립적 조직으로 개혁이 용이하다는 장점이 있지만, 전국적・광역적 활동에 부적합, 다른 경찰기관과의 협조가 곤란하다는 단점이 있다.

---

5) 생활안전경찰, 풍속경찰, 교통경찰, 소방경찰, 경비경찰 등을 말하며, 경찰청장 또는 소방청장의 소관사무이다.

6) 예방경찰은 경찰의 위험방지를 위한 사전활동으로 주로 비권력적 수단을 사용하여 국민들에게 자유와 권리에 대한 침해의 가능성도 적은 분야이므로 다양한 수단을 개발해 나가야 한다.

7) 「제주특별자치도 설치 및 국제자유도시 조성을 위한 특별법」이 제정(법률 제7849호, 2006.2.21. 공포, 2006.7.1. 시행)됨에 따라 제주특별자치도에 자치경찰이 시행되고 있다. 또한 2020년 12월 9일 「경찰법」 전부 개정안이 국회를 통과하여 2021년 7월 1일부터 전국 17개 시・도에서 전면 시행되고 있다.

[그림 1-1] 우리나라 자치경찰제도의 도식화

출처: 광주자치경찰위원회.

(5) 평시경찰과 비상경찰

평시경찰과 비상경찰의 구분 근거는 위해 정도와 담당 기관이다. 평시경찰은 평온한 상태에서 일반 경찰법규에 의하여 보통경찰기관이 행하는 경찰작용을 말한다. 비상경찰은 전국 또는 한 지방에 비상사태가 발생하여 계엄이 선포될 경우, 군대에서 공공의 안녕과 질서를 유지하기 위하여 「계엄법」에 따라 행정사무의 일환으로 경찰사무를 관장하는 것을 말한다.

(6) 질서경찰과 봉사경찰

질서경찰과 봉사경찰의 구분 근거는 경찰활동의 질과 내용이다. 질서경찰은 보통경찰조직의 직무 범위 중에서 강제력을 수단으로 사회공공의 안녕과 질서유지를 위한 법집행을 주로 하는 경찰활동으로 범죄수사, 다중범죄 진압, 즉시강제, 교통위반자에 대한 통고처분 등을 말한다. 봉사경찰은 강제력이 아닌 서비스 · 계몽 · 지도 등을 통하여 경찰직무를 수행하는 경찰활동으로 방범지도, 청소년 선도, 교통정보의 제공, 방범순찰, 수난구호 등을 말한다.

제 2 절 경찰의 기본적 임무

1. 개설

경찰의 임무는 행정조직법에서의 경찰기관을 전제로 한 개념으로, 공공의 안녕과 질서에 대한 위험 방지가 경찰의 기본적 임무라고 할 수 있다.

이러한 위험이 현실화될 때, 즉 어떠한 법익에 대한 손해가 이미 발생되어 버린 경우에는 경찰위반상태가 되고, 그것이 「형법」이나 행정법규에 위배되는 범죄의 구성요건을 충족시키는 경우에 경찰의 수사 대상이 된다. 그러나 오늘날에는 위와 같은 임무와 더불어 경찰에게 서비스지향적 임무가 강하게 요구되고 있다.

2. 위험의 방지

1) 공공의 안녕

경찰의 위험방지의 보호 대상은 공공의 안녕이다. 공공의 안녕이란 개념은 '법질서, 권리, 각 개인의 법익, 국가 또는 기타 공권력 주체의 기관과 집행의 불가침성'을 뜻한다고 정의내릴 수 있다. 여기서 공공의 안녕이란 개념은 이중(二重)적 의미, 즉 일부는 개인과 관련되고 일부는 국가 등 집단과 관련되어 있음을 알 수 있다.

법질서의 불가침성은 공공안녕의 제1요소이다. 따라서 공법규범에 대한 위반은 일반적으로 공공의 안녕에 대한 위험에 해당한다. 이때 「형법」 또는 특별형법 등의 규범에 의해 보호받은 법익의 위태 또는 침해가 객관적으로 존재하면 족하고, 주관적 범죄구성요건의 구성·유책성 및 구체적 가벌성은 요하지 않는다. 그러나 사법의 문제는 '법적 보호가 적시에 이루어지지 않고, 경찰의 원조 없이는 법을 실현시키는 것이 무효화되거나 사실상 어려워질 경우'에만 경찰이 개입할 수 있으며, 이를 '보충성의 원칙'이라고 한다.

오늘날 복지국가에서는 경찰행정 분야에서도 각 개인이 경찰권의 발동을 요구할 수 있는 권리인 경찰개입청구권이 인정된다. 경찰개입청구권은 재량권의 0으로의 수축이

론과 반사적 이익의 보호법익화에 따라 인정되었다.[8)]

경찰은 국가의 존립을 보호해야 한다. 군(軍)이 적국과의 관계에서 국가의 존립을 보호할 의무가 있는 데 반해, 경찰은 사회공공과 관련하여 국가의 존립을 보호할 의무가 있다. 따라서 경찰은 내란 · 외환의 죄에 이르기 전 단계에서도 정보 · 보안 · 외사활동을 통하여 국가의 존립에 대한 침해를 미리 방지해야 한다.

경찰은 국회, 정부, 법원, 지방자치단체 등 국가기관의 정상적인 기능발휘를 보호해야 한다. 「형법」은 이를 위해 공무원의 직무에 관한 죄, 공무방해에 관한 죄 등의 형벌법령을 통하여 국가기관의 기능성을 보호하고 있다. 따라서 행정관청 또는 경찰의 활동에 대한 중대한 방해는 공공의 안녕에 대한 위험으로 간주되며, 「형법」의 범죄구성요건을 충족시킨다.

경찰의 활동은 형법적 가벌성(可罰性)의 범위에만 국한되는 것이 아니며, 가벌성의 범위에 이르지 않았을지라도 국민의 자유나 권리를 침해하지 않는 범위에서 수사나 정보 · 보안 · 외사활동을 할 수 있다.

공공의 안녕과 관련하여 경찰은 인간의 존엄성 · 명예 · 생명 · 건강 · 자유의 개인법익뿐만 아니라 사유재산적 가치 또는 무형의 권리도 보호해야 한다. 사법적(私法的)인 문제의 경우에 각 개인은 최종적으로는 법원을 통해 권리와 법익을 보호받을 수 있으며, 위급한 경우에는 가처분과 같은 권리보호 수단을 활용할 수 있다.

개인은 효과적인 보호시기를 놓쳐 권리가 무효화될 우려가 있을 때에만 경찰에 원조를 요청할 수 있으며, 이 경우에도 경찰의 원조는 잠정적 보호에 국한되어야 하고, 최종적인 규제를 취해서는 안 된다. 최종적 보호는 법원에 의해 구제받아야 하기 때문이다. 그러나 개인법익에 대한 침해가 동시에 「형법」이나 행정법 등의 공법규범을 위협 또는 침해한 경우라면 경찰은 잠정적인 조치만 취해서는 안 되고 직접적으로 개입해야 한다.

2) 공공질서

공공질서란 원만한 국가공동체 생활을 영위하기 위한 불가결한 전제조건으로서 각

8) 경찰권 행사에는 편의주의 원칙이 적용되나, 예외적인 상황에서는 오직 하나의 결정만이 합당한 재량권 행사로 인정된다는 것이 '재량권의 0으로의 수축이론'이다. 재량권의 0으로의 수축이론은 개인의 국가에 대한 권리를 인정하는 바탕이 되고 있다.

개인의 행동에 대한 불문규범의 총체를 말한다. 공공질서의 개념은 절대적인 것이 아니며, 시대와 장소에 따라 변화하고 유동적인 개념이다.

공공질서는 불문화된 사회적 행동규칙과 가치관만을 포괄한다는 점에서 성문의 법규범이 공공의 안녕의 요소를 이루는 것과 비교된다. 그러나 오늘날 거의 모든 생활 영역에 대한 법적 전면규범화가 증가 추세를 보이고 있기 때문에 공공질서 개념의 사용 가능 분야는 점점 축소되고 있다. 통치권의 집행을 위한 개입의 근거로서 사용될 수 있는 공공질서의 개념은 엄격한 합헌성을 요구받는다.

개개 사안에서 공공의 질서라는 개념과 관련하여 경찰이 개입할 것인가의 여부는 경찰권의 재량적 결정에 맡겨진다. 이 경우에도 기본적 인권의 헌법적 보호규정을 준수하는 범위에서 경찰관청의 의무에 합당한 재량행사에 따라야 한다.

3) 위험

위험(危險)이란 '가까운 장래에 공공의 안녕(또는 질서)에 손해가 나타날 수 있는 가능성이 개개의 경우에 충분히 존재하는 상태'를 말한다. 경찰상 위험이란 개인 및 공동의 법익에 대한 침해의 가능성이 충분히 존재하는 상태를 말한다.

「국가경찰과 자치경찰의 조직 및 운영에 관한 법률」에서의 손해란 보호받는 개인 및 공동의 법익에 관한 정상적 상태의 객관적 감소를 뜻하며, 보호법익에 대한 현저한 침해행위가 있어야만 한다. 단순한 성가심, 불편함 등은 경찰개입의 대상이 아니며, 그 성가심의 빈도나 기간이 일정 수준에 도달하여 정상적인 평균적 인간의 판단으로 볼 때 손해나 더 나아가서는 위험의 한계를 넘었다고 보여질 때 경찰의 개입 여지가 생긴다.

법익의 위험이 인간의 행위에 의한 것인가 또는 단순한 자연력(예: 낙뢰, 지진, 침수, 산사태, 전염병 등)의 결과에 의한 것인가는 문제가 되지 않는다. 즉, 경찰은 경찰책임자에 의해 야기되지 않는 이러한 위험도 방지해야 할 의무가 있다는 뜻이다.

구체적 위험은 구체적인 개개 사안에 있어 가까운 장래에 손해발생의 충분한 가능성이 존재하는 경우를 말한다. 경찰개입은 구체적 위험이 존재하는 경우에 가능하지만, 반드시 보호법익에 대해 위험이 필수적으로 존재해야 하는 것은 아니다(예: 밤 시간이나 차도에 차가 전혀 다니지 않는 경우에도 적색등에 차도를 횡단하는 자는 경찰책임자가 됨).

추상적 위험은 구체적 위험의 예상가능성을 말하는 것으로, 경찰의 개입은 추상적 위험이 있을 때에도 가능하다(예: 순찰, 교통감시 등).

경찰의 개입은 구체적 위험 내지 적어도 추상적 위험이 있을 때에도 가능하다는 점에서 사전배려원칙에 따라 추상적 위험 이전의 단계에서도 사전배려적 개입이 허용되는 환경법의 영역과 다르다고 할 수 있다. 범죄의 예방 분야나 장래의 위험방지를 위한 준비행위, 예를 들어 경찰이 범죄를 감시하거나 또는 범인검거를 통해 일반적인 위험을 예방하는 조치는 구체적인 위험이나 추상적 위험의 구성요소에 의해서도 제한되지 않으므로 그런 목적으로 경찰이 활동할 수 있음은 당연하다.

외관적 위험이란 경찰이 의무에 합당한 사려 깊은 상황판단을 했음에도 불구하고 위험을 잘못 긍정하는 경우를 말한다. 예를 들면, 심야에 순찰 중인 경찰관이 사람을 살려달라는 외침소리를 듣고 남의 집 출입문을 부수고 들어갔는데, 실제로는 귀가 어두운 노인이 TV 형사극을 크게 켜놓아 그 외침소리가 밖으로까지 들렸던 경우이다. 외관적 위험의 경우는 객관화를 이루는 사전판단이 정당화되는 경우이므로, 배상문제나 보상의 문제가 발생하지 않는다.

위험혐의(嫌疑)란 경찰의 의무에 합당한 사려 깊은 상황판단을 할 때 실제로 위험의 가능성은 예측되나 불확실한 경우를 말한다. 경찰의 위험방지는 위험의 존재 여부가 명백해질 때까지는 예비적 조치에만 국한되어야 한다. 위험조사 차원의 개입을 정당화시키는 위험혐의의 상황이므로, 손해배상이나 손실보상의 청구문제가 발생하지 않는다.

경찰에게 있어 위험의 개념은 일종의 예측, 즉 사실에 기인하여 향후 발생할 사건의 진행에 관한 주관적 추정을 포함하지만, 일종의 객관화를 이루는 사전판단을 요한다. 다만, 객관적으로 판단할 때 위험의 외관 또는 혐의가 정당화되지 않음에도 불구하고 경찰이 위험의 존재를 잘못 추정했다면, 오상(誤想)위험이고 이때 경찰개입이 이루어졌다면 손해배상이나 손실보상의 문제가 발생한다.

3. 범죄의 수사 및 서비스

1) 성격 및 근거법

범죄의 수사는 이른바 사법경찰작용으로서 수사경찰의 주된 임무이다.

「국가경찰과 자치경찰의 조직 및 운영에 관한 법률」과 「경찰관 직무집행법」은 각각 범죄의 수사를 경찰의 임무(직무)로 규정하고 있다. 또한 「형사소송법」은 수사에 관한 일반법적 성질을 가지는 것으로서 사법경찰관으로서 범죄의 혐의가 있다고 사료하는 때에는 범인, 범죄사실과 증거를 수사한다(제197조).

행정에서의 경찰권 행사가 편의주의원칙(便宜主義原則)에 따라 '~할 수 있다'고 규정되어 있는 경우가 대부분인 데 비해, 수사에 관해서는 형사법 각조가 '~하여야 한다'고 규정함으로써 법정주의원칙(法定主義原則)을 천명하고 있다. 따라서 경찰관은 범죄의 진압과 수사를 편의주의에 따라 할 것인가 말 것인가에 대해 결정할 재량이 없으며, 범죄행위가 있으면 친고죄(親告罪)나 반의사불벌죄(反意思不罰罪) 등 특별한 경우를 제외하고는 수사를 해야 할 의무가 발생한다.

2) 위험방지와의 관계

경찰의 수사임무는 위험방지 임무와 완전히 별개가 아니다. 즉, 경찰은 범죄의 예방과 제지를 위한 예방적인 위험방지 조치가 가능할 뿐만 아니라(경찰관 직무집행법 제6조), 위험이 현실화 될 때, 즉 어떠한 법익에 대한 손해가 이미 발생되어 경찰위반의 상태가 되고, 그것이 「형법」이나 행정법규에 위배되는 범죄의 구성요건을 충족시키는 경우에는 경찰의 수사 대상이 되기 때문에 양자는 일련의 과정에서 상호 연관되어 있는 것임을 알 수 있다.

3) 서비스

오늘날 경찰은 좁은 의미의 소극적인 위험방지를 위한 명령·강제나 범인의 체포·수사와 같은 법집행적인 임무뿐만 아니라 적극적인 서비스(service) 활동을 통해 국민에게 봉사하는 역할이 요구되고 있다. 급부행정적(給付行政的) 서비스 활동에는 교통정보 또는 지리정보의 제공이나, 인명구조와 같은 각종 보호의 제공, 어린이 교통안전교육뿐만 아니라 순찰활동을 통한 범죄의 예방활동 등이 여기에 포함된다. 급부행정적 서비스 활동은 범죄의 수사에 해당되지는 않는다. 급부행정이란 국가에 정의로운 사회질서를 형성할 권한과 의무가 있다는 사회국가의 원리를 바탕으로 사회구성원의 이익추구 활동을 직접적으로 조장하여 주는 배려적 활동을 말한다. 예를 들면, 공공시설의 설치, 보소금의 시급 등이나.

제 3 절 경찰의 수단

1. 명령과 강제

1) 경찰명령

경찰은 사회공공의 안녕과 질서를 유지하기 위하여 명령·금지나 강제와 같은 권력적 수단을 사용함을 특징으로 한다. 즉, 경찰관청은 위험을 방지하거나 경찰위반상태를 제거하기 위하여 일반통치권에 근거하여 명령·강제함으로써 경찰에 주어진 임무를 수행한다.

경찰명령은 작위, 부작위, 수인, 급부를 요구함으로써 이루어진다. 예를 들어, 운전면허가 없는 자는 자동차를 운전해서는 안 되며, 이것은 경찰 금지에 해당되고 경찰하명에 속한다.

2) 경찰강제

경찰목적을 위하여 사인의 의사에 관계없이 그의 신체 또는 재산에 실력을 가하여 질서유지에 필요한 상태를 실현하는 권력적 사실행위를 말한다.

경찰은 경찰강제를 통하여 실력으로 경찰목적을 달성할 수 있는 바, 「경찰관 직무집행법」은 그 중에서도 즉시강제의 기본법으로서의 역할을 한다. 또한 부수적인 것으로 경찰에 법적으로 허용된 허가나 확인(예: 운전면허 시험의 합격·불합격의 결정), 공증(예: 면허증의 교부) 또는 그 철회를 통해서도 경찰의 임무를 수행한다.

3) 경찰명령에 따른 경찰의무

경찰의 명령이 발해지면 개인에게는 경찰의무가 발생되고, 경찰의무의 실현을 통해서 공공의 안녕과 질서에 대한 위험 또는 경찰위반의 상태를 방지하고 제거하게 되는 것이다.

개인의 경찰의무는 행위책임과 상태책임이라는 두 가지 기본형태로 나타나며, 보통 경찰책임자에게 위험 또는 경찰위반의 내용이 귀속됨으로써 그 위험 또는 경찰위반의 상태에 대한 방지의무도 원칙으로는 경찰책임자에게 귀속된다. 그런데 경찰의 의무는

1차적으로는 경찰명령을 통한 경찰책임자의 작위·부작위·수인을 지향하고, 2차적으로 그의 재정적 책임, 즉 급부를 지향한다. 예를 들면, 고장난 차를 도로에 방치함으로써 도로교통에 위험을 야기한 자가 경찰책임자가 되는 것이다. 따라서 그 책임자에게 경찰명령이 발해지고 그에 따라 고장난 차량을 견인할 의무가 발생하지만, 기술적인 이유라든지 또는 그 책임자가 현장에 없을 경우에는 경찰이 제3자의 원조를 요청하여 차량견인 조치를 시킨 후에 경찰책임자에게 재정적 책임을 부과하게 되는 것과 같다.

4) 경찰책임의 원칙

사회공공의 안녕·질서가 침해되거나 침해될 우려가 있는 경우, 경찰권은 그러한 상태의 발생에 책임이 있는 자에 대하여만 발동할 수 있다.

자기의 생활범위 안에서 객관적으로 경찰위반상태가 발생한 경우 그에 대한 고의·과실의 존부와는 무관하게 경찰책임을 지게 된다. 자연인과 법인 모두 해당하며, 자기 지배범위에 속하는 한 타인의 행위 또는 물건의 상태에 대해서도 책임을 진다. 공개된 장소에서의 행위에 대하여 책임이 있으며, 사생활에 대해서도 책임이 발생할 수 있다.

경찰책임의 종류는 다음 세 가지로 구분할 수 있다.

첫째, 행위책임은 사람의 행위로 경찰위반상태가 발생한 경우의 책임을 말한다. 자기의 행위뿐만 아니라 자기의 보호·감독에 있는 자의 행위에 의하여 사회공공의 안녕·질서에 대한 위해가 발생한 경우에도 성립한다. 따라서 타인의 행위를 지배하는 권한을 가지는 자(사용자)는 자신의 지배를 받는 자(피사용자)의 행위로부터 발생하는 질서위반의 상태에 대해서도 행위책임을 지고, 이때 책임은 자기책임의 성질을 갖는다.[9]

둘째, 상태책임은 물건·동물의 소유자·점유자 기타 관리자가 그 지배범위에 속하는 물건·동물로 인하여 경찰 위반상태가 발생한 경우에 지는 책임이다.

셋째, 복합적 책임은 다수인의 행위 또는 다수인이 지배하는 물건의 상태에 기인하

9) 행위책임과 상태책임이 경합하는 경우는 일반적으로 행위책임이 우선하며, 행위책임은 고의·과실이 없는 때에도 성립한다. 행위책임이 인정되기 위하여 민법의 행위능력은 요구되지 않으며, 여러 명의 경찰책임자가 있을 경우 일반적으로 행위책임이 우선하지만, 위반사항에 따라서는 책임자 중 일부 또는 전체에 대하여 경찰권을 발동할 수도 있다. 일부 경찰책임자에 대하여 경찰권을 발동한 경우 질서침해상태 또는 침해 우려가 해소되지 않는 한 경찰권이 발동된 책임자 이외 책임자의 경찰책임이 소멸되는 것은 아니다.

거나, 행위책임과 상태의 중복에 기인하여 하나의 경찰위반상태가 발생한 경우의 책임이다.

경찰책임자가 아닌 자에 대해서는 ① 긴급한 필요가 있는 경우, ② 법령의 근거에 기해서만 경찰권을 발동할 수 있다. 경찰이 경찰긴급권에 의하여 예외적으로 경찰책임이 없는 자에게 경찰권을 발동하여 제3자에게 손실을 입힌 경우에는 반드시 보상을 해야 한다. 경찰긴급권에 의한 조치는 「형법」의 긴급피난과 동일한 법리에 의한 것이다(예: 화재현장에 있는 자에 대한 소화작업동원). 제1차적 경찰책임자에 대한 경찰권의 발동으로는 경찰의 장애를 제거할 수 없을 때에만 보충적으로 허용된다.

2. 비권력적 수단

오늘날 경찰의 활동 중에 개인의 자유에 개입하지 않으면서 특별한 권한의 구체적 수권 없이도 임무에 관한 일반조항만으로 가능한 광의의 위험방지활동이 관심의 대상이 되고 있다. 경찰의 이러한 활동에는 우리가 위에서 살펴본 바와 같이 이른바 서비스 지향적 활동에 속하는 도보순찰 · 차량순찰, 일상적인 교통의 관리, 정보의 제공, 지리 안내, 권고 등의 행정지도와 범죄의 예방에 기여하는 수많은 활동 등이 포함된다고 할 수 있다. 무면허 운전자의 단속은 비권력적 수단에 해당되지 아니한다.

그 밖에 정보경찰이 수행하는 정보의 수집이나 작성 · 배포 활동도 비권력적 활동에 속하는 것임은 부인할 수 없으나, 여기에는 일정한 제한이 따른다.

3. 범죄수사를 위한 수단

「형사소송법」은 범죄수사와 관련하여 여러 가지 수단을 마련하여 놓고 있는데, 수사목적의 달성과 인권보장의 조화를 위하여 임의수단을 원칙으로 하고, 강제수단은 예외적으로 허용하고 있다(제199조).

범죄의 수사를 위하여 행사할 수 있는 강제수단으로는 체포, 구속, 압수 · 수색 등의 영장이 대표적인 것으로, 각각에 대해서는 요건, 기간 등이 엄격히 법정되어 있다. 이를 위반할 경우에는 위법수사의 문제가 발생되고, 경찰관은 「형법」의 직권남용죄 등으로 처벌되거나, 「국가배상법」의 배상책임의 대상이 될 수 있다.

상대방의 동의나 임의로 협력을 얻어서 행해지는 수사활동의 경우에는 영장 없이도 수사활동이 가능하다. 그러나 임의수단이든 강제수단이든 경찰관은 사법경찰관리로서 피의자 또는 다른 사람의 인권을 존중하는 데 특히 주의해야 한다.

제 4 절 경찰활동의 기초

1. 개설

종래 경찰권이란 실질적 의미의 경찰이 사용하는 동치권적 권한을 의미하였다. 그러나 경찰활동에는 비권력적 수단을 통해 임무수행을 하는 분야가 있다. 영·미법계 국가에서는 경찰의 임무로서 범죄의 수사를 중요한 법집행의 하나로 인정하고 있으며, 종래의 경찰권 개념은 타당하지 않다고 할 수 있다. 따라서 광의의 경찰권에는 협의의 경찰권과 수사권이 포함된다고 해야 한다.

2. 협의의 경찰권

협의의 경찰권이란 사회공공의 안녕과 질서를 유지하기 위하여 일반통치권에 의거 국민에게 명령·강제하는 권한을 의미한다. 따라서 경찰작용은 국가와 국민 사이의 일반통치관계를 전제로 하는 것이다. 그러므로 국회의장의 국회경호권한이나 법원의 법정경찰권은 일반통치권을 전제로 하지 않고 부분사회의 내부질서를 목적으로 하는 경우로 경찰권의 작용이 아니며, 원칙적으로 일반경찰권에 우선한다. 경찰권은 일반통치권에 기초한다.

경찰권의 발동 요건으로는 ① 공공의 안녕에 대한 위해의 존재, ② 공공의 질서에 대한 위해의 존재, ③ 경찰상 장애의 존재 등이다.

경찰권의 상대방으로서 경찰하명 또는 경찰강제의 대상은 법률에 특별한 규정이 없는 한 통치권에 복종하는 모든 자가 대상이 된다. 따라서 자연인이든 법인이든, 내국인이든 외국인이든 상관없이 경찰권에 복종해야 한다.

공공의 안녕과 질서를 유지해야 할 경찰의무를 특정인에 대하여 면제하는 것은 평등의 원칙에 반하므로 허용되지 않는다. 단, 외교사절과 같이 국제법의 특례가 인정되는 경우에는 예외가 인정된다.

다른 행정기관이나 행정주체가 경찰의무에 위반하는 경우 경찰권이 발동될 수 있는가의 문제이다. 이와 관련하여 통설은 행정기관이 통치권을 행사하지 않고, 일반사인과 마찬가지로 사법적(私法的) 활동을 하는 경우에는 경찰권의 발동이 허용된다고 본다.

3. 수사권

수사권이란 국가형벌권을 행사하기 위해 「형사소송법」[10]에 의거 경찰에게 부여된 권한을 말한다.

수사권은 내국인이든 외국인이든 상관없이 발동된다. 다만, 외교사절에 대해서는 면책특권(免責特權)이 인정되고 있고, SOFA 협정에 의거 공무집행 중의 미군범죄 등에 대해서는 1차적 재판권을 미군 당국이 가지므로 제한을 받고 있다.

대통령과 국회의원에 대해서도 일정한 제한이 있다. 대통령의 형사상 특권(헌법 제84조)과 국회의원의 불체포특권(제44조), 국회에서 직무상 행한 발언 · 표결의 원외면책(제45조) 등이다. 하지만, 한국주재 외국상사 직원은 수사권 발동 대상에 해당한다.

그리고 협의의 경찰권에 의해서는 일반처분이 가능하고(예: 통행금지와 같은 경우), 경찰책임자 이외의 비책임자에게도 권한이 발동될 수 있는 반면, 수사권의 경우에는 피의자나 참고인 등 「형사소송법」에서 규정된 관계자 이외에는 발동될 수 없다.

4. 경찰활동의 유형과 법적 성질

오늘날 경찰의 임무를 달성하기 위한 경찰활동은 서비스의 제공 · 행정지도 · 정보수집활동 등 비권력적 수단에 의한 활동이 점차 증대되고 있는 반면, 명령 · 강제 등 권

10) 「형사소송법」 제197조 제1항에는 "경무관, 총경, 경정, 경감, 경위는 사법경찰관으로서 범죄의 혐의가 있다고 사료하는 때에는 범인, 범죄사실과 증거를 수사한다"라고 규정되어 있다.

력적 수단에 의한 활동은 점점 축소되고 있는 경향이 있다.

경찰관의 사실행위로 인해 손해가 발생한 경우 개인은 손해배상을 청구할 수 있다. 단순한 교통경찰관의 수신호와 교통정리 등은 사실행위에 속하기 때문에 성질상 손해배상청구만 다툴 수 있다.

제 5 절 경찰의 관할

1. 사물관할(事物管轄)

1) 의의 및 입법태도

경찰의 사물관할이란 경찰이 처리할 수 있고, 또 처리해야 하는 사무내용의 범위를 말한다. 넓은 의미의 경찰권이 발동될 수 있는 범위를 설정함으로써 그 범위를 넘는 분야에 관하여는 경찰이 개입할 수 없도록 한다는 점에서 법적 의미를 가진다.

사물관할은 조직법적 임무규정이므로, 경찰조직에 관한 일반법인 「국가경찰과 자치경찰의 조직 및 운영에 관한 법률」에 규정되어야 하는 것이 원칙이다. 그런데 일본과 달리 우리나라는 경찰작용법에 해당하는 「경찰관 직무집행법」에도 사물관할에 관한 규정이 포함되어 있다.

2) 범위

우리나라는 영·미 경찰개념의 영향을 받아 범죄의 수사에 관한 임무가 경찰의 사물관할로서 인정되고 있다. 이 경우는 대륙법계의 영향을 받은 것으로 볼 수 없으며, 이 경우 일반적 경찰작용법이라고 할 수 있는 「경찰관 직무집행법」에 조직법적인 임무규정이 포함되어 있는 특색이 있다. 그리고 「국가경찰과 자치경찰의 조직 및 운영에 관한 법률」과 「경찰관 직무집행법」이 여러 가지의 임무 또는 직무를 나열하고 있으나, 이는 궁극적으로 공공의 안녕과 질서유지에 귀결되며, 여기에는 범죄의 수사, 위험방지뿐만 아니라 서비스 영역이 포함됨은 물론이다. 하지만, 재판의 공정성 확보는 경찰의 사물관할에 해당되지 않는다.

2. 인적 관할(人的 管轄)

넓은 의미의 경찰권이 어떤 사람에게 적용되는가의 문제를 인적 관할이라고 할 수 있다. 이에 대해서는 앞에서 언급하였듯이 경찰권은 원칙적으로 모든 사람에게 적용되나, 국내법적으로는 대통령과 국회의원에 대해서, 그리고 국제법적으로는 외교사절과 주한 미군에 대해서 일정한 제한이 있지만, 국무총리, 행정안전부장관, 경찰청장은 경찰의 인적 관할에 제한이 없다. 단, 국회의원에 대해서는 「헌법」 제44조에서 현행범인인 경우를 제외하고는 회기 중에 국회의 동의 없이는 체포 또는 구금할 수 없다고 규정하여 불체포특권을 인정하고 있다.

3. 지역관할(地域管轄)

넓은 의미의 경찰권이 발동될 수 있는 지역적 범위를 지역관할이라고 할 수 있는바, 대한민국의 영역에 모두 적용됨이 원칙이다. 그러나 이 경우에도 다른 행정관청이나 기관 또는 국제법적 근거에 의거 일정한 한계가 있음을 주의해야 한다.

원칙적으로 해양경찰청은 해양에서의 경찰사무에 대하여 관할권을 가지므로, 일반경찰은 육상에서의 경찰사무를 관할함에 그친다.

철도시설 및 열차 안에서 발생하는 범죄로서 「철도안전법」에 규정된 범죄와 그 소속관서 역구내 및 열차 안에서의 범죄에 관하여 범인과 범죄사실을 수사하고 그에 관한 증거 수집은 철도특별사법경찰의 직무에 해당한다(철도특별사법경찰관 범죄수사규칙 제3조 제1항). 역구내 및 열차 안에서 살인 · 방화 · 변사사건이 발생하였을 경우, 소속장에게 보고하고 「국토교통부와 경찰청 간 수사업무 공조협정」에 따라 경찰청에 협조 요청할 수 있다(제27조 제7항). 사건처리는 경찰이 한다.

철도특별사법경찰이 단속한 경범죄 중 즉결심판에 회부할 사건은 즉결심판 대상자 적발통보서를 작성하여 위반자의 주소지 관할 경찰서장에게 통보하여야 한다(제33조 제6항). 현행범은 철도특별사법경찰이 처리하고(제55조), 수사관할권이 없는 사건의 피의자를 체포한 경우에는 즉시 사건인계서를 작성 관할 수사기관에 인계하여야 한다(제30조 제5항).

국회의장에게는 국회경호권한이 있어 국회 안에서 경호권을 행사하며, 의장은 필요시 정부에 대하여 경찰관의 파견을 요청할 수 있으나, 이 경우에도 경찰관은 회의장 건물 밖에서만 경호하도록 제한되어 있다. 그리고 국회 안에 현행범인이 있을 때에는 경찰관은 이를 체포한 후 의장의 지시를 받아야 하며, 다만 회의장 안에 의원이 있는 경우에는 의장의 명령없이 이를 체포할 수 없다.

법원의 법정경찰권은 재판장이 이를 행사하도록 되어 있으므로 재판장의 경찰관 파견요청이 있는 경우에도 법정 내·외의 질서유지에 관하여는 재판장의 지휘를 받아야 한다.

외교공관과 외교관의 개인주택은 국제법의 치외법권 지역이므로 불가침의 대상이다. 따라서 외교사절의 요구나 동의가 없는 한 경찰은 직무수행을 위하여 거기에 들어갈 수 없는 것이 원칙이다. 관사에 대한 불가침에 준하여 외교사절의 승용차, 보트, 비행기 등 교통수단도 불가침의 특권을 갖는다. 그러나 경찰의 상태책임과 관련해서는 화재나 전염병의 발생 등과 같이 공안을 유지하기 위하여 긴급을 요하는 경우에는 외교사절의 동의 없이도 공관에 들어갈 수 있는데, 이는 국제적 관습으로 인정되고 있다.

미군 영내는 군대 규율과 질서를 유지해야 하는 군대의 특수성을 감안, 미군 당국이 경찰권을 행사함으로써 자체적으로 질서와 안전의 유지를 위하여 필요한 적절한 조치를 취할 수 있도록 하고 있다(SOFA).

미군 당국은 그 시설 및 구역에서 범죄를 행한 모든 자를 체포할 수 있다. 그리고 미군 당국이 동의한 경우와 중대한 죄를 범하고 도주하는 현행범인을 추적하는 때에는 대한민국 경찰도 시설 및 구역에서 범인을 체포할 수 있다.

한편, 대한민국 경찰이 체포하려는 자로서 SOFA 대상이 아닌 자가 이러한 시설 및 구역에 있을 때에는 대한민국 경찰이 요청하는 경우에 미군 당국은 그 자를 체포하여 즉시 인도해야 한다(김남현 외, 2000: 45-48).

대한민국 당국은 미군 당국이 동의하는 경우가 아니면 시설 또는 구역에서 사람이나 재산에 관하여 또는 시설 및 구역 내외를 불문하고 미군 재산에 관하여 압수·수색 또는 검증을 할 수 없다. 그러나 이에 관한 대한민국 당국의 요청이 있을 때에는 미군 당국은 필요한 조치를 취해야 한다. 다만, 미군에 의해 피해를 입은 경우 한국정부에 배상을 신청하거나 미군을 상대로 민사소송을 할 수 있다.

제 6 절 경찰의 기본이념

1. 민주주의

경찰은 국가의 존립과 안녕을 보호할 책무를 진다. 여기서 국가는 민주주의 국가를 말하며, 따라서 경찰이 보호해야 할 대상은 민주주의 국가로서의 존립과 안녕이다.

경찰권은 국민에게 있고 경찰권은 국민으로부터 나온다. 경찰의 경찰권 소유 및 행사는 국민으로부터의 위임에 근거한 것으로, 경찰권은 권력 자체를 위하여 행사되어서는 안 되며, 경찰에게 경찰권을 위임한 국민을 위해서 행사되어야 한다.

국민의 경찰에 대한 참여 장치가 있어야 한다. 국가경찰위원회의 설치가 이에 해당한다.

경찰활동에 대한 국민의 참여가 보장되어야 하고, 경찰활동이 공개되어야 한다. 이러한 국민의 권리를 보다 적절히 보장하기 위한 제도적 장치로서 「행정절차법」과 「공공기관의 정보공개에 관한 법률」이 있다. 그러나 경찰활동의 공개는 다른 기본적 인권의 보호 등을 위하여 제한될 수 있다.

조직 내부적으로 권한의 분배가 적절히 이루어져야 한다. 즉, 책임에 걸맞은 권한이 주어져야 하며, 중앙과 지방 간, 그리고 상하 간에 권한의 분배가 적절히 이루어져야 한다.

2. 법치주의

경찰활동의 경우 그 작용형태가 행정처분(예: 운전면허 취소처분)인 경우나, 행정강제, 그 중에서도 특히 상대방에게 사전에 의무를 과함이 없이 행사되는 즉시강제의 경우에 이와 같은 법치주의의 원리가 강하게 요구된다.

이에 반해 국민의 자유와 권리를 제한하지 않고, 국민에게 의무를 과하지 않는 순전한 임의활동(任意活動)은 직무의 범위에서라면 법률의 개별적 수권규정(授權規定)이 없더라도 이를 행할 수 있다. 예를 들면, 도로교통정보의 제공, 순찰 등의 활동이다.

그러나 임의활동이라고 하더라도 궁극적으로 국민의 자유와 권리를 제한하고, 국민에게 의무를 과하는 데까지 이르는 임의활동은 상대방의 완전한 자유의사에 근거한 동의를 필요로 한다. 예를 들면, 「경찰관 직무집행법」의 동행요구로 임의활동의 수준을 넘는 동의는 더 이상 동의로 인정되지 않고, 그러한 경찰관의 행위는 불법행위를 구성하여 국가배상책임의 문제가 제기될 수 있다.

경찰관청에 재량권이 인정되는 경우라고 하더라도 재량권을 일탈 · 남용해서는 안 되며, 재량권이 0으로 수축되는 경우에는 반드시 법률이 정한 권한에 따라 의무를 이행해야 한다. 전자에 대해서는 하자(瑕疵) 있는 재량행사의 문제와 비례원칙의 문제로서 경찰권의 행사에 대한 법적 제한을 받게 되고, 후자에 대해서는 경찰재량의 0으로의 수축론을 통하여 제한을 받는다.[11)]

3. 인권존중주의

경찰은 경찰 자신의 직무수행으로 인한 인권의 침해를 없애야 할 뿐만 아니라 국민 개개인의 인권의 불가침성을 보호해야 할 의무가 있다. 이를 위하여 경찰은 법률의 규정에 의하여 그 권한을 행사함에 있어 직무수행에 필요한 최소한도의 범위에서 행사되어야 하며 이를 남용해서는 안 되고, 복수의 수단을 선택할 수 있는 경우에는 그 사태를 해결하는 데 가장 인권의 제한 정도가 낮은 수단을 선택하지 않으면 안 된다. 즉, 경찰봉으로 해결할 수 있는 사태를 권총으로 해결하려고 해서는 안 된다.

법률에 규정된 실력행사에 있어서도 구체적 사태를 해결하기 위하여 사회통념상 합리적이고도 필요한 한도를 넘어서 실력이 행사되어서는 안 된다.

4. 정치적 중립주의

경찰은 특정 정당 기타 정치단체의 이익이나 이념을 위해 활동해서는 안 되며, 오로지 주권자인 전체 국민과 국가의 이익을 위하여 활동해야 한다.

공무원이 정당이나 정치단체에 가입할 수 없다거나 특정 정당 또는 특정인의 지지

---

11) 국민은 경찰권의 적극적 행사로 인한 권리 등의 침해에 대하여 침해배제청구권을 가짐과 동시에 부작위 등 소극적인 행사에 대해서는 일정한 요건에 경찰개입청구권이 인정된다.

나 반대를 위한 행위를 해서는 안 되는 이유가 여기에 있으며(국가공무원법 제65조), 공무원의 신분이 법률로써 보장되는 것은 이를 뒷받침한다(헌법 제7조 제2항, 국가공무원법 제68조).

5. 경영주의

경찰에는 능률성의 차원이나 효과성의 차원을 넘어 경찰경영 차원에서 조직을 조직하고 관리・운용해 나가야 할 이념을 안고 있다. 경찰 경영주의의 내용은 다음과 같다.

첫째, 경찰은 생산성 개념을 공유해야 한다.

둘째, 경찰은 생산성의 극대화를 위해 적합한 조직구조를 가지고 있는가? 즉, 지휘계층의 비대화와 중복은 없는지, 폐지와 축소 또는 새로운 탄력성 있는 구조로 변경해야 할 조직은 없는지를 분석・평가하고 시정해 가야 한다.

셋째, 주어진 인력과 예산 및 장비는 적정하게 배분되어 있는가? 예를 들면, 도・농간의 인력・예산・장비가 치안수요와 상관없이 획일적으로 이루어지지는 않았는가, 또는 구체적 상황에 따른 경찰력 투입 시에도 책임회피식의 과대동원・과대투입 등의 낭비 요소가 없는지 살펴보아야 한다.

오늘날 경찰경영은 고객인 국민만족을 넘어 국민감동을 지향해야 한다.

제 7 절 민주경찰의 윤리적・사상적 토대

1. 민주국가의 사상적 기초 – 사회계약설

1) 홉스의 사회계약설

자연권이란 각 사람이 그 자신의 본성, 즉 그 자신의 생명을 유지하기 위하여 그의 욕구에 따라서 자기의 힘을 사용하는 자유이다. 자기보존(自己保存)의 본능을 양보할 수 없는 인간의 천부적 자연권으로 인정한다.

인간 각자는 무의식적으로 자기의 안전에만 관심을 갖고 행동하는 탐욕과 공격성을 갖기 때문에 이들의 상황은 만인의 만인에 대한 투쟁상태가 된다고 생각했다. 투쟁 상태는 투쟁의 지속성을 의미한다. 왜냐하면 전쟁이란 전투나 투쟁 행위만에 있는 것이 아니고 전투에 의하여 싸우고자 하는 의사가 충분히 엿보이는 한 계속되기 때문이다. 사회는 만인의 만인에 대한 투쟁상태이다. 사회 속 개인들은 자기보존을 위해서는 평화와 협력이 폭력 및 전반적인 경쟁보다 한층 더 유용성을 가진다는 통찰을 얻게 된다. 이 통찰에서 자기의 자연권에 대한 양보의 가능성을 찾게 된다.

홉스(T. Hobbes)가 가정하는 이기적인 개인들은 상호 간에 자기의 권리나 포기를 통해서 투쟁이라는 처참한 상태로부터 벗어나고자 한다. 상호 이익의 관점에서 개개인은 더 이상의 투쟁상태를 종식하고 평화를 이룩하는 계약을 형성한다. 즉, 이기적인 개인이 계약을 통하여 자기안전과 평화를 모색하게 된다.

홉스에 있어서 인간이 자발적으로 계약을 이행한다는 것은 그 자신의 이기적인 성향 때문에 불가능하고 사리에 맞지 않는 일이다. 개인들은 계약을 담보할 권위체를 필요로 하게 된다. 즉, 인간의 안전을 도모할 위대한 권력의 필요성을 주장한다.

홉스는 '성악설'에 바탕을 두고 사회는 만인 대 만인의 투쟁상태로 보아 이를 종식시키기 위해 절대 권력이 평화와 질서를 보장해야 한다고 보았으며, 이는 순자(筍子)의 성악설과 유사한 성격이 있다.

2) 로크의 사회계약설

로크(J. Locke)는 자연상태에서는 모든 사람이 자연이 제공하는 갖가지 것으로부터 먹고 살 권리가 있다고 주장한다. 개인은 누구의 소유도 아닌 자연에서 이 권리를 실현할 수 있으며, 그 결과물을 사유화할 수 있다. 인간이 자기 대상화한 활동의 산물이 소유물이고, 이에 대한 권리가 소유권이 되는 것이다. 로크에 있어 자연상태의 재산권은 생명권과 이를 실현하는 자유권을 포함하는 개념이다. 개인은 자신의 육체적 노동을 투입한 경작물에 대한 소유권을 가진다고 보아 재산권의 중요성을 강조하였다.

각 개인이 재산권을 향유하는 로크의 자연상태는 홉스의 무정부적 자연상태와는 달리 타인의 재산권에 해악을 가해서는 안 된다는 자연법적 원리가 이성적 인간에 의해 파악되고 지켜지는 평화로운 상태이다. 왜냐하면 로크가 가정하는 자연상태는 풍요의 상태에서 인간은 자기가 향유할 수 있는 정도의 소유만을 하기 때문이다. 이것이 로크가 가정하는 풍요와 평화의 '위대한 자연의 공동사회'이다. 결론적으로 자연상태는 공통의 정치권력이 결여되어 있지만 '자연법'이 있기 때문에 완전히 무질서한 상태가 아니다.

자연상태에서의 계약과 구속력은 개인의 재산권의 보존을 위해서 불편하고 불완전하다고 보고 있다. 자연상태에서는 정사(正邪)의 기준과 공정한 재판관, 그리고 판결할 재판관이나 뒷받침할 권력이 없기 때문에 당연히 재산권 보호는 불완전하다고 보았다.

자연상태의 개인은 자신의 자유와 재산을 더욱 잘 보전하기 위해 사람들을 하나의 공동체로 통합시키는 계약을 맺게 된다. 개개인의 자연권을 공동체에 양도하여 공동체로 하여금 권력을 행사하도록 하는 것은 자연상태의 개인의 자조(自助)보다 이 공동체가 개인의 재산권을 더욱 잘 보장하는 데 있다. 이 공동체가 행사하는 권력은 재산권을 보전하기 위해 형벌을 동반한 법률을 제정하는 권리와 이를 집행하는 권리이다. 이러한 엄청난 권력을 행사하기 위해서는 어떤 형태의 실체를 갖추지 않으면 안 되는 바, 그것이 바로 정부다. 참고로 로크는 인간의 본성에 대해 성선설의 입장을 취하였으며, 홉스의 절대군주체제는 자연상태보다 더 나쁜 것으로 보았다.

3) 루소의 사회계약설

원시적 자연상태에서 개인은 평화롭게 자기보존을 추구하는 평등한 고립자(孤立者)로서 존재한다. 자연상태에서 인간을 지배하는 것은 홉스의 이기적 이성이 아니라 감성이다. 즉, 인간은 본질적으로 선하여 다른 사람이 고통을 겪는 것을 보면 자신도 고통스러워 한다.

홉스나 로크의 이론에 나타나는 이기적 타산 또는 합리적 이성에 의해 이루어지는 계약은 루소적 자연상태에서 이루어지지 않았다. 이러한 이기적 타산 또는 합리적 이성 등의 능력은 타인의 도움을 필요로 하는 사회에서 얻게 된다. 타인에게 의존하는 사회상태가 되자 사람들의 이성은 활발하게 되었으며, 이기심에 눈을 뜨기 시작하였고, 사람들에게 능력의 차이가 나타나기 시작하였다. 이기심과 능력 차이에 따라 어떤 사람들은 부자가 되었으며, 어떤 사람들은 가난뱅이가 되는 소유의 불평등이 발생하였다. 참고로 루소(J. Rousseau)는 인간의 본성에 대하여 착하고 순수하다고 보는 성선설의 입장이었고, 자연상태는 투쟁의 장이 아니라 자유와 평등의 상태로 보았다.

원시사회의 고립과 평등이 깨어진 사회상태는 뒤이어 무서운 무질서가 초래되었다.

즉, 부자들은 사회의 무질서를 종식시키고자 처음에는 개인적인 물리력에 의해 자기의 재산을 보호하지만 보다 안정적인 일종의 공동 규칙이 필요함을 느끼게 되고, 사람들은 법률을 탄생시키게 된다. 이 법률은 사회의 강자의 이해를 대변하도록 구성된다. 여기서 제정된 법률과 이를 뒷받침하는 현실 사회권력은 특수이익을 위한 것이고, 불평등이라는 악덕을 위한 법에 지나지 않는 것이 된다.

루소의 과제는 개개 참여자가 자신을 모두와 결합시키면서도 여전히 자율적이 될 수 있는 어떤 협동체를 발견하는 것이다. 즉, 새로운 공동체는 개인적 평등과 자유라는 전체의 선(善), 즉 개별적 특수이익이 아니라 일반이익을 위해 운영되어야 한다.

개인의 평등과 불가침의 자유는 공동체의 일반의지적 구속과 질서 속에서 더 잘 보장된다. 개인은 공동체에서 평등한 권리를 가지되, 그것은 일반의사(general will)의 질서에 종속되는 것이다. 일반의사에 복종하기 거부하는 자는 누구든지 전체에 의해서 복종하도록 강요된다는 것을 전제로 하고 있다. 일반의사는 공동체의 선을 대변하고, 그 자체가 정의의 기준으로서 언제나 정당하기 때문이다. 인간은 자유롭기 위해서 일반의사에 복종하도록 강제된다. 즉, 개인의 자유와 정부 제도의 조화를 모색한다.

2. 공동체에서의 법과 윤리

1) 공동체생활에서의 객관적 윤리질서와 법

공동체의 객관적 윤리질서는 비록 시대와 장소를 초월한 보편타당성을 가지지는 않지만, 그 공동체의 법에 대한 판단기준으로 작용한다. 공동체의 시대적 · 장소적 자연법으로 기능한다고 볼 수 있다. 아무리 객관적 윤리질서를 적절하게 반영한 법이라 하더라도 그 정당성은 시대와 장소에 따른 한계성에 머무를 수밖에 없는 것이다.

객관적 윤리질서를 법에 반영함에 있어서 정치적 과정을 거치게 되는 바, 인간사회에서는 이를 완벽하게 반영하는 정치적 메커니즘이 존재하지 않기 때문에 객관적 윤리질서가 조작 · 왜곡될 수 있다. 전체주의 사회에서는 독재자에 의해서 조작될 수 있으며, 민주사회에서는 다수의 횡포에 의하여 왜곡될 수도 있다.

2) 법률이 객관적 윤리질서를 반영하지 못한 악법의 문제

법은 공동체가 가치로 승인하는 객관적 윤리질서를 그 내용으로 하지 못할 때 악법이 된다. 악법의 징표로는 인간의 존엄성을 부정하는 법, 자유와 생명을 부정하는 법, 평등의 원칙을 부정하는 법, 소급효를 인정하는 법, 권력의 분립을 부정하는 법 등이다.

통상적으로 법실증주의자들은 법적 안정성을 강조하고 자연법을 부정하는 관점에서 정당한 절차만 밟아서 제정된 법이면 악법도 법이라고 본다. 아무리 부정당하고 강압적인 법이라고 하여도 그것은 다수의 사람에게 질서와 안정을 보장해 주기 때문에 개인은 그 법에 복종할 윤리적 의무가 있다는 것이다. 어떠한 개인도 법에 저항함으로써 위태롭게 해서는 안 된다.

자연법론 관점에서 공동체가 추구하는 객관적 윤리질서에 반하는 법은 명백한 악법에 지나지 않는다고 본다. 정의가 한번도 추구되지 않는 법률은 부정의로운 법이며, 심지어 아예 법적 성격을 결여하고 있다는 것이다(G. Radbruch). 악법에 대한 저항권은 자연법적으로 승인되고 보장되어야 한다는 것이다.

'악법도 법이다.' 아테네 법정에서 독배를 마신 소크라테스(Socrates)의 태도는 아무리 뛰어난 개인의 진리도 공동체의 존립이나 안정과 충돌할 경우에는 공동체의 존립을 우선시하여 배심원의 판결을 수용한 것으로 해석된다. "자네는 싸움터에서나 법정에서나 나라와 국법이 명령하는 것을 수행하지 않으면 안 되네."

3. 경찰의 전문직업화 노력

1) 전문직업화의 장점

경찰이 전문화될수록 경찰관들의 자율과 재량적 업무수행을 촉진하며 업무처리능력의 향상을 통한 인적 자원의 질이 향상된다. 나아가 국민의 신뢰를 제고하며, 이를 토대로 위상이 제고되고 보수상승의 요인이 되기도 한다.

2) 직업전문화의 문제점

첫째, 전문직업적 부권주의(父權主義)이다. 즉, 아버지가 자식의 문제를 모두 결정하듯이 전문가가 상대방의 입장을 고려하지 않고 일방적으로 결정하는 것을 말한다. 전문가가 다른 사람보다 우월적 지식에 근거하여 다른 사람의 선택을 대신할 자격이 있다고 생각하는 것이다. 즉, 전문가가 우월한 지식에 근거하여 비전문가의 판단을 배제하여 대신하려는 경향과 자신의 판단으로 대신하려는 윤리적 문제점을 말한다.

둘째, 소외(alienation)의 문제이다. 즉, 나무는 보고 숲은 보지 못하듯 전문가가 자신의 국지적 분야만 보고 전체적인 맥락을 보지 못하는 것을 말한다.

셋째, 차별(discrimination)의 문제이다. 전문직이 되는 데 장기간의 교육과 비용이 들어 가난한 사람은 전문가가 되는 기회를 상실하는 것을 말한다. 초임순경공채시험의 학력을 대졸 이상으로 제한할 경우처럼 전문직업화를 위하여 고학력을 요구할 경우 경제적 약자처럼 교육기회를 갖지 못한 사람의 공직진출 제한이라는 차별문제가 야기된다.

4. 경찰부패의 방지

1) 미끄러운 경사로 이론 – 셔먼

'미끄러운 경사로 이론(Theory of the slippery slope)'은 셔먼(L. W. Sherman) 등에 의하여 주장된 이론으로 공짜 커피, 작은 선물 등의 작은 호의(gratuity)가 습관화될 경우 미끄러운 경사로를 타고 내려오듯이 점점 더 큰 부패와 범죄로 빠진다는 가설이다.

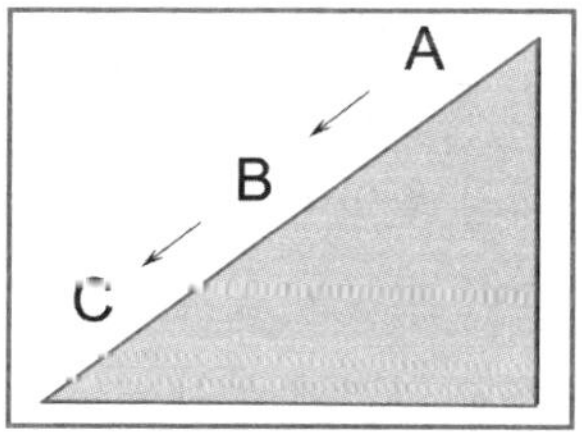

A는 공짜 커피 같은 작은 호의이며, B는 도박과 같은 중간단계의 부패이고, C는 절도와 같은 좀 더 큰 부패이다. A의 공짜 커피와 같은 작은 호의가 나중에는 B, C와 같은 부패로 연결된다는 설명이다.

펠드버그(M. Feldberg)는 경찰이 작은 호의를 제공하는 특정 지역(부자 동네)만 찾아다니면서 서비스를 제공하게 되면, 가난한 자는 소외받는다는 근거로 작은 호의를 비판하였다.

2) 경찰부패의 원인 및 내부고발

(1) 경찰부패의 원인

① 일반사회의 비윤리적 의식의 공직 침투, ② 보수에 있어서 공무원의 상대적 박탈감, ③ 경제의 불안정 및 신분상 위치의 불안정, ④ 행정내부의 법규 및 명령과 현실과의 괴리감 등이 있다.

(2) 경찰부패의 원인에 대한 이론

첫째, 미국 시카고 경찰의 부패원인을 분석하던 윌슨(O. W. Wilson)은 시카고 경찰의 부패를 '경찰은 시카고 시민에 의해서 부패되었다'는 전체사회가설을 주장하였다(Wilson, 1977: 71-78). 사회 전체가 경찰의 부패를 묵인하거나 조장할 때 경찰관은 자연스럽게 부패행위를 하게 되며, 처음단계에는 설령 불법적인 행위를 하지 않더라도 작은 호의와 같은 것에 길들여져 나중에는 명백한 부정부패로 빠져들게 된다는 설명이다(Delattre, 1996: 71-78). 미끄러운 경사로 이론과 유사하다.

둘째, 구조원인가설은 니더호퍼(A. Neiderhoffer), 로벅(J. B. Roebuck), 바커(T. Barker) 등이 주장한 가설이다. 신참경찰관들이 그들의 고참동료들에 의해 조직의 부패전통에서 사회화됨으로써 부패의 길로 들어선다는 입장이다. 즉, 선배경찰의 부패행태로부터 신임경찰이 차츰 사회화되어 신임경찰도 기존 경찰처럼 부패로 물들게 된다는 이론이다. 결국, 신임경찰이 기존의 부패한 경찰로부터 부패의 사회화를 통하여 물들게 된다는 것이다. 이런 부패의 관행은 경찰관들 사이에서 침묵의 규범으로 받아들여진다.

셋째, 썩은 사과이론은 부패의 원인이 자질이 없는 경찰관들이 모집단계에서 배제되지 못하고 조직에 유입됨으로써 경찰의 부패가 나타난다는 것이다. 썩은 사과 한 개가 상자에 있는 모든 사과를 썩게 만들듯이 부정부패할 가능성이 있는 경찰관 일부가 조직에 유입되어 전체가 부패된다는 이론이다.

(3) 내부고발

동료나 상사의 부정에 대하여 감찰이나 외부의 언론매체를 통하여 공표하는 내부고발 행위를 말한다. 참고로 침묵의 규범(푸른벽, blue wall of silence)은 내부고발(whistle-blowing)과는 반대로 동료의 부정부패에 대하여 눈감아 주는 것을 말한다.

내부고발의 원인을 엘리스톤(F. A. Elliston)은 다음과 같이 규정한다.

첫째, 개인은 정보를 공표하기 위해 의도된 행동 또는 일련의 행동들을 수행한다.

둘째, 정보는 공적인 기록사항으로 된다.

셋째, 정보는 조직에서의 가능하거나 현실적인, 사소하지 않은 잘못에 관한 것이다.

넷째, 행위를 수행하는 개인은 조직의 현재 또는 과거 구성원이다.

내부고발의 정당화 요건을 클라이니히(J. Kleinig)는 다음과 같다고 보았다.

첫째, 적절한 도덕적 동기, 즉 폭로의 정의에 규정된 동기에 의해서 행해진다. 즉, 개인의 출세, 보복하려는 동기에 의한 내부고발은 정당하지 않다는 견해이다.

둘째, 내부고발자는 특별한 경우를 제외하고 공표를 하기 전에 자신의 이견(異見)을 표시하기 위한 모든 내부적인 채널을 다 사용했어야 한다.

셋째, 내부고발자는 부적절한 행동을 하도록 지시되었거나, 그런 행동이 일어났다는 자신의 신념이 합리적인 사람을 설득할 정도의 그런 증거에 근거했는지를 확인해야 한다.

넷째, 내부고발자는 도덕적 위반이 얼마나 중대한가, 도덕적 위반이 얼마나 급박한가, 도덕적 위반이 구체화될 수 있는 것인가의 측면에서 위험에 대한 세심한 고려가 있어야 한다.

다섯째, 내부고발자의 행위는 도덕적 위반을 피하거나 드러내는 것과 관련된 그의 책임에 비례하는 것이어야 하며, 어느 정도 성공할 가능성이 있어야 한다.

5. 경찰문화에 있어서 냉소주의 극복

미국의 니더호퍼(A. Neiderhoffer)는 냉소주의가 자신의 신념체제가 붕괴되었지만, 새로운 것에 의해 대체되지 않을 때 나타나는 도덕적 아노미(anomie) 현상이라고 보았다. 아노미 현상이란 기존의 도덕규범이 붕괴된 후 새 규범이 성립되기 전까지의 혼란 상태를 말한다. 냉소주의는 회의주의와 차이가 있는 바, 회의주의(skepticism)는 개별적 사안에서 합리적 의심을 하여 비판을 하는 것이고, 냉소주의(cynicism)는 합리적 근거없이 사회에 대한 신념의 결여로 인해 생겨난다고 보았으며 그 원인은 다음과 같다.

첫째, 조직의 냉소주의는 공중의 생활이 위선으로 가득 차 있다고 생각할 때, 경찰조직이 하급직원에 대하여 무리한 요구를 할 때 나타난다. 즉, 냉소주의는 경찰관이 공중이 도덕적으로 타락하였다고 생각하거나 상부의 지시가 부당하다고 생각될 때 나타난다.

둘째, 냉소주의는 기존의 사회체계에 대한 신념이 결여되었을 때 나타나며, 상사로부터의 부당한 대우와 스트레스는 불신을 야기하여 냉소주의를 야기한다.

셋째, 상의하달의 의사전달이 강조될 경우 권위주의적인 행정관리가 되어 부하의 의견이 수렴이 안 되어 냉소주의를 야기한다.

냉소주의를 극복하기 위해서는 상사와 부하의 신뢰 회복이 중요하며, 의사소통 과정의 개선이 필요하다. 의사결정 과정에 다수의 참여가 요구되며, Y이론[12)]적 인간관에 입각한 행정관리가 필요하다.

6. 민주경찰의 바람직한 지향점

윤리표준의 구체적 내용을 코헨과 펠드버그(H. S. Cohen & M. Feldberg)는 다음과 같이 정리하였다.

1) 공공의 신뢰

공공의 신뢰(public trust)란 시민들이 자신의 권리행사를 제한하고 치안을 경찰에게 믿고 맡겼다는 것을 인식하고 경찰이 거기에 부응하는 것을 의미한다.

경찰은 시민의 신뢰에서 자기 권한의 정당성을 가지는 것이며, 시민의 신뢰를 저버리는 것은 경찰의 윤리적 요청에 반하는 것이다. 또한 공공의 신뢰를 쌓기 위해서는 경찰이 직무수행 과정에서 엄정한 법집행을 하면서도 시민의 신뢰에 부합하도록 적법절차와 최소한의 물리력을 사용하는 것이 필수적이다.

---

12) 더글라스 맥그리거(Douglas Murray McGregor)에 의하면 X이론은 인간은 본래 일하기를 싫어하고 지시받은 일밖에 실행하지 않기 때문에 경영자는 금전적 보상을 유인으로 사용하고 엄격한 감독, 상세한 명령으로 통제를 강화해야 한다는 것이 핵심이다. 이와는 다르게 Y이론은 인간에게 노동은 놀이와 마찬가지로 자연스러운 것이며, 인간은 노동을 통해 자기의 능력을 발휘하고 자아를 실현하고자 하기에 경영자는 자율적이고 창의적으로 일할 수 있는 여건을 제공해야 한다는 것이다.

2) 생명과 재산의 안전

경찰의 기능은 시민의 생명과 재산의 안전(safety and security)을 위한 법집행이다. 생명과 재산의 안전은 억압적·강제적 수단을 사용하는 경찰활동뿐만 아니라 모든 경찰활동의 기준으로서 의미를 가지며 경찰의 활동 영역에서 어떻게 해야 되는지에 대한 방향을 제시해 준다.

경찰의 법집행은 그 자체가 목적이 아니라 법집행을 통하여 시민의 생명과 재산을 보호하는 수단적 가치이다. 엄격한 법집행이 시민의 생명과 재산의 안전을 위할 때 그 타당성을 가지며, 오히려 안전에 위협이 될 때는 법집행이 양보해야 된다는 것을 의미한다.

법집행을 양보할 수 없는 상황도 있는 바, 현재적인 위협을 당하고 있는 시민의 생명과 안전이 잠재적인 위협보다 더 우선적이다.

3) 역할한계와 팀워크

권력분립의 원칙에서 경찰은 일반행정기능과 형사사법기능의 일부를 담당하고 있다. 경찰의 일반행정기능은 '위험방지의무'로 대표된다. 일반복지행정기능 등은 정부의 다른 기관에서 수행되고, 경우에 따라 경찰은 이를 지원하고 있다. 형사사법기능 중 기소와 재판은 각각 검찰과 법원이 맡고 있고, 범죄진압과 수사업무는 경찰이 맡고 있다.

협동과 조화는 정부의 각 기관들이 자신의 업무 영역의 한계와 본분을 지킨다는 전제에서 출발해야 한다. 역할한계를 지키지 않을 때 정부기능의 불협화음이 생기고 이로 인해 시민의 권리가 침해되는 것이다.[13] 역할한계는 경찰조직 내부에서도 마찬가지로, 경찰활동은 경찰조직의 여러 부서가 제 기능을 수행해 줄 때 원활하게 이루어지며 조화를 이룬다.

경찰이 사회제도로서 의미를 가지는 것은 경찰이 존재함으로써 사회의 안전과 질서를 더 잘 보장할 수 있기 때문이다. 경찰 개개인은 부분적으로 일을 하지만 경찰업무는 조직적 메커니즘에 의해 통일되어야 하며, 실제 경찰업무의 대부분은 그 효율성을 위해 경찰관 상호 간의 팀워크(teamwork)가 요구된다. 각 경찰관에게 명성이나 승진 등의 영

13) 선과 악의 개념이 분명하고 정의감이 과도한 경찰이 자기 본분을 망각하고 혐의자를 유죄로 단정하는 월권행위로 나아갈 때 '역할한계의 오류'에 빠지는 것이다.

예를 주는 것은 이러한 협조를 통해 경찰의 사회제도적 기능을 더 잘 수행하라는 이유에서이다.

4) 공정한 접근

경찰활동에 대한 공정한 접근(fair access)은 상대적으로 동등한 서비스에 대한 필요를 가진 개인들이 상대적으로 동등하게 서비스를 받을 기회를 가져야 한다는 것을 의미한다. 그러나 개인들이 가지는 서비스에 대한 필요는 개인의 판단에 의해 이루어지는 것이 아니며, 개인이 원할 때마다 경찰서비스를 얻을 수 있는 것을 의미하지도 않는다. 왜냐하면 경찰이 제공하는 서비스는 「헌법」과 법률에서 규정한 추상적인 업무범위에 포함되어야 하고, 설령 그 업무범위 내라 할지라도 경찰력이 제한된 관계로 개인이 원할 때마다 서비스를 제공할 수 없기 때문이다.

공정한 접근은 전체시민사회를 위한 사회정의의 기초가 되므로 시민에게 경찰서비스의 공정한 접근을 보장하는 것은 경찰업무의 윤리적 표준이 된다.

5) 객관성

경찰업무는 경찰관의 개성과 감정에 구애됨이 없는 객관성(objectivity)을 요구하는 사회활동이라고 할 수 있다. 시민들은 경찰관들이 감정적으로 강제력을 사용하지 않기를 기대하며, 그들의 법집행과 관련된 모든 규칙을 준수하면서 객관적인 공적 역할을 하기를 기대한다.

객관성을 상실하는 주된 원인은 경찰관의 지나친 관여(overinvolvement) 때문이다. 즉, 지나친 관여는 열정에서 나오는 경향이 있으며, 문제는 이 열정 자체가 경찰이라는 직분에 적합한 열정이 되지 않을 때 생기는 것이다. 또한 개인적 편견과 선호가 지나친 관여를 초래하기도 한다.

객관성이 과도하게 나타날 때 냉소주의(cynicism)라는 문제가 발생한다. 냉소주의는 자기의 감정을 자제하는 차원이 아니라 도움을 요구하는 사람들을 염려하는 마음이 전혀 없는 무관심에 가깝다. 냉소주의는 조직에서 그들의 노력이 헛되거나 자기 일에 보람을 느끼지 못할 때 쉽게 찾아오며, 경찰의 존립근거인 헌신적인 봉사와 가능한 한 최선의 봉사요청을 어렵게 만든다.

7. 경찰윤리강령

1) 1991년 제정된 미국의 경찰행위강령(예시)

경찰관은 법의 범위에서 근무하도록 요구되고, 또 그렇게 하도록 국민이 신뢰한 정부의 공적인 대변자로서 행동한다. 경찰관은 모든 의무를 호의나 애정이나 악의를 가지지 않고 지위나 성·인종·종교·종교적 신념이나 야망에 상관없이 공평하게 수행해야 한다.

경찰의 재량(재량의 판단 시 주위 사정을 고려해야 한다), 힘의 사용(경찰의 힘은 최대한 절제하고, 토의·협상·설득이 부적절할 경우에 한하여 사용해야 한다), 비밀의 유지, 고결함, 다른 경찰기관과의 협력, 개인적·전문직업적 능력, 사생활에 대해서도 상세하게 규정하고 있다.

2) 우리나라의 경찰윤리강령

(1) 경찰헌장

> 우리는 조국 광복과 함께 태어나 나라와 겨레를 위하여 충성을 다하며 오늘의 자유민주사회를 지켜온 대한민국 경찰이다.
> 우리는 개인의 자유와 권리를 보호하며 사회의 안녕과 질서를 유지하여 모든 국민이 편안하고 행복한 삶을 누릴 수 있도록 해야 할 영예로운 책임을 지고 있다.
> 이에 우리는 맡은 바 임무를 충실히 수행할 것을 굳게 다짐하며 우리가 나아갈 길을 밝혀 스스로 마음에 새기고자 한다.
> 1. 우리는 모든 사람의 인격을 존중하고 누구에게나 따뜻하게 봉사하는 친절한 경찰이다.
> 1. 우리는 정의의 이름으로 진실을 추구하며 어떠한 불의나 불법과도 타협하지 않는 의로운 경찰이다.
> 1. 우리는 국민의 신뢰를 바탕으로 오직 양심에 따라 법을 집행하는 공정한 경찰이다.
> 1. 우리는 선선한 상식 위에 전문지식을 갈고 닦아 맡은 일을 성실하게 수행하는 근면한 경찰이다.
> 1. 우리는 화합과 단결 속에 항상 규율을 지키며 검소하게 생활하는 깨끗한 경찰이다.

1991년 8월 1일 국립경찰이 치안본부에서 경찰청으로 승격 개청됨과 더불어 제정 · 선포되었다.

경찰헌장은 전문과 본문으로 구성되어 있다. 전문에서는 경찰의 전통, 경찰의 본분, 경찰의 각오를 밝히고 있으며, 본문은 5개항에 걸쳐 각각 친절한 경찰, 의로운 경찰, 공정한 경찰, 근면한 경찰, 깨끗한 경찰을 목표로 제시하고 있다.

(2) 경찰서비스헌장

우리는 국민의 생명과 재산을 보호하고 법과 질서를 수호하는 국민의 경찰로서 모든 국민이 안전하고 평온한 삶을 누릴 수 있도록 다음과 같이 실천하겠습니다.

하나, 범죄와 사고를 철저히 예방하고 법을 어긴 행위는 단호하고 엄정하게 처리하겠습니다.

하나, 국민이 필요로 하면 어디든지 바로 달려가 도와 드리겠습니다.

하나, 모든 민원은 친절하고 신속 · 공정하게 처리하겠습니다.

하나, 국민의 안전과 편의를 제일 먼저 생각하며 성실히 직무를 수행하겠습니다.

하나, 인권을 존중하고 권한을 남용하는 일이 없도록 하겠습니다.

하나, 잘못된 업무는 즉시 확인하여 바로 잡겠습니다.

1998년 9월 30일 공직사회 개혁의 일환으로 시달된 「행정서비스헌장 제정 지침」(대통령훈령)에 따라 경찰서비스헌장이 제정되었다. 경찰청은 경찰행정을 국민 중심으로 전환하여 모든 국민에게 친절하고, 신속 · 공정한 서비스의 제공을 약속하는 경찰서비스헌장을 제정하였다.

경찰서비스헌장은 국민의 정부 출범과 더불어 보다 친근하고 국민 곁에 더욱 가까이 다가서는 새로운 경찰상 확립을 위하여 경찰관들이 직무수행 과정에서 반드시 지켜야 할 사항과 필요한 자세 등을 담고 있다.

기존의 경찰헌장이나 경찰윤리헌장이 선언적이고 추상적인 내용으로 구체적인 기준 제시가 미흡했던 것과는 달리 경찰서비스헌장은 경찰이 국민에게 제공하는 서비스의 기준과 내용, 제공방법 및 절차, 잘못된 서비스에 대한 시정 및 보상조치 등을 구체적으로 포함되어 있다.

3) 경찰윤리강령의 기능

(1) 경찰윤리강령의 순기능

첫째, 경찰서비스에 대한 확신의 부여 및 보장이다. 즉, 경찰관의 일탈행위를 방지함과 동시에 사용자인 시민에게 치안서비스의 질적 수준을 보장함으로써 시민의 확신을 확보할 수 있다.

둘째, 경찰과 시민과의 관계를 개선하고, 윤리를 준수함으로써 경찰직이 전문직이라는 위상을 정립할 수 있다.

셋째, 경찰서비스를 제공함에 있어서 경찰관이 준수해야 할 일정한 행위기준을 제시해 경찰책임의 윤리적 기준으로 삼을 수 있다는 것이다.

넷째, 조직이 나아가야 할 방향을 제시하고 구성원들의 업무수행지침을 제시함으로써 행위기준을 정립하여 주며 구성원 간 소속감과 결속력을 촉진한다.

(2) 경찰윤리강령의 역기능

첫째, 경찰윤리강령은 법적 강제력이 없기 때문에 위반했을 경우 제재할 방법이 미흡하며, 경찰업무의 영역에서 과연 실행될 수 있는가 하는 문제이다.

둘째, 경찰윤리강령의 지나친 이상추구적인 성격으로 인해 인간적 존재에 지나지 않는 경찰관에게 성인군자가 되기를 요구한다. 이는 자칫 냉소주의를 야기할 우려가 있다.

셋째, 인간의 행위는 내면에서 우러나야 되는데 아무런 동기유발 없이 외부적으로 주어지는 경찰윤리강령은 윤리적 불감증을 유발하며, 무슨 행위 중심적으로 규정되어 있어 행위 이전의 의도나 동기를 소홀히 할 우려가 있다.

넷째, 경찰윤리강령은 경찰관의 도덕적 자각에 따른 자발적인 행동이 아니라 외부로부터 요구된 것으로서 타율성으로 인해 진정한 봉사가 이루어지지 않을 수 있다.

Introduction to Police Science

02

한국경찰사

제 1 절 한국경찰의 역사

1. 한국경찰의 시대적 구분

한국경찰사는 1894년의 갑오개혁을 기준으로 그 이전의 전근대적 경찰과 그 이후의 근대적 경찰로, 현대에 있어서는 1945년의 광복과 1991년의 「경찰법」의 제정을 기점으로 구분할 수 있다.

2. 한국경찰의 시대별 특징

전근대적 경찰	고조선~갑오개혁 이전	경찰기능의 미분화 중국의 영향을 받음
근대적 경찰	갑오개혁~1945년 이전	경찰기능의 분화 일본의 영향을 받음 경찰의 조직법적 · 작용법적 근거를 마련함으로써 근대적 경찰로 탄생하는 계기를 마련함

현대적 경찰	1945~1991년 이전	경찰사상에 있어서 새로운 출발을 지향한 시기 한국이 자주적으로 경찰을 운용함
	1991~2020년 이전	「경찰법」 제정 경찰청이 외청으로 독립하여 경찰에 새로운 전기를 가져옴 민주경찰로의 발전 계기 마련
	2021년 이후	전국 단위 일원화 자치경찰제 실시

제 2 절 갑오개혁 이전의 경찰제도

1. 부족국가시대

1) 고조선

(1) 8조금법

고조선 시대에는 8조금법(八條禁法)이라는 형벌법이 있어 경찰기능의 존재를 추정하게 하는데, 그 중 3조목(三條目)이 현재까지 내려오고 있다.[1)]

(2) 경찰활동

8조금법을 통하여 고조선 시대에 적어도 살인죄, 상해죄, 절도죄 등의 죄목을 정한 형벌법령이 있었다는 것과 당시의 지배세력이 이를 집행할 만큼 어느 정도의 체제와 힘을 갖추고 있었다는 것을 추정케 한다(유완빈, 2002: 56-88). 그러한 기능은 오늘날 경찰과 재판 및 형집행 기능에 해당하는 것이므로 사회의 안녕과 질서의 유지가 필요한 만큼 사회 및 국가체제가 갖추어져 가고 있음을 반증한다.

2) 한의 군현(郡縣)

한은 군·현·경·정·리(郡縣卿亭里)의 행정체제를 취하였다.[2)]

1) [1조목] 사람을 죽인 자는 바로 죽인다. [2조목] 남에게 상해를 가한 자는 곡물로 배상한다. [3조목] 남의 물건을 훔친 자는 남자의 경우 노(奴)로, 여자는 비(婢)로 되나, 스스로 속(贖)하려 하는 자는 오십만전을 내야 한다.

2) 군(郡)에는 문관과 무관을 두었다. 현(縣)에는 현령 또는 현장을 두고, 그 밑에 장리(長吏)인 승

위와 유요 및 정장에게는 각각 현·경·정의 도적을 검거하는 일을 관장하게 하였으므로 활·창·방패·검·갑옷의 오병(五兵)이 주어졌는데, 이들이 오늘날의 경찰기능을 담당하였다고 보인다.

3) 남북의 부족국가

(1) 부여

살인자는 사형에 처하고 그 가족은 노비로 삼으며, 남의 물건을 훔친 자는 12배로 배상(일책십이법)하고, 남녀 간에 간음을 범한 자와 부인(婦人)으로서 투기(妬忌)하는 자는 모두 사형에 처하는 등 형벌이 엄하였다. 제천행사인 영고(迎鼓) 때에는 형옥(刑獄)을 중단하고 죄인들을 석방하였다고 한다.

(2) 고구려

뇌옥(牢獄)은 없었으나, 범죄자는 대가(大家)들에 의한 제가평의(諸加評議)의 결정으로 사형에 처하고, 그 처자는 노비로 삼으며, 절도범은 일책십이법(一責十二法)에 따라 12배의 배상을 하도록 하는 등 엄한 형벌 규범으로 사회를 다스렸다.

(3) 옥저와 동예

옥저와 동예는 고구려와 예속적 관계에 왕이 없이 거수(渠帥)들이 읍락(邑落)을 지배하였다. 특히, 동예에서는 각 읍락마다 경계가 설정되어 있어서 서로 경계를 침범하는 일이 있으면 노예나 우마로써 배상하는 책화제도(責禍制度)가 있었으며, 살인자는 사형에 처하고 도둑이 적었다고 전해진다.

(4) 삼한

소도(蘇塗)라는 별읍(別邑)이 있어 천관(天官)이라는 신관(神官)이 다스렸으며, 이곳은 죄인이 도망하여도 잡지 못하였다.[3)]

(丞)과 위(尉), 소리(小吏)인 두식(斗食)과 좌사(佐史)를 두어 각각 문치(文治)의 보좌와 도적을 잡아 가두는 일을 보게 하였다. 경(卿)에는 교화(敎化)를 주관하는 삼로(三老)와 순찰과 도적을 방비하는 유요를 두었다. 정(亭)에는 정장을 두어 도적을 잡게 하였다. 리(里)에는 이괴(里魁)를 두어 풍속 등을 담당하게 하였다.

3) 우리나라의 소도와 같은 풍습은 널리 고대사회에 공통된 것으로, 서양에서도 이와 같은 장소를 '도피소(Asile, Asylum)'라고 하였다.

2. 삼국시대

고구려·백제·신라가 등장하면서 부족국가의 다원적인 조직을 청산하고 왕을 중심으로 하는 중앙집권적인 국가가 성립되었고, 이에 따라 법령과 제도의 발전이 이루어지는 바, 이 시기에 경찰기능도 어느 정도 모습을 드러내는 등 변화가 이루어진다.

1) 고구려

고구려는 신분관제로서 수상인 대대로(大對盧)에서 선인(先人)에 이르는 14관등체계를 갖추었고, 지방을 5부로 나누어 욕살(褥薩)이라는 지방장관을 두어 다스렸다. 물론 경찰권도 이들 지배세력에 의하여 행사되었으리라고 짐작된다.

중국의 『구당서(舊唐書)』 등에 의하면, 고구려에는 모반죄(謀叛罪: 외환죄)와 모반죄(謀反罪: 내란죄) 등의 반역죄, 전쟁에 임하여 패배하거나 항복한 죄, 살인행겁죄(殺人行劫罪), 절도죄, 가축살상죄 등이 있었다고 전해진다. 이것은 엄격한 형벌 또는 부담(절도죄의 경우 12배 배상 또는 자녀를 노비로 삼아 상환)으로써 사회질서를 유지하였음을 보여준다.

2) 백제

백제는 지방에는 5방제(方制)를 취하여 방령(方領)을 두어 다스렸고, 수도에는 5부를 두어 달솔(達率)로 하여금 다스리게 하였는데, 이들이 치안책임을 병행하여 수행하였을 것이다.

백제의 경우에도 반역죄, 절도죄, 간음죄, 관인수재죄(官人受財罪) 등에 대하여 엄격한 형벌을 가함으로써 국가체제와 사회질서를 유지하였다.

3) 신라

신라는 엄격한 골품제도와 이벌찬에서 조위(造位)에 이르는 17관등제(官等制)를 통하여 신분질서를 유지하는 지배체제를 구축하였고, 필요에 따라 병부, 품주(稟主), 사정부(司正部) 등의 관부를 설치하여 국사를 담당하였다.

그리고 지방에는 주(州)를 두고 군주(軍主)로 하여금 다스리게 하였는데, 이들이 군사는 물론 경찰업무도 담당하였을 것으로 추측된다.

3. 남북국시대

1) 통일신라

경찰과 관련되는 조직은 병부, 사정부, 이방부(理方府) 등으로, 특히 '이방부'는 좌이방부, 우이방부로 나뉘어 범죄의 수사와 집행을 맡아보았다.

지방통치조직의 기본이 된 것은 주·군·현 제도였다. 지방을 9주 5소경으로 나누고, 지방장관에 총관(摠管)을 두고 소경에는 사신(仕臣)을 두었으며, 주 밑에는 군(태수), 현(령), 촌, 향, 소, 부곡 등을 두었다.

그런데 주의 총관에서부터 현령에 이르기까지 중앙귀족이 임명되어, 9서당 10정의 군사조직과 함께 통일신라의 통치조직의 중요한 고리를 이루고 있었으므로 경찰기능도 물론 이들에 의해 수행되었으리라고 판단된다.

당시의 범죄유형을 보면 부모에 대한 살인 등의 오역죄(五逆罪)·절도죄 등의 통상적인 범죄유형 외에 모반죄·모대역죄·지역사불고언죄(知逆事不告言罪)와 같은 왕권을 보호하기 위한 범죄와 불휼국사죄(不恤國事罪)·배공영사죄(背公營私罪) 등의 관리들의 직무와 관련된 범죄들이 등장하였다.

2) 발해

발해는 당나라의 제도를 일부 모방하였으나, 자체적인 독자성을 유지한 관료제를 갖추었다. 발해는 3성 6부 체제 외에도 1대, 7시, 1원, 1감, 1국의 추가적인 조직구조를 통해 행정체계를 보완하였다. 이 중에서 6부의 역할이 중요했으며, 유학 사상에 기초하여 명칭을 충부(忠部), 인부(仁部), 의부(義部), 지부(智部), 예부(禮部), 신부(信部)로 명명하였다.

특히, 지부는 군사와 경비경찰업무를 총괄하여 발해의 치안과 방어를 담당하였고, 예부는 법률 집행과 사법경찰업무를 수행하여 사회질서유지를 위해 중요한 역할을 하였다. 발해에서는 경찰권이 현대와 같이 뚜렷하게 분리되지 않았지만, 지부와 예부를 통해 경비와 사법경찰 역할이 분담되어 있었다.

또한 발해의 지방조직은 5경 15부 체제로 구성되었으며, 각 부에는 도독이, 주에는 자사가, 현에는 현승이 파견되어 지방의 치안과 행정을 담당하였다. 요충지대에는 절도사를 두어 군사, 경찰, 재정, 소송 등 다양한 행정 업무를 수행하게 하였으며, 이를 통해 지방통치와 치안유지가 강화되었다.

발해의 법률은 당나라의 율령체계를 참고하여 통치가 이루어졌으며, 이러한 법제는 당시 사회 안정과 질서유지를 위한 법적 기반을 제공하였다.

4. 고려시대

중앙관제는 3성 6부로 이루어져 있었으며, 이 중에서 법률과 소송을 다루던 형부와 군사 등을 다룬 병부가 경찰기능을 담당하였다.

군 조직으로는 서울의 경군으로 2군 6위가 있었는데, 이 중 '금오위(金吾衛)'가 수도의 경찰업무를 담당하여 수도 개경의 순찰 및 포도금란(捕盜禁亂)의 업무와 비위예방을 담당하였다.

도(道)의 장(長)인 안찰사가 경찰업무를 포함하여 행정, 사법, 군사, 경찰 등의 사무를 그 관할 구역에서 통합적으로 처리하였다.

현위(縣尉)를 장으로 하는 '위아(尉衙)'라고 하는 지방기관이 설치되어 있었는데, 이 기관의 성격에 대하여 위아를 현재의 경찰서, 현위를 경찰서장이라고 보는 견해도 있다.

'어사대(御史臺)'는 내외의 비위를 규탄하고 풍속교정을 담당하는 등 풍속경찰의 임무를 수행하였다.

최씨 무인 정권에서 사병역할을 했던 삼별초는 경찰, 전투 등의 공적인 업무도 수행하였다.

충렬왕 때 설치된 '순마소(후에 순군만호부로 개편됨)'는 방도금란(防盜禁亂)의 임무 외에 왕권보호 등의 정치적 활동을 수행하였다.

고려시대로 들어서면서 죄목이 더욱 분화되었는데, 모반·대역죄, 살인죄, 절도죄 등 전통적 범죄 외에 공무원 범죄, 문서훼손에 관한 범죄, 무고죄, 도주죄, 방화죄, 실화·연소죄, 간범죄(姦犯罪) 등 성범죄, 도박죄, 유기죄, 인신매매에 관한 범죄, 장물죄 등이 새롭게 처벌되었다. 이는 사회의 발달에 따른 범죄의 다양화에 대응하기 위함이었다고 생각된다.

5. 조선시대 – 갑오개혁 이전

경찰기능은 중앙의 경우 고려시대 말기의 순군만호부가 태종 2년에 순위부, 태종 3년에는 의용순금사, 태종 14년에 '의금부'로 개칭되어, 왕명을 받들고 왕족의 범죄 및 현관(現官) · 음관(陰官)으로 관규(官規)를 문란케 한 자, 국사범, 모역죄, 반역죄 등에 관한 사건, 사교(邪敎)에 관한 금령(禁令)을 범한 자, 상인(常人)의 왕실 및 왕족에 대한 범죄사건, 사헌부에서 탄핵한 사건 등 중요한 특별범죄를 관장하였다.

지방의 경우에는 관찰사와 수령들이 지방행정과 함께 경찰기능도 수행하였다. 그러나 경찰권은 일원화되지 못하고 각 관청이 소관사무와 관련하여 직권에 의하여 위법자를 체포하여 구금하였다.

조선시대 경찰과 관련하여 특히 주목할 것은 포도청(捕盜廳)이다. 포도청은 당시 전국적으로 극성을 부리던 도적의 횡포를 막고자 성종 2년(1471년) 포도장제에서 기원하며, 포도청이라는 명칭은 중종 24년(1529년)에 처음으로 등장한다. 포도청은 도적을 잡

조선시대 경찰 · 경호기관

기관명	설명
포도청	죄인을 신문하고 도적 및 화재 예방을 위해 순찰했던 관서로, 조선시대 수도 치안과 경찰업무를 수행하였으며, 후기에는 궁성 호위와 왕의 행행 수행 등이 주요 임무
의금부	고려시대 순군만호부에서 개편된 특별사법기관으로, 왕족 범죄, 관리 범죄, 국사범 및 반역죄 등을 처리하며 정치범 재판소로 기능
사헌부	조선시대 감찰기관으로 관리들의 업무를 감시하고, 백성의 억울함을 해결하며, 관리 기강 및 풍속을 정립
한성부	한성 지역(현재의 서울)을 관할하며, 일반행정 외에 경찰 및 사법 업무를 수행. 폭력 단속, 주간순찰, 변사자 검시 등의 업무를 담당
내금위	조선시대 왕의 친위부대로, 왕의 호위를 담당한 경호기관
겸사복	왕의 호위를 위한 기병대로, 양반층 자재들로 구성되어 있었으며, 후에 금군청 소속으로 개편
금군청	조선시대 궁궐의 수위와 임금 호위를 맡았던 금군의 군영으로, 내금위, 겸사복, 우림위로 구성
형조	법률, 송사, 형옥, 노예 관련 업무를 담당하며, 하급기관의 판결을 재심하는 역할. 현재의 검찰청과 법원을 겸한 기관
전옥서	죄인의 구금과 행형을 담당한 기관으로, 조선시대 다양한 관청에 설치된 옥사 중 하나
관찰사와 수령	지방의 형사사법기관으로, 일반행정과 일정 경범죄에 대한 사법권을 행사

고 야간순찰을 실시하는 등의 임무를 수행하였으며, 1894년 갑오개혁과 함께 경무청관제직장이 제정되어 한성부에 경무청이 설치되면서 폐지되었다.

제 3 절 갑오개혁부터 한일합병 이전의 경찰

1. 서론

우리나라의 경찰사에서 경찰이라는 용어가 처음 등장하는 것은 1894년 갑오개혁 이후의 일이다. 이때 경찰에 관한 조직법적 · 작용법적 근거가 마련되었으며, 근대국가적 경찰체제가 갖추어지게 되었다(김충남, 2002: 70).

그러나 그것은 이미 프랑스 등 대륙법계의 경찰체제를 갖춘 일본이 우리에게 그러한 체제를 이식시키는 시기였을 뿐만 아니라 궁극적으로는 우리나라의 경찰, 나아가 우리나라 전체를 지배하기 위한 장기적인 전략의 일환이었다는 점에서 우리나라와 경찰의 역사에 있어서 가장 치욕적인 시기이기도 하였다.

2. 갑오개혁과 한국경찰의 창설

일본이 조선에 처음으로 경찰의 창설을 결정한 것은 1894년 6월 27일(양력)의 일본각의에서였는데, 조선의 개혁 대상의 하나로 경찰제를 둘 것을 포함하였으며, 이러한 결정을 조선 정부에 전달하였다. 이에 따라 김홍집내각은 「각아문관제」에서 처음으로 경찰이라는 용어를 사용하였으며, 경찰을 법무아문에 창설할 것을 정하였다.

그러나 곧 경찰을 내무아문으로 소속을 변경시켰고, 동년 7월 14일(음력)에는 「경무청관제직장」과 「행정경찰장정」을 제정하였다.

「경무청관제직장」에 의해 당시 수도인 한성부에 경찰이 창설되었다. 당시의 좌우포도청을 합설하여 경무청을 신설하고, 이를 내무아문에 예속시켜 한성부 일체의 경찰사무를 관장시켰다. 경무사를 두어 경찰사무와 감옥사무를 총괄하도록 하였고, 범죄인을 체포 · 수사하여 법사에 이송하도록 하는 임무를 부여하였으며, 이 관제에 의하여 최초로 한성부의 오부자내(五部字內)에 경찰지서가 설치되고 경무관을 서장으로 보하였다.

일본의 1875년 행정경찰규칙과 1885년 위경죄즉결례를 혼합하여 한문으로 옮겨 놓은 것이 한국경찰 최초의 작용법이라고 할 수 있는 「행정경찰장정」이다. 여기에는 영업 · 시장(市場) · 회사(會社) 및 소방, 위생, 결사 · 집회, 신문잡지 · 도서에 관한 사무까지 담당하는 등 매우 광범한 영역의 사무를 담당하고 있었다.

경무청의 고문관으로 일본의 무구극조(武久克造)를 초빙, 조선의 경찰제도를 일본식으로 정비하였다. 1895년에 「내부관제」의 제정을 통해 내부대신의 경찰에 대한 지휘 감독권이 정비되었다. 1896년에는 「지방경찰규칙」이 제정되어 지방경찰의 작용법적 근거가 마련되었다.

3. 광무개혁에 따른 경부경찰체제의 출범과 그 좌절

근대국가를 목표로 한 광무개혁에 따라 경찰제도에도 획기적인 변화가 일어났다. 1900년 6월 9일(음력)의 조칙(詔勅) 「경부를 설치하는 사건」과 동월 12일의 칙령 20호 「경부관제」에 의해 중앙관청으로서의 경부(警部)가 탄생되었다. 이 관제는 한성 및 각 개항시장의 경찰업무와 감옥서를 통할하는 조직으로 경부를 설치하여, 경부로 하여금 국내 일체의 경찰사무를 관리하도록 하고, 경부에는 대신 1인, 경무관 15인, 총순 40인, 감옥서장 1인 등을 두도록 하였다. 궁내경찰서와 한성부 5개 경찰서, 3개 분서를 두고, 이를 지휘하는 경무감독소를 두며, 한성부 이외의 각 관찰부에 총순을 두었다. 1901년 3월 18일의 조칙 「경부관제를 전 경무청에 의해 시행하는 건」과 1902년 2월 18일의 칙령 3호 「경무청관제」를 통하여 경무청이 경부의 업무를 관리하게 되었다.

구(舊)경무청이 한성부만을 대상으로 한 반면, 여기서의 경무청은 전국을 관할하는 기관이었던 점에서 오늘날 경찰청의 원형이라고 볼 수 있다. 양자 간에는 현격한 차이가 있으며, 경무사가 국내 일체의 경찰사무를 관리하였다.

1896년 한성과 부산 간의 군용전신선의 보호를 명목으로 일본의 헌병대가 주둔하게 되었으며, 헌병은 군사경찰 이외에도 행정경찰 · 사법경찰을 겸하였으므로 사실상 헌병경찰로 보아도 좋다. 특히, 반란 등의 시찰이나 정탐 등을 임무로 하고 있었으며, 일본헌병의 한국 주둔은 한일합병 이후의 헌병경찰제의 시발점이 되었다.

4. 을사늑약과 한국경찰권의 상실

을사늑약에 의거 1905년 통감부에 의한 통감정치가 시작되어 일본에 의한 경찰권의 장악이 진행된다. 즉, 경무청을 한성부의 경찰로 축소시키는 한편, 통감부 산하에 별도의 경찰조직을 설립, 직접 지휘하여 사실상 한국경찰을 장악해 나간다.

1907년 '경찰관리임용에 관한 건'에서 한국경찰에 일본경찰을 임명하였다.

1908년 10월 29일 한국의 내각총리대신 이완용과 통감 이등박문과의 「경찰사무에 관한 취극서」에서 재한국 일본인에 대한 경찰사무의 지휘감독권을 일본관헌의 지휘·감독을 받아 일본인이 한국경찰권을 행사하도록 위양하였다.

1909년 3월 15일에는 「재한국 외국인민에 대한 경찰에 관한 한일협정」을 통하여 재한국 외국인에 대한 경찰사무의 지휘감독권을 일본관헌의 지휘·감독을 받아 일계 한국경찰관이 행사하도록 위양하였다. 1909년 7월 12일의 「한국 사법 및 감옥사무 위탁에 관한 각서」에 의거하여, 한국의 사법경찰권을 포함하는 사법과 감옥사무가 일본에 위탁되었다.

1910년 6월 24일에 「한국 경찰사무 위탁에 관한 각서」를 체결하여 한국 경찰사무를 일본국에 위탁하게 된다(서기영, 1976: 313).

제 4 절 식민시기의 경찰

1. 헌병경찰시기

한일합병 전인 1910년 통감부에 경무총감부를, 각 도에는 경무부를 설치하여 경찰사무를 관장하도록 하였고, 서울과 황궁의 경찰사무는 경무부총감의 직할로 관장하였다.

1910년 「조선주답헌병조령」에 의해 헌병이 일반치안을 담당할 법적 근거를 마련하였는데, 헌병이 신분을 유지한 채 경찰직무를 수행하는 것이 가능해졌다. 일반경찰관은 도시나 개항장 등에, 헌병은 주로 군사경찰상 필요한 지역 또는 의병활동 지역 등에 배치되었다. 헌병경찰의 임무는 첩보의 수집, 의병의 토벌 등에 그치지 않고, 민사소송의 조정, 집달리 업무, 국경세관 업무, 일본어의 보급, 부업의 장려 등 광범위하게 미치고 있었다. 그러나 헌병에 의한 무단통치는 결국 1919년 3·1 운동에 의해 종언을 고하게 되었다.

2. 보통경찰시기

일본은 1919년 3월 1일 항일독립만세운동을 계기로 헌병경찰제도에서 보통경찰제도로 전환하였다. 총독부 직속의 경무총감부는 폐지되고, 총독부에 경무국을 두어 전국 경찰사무를 관장케 하였다. 그러나 기본적으로 경찰의 직무와 권한에는 변화가 없어 치안유지 업무 이외에 각종 조장행정에의 원조, 민사쟁송조정사무, 집달리사무 등도 계속하여 경찰이 맡아 수행하였다. 오히려 3·1 운동을 기화로 「정치범처벌법」(제령 7호)을 제정하여 단속체제는 한층 강화되었으며, 일본에서 1925년에 제정된 「치안유지법」도 우리나라에 적용되는 등 탄압의 지배체제는 한층 강화되었다.

제 5 절 미군정 경찰

1. 식민경찰체제 청산의 미흡

미군정은 「태평양미군총사령부포고 1호」를 통하여 군정의 실시와 구(舊)관리의 현직유지가 포고되었고, 이에 따라 경찰 역시 일제시대의 경찰을 그대로 유지하게 되었다. 다만, 경찰사무와 조직에 있어 약간의 정비가 이루어져 그동안 경찰이 담당하였던 위생사무가 위생국으로 이관되고, 경제경찰과 고등경찰이 폐지되는 등 그동안 광범위하게 이루어지던 행정경찰사무가 경찰의 관할에서 분리되는 비경찰화 작업이 진행되었으며, 대신에 정보업무를 담당할 정보과가 신설되었다.

이에 비해 식민시기의 치안입법은 비교적 철저하게 정리되어 「치안유지법」, 「정치범처벌법」, 「예비검속법」 등은 1945년에 폐지되었고, 「보안법」은 1948년에 폐지되었다.

2. 군정기의 경찰제도

군정 초기 경찰은 광복 이후의 혼란에 대비하기 위하여 일시 국방사령부의 지휘·감독을 받았지만, 1946년 법령 46호에 의거 경찰은 경찰부로 승격·개편되었다.

한편, 1947년 6인의 위원으로 구성된 「중앙경찰위원회」가 법령 157호로 설치되어 중요한 경무정책의 수립 및 경무부장이 회부한 경무정책과 그 운영의 심의 결정, 경찰관리의 소환, 심문과 임면, 이동 기타 군정장관이 회부한 사항을 심의하는 등 경찰의 민주화를 위한 조치가 이루어졌다.

제 6 절 독립 이후 1991년 이전의 경찰

1. 내무부 경찰체제의 출범

독립 이후의 경찰체제를 규정지은 것은 법률 제1호인 「정부조직법」이다. 이 법은 기존의 경무부를 내무부의 일국인 치안국으로 인수하도록 규정함으로써 경찰조직은 부에서 국으로 격하되었다. 이러한 '국(局)' 체제는 1975년 치안국이 치안본부로 개편된 후 1991년 경찰청이 내무부의 외청으로 독립할 때까지 유지되었다.

그 외에 1953년 해양경찰대의 설치, 1955년 국립과학수사연구소의 설립, 1968년 1·21 사태를 계기로 한 전투경찰대의 설치(1970년 전투경찰대 설치법 제정), 1979년의 「경찰대학 설치법」의 제정과 1981년의 경찰대학의 개교 등이 이루어졌다.

지방경찰도 중앙과 마찬가지로 1991년 「경찰법」이 제정될 때까지 관청으로서의 지위를 얻지 못하고, 시·도지사의 보조기관에 지나지 않았다. 다만, 경찰서는 행정관청으로서 1991년 이전에도 경찰에서 유일하게 행정관청으로서의 지위를 가지고 있었다.

2. 경찰관 직무집행법 등 경찰 관련 법령의 제정

독립 이후까지 남아 있던 경찰작용에 관한 법령으로는 행정집행령 등 극히 일부에 지나지 않았고, 새로운 경찰관의 직무집행에 관한 근거법령은 마련되지 못하였다.

1953년 12월 14일 법률 제299호로서 「경찰관 직무집행법」이 제정되어 경찰관의 직무집행에 관한 기본법이 마련되는 등 경찰 관련 법령의 정비가 이루어졌으며, '국민의 생명, 신체, 재산의 보호'(제1조)라는 영 · 미법적인 사고가 이 법에 반영되었다.

또한 1969년 1월 7일 「경찰공무원법」이 처음으로 제정되어, 그동안 「국가공무원법」에 의거하던 경찰공무원을 특별법으로 규율하게 되었다.

제 7 절 경찰법 제정 이후의 경찰

1. 경찰법 제정의 역사적 의의

경찰의 제도 개혁 논의는 주로 선거부처인 내무부로부터의 독립, 즉 정치로부터의 중립성 확보에 초점이 맞추어져 왔다. 그러한 점에서 1991년에 제정된 「경찰법」은 경찰을 내무부의 외청으로 존속시킨다는 점에서 완전한 의미의 경찰의 독립은 아니었으나, 「경찰법」 제정이 갖는 의의는 크다.

특히, 경찰위원회제도를 도입함으로써 향후 경찰에 대한 민주적 통제 시스템의 구축을 위한 발판을 마련하였다는 점과 경찰청과 각 지방경찰청을 독립관청화하였다는 점에서 경찰조직 발전의 일보로서 평가해야 한다.

2. 경찰법 제정 이후의 경찰

「경찰법」의 제정으로 종래 내무부의 보조기관이었던 치안본부가 내무부의 외청으로 승격되었으며, 지방경찰도 시 · 도지사의 보조기관에서 독립된 관청으로 승격되었다. 그리고 내무부에 경찰위원회를 두고, 지방에는 시 · 도지사 밑에 치안행정협의회를 두도록 하였다.

한편, 종래 경찰청에서 관리하여 오던 해양경찰은 1996년 8월부터 해양수산부로 이관되었으며, 현재에는 해양수산부 산하 해양경찰청이 담당하고 있다.

3. 자치경찰제 도입

대한민국 자치경찰제는 국가경찰이 담당하던 치안업무를 일부 지방정부가 직접 운영하도록 하는 제도로, 2021년 7월부터 본격적으로 시행되었다. 자치경찰제 도입의 주요 목적은 지역사회의 특성을 반영하여 보다 밀착된 치안서비스를 제공하고, 경찰활동의 효율성을 높이기 위함이다

자치경찰제 도입의 배경에는 경찰권력의 집중을 분산하고, 지방분권의 흐름을 반영하려는 정부의 정책적 목표가 있었다. 특히, 기존의 국가경찰조직이 모든 지역의 치안을 관리함으로써 발생하는 한계를 보완하기 위해 지방정부의 자율적 권한을 강화하려는 필요성이 대두되었다.

자치경찰제는 기존의 국가경찰체계와 병행하여 운영되며, 국가경찰은 범죄수사, 국가안보와 같은 중앙집중적 업무를 수행하고, 자치경찰은 생활안전, 교통 관리, 지역 밀착형 치안활동을 주로 담당한다. 자치경찰의 감독과 운영은 시·도경찰청 산하의 자치경찰위원회가 맡으며, 위원회는 지역사회 특성에 맞춘 정책을 수립하고 지역주민의 안전을 책임진다.

4. 경찰조직의 연혁

1949.10.18	경찰병원 설치
1955.3.25	국립과학수사연구소 설치
1966.7.1	경찰관 해외주재관 제도 신설
1969.1.7	경정·경장 2계급 신설, 2급지 서장을 경감에서 경정으로 격상
1974.12.24	내무부 치안국을 치안본부로 개편
1979.12.28	경찰대학 설치법 제정·공포(1981년 1기생 입학)
1991.8.1	치안본부를 경찰청으로 승격, 지방경찰국을 지방경찰청으로 승격
1996.8.8	해양경찰청을 해양수산부로 이관
1999.5.24	경찰서에 청문감사관 제도 도입
1999.12.28	면허시험장을 책임운영기관화하여 경찰정장 직속의 운전면허시험관리단 신설
2000.9.29	사이버테러대응센터 신설
2005.7.5	경찰청 생활안전국에 여성청소년과 신설

2005.12.30	경찰병원을 책임운영기관에 추가
2006.3.30	경찰청 외사관리관을 외사국으로 확대 개편
2006.7.1	제주도 자치경찰 출범
2006.10.31	제주지방경찰청장을 치안감급으로 격상, 경찰청 수사국에 인권보호센터 신설
2008.2.29	정부조직법 개정으로 해양경찰청이 국토해양부 소속으로 변경
2014.11.11	해양경찰업무가 국민안전처 해양경비안전본부로 변경
2017.7.26	해양경찰청업무가 해양수산부 해양경찰청으로 변경
2019.8.20	법률 제16515호「해양경찰법」제정
2020.2.21	해양경찰위원회 출범
2020.12.9	「경찰법」·「경찰공무원법」전부 개정안 국회 본회의 통과
2021.1.1	국가수사본부 출범
2021.7.1	시·도자치경찰 시행, 자치경찰제 도입

※ 참고로 1946년 여자경찰제가 도입되었으며, 1953년 해양경찰대가 설치됨.

Introduction to Police Science

03

비교경찰론

제 1 절 영국경찰

1. 개설

1) 영국경찰의 역사

앵글로색슨 시대에는 경찰조직이 없었고, 지역마다 10가구씩 하나의 집단을 이루어 치안을 유지하는 '10인조 제도'가 있었다. 10인조 제도는 사회공공의 안녕 질서를 유지하기 위한 '10인 상호보증제도(Frank-Pledge System)'에서 유래하였다. 10인조가 다시 모여 100인 조합을 형성하였고, 이를 관리하기 위하여 1명의 관리책임사(Constable)를 임명하였는데 이것이 오늘날 경찰관의 기원이다. 100인 조합은 다시 합쳐서 샤이어(shire)가 되고, 이것이 오늘날의 군(county)이다.

국왕은 각 샤이어의 치안을 위해 군인이면서 법관인 국왕대관(國王代官, Shire Reeve)을 임명하고 이들이 후에 보안관(sheriff)이다. 국왕을 대표하여 세금징수, 치안유지, 재판권 행사 등 국왕의 각종 권한을 행사하였다.

범죄 증가로 인한 사회불안으로 불만이 증가하자 에드워드(Edward) I세는 지방도시를 위하여 윈체스터법(Statute of Winchester)과 수도 런던에 관한 법률을 제정하였다. '윈체스터법'은 약화된 10인조 제도를 교구순경(parish constable)으로 대치하여 교구마다 1명이 1년 동안 무급순경 역할을 수행하도록 하였으며, 중요범인의 체포, 야주간 감시제도(Watch and Ward), 범인추적협조제도의 부활, 무기의 비치, 공공도로의 단속을 내용으로 하였다(Walker, 1983: 3).

중세시대에는 상공업의 발달로 범죄대처능력이 부족하게 되어 이를 위해 특별경찰, 특히 산림경찰과 상업경찰이 생겨났다. 경찰업무는 광범위한 권한을 가지고 개인의 일상생활에까지 관여하였다. 청교도 혁명 이후에는 전국에 육군 헌병으로 통일적인 경찰조직을 만들었지만 곧 국민들의 반감으로 폐지되었다.

산업혁명시대 헨리 필딩(Henry Fielding) 법관은 경찰조직의 무질서, 무통제에서도 정부의 허가를 얻어 절도체포대, 기마순찰대, 도보순찰대의 세 가지 경찰조직을 만들어 나중에 경찰청의 기본을 이루었다.

내무부장관 로버트 필(Robert Peel)은 수도경찰청법 제정으로 여러 경찰조직을 통합하여 일원화하고 계급, 제도, 정복착용 등 개혁을 이루었다. 1829년 수도경찰청을 설립하였으며, 수도경찰의 애칭인 '보비(Bobby)'는 로버트 필경의 애칭에서 비롯되었다.

1829년 군(郡)경찰법의 제정으로 인구 1천 명당 1인의 경찰관을 임용하도록 하였으며, 1835년 도시자치법 제정으로 시군경찰위원회를 발족하여 전국 경찰 표준화 작업을 단행하고, 1856년 도 및 특별시 경찰법에 의해 자치경찰에 대한 내무부장관의 감독권과 통제권을 확립하였다.

1931년 치안총감이었던 트랜챠드(Hugh Trenchard)의 경찰개혁활동에는 구(區) 중심의 제도 확립, 순찰제도의 개선, 경찰 설비의 확충과 10년 단기순경제 실시 등이 있다.

제2차 세계대전 중에는 경찰의 임무증가, 인력감소, 방공대비 등을 이유로 1942년 긴급국방조례로 경찰의 합병명령을 발하였고, 1946년 경찰법으로 45개 시경찰이 주위의 군경찰과 합병하였다.

수도경찰청과 런던시를 제외한 모든 경찰본부가 관리기구인 경찰위원회로 통합되었으며, 내무부장관에게 경찰본부 합병권을 부여하여 비능률적인 소규모 경찰본부의 통합을 추진하였다.

2000년 수도경찰청은 완전 자치경찰로 탈바꿈하였으며, 2006년 중대조직범죄청(Serious Organised Crime Agency: SOCA)을 창설하여 기존 중앙범죄정보국과 중앙범죄수사대를 통합하였다.

2013년 중대조직범죄청(SOCA)이 국립범죄청(National Crime Agency: NCA)으로 개편되었으며, 내무부장관이 지방경찰청장 중 국립범죄청장을 임명한다.

2) 현대 영국경찰조직

영국의 경찰은 잉글랜드와 웨일스, 스코틀랜드, 북아일랜드의 각 법률체계에서 독립적으로 조직되어 있다. 각 체계는 자체적인 영토 경찰력을 운영하며, 이들은 각각의 관할 구역에서 법과 질서유지의 주된 책임을 맡고 있다.

구체적로 잉글랜드와 웨일스에는 잉글랜드에 39개, 웨일스에 4개의 구역에서 각각 자치경찰제이다. 이들 경찰력은 운영상 독립성이 보장되지만 국가 차원에서 내무부의 감독을 받는다. 스코틀랜드와 북아일랜드는 각각 하나의 통합된 국가경찰제를 운영하고 있으며, 지역 범죄부터 심각한 범죄까지 모든 법집행 업무를 담당하여 각 국가 내에서 일관된 접근방식을 보장한다.

영국은 치안유지를 위해 경찰정당성 모델을 채택하고 있으며, 이는 경찰의 권한이 공공의 수용과 지지에서 비롯된다는 것을 의미한다. 이 모델은 경찰 권한 행사의 투명성, 정직성, 책임감을 강조한다.

영국경찰은 화기 소지에 있어 허가가 필요하다. 2022년 기준으로 잉글랜드와 웨일스의 142,526명의 경찰관 중 단 6,192명만이 화기 소지가 허가되었으며, 이는 무력 사용보다는 비폭력적 대화와 커뮤니티 참여에 중점을 둔 치안 원칙을 반영한다.

영국에는 교통 경찰(British Transport Police), 국방부 경찰(Ministry of Defence Police), 민간 핵 보안 경찰(Cvil Nuclear Constabulary)과 같은 특수 국가경찰이 존재한다. 이들은 잉글랜드, 스코틀랜드, 웨일스 전역에서 특정 유형의 법집행을 제공하며, 영토 경찰력의 지리적 한계를 넘어서 활동한다. 미국의 연방범죄수사국(FBI)과 비슷한 국립범죄청(NCA)은 영국 전역에서 조직범죄와 싸우는 데 주력한다.

3) 영국경찰제도의 특징

첫째, 고대로부터 자치경찰의 전통이 있었으며, 1829년 수도경찰청 창설로 근대적 경찰조직이 발달하였다. 일반적으로 자치권이 강하고 권한도 크지 않다. 지방경찰은 수도경찰청을 모방하여 발전하였지만 자치치안의 원칙을 유지하고 있다.

둘째, 영국경찰제도의 전통적 특색은 분권적 · 자치적 경찰구조로부터 발전해 왔다.

셋째, 잉글랜드 및 웨일스, 스코틀랜드, 북아일랜드마다 각각 독특한 경찰제도를 운영하고 있고, 상호 지휘나 감독 · 통제를 받지 않는다. 잉글랜드경찰은 독자적 수사권 보유, 북아일랜드는 국가경찰체제이다. 영국경찰은 소방, 위생, 영업 등에 관한 행정경찰의 업무도 가지고 있다. 잉글랜드 · 웨일스경찰은 수사에 있어서 독일, 프랑스경찰보다 권한이 크다. 즉, 잉글랜드 · 웨일스경찰은 독자적인 수사개시 및 종결권을 가지며, 독일이나 프랑스경찰보다 수사에 있어서 독립적인 권한을 행사하고 있다.

넷째, 경찰관은 독립한 공무수행자로서 단독관청이다. 영국경찰은 경찰조직에 있어서는 범죄의 예방을 위하여 제복경찰부가, 그리고 범인을 체포하여 처벌하기 위해서는 형사부가 조직되고, 경찰의 임무면에 있어서도 제복경찰부는 비권력적 · 보호적 · 예방적 임무를 수행하며, 형사부는 권력적 작용 · 진압적 · 사법적 업무를 수행한다. 나아가 영국의 제복경찰부는 군사체제로, 형사부는 시민체제로 발전해 왔다.

다섯째, 국민들의 경찰에 대한 인식은 경찰체제의 생성과정이나 임무와는 무관하게 경찰은 군인도 관료도 아닌 동등한 시민적 자격으로 봉사해야 한다는 의식으로 군사체제보다는 시민체제를 선호해 왔다. 1970~1980년대의 일부조사에서는 경찰임무의 효율성이란 측면에서 시민체제보다는 군사체제가 더 높이 평가되고 있다고 한다.

마지막으로 경미범죄의 경우 경고(police caution)로 종결할 수 있다.

2. 잉글랜드와 웨일스 경찰의 조직체계

1) 수도경찰청

영국경찰 가운데 그 역사가 가장 오래된 수도경찰청(Metropolitan Police Service)은 '뉴 스코틀랜드 야드(New Scotland Yard)'라고도 부르며, 경찰청 청사로 사용하던 건물에서 유래되었으며, 산업혁명으로 도시인구 집중화, 범죄의 다양화에 대응하기 위하여 1829년에 로버트 필(Robert Peel)에 의해 창설되었다. 창설부터 내무부장관이 직접 관리하는 특수한 형태로 출발하였다.

영국의 자치경찰 전통에도 불구하고 수도경찰청이 국가경찰에 유사한 형태를 취했던 것은 창설부터 내무부장관이 직접 관리하여온 역사적 사정과 런던이 세계적인 대도시로 국제적인 색채가 강하고 치안 대상이 지방 이해관계를 넘어 국가적이기 때문이지만, 2000년 이후 영국은 예외 없이 자치경찰을 가지게 되었으며, 2000년 이전에도 영국 자체에는 국가경찰체제를 가진 것은 아니며, 국가경찰을 지향하고 있지도 않았다고 하는 점에서 지방경찰의 성격을 가지고 있었다고 보아야 한다. 수도경찰청은 국가경찰이 아니다.

수도경찰청의 기본임무로는 수도지역의 치안유지, 왕궁 및 의사당의 경비, 범죄기록·정보의 관리, 조회, 감식자료의 제공, 국제형사경찰기구와 연락, 중요 또는 특이한 형사사건의 수사활동, 경찰청 관내는 물론 지방경찰의 요청을 받아 다른 경찰관내에서도 수사활동, 국가의 안전에 관한 범죄, 외사범죄 등에 관한 수사 및 정보수집·연락 등이다.

기본임무 외에 지명수배자 및 도난품에 대한 특징을 기재한 경찰공부 발행, 지방경찰의 요청에 응하여 살인사건 수사의 원조를 위하여 출동, 런던시 경찰청과 합동으로 특별사기반을 편성하여 영국 전역에 걸쳐 주요 사기사건의 수사에 출동 등의 지원업무를 수행하고 있다.

수도경찰청의 조직 특성으로는 행정관청이라는 관념보다는 치안유지를 위하여 전적으로 집행권을 행사하는 경찰의 특성이 많이 반영되어 있으며, 경찰관을 배치하는 것을 주로 하고 이를 감독하고 사무처리의 편의를 위해 경찰서라는 파견소를 두고 있고, 근무의 중점은 시내 순찰에 있다. 나아가 우리나라의 파출소와 유사한 것은 미대사관 정문과 트라팔가 광장의 2개 출장소가 경비임무를 위해 예외적으로 있을 뿐이며, 예산은 의회의 심의없이 관청 내부에서 전적으로 결정한다.

2) 런던시 경찰청

런던시는 런던특별시의 중심부에 위치하고 수도경찰청인 런던경찰청과 독립한 독자적인 자치경찰이다. 경찰청장은 런던시 의회에서 임명하고 국왕의 승인을 받으며, 경찰청장은 그 지휘를 받는 전 경찰관에 대한 임명권과 징계권이 있다. 지방의회는 경찰위원회 17명 중 9명을 선임하고, 지방치안 관련 질의·답변요구를 하지만, 경찰의 지휘·운영에는 관여하지 못하며, 경찰청장에 대해서 출석요구를 할 수 없다.

런던시 경찰청은 수도경찰청과 수도 관할에서는 같은 체포권을 가지고 있으나, 런던시 경찰청 직원은 수도경찰청 관할에서는 직무를 수행할 수 없다. 런던시 경찰청은 관할 구역이 좁아 경찰서의 하부기관은 없다.

3) 지방자치경찰

영국경찰관은 전부 지방자치단체가 임명하는 지방경찰관이다. 다만, 수도경찰청은 수도치안의 중요성에 따라 정부직할에 두면서 내무부에서 감독하는 형식을 취하고 있다.

지방경찰로는 현재 도경찰과 광역경찰만이 존재한다. 지방경찰의 관리기관은 지방의회의 경찰위원회로 도의회 의원이 2/3, 치안법관이 1/3으로 구성된다. 최고책임자는 내무부장관의 동의를 얻어 경찰관리기관이 임명하는 경찰청장이고, 1개 이상의 경찰대의 최고책임자로 겸직할 수 있다.

중앙정부에서는 지방경찰에 대하여 경비의 1/2 정도를 국고에서 보조하면서 감독의 폭을 넓히고 있다. 1964년 경찰법은 자치경찰의 정리 · 통합과 정부보조금 지원 및 감독 등을 통하여 지도 · 감독을 강화하고 있다.

내무부장관은 전국적 경찰업무의 수행 및 경찰업무의 통일성을 유지하며, 기존의 3원체제(내무부장관, 지방경찰청장, 경찰위원회)에 의한 중앙집권화 현상에 대한 비판으로 2012년 지역치안위원장, 지역치안평의회, 지방경찰청장, 내무부장관 등으로 구성되는 4원체제로 변경하였으며, 지방경찰청장은 경찰업무수행에서 독자적이고 고유한 지휘 · 운영권을 보장받아 자율적 경찰행정을 수행한다.

4원체제의 구성

지역치안 위원장	선거	지역주민의 선거로 선출
	임무	• 지방경찰청장 및 차장의 임면권 • 예산 및 재정 총괄 • 지역치안계획 수립
지역치안 평의회	구성	• 지역치안위원장의 견제기구 • 각 지방자치단체에서 파견한 선출직대표와 독립위원으로 구성
	임무	• 경찰예산집행에 대한 감사 • 경찰예산안 및 지방경찰청장 임명에 대한 거부권 행사 • 지역치안위원장에 대한 정보와 출석요구권 • 지역치안위원장의 업무에 대한 주민소환투표
지방경찰청장	• 관할 경찰에 대한 독자적인 지휘운영 • 차장 이외의 경찰관에 대한 인사권	
내무부장관	• 내무부 지원예산(50%)에 대한 감사 • 국가적 범죄대응에 있어서 지역경찰에 대한 임무부여 및 조정 • 지방경찰청장 중에서 국립범죄청장 임명	

(1) 도(道)경찰(County Police)

도경찰위원회는 도의원 2/3와 치안법관 1/3로 구성하며, 도경찰청장의 임명과 경찰 비용을 결정한다.

도경찰청장은 도경찰위원회의 간섭없이 독립하여 경찰업무를 수행한다. 경찰관의 임명과 승진은 도경찰청장의 권한이며, 정원 외 특별경찰은 도경찰위원회의 승인을 거쳐 도경찰청장이 임명・배치한다.

도(道)경찰청장의 권한으로는 첫째, 총경 이하의 경찰관을 임명하고, 하급직원에 대한 징계처분과 파면을 한다. 둘째, 경찰규칙에서 정한 신분의 제한에서 특정 개인에 대하여 적용을 제외하는 처분을 한다. 즉, 임명에서 소정조건의 완화, 견습기간의 단축, 특별한 사정이 있는 경우 승진시험에 필요한 기간의 단축 등의 조치가 있다. 셋째, 도경찰위원회의 승인을 얻어 정원 외 특별경찰을 임명・배치하며, 청원경찰을 감독한다.

(2) 광역경찰(Combined Police Force)

광역경찰은 1946년 경찰법으로 창설하여 지금은 광역계획에 따라 광역지역을 관할한다. 광역경찰이 성립할 때 구체적 계획은 내무부장관의 명령으로 정해진다. 광역경찰은 관계 자치단체의 협의로 합병하는 경우와 내무부장관이 공익상 특별히 필요가 있다고 인정하여 명령을 발하여 강제적으로 합병하는 경우가 있다.

광역경찰의 관리자는 광역경찰위원회가 되고, 도의회 의원의 2/3와 치안법관 1/3로 구성한다. 광역경찰의 근본취지는 경찰의 능률증진에 있으며, 광역경찰이 성립할 때 경찰국장은 구성하는 경찰 중에서 조직이 큰 경찰청장이 임명하는 것이 보통이다.

4) 주요 경찰 관련 기관

(1) 내무부장관

영국에서 경찰 및 범죄 관련 업무는 내무부의 관할로 연구・정책수립・교육・목표수립 및 평가 등 전국적 경찰업무의 효율성 향상을 위한 기능을 수행한다. 법률과 질서의 유지, 경찰업무, 소년범을 포함한 범법자의 처리, 보호관찰업무, 치안법원의 조직, 형사재판에 관한 법인 작성 등의 치안 관련 업무를 담당한다.

중앙의 수도경찰청뿐만 아니라 지방경찰의 치안문제도 책임을 지며, 전국의 치안유지에 대하여 통일적으로 하려고 노력하고 있다. 전국적인 통일과 지방자치단체의 재원

부족의 이유로 경찰대학은 내무부가 관리한다.

내무부는 수도경찰청에 대한 직접관리와 지방경찰에 대한 간접관리를 위하여 경찰감사관을 두고 있다. 내무부 소속의 경찰감사관은 매년 1회 정기감사를 실시하고, 연례보고서를 작성하여 내무부장관에게 보고하고 국회에 제출하며, 연례보고서가 지방경찰에 대한 국고보조금 지급기준이 된다.

(2) **국립범죄청**(National Crime Agency: NCA)

영국경찰의 3원적 구조의 비효율을 개선하기 위하여 경찰능력 향상을 목적으로 국립범죄청이 창설되었다. SOCA가 2013년 NCA로 변경되었다.

3. 스코틀랜드경찰

스코틀랜드경찰은 자치경찰이며, 보안관이 전통적인 치안법관으로 유지되고 있어 치안법관제도는 비교적 발달하지 못하였다.

스코틀랜드의 지방경찰청으로는 북부 경찰청, 크램피언 경찰청, 데사이드 경찰청, 중부 경찰청, 피프 경찰청, 스트래치크리드 경찰청, 로티언즈 · 보더스 경찰청, 덤프리스 · 갤로웨이 경찰청 8개가 있으며, 그 중 스코틀랜드의 최대도시 글래스고우에 위치한 스트래치크리드 경찰청이 본부 경찰청 역할을 하고 있다.

4. 북(北)아일랜드경찰

내무부 직속의 강력한 국가경찰을 가지고 있다. 전통에 따라 처음부터 민간경찰의 통상업무인 재산, 생명보호, 범죄예방, 진압 등 일반적인 업무와 관할 내외에서의 무장반란과 폭동의 진압업무를 함께 하는 헌병대조직을 가지고 있다.

특수상황에 대비하기 위해 국립예비경찰을 보유하고 있으며, 국립예비경찰은 북아일랜드 경찰청장의 지휘와 감독을 받는 비상근직원이다. 경찰 필요예산은 벨파스트 시 기부금과 북아일랜드부가 담당한다.

5. 영국의 형사사법제도

1) 형사기소제도

(1) 잉글랜드와 웨일스

1985년 국립기소전담부서인 국립검찰청(Crown Prosecution Service: CPS)이 창설되어 영국경찰은 기소권을 검사에게 넘겨주고 죄가 안됨, 혐의 없음, 공소권 없음을 판단하여 독자적으로 수사를 종결할 수 있는 권한만을 보유하게 되었다. 즉, 경찰은 수사종결 여부에 대한 판단권, 사건을 기소할 것인지에 대한 1차적 결정권을 가지며, 검찰은 경찰이 기소한 사건에 대한 공소유지권, 경찰이 기소한 사건에 대한 2차적 기소 여부 결정권을 가진다. 검사와 사법경찰은 각 수사의 주재자로서의 지위를 갖고, 상호 협력관계를 유지하고 있다.

(2) 스코틀랜드

스코틀랜드는 검사기소제도를 채택하여 경찰은 모든 사건을 지방검찰관에게 보내기 때문에 기소권이 없다. 검찰관은 하급심(지방법원, 보안관법원)에서의 기소를 결정하고 실행한다. 단, 배심이 필요한 사건에 대해서는 특별검사에게 보고한다. 또한 고등법원에의 기소를 담당하는 특별검사를 두고 있다.

(3) 북아일랜드

경찰은 경미사건의 약식기소권만 있으며, 검찰은 중요 경미사건의 약식기소 및 정식기소권을 가지고 있다.

2) 범죄수사절차

피의자에 대하여 죄를 범하거나 범한 의심이 있다고 하는 고발이 있고, 치안법관의 소환장으로 출두를 확보할 수 없는 경우 및 중대범죄라고 인정한 경우 영장을 발부한다. 체포영장은 경찰관이 치안법원에 선서하고 신청하며 치안법원의 판사가 발부한다. 예외적으로 5년 이상의 구금형에 해당하는 범죄 또는 그 미수죄를 대상으로 영장에 의하지 않는 체포(약식체포)가 허용된다.

영장에 의한 체포의 경우 즉시 인치(引致)해야 한다. 그러나 영장에 의하지 않은 체포, 즉 약식체포의 경우에는 가장 빠른 시간에 인치해야 하며, 중대한 범죄가 아닌 경우에는 체포 후 24시간 이내에 인치해야 한다. 경위 이상의 경찰관은 신문이 바로 종결되지 않는다고 인정하는 경우 출두일시 및 경찰서를 지정하여 석방을 허락할 수 있다. 체포된 피의자는 치안법원에 인치하되, 경찰유치장에 수감한다.

치안법원이 피의자의 출두 가능성, 기타의 범죄를 범할 염려 등을 고려하여 보석을 허락하지 않는 한 피의자는 구류(拘留)된다. 치안법원의 재량에 따라 피의자를 경찰유치장에 구류할 수 있고, 이 경우는 치안법원이 인정하면 최대한 3일을 갱신할 수 있다.

영국경찰은 피의자에 대하여 범죄사실 고지 후에는 ① 제3자 또는 공공에 대한 침해나 손해를 예방하거나 감소하기 위해 필요한 경우, ② 이전에 한 진술의 애매함을 명확히 하기 위해 필요한 경우를 제외하고는 원칙으로 당해 범죄사실 고지 사건에 대하여 피의자를 심문할 수 없다.

3) 사법경찰제도

잉글랜드·웨일스의 사법경찰은 수사주재자, 수사종결권이 있으며, 검사는 수사주재자, 공소제기권을 가지며 예외적으로 범죄수사권을 가진다. 사법경찰과 검사는 상호협력관계이지만, 법률자문, 중죄의 수사상황에 대해서는 검사에게 보고해야 할 의무가 있다. 스코틀랜드·북아일랜드는 검사가 수사주재자이며, 사법경찰은 수사보조자이다. 양자는 명령복종관계이다.

잉글랜드·웨일스의 사법경찰은 독자적 수사권 보유, 기소 여부를 결정하기 위한 수사종결권이 있다. 예외적으로 경찰관에 대한 고소사건 수사에서 검사의 명령복종의무, 법무부장관 또는 검찰총장에게 관할 지역의 범죄정보 보고의무, 체포 후 즉시 치안법원에 인치해야 할 의무가 있다. 한편, 스코틀랜드·북아일랜드에서는 수사보조자이다.

잉글랜드·웨일스의 검사는 1985년 검찰제도 도입으로 공소제기권 보유, 경찰불복위원회의 징계 요청에 따른 간접적 감독, 검찰총장의 소추권 행사 지침에 의한 직무감독을 하지만, 스코틀랜드·북아일랜드는 대륙법계 검찰로 사법경찰을 지휘·감독한다.

제 2 절 미국경찰

1. 개설

1) 미국경찰의 역사

미국의 경찰은 신대륙 개척 초기 뉴잉글랜드 지역에 정착한 영국인을 통하여 영국식 경찰제도를 실시하면서 시작되었다.[1] 식민지의 치안유지를 위해 영국의 보안관과 치안관 제도를 도입하였으며, 뉴잉글랜드 등 도시지역에는 치안관(constable)을, 남부의 농촌지역에는 보안관(sheriff)을 배치하였다(Sullivan, 1977: 17). 1631년 보스턴에 야경제도가 발족되었으며, 6인의 야경원과 1인의 책임자로 구성하여 1636년에는 콘스타블이 임명되었는데, 이것을 미국 최초의 경찰로 본다(Walker, 1983: 2-12).

1790년대까지 뉴욕에서는 시장, 상급치안관, 치안관, 마샬, 야경원으로 구성하는 새로운 경찰계급제도가 성립하였다.

연방정부는 연방보안관을 각 주에 1명씩 임명하였고, 각 주에도 1명씩 연방지방검사를 두어 연방법 위반의 소추를 하게 되었으며, 주지사가 지휘하는 민간방위대인 주(州)군인경찰이 성립하였다.

1838년 근대적 경찰이라고 할 수 있는 보스턴 시의 경찰개혁이 시작되었다. 보스턴 시에는 도시경찰의 원형이라고 할 수 있는 시보안관 밑에 9인의 경찰관리를 임명하여 치안관과 같은 권한이 부여되었고, 보스턴 시경찰국이 탄생하였으며, 이 시기에 최초 제복경찰관이 출현하였다(Germann, 1966: 65).

서부개척 당시 민간방범대, 보안관 등과 함께 역마차나 철도를 통한 금괴나 현금을 보호하기 위한 경호경비 전담회사들이 생겨났다.

19세기 미국경찰은 비전문적이었고 부패와 비능률이 지배하고 있어서 여러 경찰개혁이 주장되었으나 별다른 문제해결은 하지 못하였다. 경찰 상호 협력을 위한 전문적인 경찰기구가 생겼고, 다시 국제경찰장협의회(International Association of Chiefs of Police:

---

1) 미국이 분권화된 경찰체제를 갖게 된 것은 시민의 자유와 권리를 보호하기 위한 '작은 정부' 사상에 기인하며, 이 사상은 로크(J. Locke)나 토크빌(A. Tocqueville)의 영향을 받은 제퍼슨(T. Jefferson) 사상에 기인한다.

IACP)로 개칭하여 실제적 업무를 처리하였다.

지나친 지방분권화와 정치적 영향으로 효과적인 범죄 대처가 불가능하게 되자 각 주별로 경찰기관을 재조직하였다. 텍사스 주에서는 최초로 주경찰을 보유하였으며, 매사추세츠 주가 지역경찰을 설치하였고, 1905년 펜실베이니아 주에서도 주경찰청이 등장하게 된다(Smith, 1960: 146). 치안유지는 주나 자치단체가 담당하였고, 연방경찰의 성립은 아주 완만하였다.

리차드 실베스터(Richard Sylvester)와 어거스트 볼머(Agust Vollmer)는 경찰 전문화 운동의 선도적 지도자로서, 경찰에서 정치를 축출하고 정치로부터 경찰을 분리하고자 노력하였다. 1929년 미국 대통령 후버(H. Hoover)가 형사사법제도를 연구하기 위하여 설치한 '워커셤위원회'에서는 경찰의 기술혁신, 정치적 간섭배제, 근무조건의 개선 등이 논의되었다. 20세기 초 경찰 전문화를 위하여 워커셤위원회(Wickersham Committee)는 경찰의 조직 · 순찰운용 · 통신의 효율성을 통한 경찰업무의 혁신과 전문화를 실시하였다.

1920년대 이후 과학기술의 발전과 행정조직의 정비 등 경찰조직에도 많은 변화가 일어났으며, 경찰학교도 설립하였다. 1931년 볼머가 이끌었던 '워커셤위원회'의 경찰 실태에 관한 보고서를 통하여 미국정부는 직업경찰제도의 확립을 추진하였다. 이 위원회의 보고서에서는 당시 경찰이 고문을 행하기도 하고, 부정부패가 심하며, 경찰관의 자질이 매우 낮음을 지적하였다. 당시 윌슨(O. W. Wilson)은 경찰조직구조의 개편, 통신의 효율성, 순찰차의 효율적 운용 등을 강조하였다. 기존의 2인 1조의 순찰에서 1인 1차의 순찰로 전환할 것을 주장하였다.

1950년대에는 파커(W. Paker)에 의해 L.A. 경찰개혁이 이루어졌는데, 주요 내용은 경찰비위에 관한 시민들의 진정 처리를 위한 감사반 설치, 정치적 중립을 위한 독립위원회 설치, 대민관계 개선을 위한 CR 활동 도입, 경찰국 내부의 지휘통제권을 중앙집권화한 것 등이다.

1957년 맬로리(Mallory) 판결, 1964년 에스코베도(Escobedo) 판결, 1966년 미란다(Miranda) 판결에서 강조된 적법절차의 원리가 경찰업무수행에 강하게 요구되었다.[2)]

---

2) 1950~1960년대 미국의 주요 연방대법원 판결은 다음과 같다.

① 1957년 맬로리 판결 – 체포 후 법관에게 인치하지 않고, 30시간 구금 중에 얻은 자백을 인정하지 않는다는 판결

② 1961년 맵(Mapp) 판결 – 불법수색과 불법압수로 수집한 증거는 피고인에게 불리하게 사용될 수 없다는 판결

1980~1990년대 미국경찰의 중요한 발전은 지역사회 경찰활동과 문제지향적 경찰활동[3]의 태동으로 인한 경찰과 지역사회 주민 간의 유대관계 개선이 주요 특징이다.

2) 현대 미국경찰조직

2020년 기준으로 미국에는 80만 명 이상의 임명된 경찰이 근무하고 있으며, 이 중 약 13만 7천 명은 연방 법집행기관에서 근무하고 있다. 미국은 지방경찰서, 카운티 보안관 사무소, 주경찰, 연방 법집행기관을 포함한 17,985개의 경찰기관이 운영되고 있다. 이러한 기관들은 범죄활동에 대한 수사, 수사 결과를 주 또는 연방검사에게 회부, 그리고 사법조치가 이루어질 때까지 용의자를 일시적으로 구금하는 것을 주된 목적으로 한다.

경찰기관의 책임은 수사에 국한되지 않는다. 이 기관들은 범죄활동을 억제하고 진행 중인 범죄의 성공적인 실행을 방지하며, 적극적으로 법을 집행하는 데 중요한 역할을 한다. 더욱이 경찰은 공공안전과 긴급 상황에 대한 초기 대응에서 중요한 역할을 한다. 이들은 종종 긴급 상황에 대한 첫 번째 대응자로 활동하며, 공공시설 및 인프라의 보호, 공공질서유지, 공무원 보호에 기여한다. 지방 수준에서는 일부 기관이 구금시설을 관리하기도 하여 커뮤니티 및 사법체계에서 그들의 포괄적인 역할을 강조한다. 이러한 복합적인 책임은 미국 내 경찰의 다면적인 특성을 부각시킨다.

3) 미국경찰제도의 특징

연방정부와 지방자치경찰의 특수한 이원적 경찰제도를 가지고 있다. 즉, 전국의 경찰을 통합·지휘하는 일원적 지휘기관이 없으며, 각 기관 상호 간은 상하관계가 아닌

---

③ 1964년 에스코베도 판결 – 경찰이 피의자 신문 시 변호인 조력을 받을 기회를 주지 않아 자백을 인정하지 않는다는 판결
④ 1966년 미란다 판결 – 묵비권과 변호인 의뢰권을 고지하지 않고 얻은 자백의 증거능력을 인정하지 않는다는 판결
–1957년 로쓰(Roth) 판결 – 음란은 수정헌법 제1조의 보호범위가 아니라고 판결
–1976년 길모어(Gilmour) 판결 – 미국에서 사형제도를 부활시킨 계기가 된 판결

3) 깨어진 유리창 이론(Broken Window Theory): 건물유리창이 깨짐으로 중국에는 도시 전체가 슬럼화될 수 있음을 경고한 이론으로 미국의 범죄학자인 제임스 윌슨(James Wilson)과 조지 켈링(George Kelling)이 제시하였다. 공공안전을 결정하는 데 있어서 주변의 사소한 생활환경이 중요함을 강조하고 있으며, 뉴욕시장에 취임한 줄리아니(R. Giuliani)는 이 이론에 주목하여 무질서에 대한 강경한 대응을 통해 도시환경을 개선시켰다.

지원, 협력, 응원관계이다.

최근 연방경찰의 기능이 강화 내지 확대되는 추세이며, 연방정부는 헌법 명문으로 경찰권을 가지지 않는다. 그러나 헌법이 부여한 과세권, 주간(州間) 통상규제권 등의 행사로 사실상 경찰권을 행사하게 되었으며, 주경찰은 실질적인 경찰권을 행사함으로써 연방경찰의 제한적인 활동에 비해 경찰권의 행사 범위가 훨씬 광범위하다.

외부조직 구성단위는 '광역경찰서(Precinct) - 경찰서(District) - 광역파출소(Sector) - 순찰구역(Area)' 순이며, 행정단위의 구성형태에 따라 연방경찰, 주경찰, 지방(자치)경찰로 구분된다. 연방경찰은 법무부, 재무부, 내무부, 인디언보호국, 교통부 등이며, 주경찰은 주경찰국, 고속도로순찰대, 자동차국, 마약단속국, 주류국, 수렵감시국, 노동감독관, 소방국, 경마국, 주경비대 등이고, 지방경찰은 도시경찰, 군경찰, 면경찰, 보안관(전통적인 농촌지역의 경찰), 특별경찰(교육구 등 특별구의 경찰, 대학경찰, 공원경찰) 등이다.

공소제기와 수사의 권한은 독립적으로 검사와 경찰에 구분되어 있는데, 사법경찰은 독립된 수사주체로서 개개의 사건에 대하여 수사의 주체가 된다. 즉, 경찰의 독자적 수사종결권이 인정된다. 검사는 조직범죄와 같은 일부 특수범죄를 제외하고는 경찰송치 사건에 대하여 기소 여부 결정 및 공소유지만 담당한다.

미국의 경찰노조는 1960년대부터 확산되어 1970년대에는 영향력 있는 조직으로 정착되었으며, 전 경찰관의 70% 이상이 경찰노조에 가입하고 있다. 경찰노조는 강력한 경제단체와 정치단체로서의 성격을 가지고 있고 개별화되어 있어 전국적인 차원의 통일적 노조는 존재하지 않고, 통일적 노조를 구성하려는 움직임도 부각되지 않고 있으며, 여러 종류의 전국동맹은 있으나 통제력이 없다. 보수, 근무조건 등에 관하여 정부와 단체교섭을 할 권한은 인정되나, 파업 등의 단체행동권은 허용되지 않는 것이 일반적이다.

2. 연방경찰제도

1) 연방경찰의 사건관할

연방경찰의 권한은 국가적 범죄와 주간(州間)의 범죄단속에 한정한다.

국가적 범죄는 연방정부의 기능이나 수단에 대하여 직접적으로 유해하거나 파괴하는 범죄, 즉 밀수, 유가증권 위조, 우편물 약탈, 대통령 암살 등이다. 주(state) 간의 범죄는 일정한 범죄의 다른 주(州)로의 이송, 도난자동차, 기타 도난품의 다른 주(州)로의 운송, 우편이용 범죄 등이 대표적이다.

연방경찰은 연방법을 집행하며 주법이나 지방자치법은 집행 불가하다. 지방경찰은 주법이나 지방자치법을 집행하며 연방법은 집행 불가하다.

2) 연방법집행기관

법무부 소속	연방범죄수사국(FBI), 연방검찰청, 연방보안관실, 형사국, 마약단속국(DEA), 법무교육국, 국제형사경찰기구 중앙사무국, 지역치안사무국, 알코올·담배·총기·폭발물국
재무부 소속	국세청
내무부 소속	개간국, 동물보호국, 국립공원국, 토지관리국, 인디언보호국
교통부 소속	연방항공국(FAA), 연방도로국, 교통안전국
국내안보부(DHS) 소속	국경교통안전국, 긴급구호국, 과학기술국, 정보분석 및 기간시설보호국, 총무국
농림부 소속	감찰실, 산림청
상공부 소속	수산청, 개발청, 감찰관실, 통상산업청, 수출관리국, 수출법집행과
동력자원부 소속	에너지연구개발국, 연방에너지국
보건사회부 소속	감찰관실, 사회보험청, 연방보험청, 식품약품국(FDA)
노동부 소속	노동국, 감찰관실, 노무관리기준청

3) 연방범죄수사국(FBI)

1908년 법무부 소속으로 창설된 이래 그 본부는 워싱턴 D.C.에 두고 있다. 제1차 세계대전을 계기로 연방범죄수사국(FBI)의 책임범주가 확대되어 첩보활동과 파업방지, 사회불만에서 나오는 인권침해 등도 처리하게 되었다.

1942년 FBI 국장 후버(Edgar Hoover)는 기관의 규모 축소, FBI 경찰학교 설립, 범죄자료의 수집과 분석을 위한 연구소 설치 등 개혁을 추진하였다. 제2차 세계대전을 계기로 루스벨트(F. D. Roosevelt) 대통령의 명령에 따라 태업, 전복, 간첩행위자, 공산주의자를 검거하고 예방하는 수사기관인 동시에 정보기관이 되었다.

범죄수사의 일반적 수사기관으로 연방범죄 수사는 특별히 다른 기관에 대한 지정이 없는 한 FBI의 관할에 속한다. 주된 임무는 연방범죄 수사, 국내공안정보 수집, 특정 공무원 신원조사, 범죄감식·범죄통계 작성, 지방경찰직원의 교육훈련 등이다.

4) 연방보안관실

현재 전국에 95명의 연방보안관이 배치되어 있다. 영국의 보통법 전통을 이어받아 1789년 워싱턴(G. Washington) 대통령이 처음 13명(13개주에 각 1명)을 임명한 이래 현재까지 지속되고 있다. 건국 초기 연방정부의 유일한 법집행권을 가지는 조직으로 형사사법관계의 임무를 수행한 적도 있으며, 각 연방법원과 같은 관할 구역을 가지고 있다.

임무는 관할 법원의 법정관리와 법정경비, 체포영장 · 기타 영장 · 소환장의 집행, 연방범죄피의자의 호송, 증인의 신변안전도모, 지역적 소요의 진압 등의 업무와 법무부장관의 특별한 지시에 따르는 것이다.

5) 마약단속국

1973년 7월 사법부의 마약위험약제국, 전국 마약정보실, 약물남용단속실과 재무부 관세청 마약수사부 및 대통령부 마약문제연구대책반 등 각종 마약단속관계기관을 통합해서 발족하였다. 이는 마약 관련 기관 및 사무의 중복으로 인한 비능률을 해소하기 위함이다.

주된 임무는 마약 및 사용이 통제되는 약품 관련법을 집행한다. 즉, 마약 · 규제약물이 국내 또는 국제시장으로 나가는 것을 방지하며, 최종적으로는 마약류를 발본하기 위하여 미국정부의 정책을 기획 · 입안하여 관계기관에 대해 권고 · 조언 및 필요한 원조를 실시하고 있다.

6) 국제형사경찰기구 중앙사무국

법무부에 설치되어 있고 각국 경찰기관과 범죄정보의 교환, 수사의 협력을 하는 것을 임무로 하며, 1977년 이래로 법무부장관이 인터폴의 대표가 되고 있다.

7) 국토안보부(DHS)

국토안보부는 2002년 9월 11일 미국에서 발생된 테러사건을 계기로, 그동안 연방경찰기관에 중복적으로 산재해 있던 대테러기능을 통합하여 효과적으로 대응하기 위해, 2003년 3월 국토안보법에 의거 정식으로 발족되었다. 연방행정부의 1부로서 그 1차적 임무는 미국을 대상으로 한 국내 · 외의 테러 공격을 예방하고 국민을 보호하는 것이다.

이 같은 임무수행을 위해 국토안보부는 기존의 22개의 연방기관을 흡수하여 그 기능을 통합, 유사시 효율적으로 대처하도록 운영하고 있다.

3. 주(州)경찰제도

1) 주경찰의 개요

미국의 주경찰은 20세기부터 급속히 발전한 경찰조직으로 주 전역을 관할하며, 일반적 경찰권을 행사한다. 조직의 형태는 지역적 특색, 임무의 차이, 발전과정에 따라 주마다 매우 다양하다.

2) 주경찰의 일반적 형태

하와이를 제외한 모든 주는 다음 유형 중 하나를 주의 일반경찰기관으로 한다.

주경찰국은 미시간, 뉴욕, 버지니아 등 21개 주(주로 동부지역)에서 채택하고 있으며, 일반적 경찰권을 가지고 주민의 생명·신체·재산의 보호와 치안유지, 범죄수사, 교통경찰 기능을 수행한다. 제복경찰활동을 중심으로 하며, 통상 주 전역에 걸쳐 일선기관을 두고 있다. 주에서 발생하는 특수범죄, 중요범죄에 주경찰국 형사과가 출동하여 수사하며, 주경찰국이 설치된 주는 고속도로순찰대가 설치되어 있지 않아서 이들 주에서는 자치단체가 아닌 지역의 교통경찰업무는 주경찰국의 업무에 속하게 된다. 고속도로순찰대보다 지역하부기관의 수가 많다.

고속도로순찰대는 1929년 캘리포니아에서 최초 설치되었으며, 캘리포니아, 오하이오, 남가주 등 19개 주에서 채택하고 있다. 20세기 이후 도로의 발달에 따라 도로에서의 치안수요가 늘어남에 따라 고속도로순찰대가 발달하였다. 고속도로순찰대가 없는 주는 주경찰국이 고속도로순찰대의 임무를 병행한다. 일반적으로는 차량의 운행을 규제하는 교통관계 업무와 법규의 집행, 일부의 주에서는 범죄수사의 권한행사 임무를 수행하며, 제복경찰활동을 중심으로 한다. 교통, 차량, 고속도로에 한정·집중되므로, 3개의 유형 중 업무 영역이 가장 적다.

주경찰청은 애리조나, 조지아, 뉴저지, 텍사스 등 9개 주에서 채택하고 있다. 뉴저지에서는 주경찰청에 주경찰국이 설치되어 있으며, 애리조나 등 8개 주에서는 주경찰청에 고속도로순찰대가 설치되어 있다.

4. 도시경찰

1) 도시경찰의 개요

도시경찰이란 지방자치도시인 시(city), 법인격을 인정한 타운(incorporated town), 빌리지(village) 또는 버로우(borough)의 경찰을 총칭하며, 우리나라에 해당하는 말단조직을 가지고 있지 않다. 도시경찰은 미국의 법집행기관 중에서 그 규모가 가장 크고 중요하며, 다른 경찰기관에 비해 사건이나 법집행의 범위가 큰 편이다. 자치제로 운영되며, 지역사회 경찰활동을 수행한다. 대부분 형사부서가 경찰서 소속이 아니라 경찰국에서 직접 운용한다. 경찰서장의 지휘를 받지 않으며 인사교류도 서로 되지 않는다.

주헌법에 따라 부여된 도시경찰의 권한은 추상적이지만, 도시경찰은 위생, 주택 등 폭넓은 조례 집행 의무를 가진다. 외근경찰활동에 최우선을 두며, 필요한 정보는 무선을 통해 일선에 통보하는 구조이다.

2) 도시경찰의 관리형태

경찰위원회(합의제)제도는 수 명의 위원으로 구성한 위원회가 합의제로 도시경찰을 관리하는 것으로 L.A., 세인트루이스, 캔자스, 디트로이트 시에서 채택하고 있다. 경찰위원회의 위원 선출은 일반적으로 시장이 임명하고 시의회가 승인, 기타 시의회의 직접 임명, 지사의 임명, 주민의 선거를 통한 방식이 있다. 일반적으로 3~5명이며, 경찰 또는 일반시민 중에서 선발하며, 임기는 1~4년이다.

시 자체가 위원회 정부제도를 채택한 도시에서 볼 수 있는 형태로 1901년 텍사스주의 갈베스톤(Galveston) 시에서 처음으로 시행되었다. 통상 5명의 위원으로 구성하며 이들이 각각 행정상 관리를 행하기 위하여 시행정의 각 부문을 하나씩 분담하고, 그 중 경찰위원으로 선출한 1명의 위원이 시경찰청을 관리하는 형태이다. 일반적으로 소방·위생도 같이 담당한다. 경찰위원은 선거로 된 일시적인 경찰관리자로서 그 대부분이 비전문적인 경찰관리자이고, 경찰행정은 물론 소방·위생·일반복지행정도 관할해야 하므로 충분한 성과를 거두지 못하였고, 경찰위원과 경찰청장과의 분쟁이 생기는 등 많은 문제를 야기하였다. 20세기 초에 일시적으로 유행했지만 제2차 세계대전 이후 급속히 폐지의 방향으로 나아가 현재는 중소규모의 자치단체에서만 볼 수 있을 뿐이다.

5. 미국의 형사사법제도

1) 미국의 법체계

연방국가인 미국에서 경찰에 관한 기본법령은 연방과 각 주에 따라 각각 다르다. 헌법은 경찰의 설치와 운영에 관한 아무런 규정이 없고, 그와 같은 것을 금지하는 규정도 두지 않고 있지만 연방의회에 국민의 공동방위와 복리증진을 위한 입법을 할 수 있다는 포괄적인 권한을 부여한 제1조 제8항 제18호의 규정이 연방정부가 연방수사기관을 설치할 수 있도록 하는 규정으로 해석하고 있다.

이에 따라 의회에서 개개의 연방법집행기관의 설치 및 운영에 관한 구체적인 입법을 하고 있다. 1789년 사법조직법에 따라 최초의 연방법집행기관인 연방보안관이 창설되었으며, 1865년에는 재무부에 특수업무국(Secret Service)을 두도록 하는 법률이 있었다. 이러한 단행법 이후에 연방의 법집행기관은 거의 대부분 연방법전에 규정된다.

2) 범죄수사절차

미국 등 영・미법계의 수사절차에서는 수사는 단지 재판기관이 형사재판을 실시하기 위한 준비활동으로의 성격이 강하고, 적법절차의 원칙이 중요시된다.

구속 중인 피의자의 조사도 당사자주의를 채택하여 증거법상 엄격한 제약을 받으므로 신체를 구속받은 피의자를 조사하는 일이 많지 않고, 중요사건을 제외하고는 피의자의 자백을 중시하지 않으며, 증인의 신체구속 면책특권으로 증언의 유도, 도청, 유죄협상의 제도로 얻어지는 증거로 범죄수사를 보강하고 있다.4)

4) 영・미법의 특징으로서 유죄협상 제도(plea bargaining)가 있어 유죄협상이 허용된다. 즉, 피고인이 검사와 흥정을 하여 범죄사실을 약하게 하거나 형벌을 경감하게 하는 조건에서 그의 유죄를 인정하는 것이다. 법원은 이들 사이의 유죄협상에 관한 합의가 임의로 이루어진 것인지 여부를 점검한다. 자기유죄거부특권에 따라 증인이 증언을 거절할 것 같은 경우에는 증언을 당해 증인이 불이익하게 사용하지 않는다는 보증에 증인에게 증언을 강요할 수 있는데 이를 '면책특권'이라고 한다.

미국 연방에서는 사형 또는 1년 이상의 구금형에 해당하는 범죄에 해당하는 중죄(重罪), 중죄 이외의 범죄인 경죄(輕罪), 경죄 중 6월 이하의 구금형 또는 500달러 이하의 벌금형에 해당하는 경범죄(輕犯罪)로 범죄를 분류하고 있다. 중죄보다 중한 죄로서 반역죄가 있다. 반역죄는 미국 연방헌법 자체가 규정하는 유일한 범죄이다.

경찰에 범죄수사에서 가장 중요한 활동인 체포 이전에 미국에서는 일정한 경우 체포 전 구금과 중요증인의 구속이 있다. 판례법으로 인정하여 최근 몇 개 주에서 명문화하는 것으로 체포 전 구금, 일시구금 또는 불심검문이 있다. 이것은 합리적인 의심이 있는 경우 경찰이 그 사람을 정지시키고 질문, 동행 및 신체수색을 하는 조치이며, 2시간 이내의 신체구금을 인정한다.

어떤 범죄를 범한 경우 및 피의자가 당해 범죄를 범하였다고 믿을 만한 상당한 이유가 있다고 인정되는 때는 법관은 경찰에게 체포장을 발부한다. 검사의 청구로 소환장을 발부하였지만 피의자가 불응하는 경우도 같다. 현행범인 경우 또는 중죄를 범하였거나 범하였다고 할 만한 합리적인 이유가 있는 경우에는 경찰은 영장이 없어도 체포할 수 있으며, 체포된 피의자는 유치장에 수감된다.

참고로 미국 형사사법제도의 주요 용어로는 Plea Bargaining(유죄협상), Immunity(면책특권), Preliminary Hearing or Examination(예비심문절차), Stop and Frisk(경찰관이 시민을 정지시켜 질문을 하고 의복 또는 휴대품의 외부를 손으로 만져서 확인하는 불심검문), Search and Seizures(원칙적으로 영장에 의해 실시되는 주거 · 신체 등에 대한 수색과 압수) 등이 있다.

3) 사법경찰제도

연방경찰은 연방범죄를 수사하며, 지방경찰은 연방범죄 이외의 범죄에 대한 독자적 수사권을 보유하며, 연방검사는 연방범죄사건의 수사지휘 및 소추를 행하며, 지방검사는 원칙적으로 소추기관이지만, 실제로는 적극적인 수사(조직범죄, 도박, 기타 사회구조적 범죄)를 행한다. 양자는 상호 협력관계이지만, 예외적으로 수사지휘 및 상하관계이다.

사법경찰의 지위	원칙적으로 독자적 수사권 보유 – 연방경찰: 연방수사국, 마약단속국, 이민국은 연방법무부 소속 · 감독 – 주 및 지방경찰국: 주정부 및 지방의 위원회 소속 · 감독

검찰의 지위	공소제기권, 예외적 수사지휘권 – 연방범죄수사국 수사지휘(연방수사국 내규) • 수사개시, 증거수집, 체포, 가택수색을 할 때 연방검사에게 사전보고 • 수사보고서 제출 • 범죄인정시 송치의무 – 25개 도시에 연방검찰총장 직속 조직범죄 단속반 창설 – 수사지휘 • 주에 따라 검사의 수사관 또는 형사임명권 인정(하와이, 펜실베이니아 주) • 주검찰총장의 사법경찰에 대한 일반적 지휘감독권 인정(캘리포니아 주)

* 일반적으로 검사의 수사에서의 경찰통제는 기소거부, 보완수사요구, 중요피의자에 대한 체포거부 등으로만 가능하다.

제 3 절 독일경찰

1. 개설

1) 독일경찰의 역사

전통적으로 14세기 이후부터 봉건영주에게 영주로서의 권한 행사를 최대한 보장하기 위하여 포괄적 기능을 행하는 경찰이 창설되었으며, 농촌에서는 기마경찰, 도시에서는 자치경찰 형태로 출발하였다.

프로이센(Preussen)에서는 경찰은 처음부터 국가사무이고, 국가의 관리 또는 정부로부터 위임받아 그 업무를 특정한 자치경찰의 경찰관이 담당하게 하였다. 프로이센 경찰의 초기 형태는 촌락에서는 기마경찰, 도시에서는 주정부의 승인을 얻어 임명한 자치경찰이었다.

「크로이츠베르크 판결(Kreuzberg-Urteil)」, 도시소방과 전승기념비의 전망확보를 위한 건축규제, 1794년 프로이센 일반주법은 독일경찰개념의 변천에서 경찰작용의 영역을 '위험 방지'에 한정하게 된 것과 관련이 있다. '후기관방학'에서 경찰개념은 국가 목적을 실현하기 위한 합목적인 국가활동이며, 단순한 소극적인 치안유지를 위한 권력작용뿐만 아니라 적극적인 복리증진을 위한 작용까지 포함하는 것이라고 하였다.

1808년 자치행정을 채택한 후에도 경찰업무는 국가사무라는 점에는 변함이 없었으며, 1812년 기마경찰을 개편하여 정식으로 경찰대를 창설하였다. 1848년 베를린에서 처음으로 국가경찰인 정복경찰이 생겼다.

1919년 내무부장관은 중앙집권적인 경찰을 창설하였지만 연합국은 경찰의 해체를 요구하고 집권적 조직을 금지하였으며, 이전과 같은 지방경찰을 재편성하도록 하였다. 1920년 새로운 경찰대가 발족하였고, 종전의 군인경찰제도는 군인신분을 박탈하고 무장경찰로 개편하였다. 하지만, 1934년까지 독일경찰제도는 대체로 각 주마다 상이하여 전국적으로 통일된 제도가 없었다.

히틀러(A. Hitler)는 각 주의 주권을 박탈하고 경찰권도 독일 중앙정부로 귀속하게 하였으며, 프로이센 내무부장관 직속에 비밀국가경찰인 '게슈타포(Gestapo)'를 설치하고 전국의 정치경찰사무를 담당하게 하였다.

연합국은 독일경찰의 일대개혁을 시도하였고, 개편의 기본방향으로서 경찰의 지방분권화, 자치단체화, 행정경찰과 집행경찰의 분리 등 3대 목표를 설정하고 추진하였다.

1949년 독일기본법 제정으로 일반 경찰행정권은 주정부의 권한에 속하도록 하였다. 이에 따라 각 주는 고유의 경찰법을 제정하였다. 이들 경찰법은 경찰의 임무와 권한, 경찰의 구조와 편제 및 재정에 관한 법규가 중심이 되었다. 대부분의 주정부는 자체입법으로 현행의 국가경찰제도를 채택하고 있으며, 자치경찰제도의 전환은 시도되지 않았다.

1950년대 연방단위의 헌법보호청, 국경경비대, 연방범죄수사국 등이 설립되었으며, 1972년 국경경비대 산하에 대테러부대(GSG-9)가 설치되었다. 1976년 연방 및 각 주 통일경찰법 모범초안을 마련하여 각 주에서는 경찰법의 통일을 기하게 되었다.

현재 독일은 16개 주(란트, Land)로 이루어진 연방국가이며, 통일독일의 정치 · 경제 · 사회 · 사법제도는 모두 서독의 것으로 서독의 흡수통합 형태이다.

2) 현대 독일경찰제도

독일의 경찰제도는 연방과 주의 이원적 체제로 구성되어 있으며, 주경찰이 대부분의 법집행을 담당하고 연방경찰이 보조 임무를 수행한다. 이 시스템은 독일의 역사적 배경과 헌법적 구조를 반영하여 경찰권력을 분산시키고 법집행의 효율성을 높이는 것을 목표로 하고 있다.

2020년 기준으로 독일에는 약 330,000명의 경찰관이 있다. 이 숫자는 주경찰과 연방경찰을 모두 포함한 것이다. 주경찰은 대다수의 경찰력을 차지하며, 각 주의 경찰 인력은 주별로 차이가 크다. 연방경찰은 상대적으로 작은 비율을 차지하지만, 중요한 연방 임무와 특수 임무를 수행한다.

독일경찰관들은 다양한 임무를 수행하며 범죄예방과 수사, 공공안전유지, 교통 관리, 테러 대응 등 다양한 역할을 담당하고 있다. 독일경찰 시스템은 이러한 경찰관들이 효율적으로 협력하고 주와 연방 간의 조율을 통해 안전을 유지할 수 있도록 설계되어 있다.

독일의 경찰제도는 연방과 주의 협력을 통해 법집행의 효율성을 극대화하고 중앙집권적 권력 남용을 방지하며, 다양한 보안문제와 비상사태를 효과적으로 처리할 수 있도록 설계되었다. 이러한 구조는 독일의 역사적 경험과 헌법적 원칙을 반영하여 법집행의 투명성과 책임성을 강화하고 있다.

3) 독일경찰제도의 특징

경찰조직에 대하여 독일의 헌법에 해당하는 기본법은 연방과 주의 입법사항을 배분하여 규정하고 있는데, 경찰조직은 각 주의 입법사항으로 규정하고 있다. 독일은 연방제 국가로서 주는 미국의 주와 같이 자치권이 아주 강하며, 각 주는 그대로 하나의 국가이며, 주내무부장관 밑에 주경찰이 있다.

연방경찰과 주경찰은 상호 독자적인 지위를 유지하며 양자 사이에 연방경찰을 상위에 두는 상명하복의 관계는 인정하지 않는다. 다만, 예외적으로 연방경찰 관할에 속하는 업무에 관하여 주경찰에 대한 통제를 인정하고 있다. 연방경찰은 국경경비와 특수한 업무만을 담당하고 있어 사실상 지역치안은 주경찰이 전담하고 있다. 따라서 독일경찰조직의 핵심은 주경찰이 담당한다.

대부분의 주에서는 경찰청장을 경찰관이 아닌 민간인으로 임명하여 경찰권이 비대화를 방지하고 있다. 계급은 통일적으로 비간부, 간부, 고급간부의 3등급으로 나누어지며, 세분된 계급 없이 세 계급으로만 나누어진 주도 있다. 계급, 각 등급 간에는 별의 색깔로 구분하고, 동일 등급에서는 별의 수로 구분한다.

수사경찰은 간부경찰관의 비율이 높으며, 경찰관의 입직경로는 대체로 순경, 경위, 경정급으로 나뉘어진다. 물론 중간간부나 고급간부로의 입직도 가능하다. 독일경찰노조는 1950년에 결성되어 17만 5천 명의 경찰관이 소속되어 있다.

2. 연방경찰조직

1) 연방경찰의 개요

연방내무부장관은 연방의 치안정책에 관하여 책임을 지며 연방의회에 출석하여 치안정책에 대하여 설명할 의무가 있다. 연방의회가 내무행정 전반에 대하여 통제·감시권을 행사하면서 경찰에 대한 정치적 통제를 가하고 있으며 독일경찰은 우리나라와 같은 경찰위원회, 일본의 공안위원회제도는 없다.

연방의 경찰은 전국적 사항, 긴급사태 등을 위한 조직이므로 경비, 공안의 범위에서 활동한다. 연방법률로 연방국경경비, 관청 및 헌법보호목적에 필요한 기초자료를 수집하기 위한 경찰정보 부문 및 기타 부문의 중앙관청을 설립할 수 있다. 연방의 경찰은 주경찰에 대하여 원칙적으로 재정부담이나 지휘통솔의 권한을 가지지 않는다.

연방내무국에는 치안 관련 하위기관으로 연방헌법보호국, 연방경찰, 연방수사국이 있으며, 연방의 경찰은 헌법보호, 국경수비, 연방 전체의 범죄사건 등 한정된 범위의 경찰업무를 담당하나, 최근 이러한 업무범위가 점차 확대되고 있다.

2) 연방헌법보호국(BFVS)

연방헌법보호국은 1950년 독일기본법을 근거로 설치되어 국가방첩임무와 반국가단체 및 문제인물에 대한 감시업무를 담당한다. 극좌·극우의 합법·비합법단체, 스파이 등 기본법 위반의 혐의가 있는 모든 행위에 대한 감시업무와 정보수집·분석 임무를 수행한다. 또한 연방정보지원처는 군정보기관으로 정보수집에서 연방헌법보호국에 협조한다.

연방헌법보호국은 넓은 의미의 경찰기관이지만 법률상 집행업무를 할 수 없고, 경찰권도 행사할 수 없다. 경찰강제권 행사가 금지된다. 즉, 구속, 압수, 수색 등의 업무를 할 수 없는 단순 정보수집·처리기관이며, 의회의 감독 아래 전화감청은 할 수 있다. 연방헌법보호국은 집행기관을 가지고 있지 않으며, 반국가사범의 위법한 행위에 대한 정보를 경찰당국에 이첩하고 수사는 경찰이 행한다. 우리나라의 국가정보원과 같이 반국가사범에 대한 수사권은 가지고 있지 않다.

3) 연방국경경비대(BGS) → 연방경찰(Bundespolizei)

독일기본법에서 연방은 관세와 국경경비에 관하여 독점적 입법권을 가지며, 연방법률로 연방국경수비기관을 창설할 수 있다고 규정하고 있고, 이에 따라 연방국경경비대법이 제정되어 연방국경경비대가 1951년 국경경비를 위하여 창설되었다.

1956년에는 늘어나는 업무량에 대비하기 위하여 연방군대가 배치되었고, 1972년에는 테러 및 인질범죄 등의 조직범죄에 대처하기 위한 대테러부대(GSG-9)의 창설, 정부요인 및 헌법기관 등의 보호를 위한 신변보호업무, 자연재해와 대규모 사고 발생 시 각 주경찰의 지원 등을 주요 내용으로 하는 법의 개정을 통하여 강력한 연방경찰조직이 되었다. 2005년 연방국경경비대(연방국경수비대)가 연방경찰(Bundespolizei)로 개명되었으나, 임무와 권한에는 변동이 없다.

국경보호는 고유업무로 연방의 전체 국경에서 수행한다. 구체적 업무로는 국경감시, 국경통과 차량 및 사람의 통제, 국경수색, 국경 30km 이내 지역에서의 소란제거 등이 있다. 연방경찰은 연방 영역에의 위법입국을 저지 또는 중지시키기 위해 국경으로부터 30km 이내의 장소에서 필요한 경우 사람의 신원을 확인할 수 있으며, 당사자를 정지시켜 신원에 관해 질문하고 신분증명서를 제출하도록 요구할 수 있다. 신원확인이 다른 방법으로 곤란한 경우 감식조치를 취할 수 있다. 2001년 12월 국제테러대책법에 의해 신분증명서의 검사권한이 확대되었다.

경찰특공대(GSG-9)는 1972년 뮌헨 올림픽에서 검은 9월단의 이스라엘 선수 테러사건 이후 대테러부대의 필요성으로 1972년 9월 26일 정부명령으로 창설되었으며, 현재 연방경찰 소속으로 약 240명으로 구성되어 있다. 경찰특공대는 연방내무부장관의 명령으로 주경찰이나 그 이하 단위의 경찰이 해결할 수 없는 테러사건을 담당하고 있다.

4) 연방형사청(Bundeskriminalamt) 또는 연방범죄수사청

1951년 독일의 각 주에서 발생하는 전국적인 범죄에 대처하기 위하여 연방형사청법의 제정으로 창설되었다. 각 주에서 발생하는 범죄행위의 수사는 원칙적으로 주의 권한에 속하고 예외적인 경우에만 연방형사청의 권한을 인정하였다. 하지만, 전국적인 범죄량의 증가와 범죄양태의 변화로 1973년 연방형사청 법률의 전면개정이 이루어지고 범죄진압과 예방업무적인 요인경호 등의 권한이 확대되었으며, 인적·물적 장비도 점차 증가하였다.

연방형사청은 연방의 중앙기구이며 연방내무부장관의 감독을 받는다. 또한 연방형사청은 국제형사기구의 독일 국가사무국이다. 독일기본법은 범죄수사 분야에서 연방은 주와 업무를 협조하고 연방에 국제적 범죄진압에 대한 독점적 입법권을 부여하고, 범죄정보와 자료의 수집 및 평가업무를 위한 연방형사청 설치를 보장하고 있다. 연방형사청은 관할 주 수사기관의 요청 또는 위임, 연방내무부장관이 수시 지시한 사항, 연방검사의 요청이 있을 경우에만 제한적으로 수사업무를 행하도록 하였다.

2006년 연방제 개혁의 일환으로 BKA는 국제 테러리즘 방지에 대한 책임을 부여받았으며, 이는 주 경계를 넘는 위험이 있거나 주의 관할권이 명확하지 않거나 주가 지원을 요청하는 경우에 해당한다(헌법 제73조 제1항 9a호). 이러한 수사를 위해 BKA는 비밀 온라인 수색 등 여러 새로운 권한을 부여받았다. 또한 BKA는 반테러 데이터베이스도 운영하고 있다.

네트워크 집행법(NetzDG)은 2021년 개정된 법조항에 따라 2022년 2월 1일부터 특정 기업들이 자신들의 플랫폼에서 발생한 범죄를 BKA에 신고하도록 의무화하였다.

3. 주(州)경찰조직

1) 개요

경찰권이 연방정부가 아니라 주정부에 있다는 점에서는 영국보다 미국에 유사하지만, 미국에서는 지방자치단체의 자치경찰권이 극소수 주의 큰 도시에만 허용된다는 점에서 다르다. 대다수의 주에서는 주를 국가로 하는 국가경찰을 원칙으로 하며, 예외적으로 국가경찰에 읍면이라는 자치경찰을 가미하는 주도 있다.

주내무부는 주의 최상급 경찰관청이고, 경찰책임자는 임명제이다. 각 경찰관서는 내무부 소속기관으로서 직무집행에 관하여 내무부의 지휘·감독에 복종한다(김성수, 2000: 229). 주내무부는 경찰법의 시행을 위한 각종 법규명령, 행정규칙 등을 제정한다. 주내무부 산하에는 통상 주수사국과 기동경찰, 지방경찰청 등이 조직되어 있다.

2) 주경찰의 종류

집행경찰은 정복을 착용하고 전형적 경찰업무를 수행하며, 수사경찰은 사복으로 근무하면서 범죄수사 및 예방업무를 담당한다. 집행경찰과 수사경찰의 기본임무는 사회공공의 안녕과 질서유지 및 범죄수사이다.

기동경찰은 폭동이나 시위 등 전국적인 긴급치안상황에 대처하기 위하여 1950년 연방과 각 주정부의 행정협정으로 설립되었다.

기동대의 주요임무는 국가비상사태나 자연재해 등의 대형사고에서의 전국적인 경찰력의 지원, 대형사고, 대규모 시위, 스포츠 및 각종 행사에서의 경찰력 지원, 중요시설 경비 등이다. 기동경찰은 주 소속 경찰이지만 연방에서 조직과 구성에 대한 영향력을 가지며, 무기 · 장구 · 차량 · 통신 등에 대한 지침을 주고, 일부 비용도 부담한다. 다시 말하면, 주기동경찰에 대한 연방 차원의 개입은 허용된다.

3) 조직형태

독일 대다수의 주는 주를 국가로 하는 국가경찰을 원칙으로 한다. 일부 주에서는 국가경찰 형태에 읍면경찰이라는 자치경찰을 가미하는 주도 있지만, 이러한 주들도 차츰 국가경찰 형태로 바뀌고 있어 자치경찰제도를 취하는 주는 많지 않다.

4) 주와 연방경찰의 관계

연방경찰과 주경찰은 기본적으로 상호 협력관계이다. 주는 연방이나 다른 주에 완전히 동등한 독립한 지위에 있으며 상호 간에 지휘 · 명령할 수 없다. 실제 각 주에서는 주의 법률에 '국가(Staat)'라는 명칭을 사용한다. 어느 주가 주나 연방의 존립 또는 민주적인 기본질서에 대한 급박한 위험을 방지하기 위하여 다른 주 또는 연방경찰의 지원을 요청할 수 있는데, 요청권은 원칙적으로 주의 수상에게 있다.

4. 독일의 형사사법제도

1) 법체계

제2차 세계대전 이후의 독일 각 주의 경찰법은 대체로 조직과 권한을 분리하여 따로 규정하고 있다. 경찰조직법, 경찰작용법, 경찰강제법 등 경찰관련 법령을 단일한 경찰법으로 통합하려는 시도는 이루어지지 않고 있다. 각 주의 경찰법은 대체로 과거의 프로이센 경찰행정법을 모범으로 하고 있으며, 경찰의 임무와 권한에 관한 것과 경찰의 구조·편제 및 재정에 관한 법규로 나눌 수 있다. 경찰의 조직규정·임무규정을 권한규정과 경찰권 발동의 근거규정으로 삼기도 한다.

독일기본법에 따르면 명령이란 그 제정을 법률로 각 부처장관에게 위임한 것으로, 일반국민에 의무를 부과하는 법규명령과 국가기관 또는 공법 영조물의 설립·활동에 관한 행정명령으로 나눌 수 있다. 먼저, 법규명령은 법률을 시행하기 위한 시행령과 형벌로서 일정한 행위를 명하고 금하는 경찰명령을 말하며, 행정명령은 형벌로서 일정한 행위를 명하거나 금하는 경찰명령을 말한다.

2) 검찰조직

검찰은 소속에 따라 연방검찰과 주검찰로 나누어지며, 검찰에 관한 법규정은 연방법인 법원조직법에 규정하고 있다. 각 법원에는 1개의 검찰청이 있는 것이 원칙이지만, 법원마다 특별히 검찰청을 설치해야 하는 것은 아니며, 1개의 검찰청이 수개의 법원에 관할권이 있어도 무방하다. 검찰청은 연방법원, 상급지방법원, 지방법원 및 구법원에 설치한다. 연방법원에 상응하는 연방검찰청이 설치되어 있다. 독일의 검찰기관은 지방자치조직이며, 주검찰청에 대한 지휘감독권은 주법무부에 있다.

3) 수사기관

독일의 검찰은 고유한 수사조직을 가지고 있지 않다. 대신에 다른 부처인 내무부 소속의 사법경찰 가운데 일부를 검찰의 보조공무원으로 활용할 수 있도록 하고 있다. 검찰보조공무원의 선임은 임명이나 법규정으로 이루어지며, 임명은 대개 주정부의 법규명령으로 행한다. 대부분의 주는 사법경찰 가운데 일정 직급을 지정하여 일괄적으로 행한다.

독일의 검찰은 수사를 주재하고 경찰은 검찰을 보조하는 활동을 한다. 검사는 일반적 수사권을 가지며 검찰은 스스로 또는 경찰임무를 담당하는 관청 및 공무원으로 하여금 수사를 행하게 할 수 있다. 경찰도 독자적으로 수사에 착수할 권한과 의무가 있지만 지체 없이 — 긴급한 증거보전 및 신속한 조사 후에 — 검찰에 송부되어야 한다.[5)]

독일검찰은 공소제기권과 수사권을 모두 가지고 있으나, 자체적인 집행기관이 없고, 수사 관련 업무에 있어 독일경찰이 비교우위에 있을 뿐만 아니라 법관 이외에 기관이 작성한 조서에 증거능력을 인정하지 않아 독일검사는 신문조서를 받기 위한 피의자 신문을 하지 않기 때문에 사실상 실질적인 수사의 주도권은 경찰에게 있다. 독일의 검찰이 '팔 없는 머리'로 불리는 이유도 여기에 있다.

제 4 절 프랑스경찰

1. 개설

1) 프랑스경찰의 역사

각 도시마다 시장을 선출하고 이들이 도시에서 경찰권을 행사하는 자치경찰이 생겼는데, 이것이 오늘날 지방자치경찰의 시초가 되었다. 파리에서는 센(Seine)강 독점권을 가진 상인단체장이 국왕으로부터 상사 재판권, 범죄예방 등의 권한을 인정받아 경찰업무를 수행하였다. 이들 상인순찰대는 왕의 임명에 의한 국왕순찰대와 경찰로서 공존하였다. 중세에는 봉건영주가 경찰권을 행사하였다.

군사경찰은 14세기에 100년 전쟁과 종교전쟁을 거치면서 지방치안이 무질서해지자 군이 주둔하는 지역의 치안을 군에 담당케 하면서 정착되었다. 루이 14세는 경찰대신을 파리에 창설하였다.

프랑스 대혁명(1789년) 이후 혁명정부는 경찰대신을 없애고, 경찰업무를 지방자치단체장에게 속하게 하는 지방경찰체제를 수립하였다. 파리시는 국립민간방범대가, 지방은 국립군사경찰이 치안을 담당하였다. 나폴레옹(Napoléon)이 정권을 잡은 기간에 군인경찰조직이 더욱 강화되었고, 이때 군사경찰 지방조직도 설치하였다.

19세기에는 인구 5,000명 이상 지역에 경찰서 등 국가경찰기관이 설치되었으며, 드

5) 독일은 원칙적으로 검사의 기소독점주의를 취하고 있으나, 형사소송법에서 일정한 범죄에 한해서는 범죄피해자에게 사인소추를 제기할 수 있는 권한을 예외적으로 인정하고 있으며, 또한 세무직 공무원의 경우 약식명령에 해당하는 사건에 대하여 기소권을 행사할 수 있는 예외가 인정되고 있다.

레퓌스(Dreyfus) 사건 이후 보안업무나 국경업무도 경찰이 담당하였다. 20세기에 들어오면서 경찰의 자치단체로서의 성격을 제거하는 노력이 나타나게 되었다. 1941년 4월 23일의 법률과 동년 6월 6일 및 7월 7일의 명령에 따라 행정조직을 기본적으로 인구 2만 명 이상의 도시는 모두 국가경찰로 하였다.

2) 현대 프랑스경찰제도

프랑스의 경찰제도는 중앙집권적 구조를 특징으로 하며, 주로 두 개의 주요 국가경찰기관인 국가경찰(Police Nationale)과 군사경찰(Gendarmerie Nationale)로 구성되어 있다. 이 두 기관은 프랑스 전역에서 법집행과 공공안전을 담당하며, 그 외에도 지방경찰과 같은 다른 보조적인 경찰조직이 존재한다. 국가경찰과 군사경찰은 내무부의 지휘를 받는다. 반면 자치경찰의 경우 지방자치단체에 의해 운영되며, 주로 지역사회의 일상적인 치안유지와 질서유지를 담당한다.

3) 프랑스경찰제도의 특징

프랑스의 경찰은 미국이나 독일의 주(州)와는 달리 주로 국가경찰로 일원화하고 있다. 국가경찰은 내무부장관의 지휘를 받는 전국적인 조직을 가지고 중앙에서 일반적 지휘감독을 행하고 있다. 다만, 자치경찰도 인구 2만 명 이하의 자치단체(코뮌)에서 제한적으로 실시하고 있다.

프랑스의 경찰업무는 국가경찰을 가지고 있으면서도 도시지역에서는 내무부 소속의 국가경찰이, 농촌지역에서는 국방부 소속인 군사경찰이 수행하면서 궁극적으로는 정부의 치안책임자인 내무부장관의 지휘를 받고 있는 다원적인 구조를 가지고 있다.

프랑스의 경찰업무는 행정경찰과 사법경찰로 구분된다. 이들 임무를 수행하는 자들도 같은 경찰기관에서 신분으로 분명히 나뉘고 있다. 경찰관은 정복경찰관과 사복경찰관이 있고, 상호 간에 인사교류는 없다.

행정경찰의 임무로는 출입국 관리업무를 수행하며 교통에 관한 법규제, 각종 시책 등 교통에 관한 권한은 교통부에 있고, 경찰은 단순한 일선의 집행기관에 불과하다. 사법경찰과 관련하여 경찰이 독자적 수사권을 행하는 것은 검사에게 사건을 송치하기까지이고, 그 후로는 검사의 지휘 또는 예심판사로부터 공조의 촉탁을 받아 그 집행이라는 형태로 보조적으로 수사한다.

프랑스경찰은 정치경찰 또는 정보경찰의 비중이 아주 높다. 이는 오랜 정치적 대립과 동요가 되풀이되고, 지리적으로도 프랑스가 유럽의 중심부에 있어서 정치·문화적 활동무대가 되어 국가나 정부를 지키기 위한 각종 정보활동, 외국 스파이의 적발활동이 경찰활동으로서 중요시되었기 때문이다.

2. 프랑스경찰의 조직체계

1) 국가경찰과 자치경찰

국립경찰은 내무부 소속이며 국가전체 지방조직으로 대도시에 시경찰국이 있으며, 국립경찰청 산하 파리경찰청은 파리와 센강을 관할한다.

군사경찰은 군인으로서 민간인을 상대로 경찰업무를 수행한다. 군사경찰은 내무부장관 밑에서 근무하지만 소속은 국방부이다. 즉, 국방부장관이 임명과 감독을 행한다. 또한 일반경찰 사무도 행하며, 국립경찰이 배치되지 않은 읍면에 배치되어 지방경찰을 지원한다. 이 경우 도지사의 지휘를 받으며 지방경찰의 인원부족을 보충하는 역할을 한다. 나아가 교통경찰, 사법의 명령에 의한 수사 등의 임무를 수행한다. 파리지역에는 국립경찰과 군사경찰이 상호 중복하여 배치된다. 역사적인 기원뿐만 아니라 상호 견제를 통해 정확하고 상세한 정보수집체계를 유지하기 위한 목적이 있다.

일정 인구 이상의 읍면에서는 도지사가 경찰업무를 관장한다. 읍면장은 도지사의 감독을 받도록 지방자치법에 규정되어 있으며, 읍면장의 경찰행정에 관한 권한을 지방자치법에 공공도로의 통행편의와 안전·공공의 질서, 소란, 분쟁, 집회, 장례 등 구체적으로 열거되어 있다.

2) 프랑스경찰청의 조직

경찰청장은 국무회의에서 임명하고, 내무부장관의 지휘를 받는다. 경찰청장은 파리경찰청을 포함하여 전국의 국가경찰업무의 지시 및 조정을 담당하며, 파리 등 수도권 지역치안을 담당하는 파리경찰청의 관할 이외의 전국을 담당한다. 경찰청장 직속으로 대테러상황실, 대테러조정실, 대테러부대, 지방중앙관제실, 조직범죄대책실, 내무부경비실 등이 있으며, 경찰청장 밑에는 경무국과 실무국이 있고, 이를 담당하는 차장이 각각 1

명씩 있다.

경무국장은 인사, 법령, 교육훈련을 총괄한다. 실무국장은 정보, 도박, 수사, 도시경찰, 기동대, 방첩, 공항 및 국경경비, 국제협력 등 모든 실제 일선의 경찰업무를 총괄한다. 실무국장 밑에는 형사국(사법경찰국), 경비국(도시경찰국), 국토감시국, 외사국, 정보국, 국제기술협력국, 경호국, 기동단 등이 있다.

경찰기동대(CRS)는 정복경찰관으로 구성되며, 내무부의 중앙본부를 중심으로 전국에 총 63개 기동대가 있다.[6] 그 중 2개는 해외에 있는 도(道)에 위치하며, 중앙에는 본대와 교육센터가 있다. 알프스, 피레네 산악지방에 주둔하는 4개 중대는 산악조난사고에 대비하여 각기 산악소대가 설치되어 있다. 주요 임무로는 ① 시위진압, 폭동진압, ② 경호, 집회 · 데모 · 행진 · 스포츠행사 등의 경비와 질서유지활동, ③ 중요 간선도로에서의 교통단속 외에 도시 경찰활동의 지원, ④ 해수욕장이나 산악지대에서의 구조활동, ⑤ 국경이나 해안, 공항 등에서의 감시활동 등이다.

도지사의 요청이 있으면 내무부장관의 명령으로 전국 각지로 출동하며, 긴급한 경우 도지사가 직접 각 기동대에 출동을 요청하면 내무부장관의 사후승인을 얻는다.

3) 파리지방경찰청

경찰청장은 내무부장관의 추천으로 대통령이 임명한다. 경찰청장은 파리시와 파리 주위의 6개 도의 경찰권을 가진다. 파리 주변의 도의회와 파리시의회가 파리경찰청장의 통제를 받는다.

파리는 집행기관으로서 파리 주변의 도지사와 경찰청장이 시장을 겸하고 있다. 도지사가 행정권을, 경찰청장이 경찰권을 가지고 있는 특이한 형태다. 경호 · 경비에 필요시 군사경찰대의 일부도 사용할 수 있어 파리경찰청장의 권한은 매우 강하다.

4) 군사경찰(Gendarmerie Nationale)

군사경찰은 국가경찰이다. 파리시, 경찰청 등의 경찰기관이 없는 인구 2만 명 미만의 소도시와 농촌지역, 주요 간선도로 등 전 국토의 95%에 해당하는 지역의 경찰업무

6) 경찰기동대는 직접 내무부장관이 지휘할 수 있으나, 기동군사경찰은 내무부장관의 서면요청이 있어야 한다. 경찰기동대는 기동군사경찰과 같은 폭동진압업무를 수행하지만 무장을 하지는 않는다.

를 수행한다. 군사경찰은 군인이므로 내무부장관 밑에서 근무하지만 2009년부터 내무부 소속 경찰업무를 집행할 때는 국가경찰의 모든 법령에 따른다. 파리 시내에 있는 군인경찰이 친위대의 기능으로서 활동을 할 때에는 경찰청장의 지휘를 받게 되는데 이것이 기동군사경찰이다.

국가경찰과의 차이점으로 군인은 전원이 사법경찰관리의 권한을 가지고 있어 장교, 하사관 및 5년 이상 근속 군사경찰은 사법경찰관의 직권을 가진다. 일부 관리 부서를 제외하고는 전원 정복이다. 따라서 국가경찰과 같은 정복과 사복의 구별은 없다. 국가경찰은 인구 2만 명 이상의 대도시나 중소도시의 도시지역 치안을 담당하고, 헌병대는 1만 명 미만의 소도시, 농촌지역 치안을 자치단체경찰과 함께 담당한다. 국방부에 소속된 군인은 노동조합을 결성할 수 없으며, 군사경찰의 기동대는 전쟁이나 내란의 경우에는 군대로서 출동하므로 전차, 장갑차 등 중화기를 가지고 있다.

프랑스의 군사경찰은 군인 자체의 업무를 수행하면서도 일반적 행정경찰과 사법경찰의 기능도 아울러 수행하는데, 행정경찰로서 군사경찰은 소도시와 농촌의 순찰업무를 맡고 있는데, 주로 도로교통 질서와 관련된 업무이다. 기마경찰은 파리의 각종 의식이나 행사에 참가하기도 한다. 군사경찰조직 내부에 군사경찰특공대(GIGN)를 창설하였는데, 테러, 비행기납치, 인질사건 기타 고도의 기능을 수반하는 경찰력의 개입이 필요한 경우에 출동하는 특수부대이다. 참고로 기동타격대는 중요범죄나 대규모 사고를 대비한 특별부대로 도(道)군사경찰에 포함되는 조직이다.

5) 자치경찰

자치경찰은 1884년 4월 5일 법률 제102조 및 지방자치법 제131-1조 이하에 의거 인구가 1만 명이거나 도시의 교외에 인구가 많지 않은 경우에 읍면장이 경찰권에 따라 자치단체의 공공의 안전과 질서의 유지를 위하여 설치하였다. 읍면장이 경찰임무를 수행할 사람을 자치적으로 모집하고 배치하므로 이를 자치경찰이라고 한다.

3. 프랑스의 형사사법제도

1) 사법경찰제도

프랑스에서 사법경찰은 법무부장관의 관할이며, 검사와 예심판사가 이를 행한다. 수사의 주체는 검찰이고 경찰은 수사의 보조자이며 상명하복관계로 이해한다. 형사소송법상(원칙상) 검사만이 수사의 주재자이며, 예심판사도 일종의 수사권이 있다.

증거의 평가는 경찰의 업무가 아니고 소추 및 재판과 함께 사법업무이며, 예심, 기소 및 재판업무는 사법기관에 귀속한다. 검사만이 소추할 수 있으며, 예심판사는 증거능력을 조사할 뿐이다.

사법경찰의 주된 임무는 예심개시 전 형사법위반 확인, 증거수집, 범인수사이며, 예심개시 후 예심법원이 명령 또는 촉탁한 업무를 집행한다. 사법경찰관에게 구속권은 인정되지 않지만, 실무상 대다수 사건에서 주도적으로 수사를 행한다. 사법경찰은 사법관청이 아니고, 경찰기관으로 피의자의 유죄 여부를 결정할 수 없으며, 단지 검사나 법관에게 결정을 할 수 있는 여러 요소들을 제공하는 것을 임무로 한다.

행정경찰은 경찰청장과 도지사, 사법경찰은 검찰청으로부터 근무지 부여명령을 받으며, 고등검사장은 사법경찰을 징계에 회부할 수가 있다. 검사는 관할 구역 외 수사명령권이 있으며, 사법경찰의 보호유치 적법 여부 감독권이 있다.

2) 범죄수사절차

중죄 및 경죄의 현행범에는 사법경찰관은 검사에게 보고하고 현장에서 일체의 검증, 보전을 행하면서 영장 내지 수색, 압류, 압수를 행한다. 범행 후 15일 이내의 기간에는 현행범 수사절차에 따른다.

예심판사란 판결을 행하는 법원의 선행단계로서 증거를 수집하고 범인이 유죄판결을 받기에 충분한지 여부를 평가하는 법원을 말한다. 예심법관은 제1심의 예심법원을 구성하는 단독제의 법관이다. 경미한 형사사건은 검사의 1차 수사로서 종결한 사안이 중대하거나 복잡한 사건은 예심판사가 재수사하는 이원적인 체계를 가지고 있다.

체포를 할 수 있는 경우는 ① 사법경찰이 수사의 필요상 영장 없이 행하는 보호유치, ② 예심판사 또는 검사가 신문의 구인장으로 행하는 체포, ③ 예심판사가 수사의 필요상 경죄에 대한 구금형 이상의 형에 관계하는 피의사실에 관해 행하는 체포장으로 하는 체포가 있다.

사법경찰이 수사의 필요상 영장 없이 행하는 보호유치는 24시간 이내에 검사나 예심판사에게 인치해야 한다. 이때 검사의 허가가 있으면 24시간을 연장할 수 있다. 마약사범, 조직범죄, 테러범죄의 경우에는 검사의 청구에 따라 법원장, 수탁판사 또는 예심판사의 허가에 의해 48시간을 추가로 연장할 수 있어, 총 4일(96시간) 간의 보호유치도 가능하다. 보호유치권한은 사법경찰관만이 가지며 사법경찰리나 보조사법경찰리, 도로순찰대장이나 도로순찰반장에게는 이런 권한이 없다.

제 5 절 일본경찰

1. 개설

1) 일본경찰의 역사

각 번(藩)의 맹주인 번주(藩主)와 그의 지배를 받는 무사(사무라이)들이 각자 나름대로의 조직과 방식으로 자기 지방의 치안을 담당하였다. 정봉행소(町奉行訴)는 일본 최초의 경찰제도로 지금의 경찰업무 외에 재판업무, 감옥 및 토목업무도 담당하였다.

1871년 동경부에 나졸 3,000명을 설치한 것이 일본의 근대적 경찰제도의 시작이다. 1872년 동경부 나졸들이 증원되면서 사법성 관할로 옮겨지고 검사의 직무는 사법경찰업무에 한정되었으며, 행정경찰업무는 경찰이 담당하는 것으로 사법경찰과 행정경찰이 구별되고, '경찰'이라는 용어가 등장하게 되었다.

1872년 프랑스경찰제도를 조사하였던 가와지 도시요시(川路利良)의 건의에 따라 설치된 국가경찰조직인 경보료(警保寮)는 근대경찰조직의 시초이다. 1874년 사법성에 설치되어 있던 경보료(警保寮)를 내무성으로 이전하였고, 1875년 행정경찰규칙이 제정되었다.

1874년 1월 내무성의 관할로 동경경시청을 창설하였다. 내무성대신의 지휘를 받는 외에 정치경찰이나 고등경찰 사무인 국사(國事)사무만은 직접 총리대신의 지휘를 받도록 되어 있어 정치경찰화하고 있었다. 1875년 행정경찰규칙을 제정하여 경찰활동의 근거법규를 마련하였으며, 1888년 1군(郡) 1구(區) 경찰서주의의 채택으로 전국적인 경찰망이 완성되었다.

군국주의의 일본경찰은 헌병대를 설치하였고, 헌병은 군사경찰 이외에 행정경찰과 사법경찰을 겸하도록 하고 있어서 경찰기관으로 활동하였다.

1945년 10월 4일 인권칙령으로 종래의 각종 치안입법이 폐지되고, 정치경찰과 헌병대가 폐지되었다. 범죄수사가 경찰법에 의해 경찰의 책무로 정식 규정되고, 수사권에 대해서도 전제적인 요소로 보아 온 검사의 독점을 철폐하였다. 일본경찰이 독자적 수사권을 갖게 된 것은 제2차 세계대전 이후 미군 점령사령부의 외부적인 조치에 의하여 이루어졌다. 1948년 형사소송법에서 경찰과 검찰은 상호 협력관계가 되었고, 경찰은 영장청구권을 가진 독자적 수사권을 가지게 되었다.

1947년 12월 경찰제도의 근본적인 개혁을 위한 경찰법을 제정하여 독립적인 공안위원회제도를 도입하였다. 공안위원회제도는 구(舊)경찰법이 처음으로 일본에 도입한 것이나, 국가공안위원회가 내각으로부터 독립성이 강하여 정부의 치안책임이 불명확하게 되어 민주주의 요청인 내각 책임제와의 모순이 지적되었다.

시와 인구 5,000명 이상의 정촌(町村)에 자치경찰을 두고, 그 이외의 지역에는 국가지방경찰을 두는 등 이원적 구조를 가진 경찰제도를 창설하였다. 국가지방경찰은 내각총리대신의 관할이며, 관리기관으로 국가공안위원회가 있고, 국가지방경찰의 책임자는 국가공안위원회가 임명하며, 부설기관으로 경찰대학교를 설치하였다. 지방자치단체는 자체 부담으로 자치경찰을 설치하였으며, 자치경찰은 국가비상사태의 경우를 제외하고는 원칙적으로 국가지방경찰과 대등한 지위에 있었다.

신경찰법 개정의 주요 내용은 공안위원회 제도의 존속으로 국가책임의 명확화, 경시(警視) 이하 직원을 지방공무원으로 하여 국가와 지방자치의 조화, 국가지방경찰의 폐지, 자치경찰을 도도부현 경찰로 일원화 등이다.

2) 현대 일본경찰제도

일본의 경찰제도는 중앙집권적 요소와 지방분권적 요소를 모두 포함하는 독특한 구조를 가지고 있으며, 대부분의 경찰업무는 국가경찰청(National Police Agency: NPA)과 도도부현 경찰(Prefectural Police)이 담당하고 있다. 이 시스템은 일본의 공공안전과 법집행을 효과적으로 관리하기 위해 설계되었다.

(1) 국가경찰청(National Police Agency: NPA)

국가경찰청(NPA)은 일본경찰의 중앙조직으로 내각부 산하에 있다. NPA는 전국적인 경찰 정책을 수립하고, 각 도도부현 경찰을 감독하며 조정하는 역할을 한다. 주요 기능은 다음과 같다.

① 정책수립: 전국적인 경찰 정책과 법집행 전략을 수립한다.

② 조정 및 감독: 각 도도부현 경찰의 활동을 조정하고, 필요한 경우 지원한다.

③ 정보 관리: 전국적인 범죄 데이터와 정보를 수집·분석하여 각 지역경찰과 공유한다.

④ 특수 임무: 국가적인 중요 사건이나 테러 대응, 대규모 재난 대응 등의 특수 임무를 수행한다.

(2) 도도부현 경찰(Prefectural Police)

도도부현 경찰은 각 도도부현(현, 도, 부, 도)의 지방경찰조직으로 도도부현 지사의 감독을 받는다. 이들은 NPA의 지침에 따라 독립적으로 운영되며, 지역의 치안유지와 법집행을 담당한다. 주요 기능은 다음과 같다.

① 지역 치안유지: 범죄예방 및 수사, 교통 관리, 공공질서유지를 담당한다.

② 지역사회와의 협력: 주민들과 긴밀히 협력하여 지역사회의 안전을 유지한다.

③ 경찰서 운영: 각 도도부현에는 여러 경찰서가 있으며, 이들은 지역주민들에게 직접적인 법집행 서비스를 제공한다.

3) 일본경찰제도의 특징

명치유신(明治維新) 이후 대륙법계, 특히 프랑스와 독일의 영향을 받아 근대화의 과정을 밟았고, 그 과정에서 사법경찰과 행정경찰이 정착되었다. 제2차 세계대전 패전 이후 경찰국가체제에서 미국의 강한 영향을 받아 새로운 헌법과 형사소송법, 경찰법 등의 여러 법률의 제정을 거쳐 지방분권적이고 민주적인 새로운 경찰제도를 마련하였다.

일본은 수사권 독립을 전후하여 실질적이고, 효율적인 수사권 행사를 위한 여러 가지 제도 개혁을 단행하였는데, 가장 큰 특징은 시민경찰 중심의 경찰로 전환시키고 있다는 점이다. 참고로 일본은 경찰·소방·해상보안청·교정직 등을 제외한 일반 공무원의 노조설립만 가능하고, 단결권 · 단체교섭권만 인정되고 있다.

현재 일본의 경찰제도는 국가경찰인 경찰청과 지방자치경찰 또는 도도부현 경찰인 동경도 경시청 및 도부현 경찰본부로 이루어진 2중 체계이다. 경찰관리 기관으로 국가와 자치단체에 공안위원회를 설치 · 운영하고 있다.

국가경찰인 경찰청은 내각총리대신의 형식적 감독에 국가공안위원회가 관리하고, 경찰청장관과 경찰청 밑의 각 관구경찰국장은 관할 사무에 한하여 도도부현 경찰을 지휘 · 감독한다. 자치경찰인 도도부현 경찰은 지사의 감독에 도도부현 공안위원회가 있어 경시청과 도부현 경찰본부를 관리하고, 경시청장관과 도부현 경찰본부장은 경찰서를 지휘 · 감독한다. 시정촌공안위원회는 현행 일본경찰기관이 아니다.

2. 일본경찰의 조직체계

1) 국가경찰

일본의 경찰조직 중 국가경찰은 경찰청과 관구경찰국이 있다. 경찰청은 국가공안위원회에 두며, 국가공안위원회의 관리를 받으며, 관구경찰국은 경찰청의 지방기관으로서 전국에 7개가 있으며, 관구경찰국장이 관구경찰국의 관할 사무의 범위에서 부현(府縣)경찰을 관리한다. 경찰청의 부속기관으로는 황궁경찰본부가 있다.

경찰업무는 지방자치단체에서 처리하는 것이 원칙이고, 국가는 긴급사태를 제외하고는 경찰권을 직접 행사하지 않는다. 국가가 전국적으로 통일하여 행하는 것이 더 효과적인 특별한 사항은 지방자치경찰에 대하여 국가가 지휘감독권을 가지고 있다. 이러한 특별한 사항에 대한 업무를 처리하는 국가기관으로 경찰청이 설치되어 있고, 행정위원회의 성격을 가지는 국가공안위원회가 이를 관리한다.

공안위원회의 기능은 경찰의 능률증진이라는 적극적인 것이 아니고, 경찰의 독선방지와 정치적 중립의 유지라는 소극적인 것이다. 국가공안위원회는 상설위원회가 아닐 뿐만 아니라 경찰청을 통하여 경찰을 관리하게 되어 있으며, 실제 정치와 경찰과의 완충역할 내지는 내각제에서 치안책임을 명확히 하는 의미가 있다. 공안위원회의 업무는 대부분 권한위임 등에 의하여 경찰청에서 처리하고 있는 실정이다.

국가공안위원회는 보통 자치성(自治省)장관이 겸임하는 국무대신을 위원장으로 하고 5명의 위원이 있다. 위원은 임명 전 5년 간 경찰 또는 검찰의 경력이 없는 자 중에서 내각총리대신이 의회의 동의를 얻어 임명한다.

위원장은 위원회를 대표하고, 업무를 총괄하며 위원장에게 유고가 있을 때를 대비하여 대리할 자를 미리 위원의 호선(互選)으로 정하고 있다. 위원장은 회의만을 주재하고 위원으로서의 의결권은 없다. 경찰의 정치적 중립을 보장하기 위하여 위원 중 3인 이상이 동일 정당에 속하는 것을 금하고, 동일 정당에 속하는 자가 3인 이상인 경우에는 국무총리는 경찰법의 규정에 따라 해당 위원을 파면해야 한다. 위원이 파면되는 경우는 경찰법이 규정하는 극히 예외적인 경우일 뿐이고, 이 이외의 사유로 그 의사에 반하여 위원이 파면되는 일은 없도록 하여 신분을 강력히 보장하고 있다. 위원의 임기는 5년으로서 유급제이다.

위원회의 회의는 위원장의 소집으로 개최하며, 위원장 및 3인 이상의 위원의 출석이 있어야 개회와 의결이 가능하다. 의사는 출석 위원의 과반수로 결정하고, 가부동수(可否同數)인 경우에 위원장이 결정한다.

경찰청은 국가공안위원회에 설치되어 경찰사무를 관장한다. 공안위원회는 관리기관이고 경찰청은 시행기관으로서 각각 동일한 사무를 공동으로 관장한다. 경찰청은 독립한 권한을 가지는 행정기관이며, 위원회의 단순한 사무부국(事務部局)은 아니다. 또한 경찰청은 국가행정조직법상 총리부의 외국(外局)이 아니며, 총리부의 외국인 국가공안위원회에 설치된 기관이다.

경찰청은 경찰청의 장(長)인 장관과 차장, 장관관방(長官官房), 생활안전·형사·교통·경비·정보통신의 5국 및 장관관방 국제부, 형사국 폭력단대책부로 구성되어 있다. 부속기관으로는 경찰대학교, 과학기술연구소, 황궁경찰본부가 있으며, 지방기관으로 7개 관구경찰국과 2개 통신부를 둔다.

관구경찰국은 경찰청의 지방기관으로서 경찰청 소관사무의 일부를 분장하며, 도도부현 경찰 간의 전국적인 조정을 위한 목적으로 설치되었다.

2) 자치경찰 – 도도부현 경찰

도도부현(都道府縣) 경찰에는 동경도 경시청과 도부현 경찰본부가 있으며, 경찰관리 기관으로 지사의 관할에 도도부현에 공안위원회를 설치·운용하고 있다. 도부현 경찰본부의 사무를 분장하기 위하여 지정시(指定市)에 시경찰부(市警察部)를 둔다. 북해도에는 5개 이내의 방면본부(方面本部)를 두고, 방면본부마다 방면공안위원회가 있다.

도도부현 지사는 위원회의 위원 임명에 관한 권한 외에 지방자치법상 가지고 있는 직무권한, 즉 도도부현 경찰에 관한 조례안 및 예산안의 의회 제출권 · 예산의 집행권, 경찰서 설치권 등을 가지고 있다.

도도부현 공안위원회의 위원은 당해 지방의회 의원의 피선거권이 있는 자 중에서 5년 간 경찰 또는 검찰의 전력이 없는 자 중 도도부현 지사가 지방의회의 동의를 얻어 임명하고 위원장은 호선한다. 위원의 호선으로 선출하는 위원장의 임기는 1년으로서 재임할 수 있고, 위원회 업무를 총괄하고 공안위원회를 대표한다(이황우, 1981: 21-30).

경찰본부는 도부현 경찰의 본부로서 도부현청 소재지에 두며, 공안위원회의 관리에 집행(실시)기관으로서 경찰업무를 관리한다. 공안위원회를 보조하며, 위원회의 서무업무를 처리한다.

경시청은 해당 공안위원회의 관리에 실시기관으로서 도(都)경찰의 사무를 관리하고 위원회를 보조하며, 위원회의 서무업무를 처리하는 동경도(都) 경찰의 본부이다.

경시총감인 경시청장은 국가공안위원회가 동경도 공안위원회의 동의와 내각총리대신의 승인을 얻어 임명한다. 경시청장은 도(都)공안위원회의 관리에 따르고, 경시청 사무를 총괄하며 경찰관을 지휘 · 감독한다.

경찰본부장은 국가공안위원회가 도부현 공안위원회의 동의를 얻어 임명한다. 경찰본부장은 공안위원회의 관리에 따르고 각각 경찰사무를 총괄하며, 소속 경찰관을 지휘 · 감독한다.

경찰서장은 경시청장 · 경찰본부장 · 방면본부장 또는 시(市) 경찰부장의 지휘 · 감독을 받아 그 관할 구역의 경찰사무를 처리하고 소속경찰직원을 지휘 · 감독한다. 경찰서의 하부기구로서 파출소(교번)나 주재소를 둘 수 있다. 이 경우 필요가 없으면 파출소나 주재소를 두지 않을 수도 있다.[7)]

7) 참고로 일본에서는 지역사회 경찰활동(Community Policing)의 일환으로 고방(교번)을 생활안전센터로 정하고, 구역의 가정이나 사무소를 방문하여 주민과 접촉하는 방범활동과 같은 순회연락업무에 힘쓰고 있다.

3. 일본의 수사제도

법률상 수사를 할 수 있는 권한을 가진 수사기관은 검찰관, 사법경찰직원이 있다. 구(舊)형사소송법에서는 검찰이 수사의 주재자로서 사법경찰관리는 그 지휘를 받아 수사하였으나, 현행법은 이를 개정하여 양자를 원칙적으로 대등한 지위에 두고 사법경찰관리를 1차적 수사기관으로 하고 있다.

사법경찰직원은 우리나라의 사법경찰관리에 해당하는데, 종류는 일반사법경찰직원과 특별사법경찰직원이 있다. 일반사법경찰직원은 다시 사법경찰원과 사법순사로 나누어진다. 사법경찰원에는 경시총감, 경시감, 경시장, 경시정, 경시, 경부, 경부보, 순사부장이 있고, 우리나라의 사법경찰관에 해당한다. 사법순사는 순사로서 우리나라의 사법경찰리에 해당한다. 사법경찰원의 권한으로 영장청구, 체포한 피의자의 석방, 송치, 고소 등의 수리, 사건의 송치, 송부, 감정처분허가의 청구, 검시, 수감장(收監狀)의 발부 등이 있다

형사소송법상 경찰은 독자적 수사권을 가진 대등한 지위이며 검사와는 상호 협력관계에 있다. 일본경찰의 수사권은 1차적 수사권이라고 하며, 그 내용은 수사의 개시 · 진행에 대한 권한을 가지고, 다만 수사종결권은 검사에게 있다. 극히 경미한 범죄의 미죄(微罪)처분 및 소년사건 중 경찰이 가정법원에 직접 송치하는 사건 이외에는 유죄 여부, 혐의 여부, 공소권 없음도 송치하는 검사의 기소독점주의이다. 경찰이 범죄수사를 할 경우에는 경찰법상 상관의 명령에 따라 또한 상관의 지휘 · 감독을 받아 경찰의 사무를 집행한다.

제 6 절 중국경찰

1. 개설

1) 중국경찰의 역사

1954년 헌법 제정에서 공안부는 국무원에 속하는 중앙정권조직의 하나로서 독립하

였다. 공안부대를 공안으로 명칭을 바꾸어 인민해방군의 일종으로 만들었다.

문화혁명기간 중 공안부 등 공안기관들은 군에 접수되어 독자성을 상실하게 된다.

1970년 헌법 개정에서는 여러 공안기관에 검찰기관으로서의 권한이 주어졌다.

사회주의법제의 강화 필요성에서 1978년 2월 헌법 개정을 하여 검찰부문을 부활, 검찰업무를 공안부에서 분리시켰다.

1982년 개정 헌법은 전문에 중국이 사회주의 초급단계에 있다고 명시하고 있으며, 국가주석제의 부활에 관한 사항도 규정하였다. 개인경제 존속을 공인하였으며, 국민의 기본권인 신체의 자유에 관한 규정과 불법적인 체포금지 등이 포함되어 있다. 참고로 경찰관에 대한 새로운 계급제(5등급 13계급)는 1992년 7월부터 도입하였다.

1984년 국제형사경찰기구(인터폴) 제53회 총회에서 인터폴의 정식가맹국으로 가입하였다. 공안부 형사국을 통해 국제형사경찰기구 중국사무국을 조직하였으며, 중국대표가 부총재를 역임하기도 하였다.

2) 현대 중국경찰제도

중국의 경찰제도는 중앙집권적 구조를 특징으로 하며, 공안부(Ministry of Public Security)와 지방 공안국(Public Security Bureaus)으로 구성된다.

(1) 공안부(Ministry of Public Security: MPS)

공안부는 중국의 중앙경찰기관으로 전국적인 경찰 정책수립과 법집행을 감독한다. 주요 역할은 다음과 같다.

① 정책수립 및 조정: 경찰업무에 관한 법규와 정책을 수립하고, 지방 공안국의 활동을 조정한다.

② 정보 관리: 범죄정보와 데이터 수집 · 분석 및 공유를 통해 범죄예방과 수사를 지원한다.

③ 특수 임무 수행: 대테러, 대규모 사건 대응 및 사회질서유지를 위한 특수 임무를 수행한다.

(2) 지방 공안국(Public Security Bureaus: PSB)

지방 공안국은 각 성, 자치구, 직할시에 설치된 지방경찰기관으로 공안부의 지침을 받으며 지역의 치안유지와 법집행을 담당한다. 주요 역할은 다음과 같다.

① 범죄예방 및 수사: 지역사회의 범죄를 예방하고, 발생한 범죄를 수사한다.
② 교통 관리: 도로교통 안전을 관리하고 교통법규를 집행한다.
③ 사회질서유지: 공공장소의 질서유지 및 대규모 행사경비를 담당한다.

(3) 기타 경찰조직

① 무장 경찰(People's Armed Police: PAP): 치안유지 및 국경경비, 테러 대응 등을 담당하는 준군사조직이다.
② 특수 경찰: 폭동 진압, 인질 구출 등 고위험 상황에 대응하는 특수부대를 운영한다.

3) 중국경찰제도의 특징

중국의 경찰은 국무원 공안부를 정점으로 하고 있으며, 중앙집권과 지방분권의 결합체제이다. 중국의 지방경찰조직으로 인민경찰이 있으며, 무장경찰력으로서 인민무장경찰대와 일반국민의 민간조직인 주민자치 방위조직이 치안유지를 맡고 있다.

중국경찰은 사법경찰과 행정경찰의 일원주의를 택하고 있다. 기본적으로 중국경찰은 그 업무범위에서 수사와 범죄예방의 경찰업무뿐만 아니라 호적정리, 소방, 출입국관리, 외국인 거주관리, 변경지대 경비 등의 업무도 행하고 있으므로 광의의 경찰에 해당한다(김성수, 2000: 476-477).

중국의 국가안전·치안을 담당하는 경찰기관은 모두 마르크스·레닌주의, 모택동사상을 지침으로 하는 사회주의혁명과 사회주의건설을 위한 이른바 '인민민주주의 독재'의 중요한 도구의 하나이며, 중국공산당의 지도에 업무를 수행한다. 또한 중국의 경찰은 민간조직의 도움을 받아 광범위한 업무를 수행한다.

2. 중국의 형사사법체계

1) 법원조직

최고인민법원은 전국인민대표대회 직속기관이다. 재판은 원칙적으로 민사나 형사 모두 4급2심 합의제이다. 여기서 4급이란 기층, 중급, 고급, 최고의 각 인민법원을 의미하며, 2심제란 하나의 소송에 대해서 2단계의 인민법원의 심리로 종결하는 제도이다. 제1심에서는 법관과 동등한 권리를 가진 인민배심원이 참가하는 배심제도로 운영되며, 예외적으로 사형 판결에 대하여 이를 최고인민법원이 다시 심사하도록 하여 경우에 따라서 3심까지 허용한다.

중국이 채택하고 있는 '민주집중제'에서는 입법기관인 전국인민대표대회 상무위원회가 헌법 및 법률의 해석권을 가지며, 인민법원은 전국인민대표대회 및 상무위원회에 종속한다.

2) 검찰조직

인민검찰원은 국가 유일의 공소기관이다. 인민검찰원은 형사사건의 수사기관의 하나이며, 인민검찰원은 체포를 비준하고, 수색・입안활동과 심판활동 및 판결과 재정의 집행이 합법적인지 여부를 감독하며 검찰의 지위는 다음과 같다.

첫째, 중국은 검찰의 기소독점권한이 배제되어 있다. 즉, 피해자나 그 법정대리인이 법원에 대하여 범인에 대한 형사처벌을 직접 소수할 수 있도록 자소(自訴)제도를 두고 있다.

둘째, 중국의 검찰은 독립성이 강하며 법원을 비롯한 형사소송절차의 모든 과정에 대한 법률 집행을 감독하는 권한이 있다.

셋째, 중국의 검찰은 수사에서의 권한은 약하나 강제조치에 대한 허가권을 갖고 있다.

3) 경찰조직

국무원 공안부는 중앙조직 외에 각 행정단위에 대응하는 지방공안기관이 있으며, 전국의 치안활동을 지도・감독하는 기관으로 우리나라의 경찰청에 해당하는 기관이다. 국무원 아래에 전국 공안업무를 지도・관할하는 국가의 치안・보위 및 수사기관이다.

국무원 공안부는 국무원 소속이므로 행정조직의 보조기관이다. 보조기관은 행정 각부에 소속하게 하여 그 권한행사를 보조하게 하는 경우이다. 공안부장은 국무원의 구성원으로 그 선출은 국무원 총리가 제청하여 전국인민대표회의에서 결정된다. 공안부장에 대한 파면권은 전국인민대표회의에 속한다.

공안청(공안국)은 국무원 공안부의 하부 지방조직으로 우리나라의 시・도경찰청에 해당된다. 기본적으로 '공안부－공안청 또는 공안국(직할시)－시(市)공안국 또는 공안분국－공안파출소'의 4단계로 나뉜다. 공안청장이나 공안국장의 임명은 같은 급의 지방의 인민대표회의 상무위원회가 결정한다. 반드시 국무원에 보고하여 등록해야 한다. 공안청장은 보통 부성장(副省長) 또는 자치구 부(副)주석의 한 사람이 겸임하는데, 최근에는 전문직이 되는 경향이 있다.

공안파출소는 경찰기관의 최하위 조직으로 시 · 현 공안국 또는 공안분국의 지도로 일선업무를 직접 수행한다. 계통상 공안파출소를 파견한 공안기관과 같은 급의 향 · 진의 지도를 받지만, 주된 지휘는 공안기관이 한다.

인민무장경찰대는 국가안전보위 임무를 담당하는 무장부대로 인민해방군 중앙경호국이라고도 하고 우리나라의 전투경찰대에 해당하며, 인민해방군 소속이다. 인민무장경찰대는 무장경찰력으로써 행정기관과 인민해방군의 중간적 성격을 가진다.

경찰의 최하위조직인 공안파출소와 함께 주민의 자치방위의 말단조직인 거민(居民)위원회 및 치안보위위원회를 구성하여 치안유지에서 큰 역할을 하고 있다. 경찰조직도 아니며, 정부조직도 아닌 민간조직이다.

정보업무는 원래 전술한 행정계통의 정보기관으로 전국의 치안활동을 지도하는 국가공안부가 있어 국민의 감시와 통제를, 외국인에 대한 감시를 행하였으나, 국가의 안전 확보와 대간첩업무(스파이 업무)를 강화하기 위하여 1983년에 국가안전부가 설치되었는데, 공안조직 내부의 정치국 전문화를 위해 창설하였다.

일반적인 경찰조직 이외에 공안부 소속의 철도경찰, 수상경찰, 민간항공경찰, 산림경찰 등 네 가지 특별경찰이 있다. 법원경찰은 이에 해당되지 않는다.

3. 중국경찰의 권한

경찰의 수사권한은 우리나라와 비교해서 일반적으로 피의자, 피고인에 대한 권한이 크다. 즉, 경찰은 수사, 구치, 예비심사를 하며, 체포해야 할 피의자, 피고인이 도주 중인 경우에는 경찰이 직접 지명수배영장을 발부할 수 있으며, 수사요원은 필요하다고 인정할 때에는 피의자, 피고인의 신체검사를 할 수 있어서 재판관의 영장 없이 수색 · 압수할 수 있다. 수사권한뿐만 아니라 치안행정이나 사회공공의 질서유지를 위한 행정벌의 권한도 경찰에게 있다. 행정권한으로는 체포구류조례 및 형사소송법에 따른 형사절차의 구류 이외에 '행정구류'가 있다. 형사처분을 부과하는 데 지나지 않는 정도의 경미한 위법행위를 치안관리처벌조례에 따라 처벌하는 제도이며, 우리나라의 「경범죄 처벌법」보다 더 넓고 강력한 권한을 가진다.

노동교양은 형사처벌을 할 수 없는 경미한 범죄에 대하여 공안기관에서 행하는 행정처벌로 사실상 징역과 동일한 효과를 가져 온다. 법원에서 형사처벌되지 않는다고 재판한 사안에 대해서도 노동교양을 실시하는 경우가 있으며, 살인, 강도, 강간, 방화 등의 집단범죄자 중 죄질이 경미하여 형사처벌을 할 수 없는 경우에도 실시할 수 있다. 성(省)·자치구·직할시 및 대도시의 공안국이 주(主)가 된 노동교양관리위원회에서 결정한다. 노동교양기간은 1년 이상 3년 이하이다.

현행범인 또는 중대한 용의자에 대하여 증거인멸 등의 염려가 있는 경우에 공안기관이 행하는 것으로 구류 후 24시간 이내에 조사를 해야 한다. 공안기관은 체포 시 공안기관 책임자가 서명한 체포증을 피체포인에게 제시한다. 체포는 공안기관의 책임 하에 진행되며, 검찰원의 사전승인이나 비준절차는 없다. 피의자에 대한 구속은 인민검찰원의 승인 또는 인민법원의 결정을 거친 후에 공안기관이 집행한다. 헌법에 따르면 어느 누구도 법원의 결정 또는 검찰의 승인과 경찰의 집행이 아니라면 부당하게 체포되지 않는다.

Introduction to Police Science

04 경찰의 법적 토대

제 1 절 서설

1. 경찰과 법치행정

1) 법치행정

'법치행정의 원칙'이란 법치국가의 필수요건으로서 경찰행정이 국민의 권리·의무에 관계되는 작용을 행할 경우에는 반드시 국민의 대표기관인 국회에서 제정한 법률에 따라야 한다는 원칙으로, '법률에 의한 행정의 원리'라고도 부른다.

법률유보의 원칙에 관한 학설 중 중요사항 유보설에 의하면 법률유보의 범위와 정도에는 여러 단계가 존재한다. 합헌적 법의 우위의 원칙을 확보하기 위하여 위헌법률심사제가 인정되고 있다. 오늘날에도 통치행위와 예외적 상황의 이론이 적용될 수 있는 일정한 경우 및 내부행위에서는 법치행정의 원칙이 적용되지 않는다.

특별행정법관계에서도 법치행정의 원리가 적용되나, 형식적 법치주의에서 실질적 법치주의로의 전환이 이루어졌다. 법률우위원칙은 행정의 전 영역에서 적용되고, 법률유보의 원칙은 행정의 일정 영역에서만 적용된다고 보는 것이 지배적 견해이다.

2) 법과 경찰활동과의 관계

모든 경찰기관의 활동은 조직규범으로서의 법률(경찰의 조직규범인 국가경찰과 자치경찰의 조직 및 운영에 관한 법률 제3조)에 정해진 권한의 범위에서 행해져야 한다. 경찰관의 행위는 조직법에 근거가 있을 때 비로소 경찰기관의 행위가 되며, 경찰작용으로 인정되는 것이다.

어떠한 경찰활동도 경찰활동을 제약하는 법률의 규정, 즉 제약규범을 위반해서는 안 된다. 경찰관청은 국민에게 법의 취지에 저촉되는 명령을 해서는 안 되며, 경찰조직 내부에서도 법의 취지에 반하는 직무명령을 발해서는 안 된다.

조직규범과 제약규범만으로 법과 경찰활동을 모두 설명할 수는 없으며, 법률에 일정한 행위를 일정한 요건에 수행하도록 수권하는 근거규정, 즉 근거규범이 없으면 경찰기관은 자기의 판단에 따라 독창적인 행위를 할 수 없다(김남진, 2005: 35).

2. 국가경찰과 자치경찰의 조직 및 운영에 관한 법률

1) 개설

현행 「헌법」은 행정 각부의 설치 · 조직과 직무 범위는 국민의 대표기관인 국회가 법률의 형식으로 결정하도록 하는 입장을 분명히 하고 있다(헌법 제96조). 그 결과 경찰행정에 관한 법률은 상당히 정비되어, 경찰행정을 운영하는 조직이나 기구에 관해 정한 경찰조직법, 경찰조직이 실시해야 할 행정의 내용을 정한 경찰작용법, 위법한 경찰활동에 의해 불이익을 받은 국민의 구제절차를 정한 구제법 등이 마련되었다.

2) 경찰행정법의 존재형식

법원(法源)에는 입법자가 법조문의 형식으로 정립한 성문법원과 관습법처럼 문서로서는 나타나 있지 않은 불문법원이 있다. 경찰행정법 분야는 성문법이 차지하는 비중이 크다. 그 이유는 경찰권의 발동은 국민에게 예측가능성을 보장할 필요가 있고, 나아가 현대 민주주의 사회에서 경찰권력의 발동에는 민주적 정당성이 요청되기 때문이다.

(1) 성문법원

「헌법」은 국가의 기본적인 통치구조를 정한 기본법이다. 헌법전 가운데 행정의 조직이나 작용의 기본원칙을 정한 부분은 그 한도에서 경찰행정법의 법원이 된다. 행정조직 법정주의를 정한 「헌법」 제96조나 국가안전보장 · 질서유지를 위한 국민의 자유와 권리 제한의 법정주의를 정한 「헌법」 제37조 제2항의 규정이 대표적이다.

국회가 제정하는 법형식을 법률이라고 하며, 「경찰법」의 법원으로서 가장 중요한 위치를 차지한다. 입법권은 국회에 속하므로(헌법 제40조), 국민의 권리와 의무에 관계되는 국가의 일체의 법규는 법률에 의하여 정해진다. 경찰에 중요한 법률로는 「국가경찰과 자치경찰의 조직 및 운영에 관한 법률」, 「경찰공무원법」, 「경찰관 직무집행법」, 「행정절차법」, 「행정대집행법」, 「도로교통법」, 「국가배상법」, 「행정심판법」 등이 있으며, 이와는 별도로 범죄수사에 관하여는 「형사소송법」이 있다.

국제법규는 조약으로 체결된 것은 아니나 국제사회에서 일반적으로 규범성이 승인된 것과 국제관습법을 말한다. 조약은 국내법과 동일한 효력을 가지므로(헌법 제6조 제1항), 그 내용이 구체적인 규정을 포함하고 있다면 그것은 경찰활동을 위한 법원이 된다.

국내의 법률과 모순 시 특별법 우선의 원칙, 신법 우선의 원칙이 적용되며, 국내법과 조약 등의 내용이 충돌할 경우 양자의 효력관계가 문제가 되는데, 입법사항에 관한 조약 및 국제법규는 법률과, 입법사항과 관계없는 조약 및 국제법규는 명령과 동등한 효력을 갖는다고 볼 것이다.

행정주체와 일반국민을 모두 규율하는 법규명령과 행정조직(경찰조직)의 내부 또는 특별행정법관계에 관해서만 규율하는 행정명령(규칙)이 있는데, 「국가경찰과 자치경찰의 조직 및 운영에 관한 법률」의 법원으로서 중요한 것은 법규명령이다. 그러나 행정명령도 경찰조직 내부를 규율하는 것으로 「국가경찰과 자치경찰의 조직 및 운영에 관한 법률」의 법원이 됨은 물론이다.

법규명령이란 행정권이 정립하는 일반 · 추상적인 규정으로서 법규성을 지닌 것, 즉 국민과 행정청을 구속하고 재판규범이 되는 행정입법을 말하며, 법규명령에 위반한 행정청의 행위는 위법한 행위로서 무효 또는 취소 사유가 된다.

조례란 지방의회가 법령의 범위에서 지방자치권에 의거하여 제정하는 법규를 말한다(지방자치법 제28조). 규칙이란 지방자치단체의 장이 법령 또는 조례가 위임한 범위에서 그 권한에 속하는 사무에 관하여 제정하는 법규를 말한다(동법 제29조).

(2) 불문법원

관습법이란 사람과 사람 사이에 다년에 걸쳐 행해진 관습이 법적 확신을 득하여 법적 규율로서 믿어지기에 이른 것으로서 행정 법률관계에서는 민사 법률관계와 비교하여 관습법이 성립할 여지는 그다지 많지 않다. 성문법의 흠결을 보충하는 보충적 효력만을 인정하는 것이 다수설의 입장이다.

법원의 판결은 개별적 분쟁을 해결하기 위한 것이지, 일반적으로 통용하는 법을 정립하는 것은 아니다. 그러나 동일 내용의 판결이 반복되면 그 내용이 법으로서 승인되기에 이르는 경우가 있는데 이것이 판례법이다.

반드시 법령에 명시되어 있지는 않으나, 일반적으로 정의에 합치되는 보편적 원리로서 인정되고 있는 제 원칙을 법의 일반원칙 또는 조리(條理)라고 부르며, 법으로서 취급된다. 예를 들면, 평등, 비례,[1] 금반언(禁反言), 신의성실의 원칙 등이다.

법의 일반원칙은 불문법원으로서 사인 간의 법률관계뿐만 아니라 행정상의 법률관계도 구속한다. 따라서 경찰관청의 행위가 형식상 적법하다고 하더라도 이러한 법의 일반원칙에 위반할 경우에는 위법이 될 수 있다.

오늘날 법의 일반원칙은 점차 성문화되어 가는 추세에 있는데, 「경찰관 직무집행법」의 비례의 원칙(제1조 제2항), 「행정절차법」의 신의성실 및 신뢰보호의 원칙(행정절차법 제4조) 등은 대표적인 예이다.

3) 훈령과 직무명령

구분	훈령	직무명령
기본적 성격	경찰기관에 대한 명령	경찰공무원 개인에 대한 명령
발령자 · 수명자	상급경찰관청의 하급경찰관청에 대한 명령	상관의 하급자에 대한 명령
구속의 대상	경찰기관의 의사를 구속	경찰공무원 개인의 의사를 구속
효력	경찰기관의 구성원이 변경 · 교체되어도 여전히 유효	경찰공무원의 변경 · 교체에 의해 당연히 효력을 상실하게 됨
규율범위	하급경찰기관의 직무권한 행사에 대하여 가능	직무사항 외에 객관적으로 직무 수행에 필요하다고 인정되는 경찰공무원의 일상생활에 대해서도 관여할 수 있음

1) 비례원칙이란 일반적으로 행정작용에 있어 목적 실현을 위한 수단과 당해 목적 사이에 합리적인 비례관계가 있어야 한다는 것을 말한다. 비례원칙의 실정법적인 근거로는 「헌법」 제37조 제2항과 「경찰관 직무집행법」 제1조 제2항 등이 있다.

양자의 관계	훈령은 동시에 직무명령으로서의 성질을 갖게 되지만, 직무명령은 훈령으로서의 성질을 당연히 갖는 것은 아님

* 훈령은 구두 또는 문서에 의해 상대방에게 통지하여 도달함으로써 효력이 발생함(도달주의).

제 2 절 경찰조직법

1. 경찰조직의 기초개념

1) 행정주체

행정주체란 행정법 관계에서 행정권을 행사하고, 그의 법적 효과가 궁극적으로 귀속되는 당사자를 말한다. 행정기관(행정관청)은 행정주체가 아니다. 행정주체에는 국가와 지방자치단체가 있으며, 그 밖에 영조물법인, 공공조합 등이 있다. 원래 「국가경찰과 자치경찰의 조직 및 운영에 관한 법률」은 국가경찰제도를 채택하고 있으므로 국가는 경찰행정주체이지만, 지방자치단체는 경찰행정의 주체가 아니었다. 그러나 2020년 12월 9일자로 「경찰법」 전부개정 법률안이 통과됨에 따라 지방자치단체 또한 경찰행정의 주체로서의 역할을 맡게 되었다. 현재의 경찰위원회는 국가경찰위원회로 변경되었고, 각 시・도에는 시・도자치경찰위원회가 설치되어 관할 지역의 자치경찰사무를 관리・감독하게 되었다.

2) 경찰행정기관

행정주체를 위하여 현실적으로 그 직무를 수행하는 경찰기관을 경찰행정기관이라고 한다. 경찰행정기관에는 법률에 의하여 일정범위의 권한과 책임이 주어지며, 그 권한의 범위에서 행하는 행위의 효과는 법률상 오로지 행정주체인 국가에 귀속한다.

경찰행정관청은 경찰의 경우 경찰청장, 시・도경찰청장, 경찰서장이 계층적 구조를 이루는 가운데, 상급의 경찰관청이 하급의 경찰관청을 지휘・감독하는 상명하복의 구조를 유지하고 있다. 물론 행정책임은 종국적으로 최상급의 경찰관청인 경찰청에 귀속된다.

경찰자문기관이란 행정청으로부터 자문을 받아 그 의견을 제시하는 기관을 말하며, 각종의 심의회가 여기에 속한다. 다만, 심의회의 의견은 법적으로 행정관청을 구속하지 못한다.

경찰의결기관은 행정관청의 의사를 구속하는 의결을 행하는 행정기관으로, 행정청이 의결기관의 의결을 거치지 않고 행한 행위는 무효가 된다. 국가경찰위원회는 법문상 심의 · 의결기관이지만, 행정안전부장관에게는 심의 · 의결사항에 대하여 재의요구권이 있으므로 행정관청의 의사를 구속하지 못한다는 점에서 심의기관에 가깝다. 또한 경찰위원회는 국가경찰과 지방행정에 대한 사항들을 심의 · 의결하는 국가경찰위원회와 각 시 · 도자치경찰사무를 관리 · 감독하는 시 · 도자치경찰위원회로 분류된다.

경찰행정의 의무를 국민이 이행하지 않는 경우에 강제집행을 하거나, 위법한 상황을 배제하기 위하여 긴급의 필요가 있는 경우에 즉시강제를 행하는 기관을 경찰집행기관이라 하며 경찰공무원이 여기에 해당한다.

3) 권한의 위임 · 대리 · 대결

권한의 위임이란 광의로는 경찰관청이 법령에 근거하여 자기에게 주어진 사무처리 권한의 일부를 하급경찰관청 또는 보조기관에 이전하여, 수임기관이 자기의 이름과 책임으로 위임받은 권한 내지 특정 사무를 처리하게 하는 것을 의미한다.

수권대리와 법정대리의 구분

구분	수권대리(임의대리)	법정대리
대리권 발생원인	피대리관청의 일방적 수권행위에 의하여 성립(대리관청의 동의를 요하지 않음)	법령의 규정에 의하여 정하여진 사실이 발생하면 성립됨
법적 근거	요하지 않음	요함
대리권의 범위	형식적 권한을 제외한 권한의 일부에 대해서만 가능	형식적 권한을 포함한 피대리관청의 권한의 전부에 대하여 대리가 가능
대리행위에 대한 책임	피대리관청	대리관청
피대리관청의 대리관청에 대한 지휘 · 감독	가능	불가
복대리 선임권	없음	있음
피대리관청의 대리사무처리권	피대리관청은 권한을 직접 행사할 수 있음	그러한 문제가 발생할 여지가 없음
대리권 소멸 사유	대리행위(수권행위)의 철회	법정사실의 소멸

위임은 법령에 의해 정해진 행정관청의 권한분배가 대외적으로 변경되는 효과가 있는 바, 이를 위해서는 반드시 법적 근거를 요한다. 위임으로 권한의 귀속이 변경되어 수임기관은 자기의 명의와 책임으로 권한을 행사하고 위임된 사항에 관한 쟁송 시 수임관청 자신이 상대방이 된다.

위임의 한계는 위임청의 권한 중 일반적·포괄적 권한의 일부에 한해서만 가능하며, 위임의 범위에 제한이 있다.[2)]

협의의 법정대리는 법령에 대리자가 명시되어 있기 때문에 법정사실이 발생한 경우 다른 보조적 행위를 기다릴 것 없이 법률상 당연히 대리권이 발생하는 경우이다. 예를 들면, 경찰청장이 사고가 있을 때에 차장이 그 직무를 대행하는 경우가 이에 해당한다.

한편, 지정대리는 일정한 법정사실이 발생된 경우에 일정한 자가 대리자를 지정함으로써 비로소 대리관계가 발생하는 경우이다. 예를 들면, 국무총리에게 사고가 났을 때 대통령이 지정하는 국무위원이 국무총리를 대리하는 경우가 이에 해당한다.

대결(代決)이란 행징기관의 결재권자가 휴가, 출장, 사고 등의 사유로 결새할 수 없을 때 그 직무를 대리하는 자가 결재를 하는 것을 말한다. 대결의 경우 외부에 대한 관계에서는 본래의 행정청의 이름으로 표시하게 되며 법령의 근거는 필요하지 않다.

대외적인 권한행사는 본래의 행정청의 이름으로 표시하게 하는 것으로 내부적 위임이라고도 하며, 이때 대결자의 명의로 권한을 행사하면 그 권한행사는 무효가 된다. 대결은 내부위임과 유사하나, 대결은 극히 임시적인 점에서 내부위임과 구별된다.

위임전결 또는 내부위임이란 관청이 보조기관 또는 하급관청에 외부에 표시함이 없이 내부적으로 경미한 사항의 처리를 일임하는 경우를 말한다. 경미한 사항에 대하여 내부적으로 처리하거나 결재를 하는 데 그치고, 대외적으로는 본래 권한자인 행정관청 자체의 명의로 표시하는 것인 점에서, 외부에 피대리관청을 위한 것임을 표시하고 자기 이름으로 행사하는 대리와 다르고, 또 권한이 이전되지 않는 점에서 위임과도 다르다.

2) 권한의 위임은 권한의 일부를 이전하고, 반드시 법적 근거를 요한다는 점에서 권한의 전부 또는 일부를 이전하고 법적 근거를 요하지 않는 권한의 대리와 구별되며, 위임의 경우 법령에 특별한 규정이 없는 한 비용은 위임자가 부담함이 원칙이다.

2. 경찰조직법

1) 개설

경찰조직법이란 경찰에 그 존립의 근거를 부여하고, 경찰이 설치할 기관의 명칭, 권한, 관청 상호 간의 관계, 나아가 경찰관청의 임면·신분·직무 등에 대해서 규정하는 법을 말한다. 국가의 행정조직에 관한 기본법은 「정부조직법」이며, 경찰의 조직에 관한 기본법은 「국가경찰과 자치경찰의 조직 및 운영에 관한 법률」이다.

「국가경찰과 자치경찰의 조직 및 운영에 관한 법률」이 제정된 것은 1991년 5월 31일 법률 제4369호로 공포되고 7월 1일부터 시행됨으로써 우리나라도 뒤늦게나마 경찰의 조직에 관한 기본법을 갖게 되었다. 「국가경찰과 자치경찰의 조직 및 운영에 관한 법률」 제1조에 나타난 경찰조직의 이념은 민주성·효율성이다.

2) 보통경찰기관

경찰청에 경찰청장을 두며, 경찰청장은 치안총감으로 보한다. 경찰청장은 국가경찰위원회의 동의를 받아 행정안전부장관의 제청으로 국무총리를 거쳐 대통령이 임명한다(국가경찰과 자치경찰의 조직 및 운영에 관한 법률 제14조). 이 경우 국회 상임위원회(행정안전위원회)의 인사청문을 거쳐야 한다. 행정기관 소속 5급 이상 공무원 및 고위공무원단에 속하는 일반직공무원은 소속 장관의 제청으로 인사혁신처장과 협의를 거친 후에 국무총리를 거쳐 대통령이 임용한다(국가공무원법 제32조 제1항). 경찰청장은 국가경찰사무를 총괄하고 경찰청 업무를 관장하며 소속 공무원 및 각급 경찰기관의 장을 지휘·감독하며, 임기는 2년으로 하고 중임할 수 없다. 경찰청장이 그 직무집행하면서 「헌법」이나 법률을 위배하였을 때에는 국회는 탄핵소추를 의결할 수 있다.

경찰청에 차장을 두며, 차장은 치안정감으로 보한다(국가경찰과 자치경찰의 조직 및 운영에 관한 법률 제15조). 차장은 경찰청장을 보좌하며, 경찰청장이 부득이한 사유로 직무를 수행할 수 없을 때에는 그 직무를 대행한다.

경찰청의 하부조직은 본부·국·부 또는 과로 한다(국가경찰과 자치경찰의 조직 및 운영에 관한 법률 제17조). 경찰청장·차장·국가수사본부장·국장 또는 부장 밑에 정책의 기획이나 계획의 입안 및 연구·조사를 통하여 그를 직접 보좌하는 담당관을 둘 수 있으며, 하부조직의 명칭 및 분장사무와 공무원의 정원은 「정부조직법」 제2조 제4항 및 제5항의 규정을 준용하여 대통령령 또는 행정안전부령으로 정한다.

경찰청 외에 청장 소속 부속기관으로는 경찰대학과 경찰인재개발원, 중앙경찰학교, 경찰병원 등이 있고, 그 보조기관으로 차장, 국장, 과장 등이 있다.

시・도경찰청에 시・도경찰청장을 두며, 시・도경찰청장은 치안정감・치안감 또는 경무관으로 보한다. 시・도경찰청장은 국가경찰사무에 대해서는 경찰청장의 지휘・감독을, 자치경찰사무에 대해서는 시・도자치경찰위원회의 지휘・감독을 받아 관할 구역의 소관사무를 관장하고 소속 공무원 및 소속 경찰기관의 장을 지휘・감독한다(국가경찰과 자치경찰의 조직 및 운영에 관한 법률 제28조).

경찰서에 경찰서장을 두며, 경찰서장은 경무관, 총경 또는 경정으로 보한다. 경찰서장 소속으로 지구대 또는 파출소를 두고, 그 설치기준은 치안수요・교통・지리 등 관할구역의 특성을 고려하여 행정안전부령으로 정한다. 다만, 필요한 경우에는 출장소를 둘 수 있다. 지구대・파출소 및 출장소의 명칭・위치 및 관할 구역과 그 밖에 필요한 사항은 시・도경찰청장이 정한다(경찰청과 그 소속기관 직제 제43조 제2항).

3) 경찰의결기관 – 국가경찰위원회

국가경찰행정에 관하여 일정한 사항을 심의・의결하기 위하여 행정안전부에 국가경찰위원회를 둔다. 국가경찰위원회는 위원장 1명을 포함한 7명의 위원(임기 3년)으로 구성하되, 위원장 및 5명의 위원은 비상임으로 하고, 1명의 위원은 상임으로 하며, 상임위원은 정무직으로 한다.

다음의 사항은 위원회의 심의・의결을 거쳐야 한다.[3] 위원장은 비상임위원 중에서 호선하며, 위원장이 사고가 있을 때에는 상임위원, 위원 중 연장자 순으로 위원장의 직무를 대리한다.

① 국가경찰사무에 관한 인사, 예산, 장비, 통신 등에 관한 주요 정책 및 경찰 업무 발전에 관한 사항

② 국가경찰사무에 관한 인권보호와 관련되는 경찰의 운영・개선에 관한 사항

3) 행정안전부장관은 심의・의결된 내용이 부적정하다고 판단될 때에는 재의를 요구할 수 있다. 재의요구는 의결된 날부터 10일 이내에 제출하여야 하며, 위원장은 재의를 요구받은 날부터 7일 이내에 회의를 소집하여 의결하여야 한다.

③ 국가경찰사무 담당 공무원의 부패 방지와 청렴도 향상에 관한 주요 정책사항
④ 국가경찰사무 외에 다른 국가기관으로부터의 업무협조요청에 관한 사항
⑤ 제주특별자치도의 자치경찰에 대한 경찰의 지원·협조 및 협약체결의 조정 등에 관한 주요 정책사항
⑥ 시·도자치경찰위원회 위원 추천, 자치경찰사무에 대한 주요 법령·정책 등에 관한 사항, 시·도자치경찰위원회 의견에 대한 재의 요구에 관한 사항
⑦ 국가와 지방자치단체는 국민의 생명·신체 및 재산을 보호하고 공공의 안녕과 질서유지에 필요한 시책 수립에 관한 사항
⑧ 비상사태 등 전국적 치안유지를 위한 경찰청장의 지휘·명령에 관한 사항
⑨ 그 밖에 행정안전부장관 및 경찰청장이 중요하다고 인정하여 위원회의 회의에 부친 사항 등이다.

국가경찰위원회의 사무는 경찰청에서 수행한다. 국가경찰위원회의 회의는 재적 위원 과반수의 출석과 출석 위원 과반수의 찬성으로 의결하며, 이 법에 규정된 것 외에 국가경찰위원회의 운영 및 심의·의결사항의 구체적 범위, 재의요구 등에 관하여 필요한 사항은 대통령령으로 정한다. 위원회의 회의는 특별한 사유가 없는 한 위원장이 매월 2회 소집한다.

4) 경찰집행기관

일반경찰집행기관의 구성원인 경찰관의 계급에는 치안총감·치안정감·치안감·경무관·총경·경정·경감·경위·경사·경장·순경 등이 있다. 경위 이상 경무관 이하의 경찰관을 사법경찰관이라 하고, 경사·경장·순경을 사법경찰리라 한다. 사법경찰관리는 「형사소송법」이 정하는 바에 따라 그 직무를 수행한다.

특별경찰집행기관이란 특정한 분야의 경찰작용에 관한 경찰집행기관을 말하며 소방공무원, 군사경찰, 해양경찰관, 청원경찰 등을 들 수 있다.

3. 경찰공무원법

경찰공무원의 책임 및 임무의 중요성과 신분 및 근무조건의 특수성에 비추어 그 임

용 · 교육훈련 · 복무 · 신분보장 등에 관하여 「국가공무원법」과는 별도로 「경찰공무원법」을 따로 두어 국가공무원에 관한 특례를 규정하고 있다. 「국가공무원법」과 「경찰공무원법」과의 관계는 일반법과 특별법의 관계에 있다고 볼 수 있으며, 실제로 「경찰공무원법」은 많은 경우에 「국가공무원법」을 준용하고 있다.

1) 경찰공무원의 개념

경찰공무원이란 「경찰공무원법」의 대상이 되는 국가의 공무원으로서 경찰의 직무에 종사하는 자를 말한다. 보통 순경에서부터 치안총감에 이르는 계급을 가진 공무원이 이에 해당한다. 따라서 경찰기관에 근무하는 일반직이나 기능직 등의 공무원은 경찰공무원에 해당되지 아니한다.

2) 경찰공무원의 분류

국가공무원은 경력직과 특수경력직으로 구분되는데, 경찰공무원은 경력직에 속하면서 특정직으로 분류된다. 경찰공무원은 다시 직책의 난이도와 보수의 차이를 두기 위한 계급, 그리고 개인의 능력과 자격을 활용하기 위한 경과 등 두 가지 기준으로 분류된다.

국가경찰공무원은 순경, 경장, 경사, 경위, 경감, 경정, 총경, 경무관, 치안감, 치안정감, 치안총감 등 11개 계급으로 되어 있다(경찰공무원법 제3조). 이러한 계급제는 직무수행에 요구되는 능력이나 자격과 계급수준의 조화가 이루어질 때에는 운영의 효율을 기할 수 있다.

경과제도는 경찰업무의 효율성을 높이기 위한 제도이며, 경찰공무원이 부여받는 경과에 따라서 그 개인이 담당하는 직무의 종류가 결정된다. 경과는 경찰공무원을 신규채용할 때 부여하며, 수사 · 안보수사경과는 경정 이하에만 적용된다. 경과는 ① 일반경과(기획 · 감사 · 경무 · 생활안전 · 교통 · 경비 · 작전 · 정보 · 외사 기타의 직무로서 수사경과 · 안보수사경과 및 특수경과에 속하지 않는 직무), ② 수사경과(범죄수사에 관한 직무), ③ 안보수사경과(안보수사경찰에 관한 직무), ④ 특수경과(항공경과, 정보통신경과)로 구분된다(경찰공무원 임용령 제3조).

3) 인사기관의 권한

총경 이상 경찰공무원은 경찰청장의 추천을 받아 행정안전부장관의 제청으로 국무총리를 거쳐 대통령이 임용한다. 경정으로의 신규 채용, 승진임용 및 면직은 경찰청장의 제청으로 국무총리를 거쳐 대통령이 한다(경찰공무원법 제7조).

총경의 전보, 휴직, 직위해제, 강등, 정직 및 복직은 경찰청장이 하며, 경정 이하의 경찰공무원은 경찰청장이 임용한다.

경찰청장은 대통령령으로 정하는 바에 따라 경찰공무원의 임용에 관한 권한의 일부를 특별시장・광역시장・도지사・특별자치시장 또는 특별자치도지사(이하 "시・도지사"라 한다), 국가수사본부장, 소속 기관의 장, 시・도경찰청장에게 위임할 수 있다. 이 경우 시・도지사는 위임받은 권한의 일부를 대통령령으로 정하는 바에 따라 「국가경찰과 자치경찰의 조직 및 운영에 관한 법률」 제18조에 따른 시・도자치경찰위원회, 시・도경찰청장에게 다시 위임할 수 있다(경찰공무원법 제7조 제3항).

경찰공무원의 인사행정에 관한 방침과 기준 및 기본계획, 경찰공무원의 인사에 관한 법령의 제정・개정 또는 폐지에 관한 사항, 그 밖에 경찰청장이 인사위원회의 회의에 부치는 사항을 심의하기 위하여 경찰공무원인사위원회를 둔다. 경찰공무원인사위원회는 위원장을 포함한 5명 이상 7명 이하의 위원으로 구성하며, 위원장은 경찰청 인사담당 국장이 되고, 위원은 경찰청 소속 총경 이상 경찰공무원 중에서 경찰청장이 각각 임명한다. 위원장은 인사위원회를 대표하며, 인사위원회의 사무를 총괄한다.

행정기관 소속 공무원의 징계처분, 그 밖에 그 의사에 반하는 불리한 처분(휴직, 직위해제, 면직처분 등)이나 부작위에 대한 소청을 심사・결정하게 하기 위하여 인사혁신처에 합의제 행정관청인 소청심사위원회를 둔다(국가공무원법 제9조).

소청심사위원회는 위원장 1명을 포함한 5명 이상 7명 이하의 상임위원과 상임위원 수의 2분의 1 이상인 비상임위원으로 구성하되, 위원장은 정무직으로 보한다. 상임위원의 임기는 3년으로 하며, 한 번만 연임할 수 있다. 소청심사위원회가 소청 사건을 심사할 때에는 소청인 또는 대리인에게 진술 기회를 주어야 하며, 진술 기회를 주지 아니한 결정은 무효로 한다.

소청 사건의 결정은 재적 위원 3분의 2 이상의 출석과 출석 위원 과반수의 합의에 따르되, 의견이 나뉠 경우에는 출석 위원 과반수에 이를 때까지 소청인에게 가장 불리

한 의견에 차례로 유리한 의견을 더하여 그 중 가장 유리한 의견을 합의된 의견으로 본다.4)

4) 경찰공무원의 근무관계

(1) 경찰공무원관계의 임명

임명은 특정인에게 공무원으로서의 신분을 부여하며 공법의 근무관계를 설정하는 행위이며, 실정법상 임용으로 표시된다.

경찰공무원의 임용결격 사유는 다음과 같다(경찰공무원법 제8조 제2항).

㉠ 대한민국 국적을 가지지 아니한 사람

㉡ 「국적법」 제11조의2 제1항에 따른 복수국적자

㉢ 피성년후견인 또는 피한정후견인

㉣ 파산선고를 받고 복권되지 아니한 사람

㉤ 자격정지 이상의 형을 선고받은 사람

㉥ 자격정지 이상의 형의 선고유예를 선고받고 그 유예기간 중에 있는 사람

㉦ 공무원으로서 재직기간 중 직무와 관련하여 횡령죄, 배임죄, 업무상 횡령죄 및 업무상 배임죄를 범한 자로서 300만 원 이상의 벌금형을 선고받고 그 형이 확정된 후 2년이 지나지 아니한 사람

㉧ 「성폭력범죄의 처벌 등에 관한 특례법」 제2조에 규정된 죄를 범한 사람으로서 100만 원 이상의 벌금형을 선고받고 그 형이 확정된 후 3년이 지나지 아니한 사람

㉨ 미성년자에 대한 「성폭력범죄의 처벌 등에 관한 특례법」 제2조에 따른 성폭력범죄 또는 「아동·청소년의 성보호에 관한 법률」 제2조 제2호에 따른 아동·청소년 대상 성범죄를 저질러 형 또는 치료감호가 확정된 사람(집행유예를 선고받은 후 그 집행유예 기간이 경과한 사람을 포함한다)

㉩ 징계에 의하여 파면 또는 해임처분을 받은 사람 등이다.

일반공무원의 경우는 해임처분 후 3년, 파면처분 후 5년이 경과하면 공무원으로 임

---

4) 소청심사는 행정관청의 징계처분에 대한 행정심판의 일종이라 할 수 있다. 소청심사의 경우 「국가공무원법」에서 소청심사를 거치지 않고는 행정소송을 제기할 수 없도록 규정하고 있다. 즉, 행정소송과 소청심사의 선택적 청구는 불가능하다.

용될 수 있으나, 경찰공무원은 해임·파면 처분 후 기간경과에 상관없이 결격 사유에 해당된다.

경찰청장(임용권의 위임을 받은 자를 포함한다)은 신규 채용시험에 합격한 사람(경찰대학을 졸업한 사람과 경위공개경쟁채용시험합격자를 포함한다)을 대통령령으로 정하는 바에 따라 성적순위에 따라 채용후보자명부에 등재하여야 한다. 경찰공무원의 신규 채용은 채용후보자명부의 등재순위에 따른다. 다만, 채용후보자가 경찰교육기관에서 신임교육을 받은 경우에는 그 교육성적 순위에 따른다.

채용후보자명부의 유효기간은 2년의 범위에서 대통령령으로 정한다. 다만, 경찰청장은 필요에 따라 1년의 범위에서 그 기간을 연장할 수 있다.

경정 이하의 경찰공무원을 신규 채용할 때에는 1년 간 시보로 임용하고, 그 기간이 만료된 다음 날에 정규 경찰공무원으로 임용한다. 휴직기간, 직위해제기간 및 징계에 의한 정직처분 또는 감봉처분을 받은 기간은 시보임용기간에 산입하지 아니한다(경찰공무원법 제13조). 시보임용기간 중에 있는 경찰공무원이 근무성적 또는 교육훈련성적이 불량할 때에는 면직시키거나 면직을 제청할 수 있다.

다음에 해당하는 경우에는 시보임용을 거치지 아니한다.

㉠ 경찰대학을 졸업한 사람 또는 경위공개경쟁시험합격자로서 정하여진 교육을 마친 사람을 경위로 임용하는 경우

㉡ 경찰공무원으로서 대통령령으로 정하는 상위계급으로의 승진에 필요한 자격 요건을 갖추고 임용예정 계급에 상응하는 공개경쟁 채용시험에 합격한 사람을 해당 계급의 경찰공무원으로 임용하는 경우

㉢ 퇴직한 경찰공무원으로서 퇴직 시에 재직하였던 계급의 채용시험에 합격한 사람을 재임용하는 경우

㉣ 자치경찰공무원을 그 계급에 상응하는 경찰공무원으로 임용하는 경우 등이다.

(2) 경찰공무원관계의 변경

승진은 하위직급에서 직무의 책임도와 고난도가 높은 상위직급으로 또는 하위계급에서 상위계급으로 임용되는 것을 말한다. 경찰공무원의 승진방법에는 심사승진·시험승진·특별승진 등 세 가지가 있다.

파견이란 전보에 준하는 변경행위에 해당하며, 파견 중에는 근무하는 기관장의 지

휘・감독을 받는다.

전보(轉補)란 동일직위(계급)에서 장기근무로 인한 침체를 방지하고 직무수행 능률을 높이기 위한 동일직급에서의 보직변경을 말한다. 임용권자 또는 임용제청권자는 소속공무원을 당해 직위에 임용된 날부터 1년 이내(감사업무를 담당하는 경찰공무원의 경우에는 2년 이내)에 다른 직위에 전보할 수 없다.

경찰공무원으로서의 신분을 보유하면서 일정한 기간 직무담임을 해제하는 것을 휴직이라 말하며, 직권휴직(職權休職)과 의원휴직(依願休職)이 있다. 직권휴직은 본인의 의사에 불구하고 그 임용권자가 휴직을 명하는 것이며, 의원휴직은 본인의 희망에 의하는 경우이다. 휴직기간 중에는 직무에 종사하지 못한다.

직위해제란 직위를 계속 유지시킬 수 없는 사유가 발생한 경우에 임용권자가 직위를 부여하지 아니하는 것을 말한다(국가공무원법 제73조의3). 휴직과 달리 직위해제는 본인의 무능력 등으로 인한 제재적 의미를 지닌 보직의 해제로 복직이 보장되지 않는다. 사회세새적 성격은 있지만 징계는 아니며, 직위해제의 처분을 받은 사람은 직무수행의 의무가 없으며, 직무수행을 전제로 하는 출근의무도 없다. 직위해제의 사유가 소멸한 때에는 지체 없이 직위를 부여하여야 하나, 징계위원회의 동의를 얻어 직권면직도 가능하다.

임용권자는 다음 사항에 해당하는 사람에 대해서는 직위를 부여하지 않을 수 있다.

- 직무수행 능력이 부족하거나 근무성적이 극히 나쁜 자
- 파면・해임・강등 또는 정직에 해당하는 징계 의결이 요구 중인 자
- 형사 사건으로 기소된 자(약식명령이 청구된 자는 제외한다)
- 고위공무원단에 속하는 일반직공무원으로서 「국가공무원법」 제70조의2 제1항 제2호부터 제5호까지의 사유로 적격심사를 요구받은 자
- 금품비위, 성범죄 등 대통령령으로 정하는 비위행위로 인하여 감사원 및 검찰・경찰 등 수사기관에서 조사나 수사 중인 자로서 비위의 정도가 중대하고 이로 인하여 정상적인 임무수행을 기대하기 현저히 어려운 자

직위의 해제에 의하여 직위를 부여하지 아니한 경우에 그 사유가 소멸되면 임용권자는 지체 없이 직위를 부여하여야 한다. 임용권자는 징계 의결의 요구에 의하여 직위해제된 자에 대하여 3개월의 범위에서 대기를 명한다. 대기 명령을 받은 자에게 임용권

자 또는 임용제청권자는 능력 회복이나 근무성적의 향상을 위한 교육훈련 또는 특별한 연구과제의 부여 등 필요한 조치를 하여야 한다.

복직은 휴직 또는 직위해제 중에 있는 공무원을 직위에 복귀시키는 것을 말한다.

(3) 경찰공무원관계의 소멸

퇴직이란 일정한 법정 사유가 발생함에 따라 별도의 행위를 기다릴 것 없이 당연히 공무원의 신분을 상실하는 것으로, 당연퇴직과 정년퇴직(연령정년과 계급정년)의 두 종류가 있다. 당연퇴직 발령은 임용권자의 처분에 의해서가 아니고, 일정한 사유의 발생으로 인하여 퇴직된 사실을 알리는 관념의 통지에 불과하다. 대법원은 당연퇴직으로 공무원신분을 상실한 자가 사실상 공무원으로 근무하여 왔더라도 「공무원연금법」에서의 퇴직급여 청구를 할 수 없다고 본다.

의원면직이란 경찰공무원 자신의 의사표시에 기초하여 임용권자가 이를 수리함으로써 공무원관계를 소멸시키는 쌍방적 행정행위이다. 의원면직 효과의 발생시기는 사직의 의사표시가 있는 때가 아니라 서면에 의한 사직서를 임명권자가 승인(수락)한 때이다. 사직의 의사표시는 진정한 의사에 의한 것이어야 한다.[5] 공무원의 사의표시만으로 공무원관계가 소멸되는 것은 아니므로, 임용권자의 수리행위가 있기 전까지는 공무원관계는 지속되므로 여전히 각종 의무를 부담하고 책임도 진다. 단, 사직서 제출 후 수리 전에 무단결근한 경우 징계 사유에 해당한다.

공무원 본인의 의사와는 관계없이 임용권자의 일방적 의사에 의하여 공무원관계를 소멸시키는 것을 직권면직이라 하며, 그 법적 성질은 단독행위이며 징계면직(파면과 해임)과는 구분된다.[6]

5) 경찰공무원의 권리

경찰공무원도 한 사람의 인격체로서 양심·표현의 자유 등의 기본적 인권의 주체

---

5) 상사가 사직원을 제출할 것을 강력히 요구하므로, 사직원을 제출할 의사가 없으면서 사직원을 제출하더라도 행정쟁송을 할 의사로 사직원을 제출하였다면 면직처분은 무효로 보아야 할 것이다(판례). 공무원 자신이 그 범법행위로 인하여 구속되어 형사처벌되고 징계파면까지 될 것을 우려하여 사직서를 작성·제출한 것으로 인정되면 사직 종용사실이 있다 하더라도 순전히 강요에 의한 것으로 볼 수는 없다(판례).

6) 직권면직 사유로는 「국가공무원법」 제70조 제1항, 「경찰공무원법」 제28조 제1항, 「경찰공무원 임용령」 제47조 참조.

이다. 경찰공무원은 근로자이기는 하나(헌법 제33조 제2항), 「헌법」의 단결권 · 단체교섭권 · 단체행동권의 향유주체에서는 제외되어 있다. 「헌법」 제33조 제2항이 법률이 정하는 자에 한하여 근로3권을 가진다고 규정하고 있기 때문이다.

(1) 신분상의 권리

경찰공무원의 신분 자체와 직접 관계가 있는 권리를 말하는 것으로, 경찰공무원은 법령이 정하는 사유와 절차에 의하지 않고는 신분을 박탈당하거나(치안총감, 치안정감, 시보임용기간 중의 경찰공무원 등 신분보장을 받지 않는 공무원은 예외) 기타의 불이익처분을 당하지 않으며, 그 직위에 속하는 직무를 집행하고, 직명을 사용하며, 소정의 제복을 착용할 권리 등을 가진다.[7]

(2) 재산상의 권리

① 보수청구권

'보수'란 봉급과 그 밖의 각종 수당을 합산한 금액을 말한다. 다만, 연봉제 적용 대상 공무원은 연봉과 그 밖의 각종 수당을 합산한 금액을 말한다(공무원보수규정 제4조 제1호). 공무원의 보수는 근로의 대가로서의 성질과 공무원의 생활보장적 성격을 갖고 있다. 보수청구권은 공법의 권리로 그에 관한 분쟁은 행정쟁송에 의해야 한다. 「국가재정법」에서의 공무원 보수청구권의 소멸시효는 5년이나, 판례는 공무원의 보수청구권 소멸시효를 3년으로 보고 있다. 공무원에 대한 압류는 1/2까지로 제한된다.

② 연금청구권

'연금'이란 공무원의 퇴직 또는 사망과 공무로 인한 부상 · 질병 · 폐질의 경우에 본인 및 그 유족의 생활안정과 복리향상에 기여함을 목적으로 지급하는 급여를 말한다. 공무원의 공무로 인한 질병 · 부상과 재해에 대해서는 단기급여를 지급하고, 공무원의 퇴직 · 장애 및 사망에 대해서는 장기급여를 지급한다(공무원연금법 제25조).[8]

---

7) 일반공무원과 다른 경찰공무원의 특수한 권리로는 제복착용권, 무기휴대 및 사용권, 장구사용권 등이 있다. 무기휴대의 법적 근거는 「경찰공무원법」이며, 무기사용의 법적 근거는 「경찰관 직무집행법」이다.

8) 단기급여로는 공무상요양비, 공무상요양일시금, 재해부조금, 사망조위금 등이 있으며, 장기급여로는 퇴직급여, 장해급여, 유족급여, 퇴직수당 등이다.

③ 실비변상·실물대여청구권

「공무원수당 등에 관한 규정」에 실비변상(정액급식비, 교통보조비, 명절휴가비, 가계지원비, 연가보상비, 직급보조비)을 한다. 경찰공무원은 공무집행상 특별한 비용을 요할 때에는 따로 실비변상을 받는다.

④ 보상청구권

공무원이 질병·부상·폐질·퇴직·사망 또는 재해를 입었을 때에는 본인 또는 그 유족에게 법률이 정하는 바에 따라 적절한 급여를 지급한다. 경찰공무원으로 전투 기타 직무수행 또는 교육훈련 중 사망한 자 및 상이를 입고 퇴직한 자와 그 유족 또는 가족은 「국가유공자 예우 및 지원에 관한 법률」이 정하는 바에 의하여 예우를 받는다.

6) 경찰공무원의 의무

(1) 일반적 의무

① 선서 의무

공무원은 취임할 때에 소속 기관장 앞에서 대통령령 등으로 정하는 바에 따라 선서하여야 한다. 다만, 불가피한 사유가 있으면 취임 후에 선서하게 할 수 있다(국가공무원법 제55조). 선서는 공무원의 직무행위에 대한 법률의 효과 발생요인이 아니므로, 선서를 하지 않고 한 행위라 할지라도 법적 효과의 발생에는 영향이 없다.

② 성실 의무

모든 공무원은 성실히 직무를 수행하여야 한다. 이는 공무원의 가장 기본적인 의무이다(동법 제56조). 이 의무는 그 내용에 있어서 윤리적 성격이 강하기는 하나, 최대한으로 공공의 이익을 도모하고 그 불이익을 방지하기 위하여 자신의 전인격과 양심을 바쳐서 성실히 직무를 수행하여야 하는 구체적인 법적 의무로서의 성질을 갖는다. 따라서 성실 의무를 위반하면 징계의 사유가 된다.

(2) 신분상 의무

① 비밀 엄수의 의무

공무원은 재직 중은 물론 퇴직 후에도 직무상 알게 된 비밀을 엄수하여야 한다(동법 제60조). 이때의 비밀의 내용은 공무원 본인이 취급한 직무에 관한 비밀뿐만 아니라 직무에 관련하여 알게 된 비밀도 포함된다. 또한 비밀의 대상은 반드시 공적인 것에 한정되지 않는다. 이 의무를 위반한 때에는 징계 사유가 될 뿐만 아니라 형사상의 피의사실공표죄나 공무상비밀누설죄의 처벌을 받는다.

② 청렴의 의무

공무원은 직무와 관련하여 직접적이든 간접적이든 사례·증여 또는 향응을 주거나 받을 수 없고, 직무상의 관계가 있든 없든 그 소속 상관에게 증여하거나 소속 공무원으로부터 증여를 받아서는 아니 된다(동법 제61조). 이 의무의 준수를 담보하기 위해 「공직자윤리법」의 공직자의 재산등록의무, 선물신고의무 및 퇴직공무원의 취업제한 등이 존재하게 되는 것이다. 이 의무를 위반하면 징계 사유가 될 뿐만 아니라 「형법」의 증수뢰죄를 구성한다.

③ 영예 등의 제한

공무원은 대통령의 허가 없이 외국 정부로부터 영예나 증여를 받을 수 없다(동법 제62조). 이는 공무원에 대한 외국 정부의 영향력을 배제하기 위한 것으로 볼 수 있다.

④ 품위 유지의 의무

공무원은 직무의 내외를 불문하고 그 품위를 손상되는 행위를 하여서는 아니 된다(동법 제63조). 이 의무를 위반하면 징계 사유가 된다.

⑤ 정치 운동의 금지

공무원의 정치적 중립성은 「헌법」 제7조에서도 이를 밝히고 있으며, 「국가공무원법」 제65조도 공무원의 정치운동을 금지하고 있다. 공무원은 정당이나 그 밖의 정치단체의 결성에 관여하거나 이에 가입할 수 없다.

⑥ 집단 행위의 금지

「국가공무원법」은 사실상 노무에 종사하는 공무원을 제외하고, 노동운동이나 그 밖에 공무 외의 일을 위한 집단 행위를 하여서는 아니 된다고 규정하고 있다(동법 제66조).

⑦ 공직자윤리법의 의무

「공직자윤리법」은 치안감 이상의 경찰공무원 및 특별시·광역시·도·특별자치도의 시·도경찰청장은 재산등록 및 공개 대상자로, 총경(자치총경을 포함한다) 이상의 경찰공무원까지 재산등록의무자로 규정하고 있다.

(3) 직무상 의무

① 법령준수의무

공무원은 직무수행에 있어서 성실히 법령을 준수해야 한다(동법 제56조). 경찰공무원의 법령위반은 위법행위 또는 불법행위로서 무효 또는 취소의 원인이 되고, 경찰공무원은 그로 인한 징계책임 또는 민사상의 배상책임을 지게 된다.

② 복종의 의무

공무원은 직무를 수행할 때 소속 상관의 직무상 명령에 복종하여야 한다(동법 제57조). 그러나 직무명령이 「형법」에 저촉되는 등 그 하자가 중대하고 명백하여 무효인 경우에 공무원은 상관의 직무명령에 복종할 필요가 없다. 만약 위법함을 알고도 복종하였으면 복종한 공무원에게도 책임이 있다.

③ 친절 · 공정의 의무

공무원은 국민 전체의 봉사자로서 친절하고 공정하게 직무를 수행하여야 한다(동법 제59조). 친절 · 공정의 의무는 단순한 윤리적 의무가 아닌 법적 의무이며, 이에 위반하면 징계 사유가 된다.

④ 종교중립의 의무

공무원은 종교에 따른 차별 없이 직무를 수행하여야 한다(동법 제59조의2). 공무원은 소속 상관이 이에 위배되는 직무상 명령을 한 경우에는 이에 따르지 아니할 수 있다.

⑤ 직무 전념 의무

공무원은 소속 상관의 허가 또는 정당한 사유가 없으면 직장을 이탈하지 못한다(동법 제58조). 이 의무의 위반 여부는 조리상의 판단에 의하며, 이 의무는 근무시간 중에 성립하는 것이 원칙이나 시간외근무명령이 있는 경우(예: 일요일의 수사활동 근무명령)에도 성립한다. 만일 이 의무를 위반하게 되면 「형법」의 직무유기죄를 구성한다.

공무원은 공무 외에 영리를 목적으로 하는 업무에 종사하지 못하며 소속 기관장의 허가 없이 다른 직무를 겸할 수 없다(동법 제64조). 이때의 겸직은 그 내용상 영리업무에 해당하지 않는 것으로서 담당 직무수행에 지장이 없는 것이어야 한다.

⑥ 거짓 보고 등의 금지

경찰공무원은 직무에 관하여 거짓으로 보고나 통보를 하여서는 아니 되며, 경찰공무원은 직무를 게을리하거나 유기해서는 아니 된다(경찰공무원법 제24조). 이에 위반한 자는 「경찰공무원법」 제37조의 규정에 의해 처벌을 받는다.

⑦ 지휘권남용 등의 금지

전시 · 사변, 그 밖에 이에 준하는 비상사태이거나 작전수행 중인 경우 또는 많은 인명 손상이나 국가재산 손실의 우려가 있는 위급한 사태가 발생한 경우, 경찰공무원을 지휘 · 감독하는 사람은 정당한 사유 없이 그 직무수행을 거부 또는 유기하거나 경찰공무원을 지정된 근무지에서 진출 · 퇴각 또는 이탈하게 하여서는 아니 된다(동법 제25조). 임무의 특수성에 비추어 경찰공무원에게만 주어진 의무이다.

⑧ 제복착용의무

경찰공무원은 특수한 경우를 제외하고는 제복을 착용할 의무가 있다(동법 제26조 제1항).

7) 경찰공무원의 책임

경찰공무원의 의무위반에 대하여 공법의 특별행정법관계의 질서를 유지하기 위하여 국가가 그 특별행정법에 의하여 과하는 제재를 말한다. 그 위반에 대하여 과하는 벌을 징계벌이라고 하며, 그 제재를 받는 책임을 징계책임이라고 한다.

징계벌과 형벌은 대상 · 목적 등을 달리하기 때문에 동일한 행위에 대하여 양자를 병과할 수 있으며, 병과하더라도 일사부재리의 원칙에 저촉되지 아니한다.

감사원에서 조사 중인 사건에 대해서는 조사개시의 통보를 받은 날부터 징계 의결의 요구, 기타 징계절차를 진행하지 못한다. 수사기관에서 수사 중인 사건에 대해서는 수사사실을 통고받은 날부터 징계절차를 진행시킬 수 있다

공무원에게 징계 사유가 인정되는 이상, 관련된 형사사건이 아직 유죄로 확정되지 아니하였다 하더라도 징계처분을 할 수 있음은 물론 그 징계처분에 대한 행정소송을 진행함에도 아무런 지장이 없다(판례). 징계벌은 퇴직 후 처벌이 불가능하다.

경찰공무원이 다음의 징계 사유에 해당한 때에는 징계권자는 징계 의결의 요구를 해야 하고, 그 결과에 따라 징계처분을 행해야 한다. ① 「국가공무원법」 및 이 법에 따

른 명령을 위반한 경우, ② 직무상의 의무를 위반하거나 직무를 태만히 한 때, ③ 직무의 내외를 불문하고 그 체면 또는 위신을 손상하는 행위를 한 때이며, 징계 의결의 요구는 원칙적으로 징계 사유가 발생한 때부터 3년이나 금품 및 향응수수, 공금의 횡령·유용의 경우는 5년을 경과하면 행하지 못한다. 징계의 사유는 법정주의에 의한다.

강등, 정직, 감봉, 견책은 기존 승진 및 승급 제한 기간에 금전, 물품, 부동산, 향응 또는 그 밖의 대통령령으로 정하는 재산상 이익을 취득하거나 제공한 경우, 「국가재정법」에 따른 예산 및 기금 등을 횡령, 배임, 절도, 사기 또는 유용한 경우, 소극행정, 음주운전, 성폭력, 성희롱 및 성매매에 따른 징계처분의 경우에는 각각 6개월을 더한 기간을 더하여 승진 및 승급이 제한된다.

국가공무원법상 징계의 종류와 효력

파면	공무원관계 소멸 퇴직급여(재직기간 5년 미만자: 1/4 감액, 5년 이상자: 1/2 감액 지급) 퇴직수당은 1/2 감액 지급, 5년 간 공무원 결격(경찰공무원은 재임용 결격 사유에 해당)
해임	공무원관계 소멸 퇴직급여(재직기간 5년 미만자: 1/8 감액, 5년 이상자: 1/4 감액 지급) 퇴직수당은 1/4 감액 지급, 3년 간 공무원 결격(경찰공무원은 재임용 결격 사유에 해당)
강등	1계급 아래로 직급을 내리고 공무원신분은 보유하나, 3개월 간 직무에 종사하지 못하며 강등기간 중 보수의 전액을 감함. 기간 종료 후 18개월 동안 승진과 호봉승급 제한
정직	정직은 1개월 이상 3개월 이하의 기간으로 하며 공무원의 신분은 보유하나 직무에 종사하지 못하며 보수의 전액을 감함, 정직기간만큼 승진소요최저연수 및 경력평정기간에서 제외 정직기간 종료 후 18개월 동안 승진과 승급 제한
감봉	감봉은 1개월 이상 3개월 이하의 기간 동안 보수의 3분의 1을 감함 감봉기간만큼 승진소요최저연수 및 경력평정기간에서 제외 감봉기간 종료 후 12개월 동안 승진과 승급 제한
견책	견책은 전과(前過)에 대하여 훈계하고 회개하게 하며 보수는 전액 지급 집행일로부터 6개월 간 승진·승급 제한

경찰공무원의 징계는 관할 징계위원회의 의결을 거쳐야 한다. 징계위원회의 관할은 다음과 같다(경찰공무원법 제32조, 경찰공무원 징계령 제3조·제4조). ㉠ 경무관 이상의 경찰공무원에 대한 징계의결은 국무총리 소속으로 설치된 징계위원회에서 한다. ㉡ 총경 및 경정에 대한 징계는 경찰공무원중앙징계위원회에서 심의·의결한다. ㉢ 경감 이하에 대한 징계는 경찰공무원보통징계위원회가 심의·의결한다.

징계위원회가 징계사건을 심의할 때에는 당해 공무원 또는 대리인에게 반드시 진술의 기회를 부여해야 하며, 이를 거치지 않은 징계는 무효이다. 한편, 징계위원회는 징계의결요구서를 접수한 날부터 30일 이내에 징계에 관한 의결을 해야 한다. 징계권자는 감봉·견책의 징계 의결서를 받은 날부터 15일 이내에 이를 집행해야 하는 바, 이 경우 징계 의결서의 사본을 첨부하여 징계처분사유설명서를 교부해야 한다.

파면·해임·강등·정직의 의결이 있은 때에는 징계 의결을 요구한 자는 지체 없이 임용권자에게 파면·해임·정직처분을 제청해야 하고, 제청을 받은 임용권자는 15일 이내에 징계 의결서의 사본을 첨부하여 징계처분사유설명서를 교부해야 한다(경찰공무원 징계령 제19조). 징계 의결은 그 의결만으로써는 그 내용에 관한 효력을 발생하지 못하고, 그 임명자가 그 의결을 실시함으로써 비로소 그 효력을 발생한다.

징계를 받은 자는 징계 의결의 위법 또는 억울한 사정을 이유로 들어 소청심사위원회에 소청을 할 수 있고, 결정에 불복이 있으면 행정소송을 제기할 수 있다. 행정소송은 소청심사위원회의 심사·결정을 거치지 아니하면 이를 제기할 수 없다. 행정소송의 제기는 소청심사위원회의 결정에 불복이 있는 때 또는 소청심사위원회가 60일이 지나도 결정을 하지 않은 때에는 할 수 있다. 행정소송의 피고는 경찰청장이 됨이 원칙이나 임용권을 위임한 경우에는 그 위임을 받은 자를 피고로 한다.

고충심사제도는 공무원으로서의 권익을 보장하고 적정한 근무환경을 조성해주기 위하여 인사관리 또는 근무조건 기타 신상문제에 대하여 법률적인 쟁송의 절차에 의해서가 아니라 사실상의 절차에 의하여 그 시정과 개선책을 청구하는 제도이다. 임용권자에게 청구할 수 있으며, 누구나 인사·조직·처우 등 각종 직무조건과 기타 신상문제에 대하여 인사상담이나 고충의 심사를 청구할 수 있으며, 이를 이유로 불이익한 처분이나 대우를 받지 않는다.

8) 변상책임

공무원이 그 직무를 행함에 있어 고의 또는 과실로 타인에게 손해를 가하였을 때에는 국가 또는 지방자치단체가 손해를 배상할 책임이 있고, 이 경우 해당 공무원에게 고의 또는 중과실이 있으면 구상할 수 있다.

회계관계직원 등이 고의 또는 중대한 과실로 법령에 위반하는 행위를 함으로써 국가의 재산에 대하여 손해를 끼친 때에는 변상책임이 있다. 현금 또는 물품을 출납·보관하는 자가 그 보관에 속하는 현금 또는 물품을 망실·훼손하였을 경우 선량한 관리자의 주의를 태만히 하지 아니한 증명을 못하였을 때에는 변상의 책임이 있다.

제 3 절 경찰작용법

1. 경찰권의 발동근거

1) 일반적 수권조항과 개별적 수권조항

(1) 일반조항에 의한 경찰권발동

일반조항(또는 개괄조항)이란 경찰권의 권한을 규정한 조항으로서 위험의 예방·진압을 위한 법적 근거가 특별경찰법뿐만 아니라 일반경찰법에도 없는 경우에 법적 근거로서 적용되는 것으로 그 내용이 개별적인 권한과 내용을 구체화하고 있는 것이 아니라 일반적인 위해의 방지를 위한 추상적인 내용으로 규정되어 있는 것을 말한다.

「경찰관 직무집행법」 제2조 제7호에 규정되어 있는 '그 밖에 공공의 안녕과 질서유지'를 「국가경찰과 자치경찰의 조직 및 운영에 관한 법률」의 일반조항으로 보는 견해와 반대하는 견해로 나누어져 있다.

일반조항의 적용은 그 내용상 「국가경찰과 자치경찰의 조직 및 운영에 관한 법률」의 개별적인 권한 규정이 없는 경우에 보충적으로만 적용되어야 하며, 일반적인 경찰권 행사의 한계가 적용되어야 한다. 일반조항에 의한 경찰권 발동요건으로는 ① 공공의 안녕이 관련될 것, ② 공공의 질서가 관련될 것, ③ 공공의 안녕이나 공공의 질서에 대한 구체적인 위해가 존재할 것, ④ 경찰의 장애가 존재할 것 등이다.

(2) 개별적 수권에 의한 경찰권발동

개별적 수권조항은 경찰행정법에 규정되어 있는 개별적인 경찰권 발동요건 및 내용에 관한 규정으로서 이 요건을 충족하는 사안에 대하여 일반조항에 근거한 경찰권발동은 인정되지 않는다.

개별적 수권조항에 의한 수단들은 다음과 같다.

첫째, 개별적 수권조항에 의한 수단들은 당사자에 대한 전형적인 형태의 기본권 제한을 가져오는 특별구성요건으로, 이를 표준처분(표준적 직무집행)이라고 한다.

둘째, 대부분의 경우에 있어서 행정행위로서의 성질을 가지며, 특히 이러한 수단에 의해서는 당사자에게 구체적 행위의무뿐만 아니라 수인의 의무가 명해지게 된다.

셋째, 개별적 수단들에서 열거되는 처분의 집행은 행정상의 즉시강제에 해당한다.

넷째, 개별적 수단들에는 불심검문, 보호조치, 위험 발생의 방지조치, 범죄의 예방 및 제지조치, 위험방지를 위한 출입, 출석요구, 장구의 사용, 분사기 등의 사용, 무기의 사용 등이 있다(경찰관 직무집행법 제3조 내지 제10조의4).

2) 경찰개입청구권

(1) 경찰재량의 0으로의 수축

경찰권을 발동할 것인가 말 것인가는 경찰관청이 공익적 견지에서 자유롭게 판단할 수 있는 사안으로, 경찰권 발동의 요건이 구비되어 있을지라도 경찰관청은 그 자유재량에 의하여 권한을 발동하지 아니할 자유도 있다(행정편의주의).

경찰재량은 완전한 자유재량이 아니고 의무에 합당한 재량인 것이다. 그러므로 경찰재량은 방치를 위한 수단이 아니고, 합목적적이고도 가능한 최상의 위험방지 임무의 수행을 위한 수단인 것이다.

경찰권 행사의 편의주의 원칙상 경찰관청이 현존하는 위험에 대하여 개입하지 않더라도 반드시 위법한 것은 아니다. 경찰권 행사의 편의주의의 한계의 문제로서, 경찰이 개입한 작위의 경우에는 재량행사의 문제와 비례의 원칙이 문제된다. 경찰권이 개입하지 않은 부작위의 경우에는 편의주의의 한계문제로서 재량권 수축론의 법리가 작용한다.

학설 · 판례는 예외적인 상황에서는 오직 하나의 결정(조치)만이 의무에 합당한 재량권 행사로 인정된다고 보고 있는 바, 이것을 재량권의 0(또는 1)으로의 수축이론이라고 한다(김남현 외, 2000: 150-152). 예를 들어, 경찰권의 행사 여부는 원칙적으로 재량처분으로 인정되고 있으나, 목전의 상황이 매우 중대하고 긴박한 것이거나 그로 인하여 국민의 중대한 법익이 침해될 우려가 있는 경우에는 경찰개입결정만이 의무에 합당한 재량행사, 즉 적법한 재량행사로 인정된다는 것이다.

그러나 이러한 요건은 점차 완화되어 피침해법익에 관하여 판례는 비둘기 사육으로 인한 생활의 불편, 과도한 교통소음, 수인하기 어려운 교회의 종소리, 개인차고 앞의 불법주차 등의 교통방해 등의 경우에 재량권의 수축법리를 적용한 바 있다. 이처럼 재량권이 0으로 수축되는 경우 당해 재량행위는 내용적으로는 기속행위로 전화(轉化)되고, 부작위에 대해서는 의무이행심판 및 부작위위법확인소송, 그리고 그로 인하여 손해가 발생한 경우에는 손해배상소송을 제기하여 구제받을 수 있다.[9)]

(2) 반사적 이익론

행정관청의 규제권한의 행사를 오로지 공익목적만을 위한 것으로 보고 또는 이로 인해 사인이 어떠한 이익을 향유하더라도 그것은 반사적 이익에 불과하여 법률의 권리라고 할 수 없다고 보는 것이다. 가령, 경찰관청이 권한의 행사를 게을리하여 그 결과 관계자가 손해를 입더라도 행정소송상 원고적격이 인정되지 않고, 「국가배상법」의 보호 대상으로도 되지 아니하였다.

종래에는 반사적 이익으로 보았던 것도 관계법규가 공익과 동시에 개인적 이익도 보호하는 것으로 해석함으로써 당해 이익에 법적으로 보호되는 이익 또는 공권으로서의 성격이 인정되는 경우가 점차 증대하고 있다. 국가배상의 경우에도 규제권한의 불행사를 직무의무에 위반한 위법으로 구성하여 배상의 범위를 확대하고 있는 것이다.

2. 경찰권발동의 한계

1) 법규상의 한계

법치행정의 원칙은 경찰권의 발동에 있어서 반드시 법률에 근거해야 하는 동시에 법규에 의하여 허용된 한도에서 행해질 것을 요청한다. 따라서 경찰권의 발동근거인 경찰법규는 다른 한편으로는 경찰권의 한계가 된다. 이 점에서 법규상의 한계는 경찰권의 발동에 대한 제1단계적 제약을 의미한다.

법규상의 한계는 경찰법규가 경찰권발동의 요건을 불확정개념으로 규정하고 있기

9) 띠톱판결(독일연방재판소, 1960.8.18)은 독일에서 경찰개입청구권을 인정한 판결의 효시이다. 즉, 주거지역에 설치된 석탄제조업체에서 사용하는 띠톱에서 배출되는 먼지와 소음으로 피해를 받고 있던 인근주민이 행정청에 건축경찰의 금지처분을 발할 것을 청구한 것에 대해, 연방재판소가 경찰법의 일반수권조항의 해석에 있어 인근 주민의 무하자재량행사청구권을 인정하고, 재량권의 0으로의 수축이론에 의거하여 원고의 청구를 인용한 판결로서 경찰개입청구권을 인정한 판결의 효시로 평가된다.

때문에 그 요건이 충족된 경우에도 경찰권의 행사와 관련해서는 행정편의주의가 적용되어 법규적 제약이 형식적인 것에 불과한 경우가 많게 된다. 따라서 경찰권발동에 대한 제2단계적 제약으로서 조리상의 한계가 매우 중요하다.

2) 조리의 한계 – 「국가경찰과 자치경찰의 조직 및 운영에 관한 법률」 원리의 한계

(1) 경찰소극목적의 원칙

경찰소극목적의 원칙이란 경찰권은 적극적인 복리의 증진이 아니라 소극적인 사회공공의 안녕 · 질서의 유지를 위해서만 발동될 수 있다는 원칙을 말한다. 경찰소극목적의 원칙은 실질적 의미의 경찰개념에서 나온 것이다.

(2) 경찰공공의 원칙

경찰권은 사회공공의 안녕 · 질서를 유지하기 위해서만 발동될 수 있는 것이며, 사회공공의 안녕 · 질서에 직접 관계되지 아니하는 생활관계(사생활 · 사주소 · 민사관계 · 사경제)는 경찰권발동의 대상이 되지 않는다는 원칙이다. 경찰공공의 원칙을 넘어서 경찰권이 발동된 때에는 발동 그 자체가 공공질서의 교란으로서 위법이 된다.

(3) 경찰비례의 원칙 – 과잉금지의 원칙

경찰권 행사에 있어서 공공안녕이나 공공질서에 대한 위해를 방지할 필요성과 이를 통하여 관련되는 당사자의 기본권제한 사이에 비례관계가 유지되어야 한다는 원칙으로, 이는 경찰권 행사에 있어서 가장 중요한 조리상의 원칙이다.

비례의 원칙은 「헌법」의 원칙이지만 「경찰관 직무집행법」 제1조 제2항은 '경찰관의 직권은 그 직무수행에 필요한 최소한도에서 행사되어야 하며 남용되어서는 아니 된다'고 명문으로 규정한 실정법의 원칙이기도 하다. 비례의 원칙에 위반한 경찰권 발동은 전면적인 사법심사의 대상이 되며, 그 내용으로는 적합성(목적에 부합한 수단), 필요성(최소침해), 상당성(참새를 잡기 위해 대포를 쏘아서는 안 된다) 원칙 등이다.

(4) 경찰책임의 원칙 – 경찰권발동의 대상

경찰권은 경찰위반의 상태, 즉 사회공공의 안녕 · 질서에 대한 위험에 대해 직접적으로 책임을 질 지위에 있는 자(경찰책임자)에게만 발동될 수 있는 바, 이를 경찰책임의

원칙이라고 한다.[10)]

3. 경찰작용의 유형

1) 경찰처분(행정처분)

(1) 경찰하명

경찰하명이란 경찰목적을 위하여 국가의 일반통치권에 의거 개인에게 특정한 작위 · 부작위 · 수인 또는 급부의 의무를 명하는 행정행위로서 부작위의무를 과하는 것을 금지라고 하고, 작위 · 급부 · 수인의무를 과하는 것을 명령이라고 한다. 경찰하명의 법적 성격은 개인에게 특정 의무를 명하는 명령적 행정행위로서 법률행위적 행정행위에 속한다.

경찰하명의 종류에는 네 가지가 있다. 작위하명은 적극적으로 어떤 행위를 행할 의무를 명하는 행위이다. 예를 들면, 사체에 대한 신고의무, 화재 발견 시 소방서 또는 경찰서에 신속히 통지할 의무 등이다.

부작위하명은 소극적으로 어떤 행위를 하지 말 것을 명하는 행위이다. 즉, 부패식품 판매금지, 청소년의 흡연 · 음주금지 등과 같이 절대적으로 해제할 수 없는 절대적 금지와 설치제한구역에 사격장 설치금지와 같이 허가를 유보한 상대적 금지가 있다.

수인하명은 자기의 신체 · 재산에 가하여지는 사실상의 침해, 즉 경찰강제에 대하여 저항하지 말고 이를 참아야 할 의무를 명하는 것을 말한다. 경찰강제 그 자체는 사실상의 작용이지만 그것이 적법하게 수행되기 위해서는 수인하명이 수반되어야 한다. 예를 들면, 경찰관이 범죄의 예방 · 제지를 위하여 극장에 출입하거나 극장 손님을 조사할 때 극장주가 출입을 허용하고 조사에 응하는 것 등이다.

급부하명은 경찰처분이 특정인을 위하여 행하여지거나 또는 특정인을 위하여 필요하게 된 때에는 그 비용충당을 위하여 수수료, 기타의 급부를 명하는 것으로 공평의 원칙상 인정된다. 예를 들면, 면허시험의 수수료 납부, 식품 등의 무상수거 등이다.

---

10) 예를 들면, 도난당한 자동차의 사고에 대한 차주의 책임은 경찰책임이 성립하지 않지만, 공원에서 유아에게 소변을 보게 한 자의 책임, 소유자의 과실 없이 무너진 축대에 대한 소유자의 책임, 폭발물이 매장되어 있는 토지 소유자의 책임은 경찰책임이 성립한다.

경찰하명의 효과는 하명의 내용에 따라 수명자가 일정한 행위를 해야 할 또는 하지 않아야 할 공법의 의무를 지는 데 있다. 경찰하명이 있는 경우에 상대방(수명자)은 행정주체에 대해서만 의무를 이행할 책임이 있고, 그 이외의 제3자에 대하여 법상 의무를 부담하는 것은 아니다. 또한 경찰하명 자체의 효력으로서 하명에 위반한 법률행위의 효과까지 부인되는 것은 아니다. 예를 들면, 영업정지명령에 위반하여 영업을 계속하였을 경우, 당해 영업에 관한 거래행위의 효력까지 부인되지는 않는다.

경찰하명에 대한 위반에는 경찰의무의 불이행과 경찰의무위반의 두 가지 형태가 있다. 먼저, 경찰의무불이행의 경우에는 경찰상 강제집행이 행하여지고, 경찰의무위반의 경우에는 경찰벌이 과하여진다.

현행법상 경찰 강제집행의 수단으로는 대체적 작위의무에 대해서는 대집행이 일반적으로 인정되고, 금전납부의무에는 「국세징수법」의 규정에 의하여 체납처분이 극히 예외적으로 직접강제가 인정되고 있다.

경찰하명의 수명자(受命者)는 수인의무를 지므로 적법한 경찰하명으로 인하여 어느 정도 손실이 발생하였다 하더라도 국가에 대하여 그 손실의 보상을 청구할 수 없다는 것이 원칙이다. 그러나 예외적으로 경찰상 적법한 행위로 수명자 또는 책임없는 제3자에게 '특별한 희생'을 가한 경우에 사유재산권 보장과 공평이념에 배치될 때에는 그에 대한 보상청구가 인정되며, 이것이 경찰상 손실보상청구이다.

(2) 경찰허가

경찰허가란 법령에 의한 일반적 · 상대적 경찰금지를 특정한 경우에 해제함으로써 일정한 행위를 적법하게 행할 수 있도록 자연적 자유를 회복시켜 주는 경찰의 행정행위로서 허가가 유보된 상대적 금지의 경우에만 인정된다. 이러한 경찰처분이 실정법에서는 허가라는 용어 이외에도 면허 · 특허 또는 승인 등의 용어로도 표현된다.

경찰허가는 상대방의 출원(신청)에 의하여 행하여지는 것이 보통이지만, 출원에 의하지 아니하는 경우도 있다(예: 통행금지의 해제). 허가는 적법요건이나 유효요건은 아니므로, 이를 위반하면 위법하나 무효가 되는 것은 아니다. 허가는 법률에 특별한 규정이 없는 한 기속행위 또는 기속재량행위로 본다.

허가는 명령적 행위이지만, 특허는 형성적 행위이다. 허가 여부의 결정기준은 신청이 아닌 허가처분 당시의 법령에 의한다(대판 1998.3.27., 96누19772). 경찰허가에 부관

(附款)을 붙이는 것은 가능하며, 법규상 기속된 경찰허가는 법규에 의한 부관 이외에 처분청의 재량으로 부관을 붙일 수 없다. 다만, 처분청에 재량권이 부여된 허가에는 조건·기한·부담·철회권의 유보·법률효과의 일부배제 등의 부관을 붙일 수 있다.

경찰허가의 효과는 상대적인 것으로서 당해 허가가 정하고 있는 경찰금지만을 해제하여 줄 뿐 다른 모든 경찰금지를 해제하는 것은 아니다. 예를 들면, 무허가 음식영업의 경우 음식거래행위까지 무효로 되는 것은 아니며, 공무원이 음식점 영업허가를 받은 경우 「식품위생법」의 금지만을 해제한 것이고 공무원법의 영리업무금지까지 해제해 주는 것은 아니다.

(3) 경찰처분의 부관

경찰처분의 부관은 경찰처분의 효과를 일부 제한하기 위하여 주된 의사표시의 내용에 붙여진 종된 의사표시를 말한다. 부관에는 법규에 의하여 처분의 효과를 직접 제한하는 법정부관도 있으나 여기서 말하는 부관에는 포함되지 않는다.

경찰처분의 부관은 법규에 명문규정이 있는 경우는 물론 명문규정이 없을지라도 법이 경찰기관에 대하여 재량을 인정하고 있는 경우에는 그 재량의 범위에서 경찰기관의 자주적인 판단으로 부관을 붙일 수 있다. 부관의 내용은 비례의 원칙에 반할 수 없으며, 행정행위의 일부이기 때문에 원칙적으로 독립하여 쟁송 대상으로 할 수 없다.

부관의 종류는 다음과 같다. 첫째, 조건이다. 경찰처분효과를 장래의 발생이 불확실한 사실에 의존하게 하는 의사표시를 말한다. 예를 들면, 행진하지 아니할 것을 조건으로 하는 옥외집회장소허가 등이다. '정지조건부'의 경우 장래에 일정한 사실이 발생하면 그 때 비로소 처분의 효력이 발생하고, '해제조건부'의 경우 장래에 일정한 사실이 발생하면 그때부터 처분의 효력이 소멸된다. 조건인 장래의 사실이란 그 발생 여부가 불확정적이어야 하며, 발생이 확실한 사실인 경우에는 기한이지 조건은 아니다.

둘째, 기한이다. 경찰처분의 효력을 장래에 발생할 것이 확실한 사실에 의존하게 하는 의사표시를 말한다. 이때의 기한은 장래 도래하는 시기가 명확한 확정기한(예: 2025. 10.31)과 장래 도래할 것은 확실하나 그 시기가 정해지지 않은 불확정기한(예: 네가 사망하면)으로 구분된다. 기한은 사건의 발생이 확실하다는 점에서 사건의 발생 자체가 불확실한 조건과 구별된다.

셋째, 부담이다. 경찰처분의 주된 의사표시에 부수하여 상대방에게 작위·부작위·

급부 또는 수인의무를 부과하는 부관이다. 예를 들면, 유흥음식점 영업허가를 하면서 일정한 신고의무를 부여하는 것이다. 부담의 경우 조건이나 기한과는 달리 처분의 효력은 처음부터 발생하고, 의무불이행의 경우에도 당연히 효력이 소멸하지 않는다. 다만, 의무불이행의 경우 처분의 취소·철회 등 불이익을 가할 수 있다. 부담은 다른 부관과 달리 그 자체가 행정행위이므로 부담만이 항고소송의 대상이 될 수 있으며, 부담만을 대상으로 하는 취소소송이 가능하다.

넷째, 철회권의 유보이다. 경찰처분의 주된 의사표시에 부가하여 일정한 경우에 그 처분을 철회할 수 있는 권리를 유보하는 의사표시이다. 예를 들면, 주류도매면허를 주면서 소속가맹점에 한해 주류를 중개해야 하며 이를 위반할 경우 그 면허를 취소한다는 부관이다. 철회권의 유보에는 조리상 일정한 한계가 인정된다.

다섯째, 법률효과의 일부배제이다. 처분의 주된 의사표시에 부가하여 그 처분의 일반적 효과의 발생을 일부 제한하는 의사표시를 말한다. 예를 들면, 총포류사용허가를 주면서 수렵지역을 제한하는 경우, 도로사용을 허가하면서 사용기간을 제한하는 경우, 택시영업허가를 해주면서 격일제 운행으로 제한하는 경우 등이다.

여섯째, 수정부담이다. 행정행위에 부가하여 새로운 의무를 부과하는 것이 아니라 행정행위의 상대방이 신청한 것과는 다르게 경찰처분의 내용을 정하는 부관이다. 예를 들면, 유흥주점 허가신청에 대하여 일반음식점허가를 하는 경우, 5층 건물 건축허가신청에 대하여 4층 건물의 허가를 하는 경우 등이다.

(4) 경찰면제

법령에 의하여 과하여진 작위·급부·수인의무를 특정한 경우에 해제하여 주는 행정행위이다. 의무를 해제한다는 면에서는 경찰허가와 성질이 같지만, 경찰허가는 부작위의무를 해제하고, 경찰면제는 작위·급부·수인의무를 해제한다.

2) 경찰강제

(1) 경찰강제의 의의

경찰강제란 경찰의 목적실현(질서유지)을 확보하기 위하여 개인의 신체·재산 또는 가택에 실력을 가하여 필요한 상태를 실현하는 사실작용을 말한다. 경찰강제는 질서유지를 위하여 일반통치권에 의한 권력적 작용이라는 점에서 경찰하명 및 경찰허가와 같다.

경찰강제는 실력에 의한 일정한 상태를 실현시키는 단순한 사실작용이라는 점에서 경찰의무를 명하거나 의무를 해제하는 법률작용인 경찰하명이나 경찰허가와 구별된다. 경찰강제는 장래에 향하여 의무내용을 이행시키거나 이행이 있는 것과 같은 상태를 실현시킨다는 점에서 과거의 의무위반에 대한 제재로서 과하는 경찰벌과 구별된다.

(2) 경찰강제의 종류

경찰강제란 경찰의 강제집행과 즉시강제로 구분할 수 있다. 경찰하명에 의한 경찰의무의 불이행에 대하여 경찰권 자신이 강제적으로 의무를 이행시키거나 이행된 것과 동일한 상태를 실현시키는 작용을 말한다.

경찰 즉시강제와 경찰 강제집행은 양자 모두 권력적 사실작용이라는 점에서는 동일하다. 다만, 경찰 강제집행은 의무의 부과와 그 불이행을 전제로 하나, 경찰 즉시강제는 의무를 과하지 않고 즉시 실력으로 필요한 상태를 실현시키는 점에서 구별된다. 또한 경찰 강제집행과 경찰벌은 모두 경찰의 목적달성을 위한 의무이행의 확보수단이다. 경찰 강제집행은 장래에 향하여 의무이행을 강제하려는 수단인 반면, 경찰벌은 과거의 의무위반에 대하여 과하는 제재라는 점에서 직접 목적과 수단에 차이가 있다.

경찰 강제집행의 종류는 다음과 같다.

첫째, 대집행이다. 「국가경찰과 자치경찰의 조직 및 운영에 관한 법률」의 대체적 작위의무를 진 자가 그 의무를 이행하지 않은 경우, 당해 경찰관청이 스스로 또는 제3자로 하여금 의무자가 해야 할 행위를 하게 함으로써 의무의 이행이 있는 것과 같은 상태를 실현시킨 후 그에 관한 비용을 의무자로부터 징수하는 경찰의 강제집행이다(행정대집행법 제2조). 대집행의 대상인 의무는 대체적 작위의무이다. 신체검사, 증인출석 의무와 같이 대체성이 없는 비대체적 작위의무 등은 대집행의 대상이 될 수 없으며, 대집행의 절차는 '대집행의 계고 → 대집행영장에 의한 통지 → 대집행의 실행 → 비용징수' 순으로 진행되며, 비용은 의무자가 부담하는 것이 원칙이다.

둘째, 집행벌(이행강제금)이다. 부작위의무 또는 비대체적 작위의무를 강제하기 위하여 일정한 기한까지 의무를 이행하지 않으면 과태료를 과한다는 뜻을 미리 계고하여 의무자에게 심리적 압박을 가함으로써 의무이행을 간접적으로 강제하는 수단으로, 이행강제금이라고도 한다.

셋째, 경찰 강제징수이다. 「국가경찰과 자치경찰의 조직 및 운영에 관한 법률」의 금전급부의무의 불이행이 있는 경우에 경찰관청이 의무자의 재산에 실력을 가하여 의무의 이행이 있었던 것과 동일한 상태를 실현하는 작용을 말하며, 조세의 강제징수가 이에 해당한다. 경찰 강제징수의 실질적 일반법으로는 「국세징수법」이 있다. 「국세징수법」의 강제징수절차는 '독촉 → 체납처분(재산압류, 압류재산의 매각 · 청산) → 체납처분의 중지 → 결손처분' 순으로 진행된다.

넷째, 직접강제이다. 경찰 의무의 불이행이 있는 경우에 최후의 경찰수단으로서 직접 의무자의 신체나 재산에 실력을 가하여 의무의 이행이 있었던 것과 동일한 상태를 실현하는 작용을 말한다. 사증 없이 입국한 외국인의 강제퇴거가 이에 해당한다.

직접강제의 실정법적 근거로서 일반법은 없고, 개별법으로서 「출입국관리법」에서의 강제퇴거 · 보호조치, 「도로교통법」에서의 위험방지조치, 「식품위생법」 · 「공중위생관리법」에서의 영업소의 폐쇄조치 등이 있다.

경찰의 즉시강제란 목적에 급박한 경찰 장해를 제거해야 할 필요가 있는 경우에 미리 의무를 명할 시간적 여유가 없거나 성질상 의무를 명해서는 목적달성이 곤란할 때 직접 국민의 신체 · 재산 또는 가택에 실력을 행사하여 그 필요한 상태를 실현하는 작용이다. 경찰 즉시강제는 법치국가에서는 극히 예외적인 권력작용이므로, 그 발동에 있어서는 엄격한 법규의 근거가 있어야 한다. 왜냐하면 인권침해의 소지가 많기 때문이다. 경미한 위해를 제거하기 위하여 개인의 권리에 대한 중대한 영향을 미치는 경찰 즉시강제는 할 수 없다. 경찰 즉시강제 수단은 세 가지이다.

첫째, 대인적 즉시강제이다. 「경찰관 직무집행법」의 즉시강제는 불심검문, 보호조치, 경찰장구의 사용, 분사기 등의 사용, 범죄의 예방 · 제지조치, 무기의 사용 등이 있다. 개별법으로는 「감염병의 예방 및 관리에 관한 법률」의 강제건강진단 및 전염병환자의 강제격리 등, 「마약류관리에 관한 법률」의 강제수용, 「방조제 관리법」의 긴급시대에서의 응급조치, 「자연재해대책법」의 응급부담 종사명령 등이 있다.

둘째, 대물적 즉시강제이다. 「경찰관 직무집행법」의 대물적 즉시강제는 피구호자의 무기 · 흉기 등의 임시영치 등이 있으며, 개별법으로는 「식품위생법」의 불량식품의 폐기, 「옥외광고물 등의 관리와 옥외광고산업 진흥에 관한 법률」의 위법광고물의 철거, 「청소년보호법」의 청소년유해약물과 청소년유해매체물 등의 수거 · 폐기처분, 「약사법」의 불량의약품의 폐기 등이 있다.

셋째, 대가택적 즉시강제이다. 「경찰관 직무집행법」의 위험방지를 위한 출입 등이 있으며, 개별법으로는 「총포·도검·화약류 등의 안전관리에 관한 법률」의 제조소·판매소·저장소·사용장소 등의 출입 및 조사 등이 있다.

적법한 즉시강제로 인해 귀책 사유가 없이 수인의 정도를 넘는 특별한 손실을 입은 자는 손실보상의 청구가 가능하다.

위법한 즉시강제에 대한 구제로는 세 가지가 있다. 첫째, 행정쟁송제도이다. 즉시강제는 공권력의 행사에 해당하는 사실행위로서, 그로 인해 침해를 받은 개인은 원칙적으로는 행정심판이나 행정소송에 의하여 구제를 받아야 한다. 그러나 즉시강제는 단시간에 종료되어 버리므로 행정처분과 같이 취소·변경을 구할 법률의 이익(이른바 협의의 소익)이 존재하지 않는 것이 대부분이어서 행정쟁송에 의한 구제는 즉시강제의 성질에 적합하지 않다. 다만, 장기간에 걸친 강제수용이나 물건의 영치와 같은 경우에는 행정소송에 의한 구제도 가능하다고 하겠다.

둘째, 손해보전제도이다. 불법한 즉시강제는 「국가배상법」에 의한 배상을 통해서 구제를 받을 수 있으며, 적법한 즉시강제는 손실보상을 청구할 수 있다.

셋째, 정당방위이다. 경찰 즉시강제는 사전에 의무를 과함이 없이 행사되므로, 만약 그것이 자기 또는 타인의 법익에 대한 현재의 부당한 침해에 해당되는 경우에는 정당방위도 가능하다고 하겠다(형법 제21조).

3) 경찰 조사

행정조사의 일반적인 근거법으로 「행정조사기본법」이 2007년 5월 17일 제정되어 시행되고 있으므로 경찰 조사도 경찰 관련 법규에 특별한 규정이 있는 경우를 제외하고는 원칙적으로 「행정조사기본법」에 따른다. 경찰 조사가 법적 근거에 의해 행하여지는 때에도 「국가경찰과 자치경찰의 조직 및 운영에 관한 법률」의 일반원칙의 적용을 받으며, 경찰 조사에는 원칙적으로 영장주의가 적용되나, 형사소추절차로 이행하는 경우와 직접적 강제를 수반하는 경우로서 긴급을 요하는 경우에만 영장주의의 예외를 인정한다(다수설).

경찰 조사를 하는 공무원은 그 권한을 표시하는 증표를 휴대하고 관계자에게 제시하여야 한다. 법률에 직접적·명시적 규정이 없는 경우에는 경찰조사과정에서 실력으로 상대방의 저항을 배제하고 필요한 조사를 할 수 없다(다수설).

4) 경찰벌

경찰벌은 일반 통치권에 근거하여 일반 사인의 의무 위반에 대하여 과하는 제재인 반면, 징계벌은 특별행정법관계에 기초하여 특별행정법관계 내부질서유지를 위하여 내부자에게 과하는 제재이다. 경찰벌은 과거의 의무위반에 대한 제재인 반면(일시적·과거적 성격), 집행벌은 의무불이행이 있는 경우 장래의 의무이행을 확보하기 위한 제재이다(계속적·장래적). 경찰벌은 경찰목적 달성을 위하여 경찰법규가 정한 명령·금지에 위반한 제재인 반면, 형사벌은 반사회성이 인정되는 자연범에 대한 비난 또는 응보로서의 제재이다. 경찰벌과 징계벌은 목적·대상·법률관계의 기초 등에 있어서 차이가 있기 때문에 양자의 병과가 가능하고, 일사부재리의 원칙에 반하지 않는다.

경찰벌도 처벌이라는 점에서 형벌과 다름없으므로 죄형법정주의의 원칙이 적용된다. 따라서 경찰벌을 과하기 위해서는 반드시 법률에 근거가 있어야 한다. 법률은 경찰벌을 과하는 벌칙제정을 처벌의 대상이 되는 행위·경찰벌의 최고한도 등에 대해서 구체적으로 정하여 행정입법으로 위임할 수 있다.

경찰형벌은 「경찰법」의 의무위반에 대한 제재로서 「형법」 제41조에 규정된 형을 과하는 경찰벌을 말한다. 그 예로서는 사형, 징역, 금고, 자격상실, 자격정지, 벌금, 구류, 과료, 몰수 등이 있다. 원칙적으로 「형사소송법」이 정하는 절차를 따르지만, 예외적으로 즉결심판절차(20만 원 이하의 벌금, 구류 또는 과료에 해당하는 경찰형벌은 즉결심판절차에 의해 과하고 경찰서장이 집행하며, 만일 불복 시에는 7일 이내에 정식재판을 청구할 수 있음), 통고처분(정식재판에 갈음하여 경찰서장이 벌금 또는 과료에 상당하는 금액의 납부를 명하는 행정처분)이 있다.

경찰질서벌은 경찰의 질서에 장해를 줄 우려가 있는 의무위반에 대하여 과하는 제재이다. 그 예로서는 주차위반, 신호위반, 「경범죄처벌법」 위반, 「식품위생법」 위반 등이 있다. 과태료에 처한 자의 주소지를 관할하는 지방법원의 결정으로 「비송사건절차법」에 따라 과한다. 최근에 과태료부과 절차의 번잡성을 피하기 위하여 경찰기관이 직접 부과·징수하는 경우가 있다.

「질서위반행위규제법」은 법률상 의무의 효율적인 이행을 확보하고 국민의 권리와 이익을 보호하기 위하여 질서위반행위의 성립요건과 과태료의 부과·징수 및 재판 등에 관한 사항을 규정하는 것을 목적으로 한다(동법 제1조).

질서위반행위란 법률(지방자치단체의 조례를 포함한다)상의 의무를 위반하여 과태료를 부과하는 행위를 말한다. 질서위반행위로 보지 않는 경우로는 대통령령으로 정하는 사법(私法)상·소송법상 의무를 위반하여 과태료를 부과하는 행위, 대통령령으로 정하는 법률에 따른 징계 사유에 해당하여 과태료를 부과하는 행위 등이 있다.

행정청은 행정에 관한 의사를 결정하여 표시하는 국가 또는 지방자치단체의 기관, 그 밖의 법령 또는 자치법규에 따라 행정권한을 가지고 있거나 위임 또는 위탁받은 공

경찰작용의 종류

종류	하위 항목	의미	예시
경찰 처분 (행정 처분)	경찰하명	국민에게 일정한 행위를 명하거나 금지하는 행위로, 공공의 질서와 안전을 확보하기 위해 의무를 부과	금연구역 지정, 도로 통행 금지 명령
	경찰허가	법령에 의해 금지된 행위를 일정한 요건 하에 허용하는 행위로, 국민의 권리와 공익을 조화시킴	도로 점용 허가, 총기 소지 허가
	경찰처분의 부관	경찰허가나 처분에 조건, 기한, 부담 등을 추가하여 공공의 안전과 개인의 권리를 조화롭게 유지하려는 행위	임시 영업 허가, 특정 조건 하의 토지 개발 허가
	경찰면제	경찰법의 의무를 특정한 경우에 면제하거나 감면해 주는 행위	장애인의 공공시설 이용료 면제, 자연재해 시 신고 의무 면제
경찰 강제	대집행	의무 불이행 시 경찰이 직접 그 의무를 이행하거나 이를 강제적으로 실현하는 조치	불법 건축물 철거, 무단 점유 공공시설 철거
	집행벌 (이행강제금)	의무를 이행하지 않은 경우 금전적 제재를 가하여 의무 이행을 유도하는 조치	환경오염 방지 조치 미이행에 따른 이행강제금 부과
	경찰상 강제징수	공공 기금을 체납한 경우 강제적으로 재산을 압류하여 징수하는 행위	세금 체납으로 인한 재산 압류
	직접강제	의무 불이행 상태를 직접적으로 해소하기 위해 물리력을 행사하는 조치로, 대인적, 대물적, 대가택적 직접 강제가 포함됨	불법 시위 해산(대인적), 불법 차량 견인(대물적), 강제 수색(대가택적)
경찰 조사		공공의 안전과 질서유지, 범죄예방 등을 위해 필요한 정보를 수집·분석하는 활동	범죄현장 조사, 방범지역 순찰
경찰벌	경찰형벌	형법 또는 특별법에 따라 경찰 관련 의무를 위반한 행위에 대해 부과되는 형벌적 제재	음주운전으로 인한 징역형이나 벌금형
	경찰질서벌	질서위반행위에 대해 행정벌(과태료)을 부과하는 제재로, 형사처벌이 아닌 경미한 위반에 적용	쓰레기 무단 투기에 따른 과태료 부과, 공공장소에서의 무단 광고물 부착에 대한 과태료

공단체나 그 기관 또는 사인(私人)을 말한다.

전통적인 행정의 실효성 확보수단을 보완하기 위한 새로운 수단들이 등장하였는데, 과징금, 가산세, 공급거부, 명단공표 등이 그 예이다. 과징금은 범죄에 대한 국가의 형벌권의 실행으로서의 과벌이 아니므로, 행정법규위반에 대하여 벌금이나 범칙금 이외에 과징금을 부과하는 것은 이중처벌 금지의 원칙에 반하지 않는다. 공급거부란 행정의무를 위반하거나 불이행한 자에 대해 정상의 서비스 또는 재화의 공급행위를 거부하는 행위를 말한다.

4. 행정행위의 효력

행정행위가 그 성립요건 및 효력요건을 갖추게 되면, 그 내용에 따라 일정한 효력이 발생한다. 그 내용은 법령의 규정 또는 행정행위의 종류에 따라 다르나, 일반적으로 구속력, 공정력, 불가쟁력, 불가변력 및 집행력 등이 발생한다.

행정행위가 법정요건을 갖추어 행하여진 경우에 그 내용에 따라 당사자 등(관계 행정청 · 상대방 · 관계인)을 구속하는 실체법적 효력을 말한다. 즉, 행정행위가 그 내용에 따라 상대방 · 관계인 및 행정청에 대하여 일정한 법적 효과를 발생하는데, 이는 적법하게 성립된 모든 행정행위에 당연히 인정되는 불가결한 실체법적 효력이다.

전통적 견해에 따르면 행정행위의 공정력이란 행정행위의 성립에 하자가 있다 하더라도 그것이 중대 · 명백하여 당연 무효로 인정되는 경우를 제외하고는 권한 있는 기관에 의하여 취소되기까지는 유효한 것으로 통용되는 효력이라고 한다. 공정력은 행정의 실효성 확보 및 신뢰보호를 위하여 행정행위의 잠정적 · 일반적 통용력을 인정하는 절차법적 효력으로 실체법적인 적법성의 추정은 인정되지 않는다. 따라서 공정력이 취소소송에서의 입증책임에는 영향을 미치지 않는다고 본다.

종래 자기확인설, 국가권위설 등이 주장되었으나 현재는 연혁적 의미만을 갖는 데 불과하다. 현재 공정력의 이론적 근거는 행정의 실효성 보장, 행정법관계의 안정성 유지 및 상대방의 신뢰보호 필요성을 이유로 하는 법적 안정설이 통설이다

현행법상 공정력을 인정한 명문의 규정은 없으나, 직권취소를 규정하는 개별법적 규정이나, 항고쟁송제도 및 그 제기기간, 집행부정지원칙을 규정하는 「행정심판법」, 「행

정소송법」 및 일정 단행법의 규정들이 간접적인 근거가 될 수 있다.

공정력은 행정법 관계의 안정성과 그에 대한 신뢰를 보호하기 위해 인정된 제도이므로 행정행위의 하자가 중대·명백하여 무효인 행정행위에 대해서는 공정력이 인정되지 않는다. 행정처분의 당연 무효임을 전제로 하여 민사소송을 제기한 때에는 민사법원은 그 행정처분의 하자가 중대·명백하여 당연 무효라고 인정될 때에는 이를 전제로 하여 판단할 수 있다.

공정력의 개념은 취소쟁송제도의 존재를 이론적 기초로 하는 것이므로 취소쟁송의 대상이 될 수 없는 행정기관의 행위인 사실행위, 비권력적 행위, 사법행위에는 공정력이 인정되지 않는다.

공정력의 본질을 적법성의 법률상 추정으로 이해하여 취소소송에서 위법성의 입증책임은 원고가 부담한다는 원고책임설과 공정력은 행정소송에서의 입증책임문제와는 무관하며, 입증책임의 문제는 「민사소송법」의 입증책임의 분배원칙인 법률요건분배설에 따라 해결된다고 보는 입증책임무관계설이 있다.[11]

판례는 「민사소송법」의 규정이 적용되는 행정소송에 있어서 입증책임도 원칙적으로 민사소송의 일반원칙에 따라 당사자 간에 분배되고, 항고소송의 경우에는 그 특성에 따라 당해 처분의 적법을 주장하는 피고에게 그 적법 사유에 대한 입증책임이 있고, 이와 반대되는 주장과 입증은 그 상대방인 원고에게 책임이 돌아간다고 판시하고 있다.

일단 유효하게 성립한 행정행위는 일정한 기간의 경과나 기타 사유로 상대방 등이 더 이상 그 효력을 다툴 수 없게 되고, 일정한 행정행위에 있어서는 행정청 자신도 임의로 이를 취소·철회할 수 없는 제한을 받게 된다. 전자를 불가쟁력, 후자를 불가변력이라 하며, 양자를 합하여 행정행위의 존속력 또는 확정력이라고 한다. 행정행위가 행해지면 그것을 근거로 새롭게 많은 법률관계가 형성되기 때문에 법적 안정성과 관계인의 신뢰보호의 관점에서 자의적인 취소나 변경은 바람직하지 않다. 이러한 요청을 제도화한 것이 행정행위의 존속력(확정력)이다.

행정행위의 불가쟁력이란 하자 있는 행정행위라 할지라도 그에 대한 불복기간이 경과되거나, 쟁송절차가 모두 경료[12]된 경우에는 상대방이나 이해관계인이 더 이상 효력

11) 입증책임에 대해서는 일반 「민사소송법」의 입증책임분배원칙에 따라 처분의 적법요건충족사실에 관해서는 행정청이, 처분의 위법성에 대해서는 원고 측이 입증책임을 진다는 것이 통설이다.
12) 법적 절차가 완료됨을 의미함.

을 다툴 수 없게 되는 형식적 존속력(확정력)을 말한다. 무효인 행정행위는 쟁송제기기간의 제한을 받지 않으므로 불가쟁력이 발생하지 않는다. 불가쟁력이 발생한 행정행위에 대한 행정심판이나 행정소송의 제기는 부적법한 것으로 각하된다. 불가쟁력의 대상은 상대방 기타 이해관계인이므로 처분청은 이에 영향을 받지 않고 독자적으로 직권취소나 철회를 할 수 있다.

행정행위에 불가쟁력이 발생된 이후에 위법성이 발견되거나, 새로운 사정이 발생된 경우 상대방은 시정을 청구할 수 있는 방법이 없다. 확정판결에도 재심제도가 인정되고 있는 점을 고려할 때 절차적 공정성과 신중성에 있어 판결에 훨씬 못 미치는 행정행위에 재심사의 청구제도가 마련되지 않음은 비합리적이라고 할 것이다.

행정행위의 불가변력이란 행정행위를 한 행정청이나 감독청 자신도 직권으로 당해 행정행위를 취소·변경·철회할 수 없는 실질적 존속력(확정력)을 말하며 그 적용범위는 다음과 같다.

첫째, 행정심판의 재결이나 토지수용에 있어서 재결 등과 같이 일정한 쟁송절차를 거쳐 행하여지는 준사법적 행정행위에는 판결의 기판력에 준하는 불가변력이 인정된다.

둘째, 확인행위는 사실 또는 법률관계의 정부 또는 존부에 관하여 공적인 선언을 하는 행위이므로 이를 재결과 유사한 행위로 보고 불가변력을 인정하려는 견해가 있다.

셋째, 불가변력을 광의로 이해하여 취소·철회·변경이 불허되는 경우뿐만 아니라 제한되는 경우도 불가변력으로 보는 견해가 있다. 그러나 이는 당사자의 기득권이나 신뢰보호의 견지에서 제한되는 것이지 행정행위의 성질상 인정되는 것은 아니므로 불가변력으로 볼 것은 아니다.

넷째, 행정행위를 취소함으로 인하여 현저히 공공복리를 해치게 되는 경우 사정재결이나 사정판결을 하게 된다. 이를 불가변력의 문제로 보는 견해도 있으나, 이는 행정행위의 성질 자체에 의한 것이 아니라 공익을 위해 법치주의의 예외로서 법원이 청구기각을 하는 것이므로 불가변력으로 볼 수 없다.

불가쟁력과 불가변력은 행정법관계의 안정을 위해 인정되는 점에서는 동일하지만 다음과 같은 차이점이 있다.

첫째, 불가쟁력은 처분의 상대방이나 이해관계인이 대상이지만, 불가변력은 처분청 등 행정기관이 대상이다.

둘째, 불가쟁력은 절차법상 구속력인 데 대하여 불가변력은 실체법적 구속력에 해당한다.

셋째, 불가쟁력은 모든 행정행위가 갖는 효력이나, 불가변력은 준사법적 행위 또는 확인행위 등 특정한 행정행위에 대해서만 발생한다.

넷째, 불가쟁력은 행정객체의 주장을 제한하는 힘이며, 불가변력은 행정주체의 변경을 제한하는 힘이다.

불가쟁력이 생긴 행정행위가 당연히 불가변력을 발생시키는 것은 아니기 때문에 불가쟁력이 발생한 행정행위도 불가변력이 발생되지 않는 한 권한 있는 기관에 의해 취소·철회·변경이 가능하다.

불가변력이 있는 행정행위가 당연히 불가쟁력을 가지는 것이 아니기 때문에 불가변력이 있는 행정행위도 불가쟁력이 발생하기 전에는 이해관계인은 행정쟁송절차를 통하여 그 효력을 다툴 수 있다.

행정청은 행정법관계의 의무불이행자에 대하여 사법권의 힘을 빌리지 않고 자력으로 강제집행을 할 수 있다. 사법관계에서는 의무불이행에 대하여 권리자는 자기 실력으로 그 의무를 실현할 수 없고, 다만 민사소송으로써 법원에 강제집행을 청구할 수 있을 뿐이지만, 행정법관계에 있어서는 행정청은 자력으로 행정상의 강제집행을 할 수 있다. 자력집행력의 법적 근거가 필요한지에 대하여 별도의 수권법규가 필요하다는 법규설이 통설이다.

행정행위의 제재력이란 행정법관계에서는 상대방이 행정의사를 위반한 때에는 행정벌(행정형벌과 행정질서벌)을 과할 수 있는데, 이러한 효력을 말한다.

5. 행정행위의 하자 · 무효 · 취소 · 철회

1) 행정행위의 하자

행정행위의 하자란 행정행위가 유효하게 성립하기 위한 성립요건 및 효력요건을 완전히 갖추지 못함으로써 그 효력의 완전한 발생을 저해하는 사유를 말한다. 행정행위가 법정요건인 성립요건·효력요건을 결여하거나(위법행위), 공익에 반하는 경우(부당행위)를 하자 있는 행정행위라고 한다.

2) 무효와 취소

무효란 행정행위가 중대하고 명백한 하자를 지님으로써 외견상으로는 행정행위가 존재하나 처음부터 당연히 행정행위로서의 효력을 발생하지 못하는 것을 말한다. 취소는 그 성립에 흠이 있음에도 불구하고 일단 유효하게 성립한 행정행위를 권한 있는 기관이 그 효력의 전부 또는 일부를 원칙적으로 소급하여 상실시키는 행위를 말한다.

무효와 취소의 구별기준에 관해서는 중대명백설이 통설 · 판례의 입장이다. 하자 있는 행정처분이 당연무효가 되기 위하여는 그 하자가 법규의 중요한 부분을 위반한 중대한 것으로서 객관적으로 명백한 것이어야 하며, 하자가 중대하고 명백한 것인지 여부를 판별함에 있어서는 그 법규의 목적, 의미, 기능 등을 목적론적으로 고찰함과 동시에 구체적 사안 자체의 특수성에 관하여도 합리적으로 고찰함을 요한다(대판 1996.11.12., 96누1221).

3) 하자 있는 행정행위의 치유와 전환

행정행위가 원래 행정청이 의도한 행정행위로서는 무효인 행정행위이지만, 그것을 다른 행정행위로 간주한다면 유효한 요건을 갖추게 되는 경우에 그 유효한 다른 행위로서의 효력을 승인하는 것을 말한다.

전환된 새로운 행정행위는 종전의 행정행위의 발령 당시로 소급하여 효력을 발생한다(다수설). 기속행위를 재량행위로 전환함은 금지된다(다수설, 독일행정절차법).

전환의 요건으로는 무효인 행정행위가 존재할 것, 무효인 행위와 전환되는 행위 사이에 요건 · 목적 · 효과 등에서 실질적 공통성이 있을 것(무효인 행정행위가 전환될 행정행위의 성립 · 효력요건을 갖추고 있을 것), 당사자가 그 전환을 의욕하는 것으로 인정될 것(행정청이 그 전환되는 의욕하는 것으로서 그 의도에 반하지 않을 것), 상대방에게 원처분의 경우보다 불이익을 주어서는 안 될 것(전환이 특히 상대방 등에게 불리한 경우 동의를 얻을 것), 제3자의 권익을 침해하지 않을 것, 행위의 반복을 회피하는 의미가 있을 것, 당초의 행정행위와 전환될 행정행위에 대하여 동일한 행정기관이 권한을 갖고 있을 것 등이다.[13]

---

13) 전환의 예로는 상대방의 신뢰를 보호할 가치가 있을 경우에 공무원이 아닌 자의 행위를 사실상의 공무원의 행위로서 유효한 행위로 인정하는 경우, 사자(死者)에 대한 광업허가 · 재산세부과를 그 상속인에 대한 것으로 해석하는 경우, 이중의 도로부담금의 부과처분이 전의 부과처분의 독촉

행정행위가 성립 당시에 요건 불비로 인한 하자를 지녔더라도 사후에 그 요건이 보완되거나 또는 그 행정행위의 취소의 필요가 없어진 경우에 종전의 하자를 이유로 행정행위의 효력을 다툴 수 없게 되는 것을 말한다. 판례는 행정처분의 내용 하자에 대해서는 하자의 치유를 인정하지 아니한다.

4) 하자의 승계

행정행위 상호 간에는 기본적으로 하자의 승계가 인정되지 않는다. 동일한 행정목적을 달성하기 위하여 2개 이상의 행정행위가 연속하여 행하여지는 경우, 선행행위의 하자를 후행행위의 위법 사유로서 주장할 수 있는가의 문제이다.

통설은 2개 이상의 행정행위가 서로 독립하여 별개의 효과를 목적으로 하는 경우에 선행행위가 당연 무효가 아닌 이상 하자는 승계되지 않는다고 본다. 선행행위가 당연무효라면 언제나 이를 다툴 수 있고, 후행행위는 당연히 원인무효가 되어 그 취소 또는 무효를 주장할 수 있다. 선행처분과 후행처분이 결합하여 하나의 법효과를 완성하는 경우에는 무효원인이든 취소원인이든 하자는 승계된다. 선행처분과 후행처분이 서로 독립한 법효과를 목표로 하는 것일 때에는 위법성은 승계되지 않는다.

5) 행정행위의 취소와 철회

행정행위의 취소란 일단 유효하게 성립한 행정행위에 대하여 성립의 하자를 이유로 권한 있는 기관이 그 법률의 효력을 원칙적으로 행위 시에 소급하여 상실시키는 것을 말한다. 반면에 행정행위의 철회란 아무런 하자 없이 적법하게 성립된 행정행위의 효력을 그 성립 후에 발생된 새로운 사정에 의하여 더 존속시킬 수 없게 된 경우에 장래에 향하여 그 효력의 전부 또는 일부를 소멸시키는 독립된 행위를 말한다.

취소와 철회는 실정법상 혼용되고 있으며 취소로 표현하는 경우가 대부분이고, 유효한 행정행위의 효력을 상실시키는 별개의 독립된 행정행위이며, 이미 발생한 효력을 소멸시키므로 형성행위이다. 또한 수익적 행정행위인 경우 일정한 조리상의 제한을 받으며 취소의 취소와 철회의 취소 모두 인정되며, 취소와 철회 모두 제한 사유가 인정된다.

으로서의 효력이 인정되는 경우, 무효인 공법의 임용행위가 사법의 고용계약으로 전환되는 경우, 조세부과처분 중 세액만에 대한 쟁송제기가 조세부과처분 전체에 대한 불복의 소로서 효력이 인정되는 경우 등이다.

취소와 철회의 구분

구분	취소	철회
행사권자	처분청, 감독청, 법원, 독립재결청	특별한 규정이 없는 한 처분청만이 행사
발생원인	처분의 원시적 하자－성립의 하자인 위법과 부당	행정행위가 성립한 후 발생한 사정으로 효력을 더 이상 지속시킬 수 없는 경우
효과	원칙적으로 행위 시에 소급하여 소멸하는 경우와 장래에 향하여 소멸하는 경우(주로 수익적 행정행위의 직권취소의 경우)	행정행위의 효력이 장래에 향하여 소멸
손해전보	손해배상책임	손실보상책임
절차	직권취소는 특별한 절차가 필요 없고, 쟁송취소에는 특별한 절차가 있음	특별한 절차 규정 없음

6. 경찰관 직무집행법

1) 목적 및 성격

「경찰관 직무집행법」은 1953년 12월 14일 법률 제299호로 제정·공포되었는데, 당시 미군정 하 영·미법계의 영향을 받아 국민의 생명·신체·재산의 보호가 경찰의 책무로 도입되었다.

「경찰관 직무집행법」은 「국가경찰과 자치경찰의 조직 및 운영에 관한 법률」이 규정하는 국민의 생명·신체·재산의 보호와 공공의 안녕과 질서유지라고 하는 경찰의 기본적 임무수행을 위해서 필요한 즉시강제 수단 등을 규정한 것이다. 그러나 즉시강제 등 경찰관의 직권은 그 직무수행에 필요한 최소한도에서 행사되어야 하며 이를 남용해서는 안 된다(제1조 제2항). 경찰관이 이를 남용하게 되면 1년 이하의 징역이나 금고에 처하는 등 벌칙조항을 두고 있다(제12조).

「경찰관 직무집행법」은 경찰관 직무수행을 위한 근거법, 즉 국민의 자유와 권리 및 모든 개인이 가지는 불가침의 기본적 인권을 보호하고 사회공공의 질서를 유지하기 위한 경찰관 직무수행의 근거법이다. 그러므로 경찰작용에 관한 일반법으로서의 성질을 가진다.

2) 경찰관 직무집행법의 기본원칙

(1) 협의의 비례원칙

「경찰관 직무집행법」에서 규정된 직권은 직무수행을 위하여 필요한 최소한도의 범위에서 행사해야 한다는 원칙이다. 이것은 즉시강제, 즉 상대방에게 사전에 의무를 과함이 없이 목전의 급박한 위험을 방지 또는 제거하는 작용을 행함에 있어, 특히 인권침해의 소지가 많으므로 이를 방지하고자 하는 데 있는 것이다.

(2) 상당성의 원칙

경찰관은 불심검문(제3조), 보호조치(제4조), 사실의 확인(제8조), 장구의 사용(제10조의2) 등의 경우, 그러한 조치를 취해야 할 상당한 이유가 있어야 즉시강제가 가능하며, 상당한 이유가 없는 데도 직권을 행사해서는 안 된다.

(3) 필요성의 원칙

경찰관은 사실의 확인(제8조), 장구의 사용(제10조의2), 분사기 등의 사용(제10조의3), 무기의 사용(제10조의4) 등의 경우, 그러한 조치를 취해야 할 필요 또는 부득이한 경우에 한하여 직권의 행사가 가능하다. 협의의 비례원칙이 모든 직권의 행사 시에 필요성을 요구하고 있으나, 위와 같은 경우에는 특히 필요성의 원칙이 추가로 요구된다 하겠다.

(4) 보충성의 원칙

경찰관이 무기를 사용하지 않고는 다른 수단이 없을 때에 한하여 무기사용이 가능하다(제10조의4 제1항 제1 · 2 · 3호). 다만, 대간첩작전의 수행 시 무장간첩이 항복하라는 경찰관의 명령을 받고도 따르지 아니할 때는 보충성을 요하지 않는다. 무기의 사용은 최후수단이며, 이로 인한 생명의 살상 등 위해를 미칠 수 있으므로 이를 엄격히 제한하고자 하는 데 의미가 있다.

3) 경찰관의 직무 범위(제2조)

(1) 국민의 생명 · 신체 및 재산의 보호

경찰관의 직무 범위 중 하나이자 최우선 과제이다. 국민의 생명 · 신체에 관한 것이라면 어떠한 위해라도 적극적으로 개입하여 자의에 따른 위해이든, 타인에 의한 것이든 더 이상의 위협이 되지 않도록 끊임없이 노력해야 한다.

(2) 범죄의 예방 · 진압 및 수사

범죄의 진압보다 예방이 더욱 중요한 것은 물론이다. 범죄예방을 위한 일반적 수단으로는 「경찰관 직무집행법」의 불심검문 · 범죄의 예방과 제지 등이 있으며, 특별수단으로는 「총포 · 도검 · 화약류 등의 안전관리에 관한 법률」에서 총포 · 도검 등 소지 시 관할 경찰서장의 허가, 「집회 및 시위에 관한 법률」에서 옥외집회 및 시위의 신고 등이 있다. 한편, 범죄의 수사는 「형사소송법」 제197조에서 규정하고 있는 바, 사법경찰활동인 수사를 이 법에서 직무로 규정하고 있는 것은 「국가경찰과 자치경찰의 조직 및 운영에 관한 법률」 제3조에서와 마찬가지로 사물관할의 범위를 규정한 것이라고 보인다.

(3) 범죄피해자 보호

경찰청에서는 '2015년을 범죄피해자 보호 원년의 해'로 삼고 피해자 보호 정책을 수립 · 시행하는 전담 부서를 신설하고 경찰서에 피해자 보호 전담 경찰관을 배치하는 등 피해자 보호의 중요성을 강조하고 있다.

(4) 경비 · 주요 인사(人士) 경호 및 대간첩 · 대테러작전 수행

경비는 특정 지역과 시설 및 행위 등에 대하여 경계 · 순찰 및 방위하는 임무이며, 주요 인사 경호는 특수한 사람에 대해 가해지는 위해의 방지 또는 제거활동으로 종래 「대통령 등의 경호에 관한 법률」, 「경호규정」 등에 근거하였으나, 이 법에서 경찰의 고유업무로 명시하고 있다.

(5) 공공안녕에 대한 위험의 예방과 대응을 위한 정보의 수집 · 작성 및 배포

경찰은 공공의 안녕과 질서에 대한 위험 또는 경찰위반의 상태를 제거하기 위한 경찰활동을 위하여 그 전제가 되는 치안정보 또는 그 배경이 되는 내외의 정치 · 경제 · 사회 · 문화 등의 일반적 정보 등을 수집 · 분석 · 작성 · 배포하는 임무를 수행한다.

(6) 교통 단속과 교통 위해의 방지

교통에 의해 발생될 위해를 예방하기 위한 단속 · 방지활동을 말한다.

(7) 외국 정부기관 및 국제기구와의 국제협력

최근 국제질서의 변화에 능동적으로 대처하기 위해 국제협력의 강화를 추가하였다.

(8) 그 밖에 공공의 안녕과 질서유지

위에 열거된 직무 이외에 경찰이 공공의 안녕과 질서를 위하여 필요불가결한 직무범위를 말하는 것으로서 경찰법령의 집행과 대민봉사업무 등의 직무를 말한다. 구체적인 공공안녕의 예시로는 「경찰관 직무집행법」 제8조의2에 명시되어 있으며, 범죄 · 재난 · 공공갈등이 포함된다. 특히, 이 조항이 신설됨에 따라 경찰의 직무수행에 근거로서 작용하는 명확한 수권조항이 마련되었다고 보인다.

4) 주요 내용

(1) 불심검문

경찰관은 수상한 행동이나 그 밖의 주위 사정을 합리적으로 판단하여 볼 때 어떠한 죄를 범하였거나 범하려 하고 있다고 의심할 만한 상당한 이유가 있는 사람 또는 이미 행하여진 범죄나 행하여지려고 하는 범죄행위에 관한 사실을 안다고 인정되는 사람을 정지시켜 질문을 할 수 있다. 하지만, 경찰 위험을 야기하려고 하고 있다고 의심할 만한 상당한 이유가 있는 사람은 대상에서 제외된다.

그 장소에서 질문을 하는 것이 그 사람에게 불리하거나 교통에 방해가 된다고 인정될 때에는 질문을 하기 위하여 가까운 경찰서 · 지구대 · 파출소 또는 출장소(지방해양경찰관서를 포함하며, 이하 "경찰관서"라 한다)로 동행할 것을 요구할 수 있다. 이 경우 동행을 요구받은 사람은 경찰관의 동행요구를 거절할 수 있다.

경찰관은 동행을 요구받은 사람에게 질문을 할 때에 흉기를 가지고 있는지를 조사할 수 있다. 질문을 하거나 동행을 요구할 경우 경찰관은 자신의 신분을 표시하는 증표를 제시하면서 소속과 성명을 밝히고 질문이나 동행의 목적과 이유를 설명하여야 하며, 동행을 요구하는 경우에는 동행 장소를 밝혀야 한다.

임의동행을 한 경우 경찰관은 동행한 사람의 가족이나 친지 등에게 동행한 경찰관의 신분, 동행 장소, 동행 목적과 이유를 알리거나 본인으로 하여금 즉시 연락할 수 있는 기회를 주어야 하며, 변호인의 조력을 받을 권리가 있음을 알려야 하지만, 반드시 진술거부권까지 고지해야 하는 것은 아니다. 임의동행을 한 경우 경찰관은 동행한 사람을 6시간을 초과하여 경찰관서에 머물게 할 수 없으며, 동행을 요구받은 사람은 형사소송에 관한 법률에 따르지 아니하고는 신체를 구속당하지 않으며, 그 의사에 반하여 답변을 강요당하지 아니한다.

(2) 보호조치 등

경찰관은 수상한 행동이나 그 밖의 주위 사정을 합리적으로 판단해 볼 때 응급구호가 필요하다고 믿을 만한 당당한 이유가 있는 사람을 발견하였을 때에는 보건의료기관이나 공공구호기관에 긴급구호를 요청하거나 경찰관서에 보호하는 등 적절한 조치를 취하는 것을 말한다. 보호조치는 원칙적으로 재량적 행위이다. 다만, 예외적으로 구체적 상황(재량권의 0으로의 수축)에서는 기속성이 인정되어 국가배상책임이 인정되는 경우도 있다.

① 정신착란을 일으키거나 술에 취하여 자신 또는 다른 사람의 생명·신체·재산에 위해를 끼칠 우려가 있는 사람, ② 자살을 시도하는 사람, ③ 미아, 병자, 부상자 등으로서 적당한 보호자가 없으며 응급구호가 필요하다고 인정되는 사람이다. 다만, 본인이 구호를 거절하는 경우는 제외한다.14)

긴급구호를 요청받은 보건의료기관이나 공공구호기관은 정당한 이유없이 긴급구호를 거절할 수 없다. 피구호자를 보호자나 관계기관에 인계할 때까지 경찰관서에서 24시간 이내에 보호하는 것을 말한다. 지체 없이 구호 대상자의 가족·친지 또는 연고자에게 그 사실을 알려야 하며, 연고자가 발견되지 아니할 때에는 구호 대상자를 적당한 공중보건의료기관이나 공공구호기관에 즉시 인계해야 한다.

임시영치는 보호조치를 취하는 경우에 구호 대상자가 휴대하고 있는 무기·흉기 등 위험을 일으킬 수 있는 것으로 인정되는 물건을 경찰관서에 임시로 보관하는 것을 말한다. 임시영치는 증명서 교부 등의 절차를 거쳐야 하며, 임시영치기간은 10일을 초과할 수 없다.

(3) 위험 발생의 방지조치

경찰관은 사람의 생명 또는 신체에 위해를 끼치거나 재산에 중대한 손해를 끼칠 우려가 있는 천재, 사변, 인공구조물의 파손이나 붕괴, 교통사고, 위험물의 폭발, 위험한 동물 등의 출현, 극도의 혼잡, 그 밖의 위험한 사태가 있을 때 이를 방지하기 위해 취하는 특성 조치를 말한다. 위험 발생의 방지 개념은 위험방지를 위한 출입, 강제적 보호조

---

14) 주의할 것은 긴급구호를 요하나, 타인에게 위해를 줄 우려가 없는 자와 긴급구호를 요하고, 타인에게 위해를 줄 우려가 있는 자는 보호조치 대상자에 해당한다. 그러나 긴급구호를 요하지 않으나, 타인에게 위해를 줄 우려가 있는 자와 긴급구호를 요하지 않고 타인에게 위해를 줄 우려가 없으나, 주취로 인하여 노상에서 고성방가를 행하고 있는 자는 보호조치 대상자가 아니다.

치, 범죄의 제지 등 세 가지 모두 포괄될 수 있다. 위험 발생의 방지조치는 대인적, 대물적, 대가택적 즉시강제이다.

(4) 위험방지를 위한 출입

경찰관은 위험한 사태가 발생하여 사람의 생명·신체 또는 재산에 대한 위해가 임박한 때에 그 위해를 방지하거나 피해자를 구조하기 위하여 부득이하다고 인정하면 합리적으로 판단하여 필요한 한도에서 다른 사람의 토지·건물·배 또는 차에 출입할 수 있다. 긴급출입은 위험방지 목적 이외에 범죄수사의 목적으로는 할 수 없으며, 주간 및 야간에도 시간적 제한을 받지 않는다.

(5) 유치장

법률에서 정한 절차에 따라 체포·구속된 사람 또는 신체의 자유를 제한하는 판결이나 처분을 받은 사람을 수용하기 위하여 경찰서와 해양경찰서에 유치장을 둔다.

(6) 경찰장비의 사용

경찰장비는 무기, 경찰장구, 경찰착용기록장치, 최루제와 그 발사장치, 살수차, 감식기구, 해안감시기구, 통신기기, 차량·선박·항공기 등 경찰이 직무를 수행할 때 필요한 장치와 기구를 말한다. 경찰장구는 경찰관이 휴대하여 범인 검거와 범죄 진압 등의 직무수행에 사용하는 수갑, 포승, 경찰봉, 방패 등을 말한다. 분사기 등은 분사기(「총포·도검·화약류 등의 안전관리에 관한 법률」의 규정에 의한 분사기와 최루 등의 작용제) 또는 최루탄을 말한다. 무기는 인명 또는 신체에 위해를 가할 수 있도록 제작된 권총·소총·도검 등을 말한다.

경찰관은 14세 미만의 자 또는 임산부에 대하여 전자충격기 또는 전자방패를 사용하여서는 아니 된다. 단, 70세 이상의 고령자에 대한 사용제한 규정은 없다. 경찰관은 전극침 발사장치가 있는 전자충격기(taser gun)를 사용하는 경우 상대방의 얼굴을 향하여 전극침을 발사하여서는 아니 된다.

경찰관은 총기 또는 폭발물을 가지고 대항하는 경우를 제외하고는 14세 미만의 자 또는 임산부에 대하여 권총 또는 소총을 발사하여서는 아니 된다. 경찰관은 1m 이내의 거리에서 상대방의 얼굴을 향하여 가스발사총을 발사하면 안 된다. 경찰관은 최루탄발사기로 최루탄을 발사하는 경우 30° 이상의 발사각을, 가스차·살수차 또는 특수진압차의 최루탄발사대로 최루탄을 발사하는 경우에는 15° 이상의 발사각을 유지하여야 한다.

경찰관은 직무를 수행하기 위해 필요하다고 인정되는 범위에서 무기를 사용할 수 있다. 범인의 체포, 범인의 도주 방지, 자신이나 다른 사람의 생명 · 신체의 방어 및 보호, 공무집행에 대한 항거의 제지를 위하여 필요하다고 인정되는 상당한 이유가 있을 때이다. 이상에서 나열한 요건을 갖추었다고 하더라도 필요하다고 인정되는 상당한 이유가 있어야 한다.

「형법」에 규정된 정당방위와 긴급피난에 해당할 때, 사형 · 무기 또는 장기 3년 이상의 징역이나 금고에 해당하는 죄를 범하거나 범하였다고 의심할 만한 충분한 이유가 있는 사람이 경찰관의 직무 집행에 항거하거나 도주하려고 할 때, 체포 · 구속영장과 압수 · 수색영장을 집행하는 과정에서 경찰관의 직무 집행에 항거하거나 도주하려고 할 때, 범인이나 소요를 일으킨 사람이 무기 · 흉기 등 위험한 물건을 지니고 경찰관으로부터 3회 이상 물건을 버리라는 명령이나 항복하라는 명령을 받고도 따르지 아니하면서 계속 항거할 때이다.

Introduction to Police Science

05 경찰관리

제 1 절 경찰관리자

1. 경찰관리자의 의의

경찰관리란 경찰목적을 달성하기 위하여 조직을 구성하고 있는 요소인 인력 · 장비 · 시설 · 예산 등을 확보하고 조직화하며, 이를 유기적으로 연결, 경찰 전체의 활동을 효율적이고 신속하게 운영하기 위하여 경찰관 각자에게 직무를 부여하고, 이들의 활동을 적절하게 수행시키는 작용이라고 할 수 있다.

경찰관리자는 경찰이 사회적 존재이므로 사회로부터 이해와 협력을 이끌어 내고 경찰목적을 달성하는 데 기여하도록 해야 한다. 또한 조직구성원에 대해 리더십을 발휘하고, 직원들을 좋은 환경과 조건에서 일할 수 있도록 창의성을 발휘해야 하며, 직원들의 사기와 자질 향상을 위해서도 노력해야 한다.

2. 경찰관리자의 역할

1) 경찰조직의 관리자

경찰에서 관리자란 보통 총경급 이상을 지칭하나 총경급 이상의 관리자들을 고위관리자로, 그 이하의 과장이나 계장, 반장 등의 관리자는 중간관리자로 부를 수 있다. 중간관리자는 중간적 위치에 있는 리더이므로 자신의 중간적 위치와 역할을 인식하고 상하 간에 원활한 관계의 형성과 조정역할을 충실히 해야 한다. 상급관리자는 중간간부를 장악・지도하고, 그 능력을 최대한으로 발휘하도록 해야 한다. 경찰관리자의 일반적 요건으로는 ① 넓은 시야, ② 기획능력, ③ 리더십, ④ 집행력, ⑤ 대외 교섭력, ⑥ 판단력, ⑦ 업무지식 등이 필요하다.

2) 고위관리자의 역할

(1) 비전의 세시

고위관리자는 조직의 목적에 의거하여 조직의 비전(vision)을 제시하고, 그에 따라 조직 목적에 맞는 구체적인 목표를 하나 하나 제시하며, 조직구성원들로 하여금 그 목표에 따르도록 지도해 가야 한다.

(2) 환경에 대한 적응성 확보

경찰조직의 관리자는 조직을 둘러싼 환경에 대해 신축적으로 대응하기 위해 경찰조직의 최적화에 노력하고, 조직 내부와 시민으로부터 지지와 협력을 획득하여 경찰목적 달성에 기여하도록 해야 한다.

(3) 조정과 통합

관리자는 자기 부서나 기관의 경찰활동을 조정하고 통합하는 역할을 해야 한다. 부서가 선분성을 가지고 업무를 수행하지만, 모든 업무는 경찰목적에 이바지하도록 관리자에 의해 조정되어야 한다. 조정・통합을 위해서는 대립적인 갈등을 최소한으로 줄이고, 관할권에 대한 분쟁을 해결하며, 조직의 목표와 사업계획을 전 지원들이 명확히게 이해하도록 해야 한다. 이것은 외부 조직과의 관계에서도 마찬가지이다.

(4) 직원의 지도 육성

관리자는 직원이 갖고 있는 능력을 향상시키고 창조성을 발휘하도록 함으로써 직원 개인이 스스로 가능성에 도전하고 성장하도록 해야 한다. 이것은 업무의 효율적 수행과 사기를 높이는 데도 직결된다.

(5) 직원의 사기관리

직원의 사기관리는 리더의 중요한 책무이며, 그것은 조직의 성과에 직접 연결된다. 경찰의 사기는 근본적으로 인사 등의 공정성, 인격적 대우, 경찰관의 인권보장 등과 밀접하게 관련됨을 직시하고, 이러한 환경조성에 힘써야 한다.

(6) 직원의 생활지도

사생활의 문란이나 잘못은 본인에 대한 사회적 비판에 그치지 않고 조직전체에 대한 비판으로 연결되며, 개인과 조직의 신뢰, 나아가 위신의 실추를 가져온다. 따라서 관리자는 관심과 열정을 가지고 인간관계를 확실히 유지하고, 마음의 교감을 통한 신뢰 형성에 관심을 가져야 한다.

3) 중간관리자의 역할

(1) 상사의 보좌

중간관리자는 상급관리자가 결정한 방침에 따라 각 부문의 실천계획을 수립하고 시행해야 한다. 그러나 단지 상부의 결정이나 지시만을 기다려서는 자기의 능력을 조직에서 살려가지 못하며, 의사결정의 합리성과 타당성 확보에 기여하지 못할 뿐 아니라 조직이 침체의 길을 걷게 하는 원인이 된다. 따라서 애매모호한 태도와 의식을 불식하고, 자발적으로 책임감을 가지고 상사를 보좌하며 부하를 관리해야 한다.

(2) 커뮤니케이션

중간관리자는 상하좌우의 커뮤니케이션이 잘 되도록 해야 한다. 중요한 것은 부하의 의견이 충분히 상달되고 있느냐의 여부이다. 부하의 의사가 위에 상달되지 않는 이유를 잘 살펴서 의사전달의 문제를 발생시키는 원인을 제거하는 데 노력해야 한다.

(3) 지도 · 감독

업무를 추진하는 과정은 대개 '계획수립－실시－평가'의 순서가 되는데, 실시부터 평가단계는 중간관리자의 역할로서 감독업무가 들어간다. 감독과 지도는 업무를 추진하는 기능뿐만 아니라 부하를 육성하는 기능도 수행한다.

제 2 절 경찰조직관리

1. 경찰조직

경찰조직은 경찰 특유의 목적을 달성하기 위하여 경찰구성원과 물적 자원을 결합하는 체계적인 협동방식, 그리고 자체의 생명력을 특징으로 가지고 있는 유기체로 보아야 한다.

경찰조직의 기본법인 「국가경찰과 자치경찰의 조직 및 운영에 관한 법률」은 제1조에서 '이 법은 경찰의 민주적인 관리 · 운영과 효율적인 임무수행을 위하여 경찰의 기본조직 및 직무 범위와 그 밖에 필요한 사항을 규정함을 목적으로 한다'고 규정하고 있다. 따라서 경찰조직은 민주적인 관리 · 운영을 위해서 조직되어야 하고, 또 효율적인 임무수행에 적합하게 조직되어야 하는 것이다.

종래의 조직 이념은 주로 능률성 또는 효율성에 치중하였고, 민주이념은 소홀히 여겨져 왔다. 그러나 현행 「국가경찰과 자치경찰의 조직 및 운영에 관한 법률」은 민주적 통제장치인 국가경찰위원회를 도입하고, 경찰청장과 시 · 도경찰청장의 관청화를 통한 권한과 책임의 조화를 도모하고 있으며, 경찰의 민주적인 관리 · 운영을 천명하고 있다.

2. 경찰관료제

1) 막스 베버(M. Weber)의 이상적인 관료제의 특성

첫째, 관료의 권한과 직무의 범위는 법규에 의해 정해지며, 직무조직은 계층제적 구조로 되어 있다.

둘째, 직무의 수행은 서류에 의해서 이루어지며 기록은 장기간 보존된다. 또한 관료는 직무수행 과정에서 애정이나 증오 등의 개인적 감정에 의하지 않고 법규에 따라 임무를 수행한다.

셋째, 모든 직무는 전문지식과 기술을 지닌 관료가 담당하며, 이들은 시험 또는 자격 등에 의해 공개적으로 채용된다.

넷째, 관료는 직무수행의 대가로 급료를 정규적으로 받고, 승진 및 퇴직금 등의 직업적 보상을 받는다.

다섯째, 관료제에서 구성원은 신분의 계급에 의한 관계가 아니라 전문적 능력에 따라 채용되는 계약관계이다.

2) 조직편성의 원리

(1) 분업의 원리

경찰업무는 대부분 여러 명이 함께 협동해서 하고 있다. 이렇게 다수가 일을 함에 있어서 각자의 임무를 나누어서 분명하게 부과하고 협력을 하도록 하는 것은 인간능력의 한계를 극복하고, 업무를 효율적으로 수행하기 위한 것이다.

(2) 계층제의 원리

계층제의 원리는 조직목적수행을 위한 구성원의 임무를 책임과 난이도에 따라 상하로 나누어 배치하고, 상위로 갈수록 권한과 책임이 무거운 임무를 수행하도록 편성하는 것을 말한다. 계층제의 순기능으로는 지도・감독을 통하여 행정의 질서와 통일성 확보, 행정의 능률성과 책임의 명확성 보장, 능률적인 업무 수행, 신중한 업무처리 등이 있다. 단점으로는 조직이 환경에 신축성 있는 적응 곤란, 자율적인 업무활동의 저해, 계층이 많아지면 관리비용을 증가시키는 측면이 있다.

(3) 통솔범위의 원리

관리자의 통솔범위로 적정한 부하의 수는 어느 정도인가는 관리의 효율성을 좌우하는 중요한 원리이다. 적정한 통솔범위는 부하직원의 능력, 관리자의 리더십에 따라 달라진다. 또한 부서의 역사, 지리적 분포 등에 의해서도 영향을 받는데, 신설 부서보다는 오래된 부서, 지리적으로 분산된 부서보다는 근접한 부서, 복잡한 업무보다는 단순한 업무의 경우에 통솔범위는 넓어질 수 있다.

(4) 명령통일의 원리

둘 이상의 사람으로부터 지시나 명령을 받는 경우 서로 모순되는 지시가 나오고, 이로 인해 집행하는 사람은 혼란을 겪게 되기 때문에 조직의 구성원 간에 지시나 보고를 주고받는 과정에서 지시는 한 사람만이 할 수 있고 보고도 한 사람에게만 해야 한다는 원칙이다. 특히, 경찰업무는 신속한 결정을 요하는 경우가 많기 때문에 관리자가 사고나 다른 이유로 적정한 지휘통솔을 할 수 없는 때를 대비하여 대리 또는 대행자를 미리 지정해 두는 등 관리기능 대행체제를 갖추어 두어야 한다.

(5) 조정과 통합의 원리

조직의 집단적 노력을 질서있게 배열하는 과정으로서 개별적인 활동을 전체적인 관점에서 통일하여 조직의 목표달성도를 높이려는 원리가 '조정의 원리'이며, 무니(J. Mooney)는 '조정의 원리'를 조직의 제1원리라고 명명하여 그 중요성을 강조하였다. 갈등을 조정하여 조직의 목표를 향해 모든 원리와 활동을 통합해 가는 것이 조정과 통합의 역할이다. 갈등해결방안으로는 강제적 · 공리적 · 규범적 방안을 들 수 있는데, '상위목표의 제시'는 규범적 방안, '상호 이익의 존중과 점진적 해결은 공리적 방안', '처벌과 제재'는 강제적 방안의 하나이다.

제 3 절 경찰인사관리

1. 인사관리

1) 인사관리의 의의 및 목적

다른 관리기능과의 유기적인 협조 아래 경찰의 목적을 효과적으로 이루어 가기 위하여 경찰인력을 효율적이며 공정하게 운용하는 동태적인 과정이다. 경찰관을 체계적이고 합리적인 기준에 따라 분류 · 모집 · 채용 · 관리 등을 해나가는 활동을 말하며, 인력규모와 질에 대한 장기적인 계획을 세워야 합리적인 인사관리가 가능하다. 경찰의 인사관리는 모집과 채용 외에 배치전환, 교육훈련, 동기부여, 행동통제 등을 통해 경찰관이 직업인으로서 경찰업무를 의욕적으로 수행할 수 있도록 하는 활동이다.

경찰인사관리의 목적은 효율적인 경찰인력의 운영, 합리적이고 객관적인 기준을 중심으로 한 공정성 확보, 경찰조직과 경찰관 개개인의 욕구 조화, 조직의 효과성 제고, 환경변화에 대한 적응성 등을 들 수가 있다.

2) 인사행정제도

정실주의(Nepotism)는 인사권자와의 정치적인 관계나 개인적인 관계를 기준으로 공무원을 임용하는 인사행정을 의미한다. 행정의 업무가 단순하여 일반적 상식을 지닌 사람이라면 충분히 수행할 수 있었던 과거의 행정시기에 발전하였다.

엽관주의(Spoils system)는 관료에 대한 정치가들의 통제력을 높여주며, 정당정치가 활성화된 상태에서 집권당이 국민의 여론을 반영한다고 할 때 관료가 국민의 요구에 부응하는 대응성(responsiveness)을 높여줄 수 있다. 그러나 정권이 바뀌면서 인사이동이 잦아지고 행정의 계속성, 일관성, 안정성이 훼손될 수 있다. 나아가 인사의 기준이 객관적이지 않으므로 인사의 공정성이 약하게 되고 인사부패와 연관되기 쉽다.

실적주의(Merit system)는 엽관주의의 부패와 행정의 비효율성에 대한 비판에서 출발하였으며, 당파성이나 혈연, 지연, 학연, 종교와 같은 정치 및 개인의 귀속적 요인을 인사행정의 기준에서 제거하고, 개인의 능력이나 실적을 인사행정의 기준으로 삼는다.

따라서 실적주의는 공직에의 기회균등, 실적과 능력에 의한 임용, 정치적 해고로부터의 신분보장과 정치적 중립을 중요한 구성요소로 한다. 이러한 실적주의를 제도적으로 뒷받침하는 것이 공개경쟁 채용시험, 승진시험, 근무성적의 평가, 경력평가, 그리고 신분보장이라고 할 수 있다.

3) 공직분류방식

계급제는 직위에 보임하고 있는 공무원의 자격 및 신분을 중심으로 계급을 만드는 제도이다. 널리 일반적 교양·능력을 가진 사람을 채용하여 신분보장과 함께 장기간에 걸쳐 능력이 키워지므로, 공무원이 보다 종합적·신축적인 능력을 가질 수 있고, 이해력이 넓어져 기관 간의 협조가 용이하다. 일반적으로 계급 간의 차별이 심하며 외부로부터의 충원방식이 힘든 폐쇄형 인사제도로 독일, 프랑스, 일본 등에서 채택하고 있다. 우리나라는 공직분류는 계급제를 원칙으로 하고 직위분류제적인 요소가 가미되었다.

직위분류제는 공직을 분류함에 있어서 행정기관을 구성하는 개개의 직위에 내포되어 있는 직무의 종류와 책임도에 따라 여러 직종과 등급 및 직급으로 분류하는 제도이다. 시험・채용・전직의 합리적 기준을 제공하여 인사행정의 합리화를 기할 수 있고, '동일직무에 대한 동일보수의 원칙(equal job and equal pay)'을 확립함으로써 보수제도의 합리적 기준을 제시할 수 있다. 전직이 제한되고 동일한 직무를 장기간 담당하게 되어 행정의 전문화에 기여하고 권한과 책임의 한계를 명확히 하는 장점이 있다. 반면 유능한 일반행정가의 확보곤란, 인사배치의 비신축성, 신분보장의 미흡 등의 단점이 있다.

2. 사기관리

1) 사기의 의의

경찰관의 사기란 경찰조직의 구성원인 경찰관에게 개인적・집단적으로 경찰조직의 목적달성을 위한 열의와 솔선, 결의와 용기 등을 고취시키는 정신적 태도 또는 그러한 정신을 말한다. 즉, 경찰조직의 목표달성에 기여하려는 경찰관 개인과 집단의 정신자세나 태도 또는 자발적이고 지속적인 근무의욕이라고 할 수 있다.

2) 사기의 효과

첫째, 경찰관들의 사기가 양호할 때에 능률적인 직무의 수행을 가능케 하여, 경찰관들은 임무를 열성적으로 완수하게 된다.

둘째, 사기는 경찰기관의 이미지를 좋게 하여 보다 우수한 자질을 갖춘 인재가 경찰기관에 지원하도록 한다.

셋째, 경찰관들은 경찰조직과 그 관리자에게 충성을 다하게 되며, 자기가 소속한 경찰기관을 자랑스럽게 생각한다.

넷째, 경찰관들은 규칙이나 직무명령 및 규범들을 자발적으로 준수하게 되며, 경찰관의 자발적인 협력을 바탕으로 경찰기관의 위기극복능력을 증대시켜 준다.

다섯째, 경찰관들의 조직활동과 담당 지무에 대한 관심이 높아지고 창의성을 발휘하게 된다.

3) 사기의 결정요인 및 앙양방법

사기는 조직의 인간관계, 근무조건, 신분의 안정, 보수, 승진 등 복합적 요인에 의하여 결정된다. 사기의 앙양방법으로는 ① 인간의 자율성 및 인격 존중, ② 기본적 인권의 존중 및 기회의 평등성 보장, ③ 정당한 보상 및 적절한 보수, ④ 인사상 불이익처분이나 불만, 갈등 등을 해결할 수 있는 통로 마련 등이 있다.

제 4 절 경찰예산관리

1. 경찰예산

1) 경찰예산의 의의 및 기능

예산이란 일정기간에 있어서 국가의 수입과 지출의 예정적 계획을 말하며, 국가의 주요 정책이나 사업계획은 예산을 통하여 구체화되고 실제행동에 옮겨지게 된다.

예산은 국가의 정책이념이나 사업계획을 구체화하는 일련의 계획과정이라 할 수 있으며, 예산을 통한 재정활동은 그 규모의 방대성과 기능의 다양성으로 말미암아 국민경제 전체에 대하여 커다란 영향을 미치게 된다.

경찰예산은 국민의 조세부담을 전제로 하여 적정 재원을 동원하고, 동원된 재원의 배분을 통하여 경찰의 범죄예방과 수사 등 범죄에 대처하는 경찰활동을 조장하고 유도하는 역할을 한다. 한편, 경찰의 보수, 교육훈련, 물적 시설 제공, 근무환경개선 등 기본수요를 충족시켜 나감으로써 범죄에 대한 대응력을 높여 궁극적으로는 국민생활의 안전과 질서유지를 지원하게 된다.

2) 경찰예산의 분류

(1) 일반회계예산과 특별회계예산

일반회계는 중앙정부예산의 중심회계로서 치안, 사법, 국토방위 등 국가의 안녕과 질서유지를 위한 기본적인 기능은 물론 교육, 주택, 사회보장, 보건의료 등의 사회개발과 농수산개발, 국토자원 보존개발, 수송, 전력 및 동력, 과학기술 등의 경제개발사업이 거의 모두 일반회계를 통하여 이루어지고 있다. 일반회계가 중앙정부 예산의 중심회계이며, 경찰예산의 대부분은 일반회계에 속한다.

특별회계는 국가에서 특정한 목적의 사업을 운영할 때, 특별한 자금을 보유하여 운용할 때, 기타 특정한 세입을 특정한 세출에 충당함으로써 일반 세입·세출과 구분하여 경리할 필요가 있을 때에 이용하고 있다. 경찰예산에는 책임운영기관 특별회계가 있다. 특별회계는 원칙적으로 설치 소관부서가 관리하며, 기획재정부의 직접적인 통제를 받지 않는다. 최근에는 조세 이외의 정부수입과 사업적 성격을 지니는 행정 분야의 증대에 따라 이들 분야의 경영합리화를 위해 특별회계의 적용이 점차 늘어가고 있는 경향이다.

(2) 예산성립 과정 중심의 분류 – 예산의 성립내용 기준

본예산은 정상적인 편성과 심의를 거쳐 최초로 확정된 예산으로, 회계연도 개시 120일 전까지 예산안을 국회에 제출해야 한다.

추가경정예산은 예산성립 후에 생긴 사유로 인하여 필요한 경비의 부족이 생길 때 본예산에 추가 또는 변경을 가한 예산이다. 추가경정예산은 예산이 국회를 통과하여 성립한 후에 그 내용을 변경하는 점에서 예산이 국회에서 성립·확정되기 전에 그 내용을 변경하는 수정예산과 다르다. 추가경정예산은 금액을 추가하는 추가예산과 비목 간 조정을 하는 경정예산이 합쳐진 것이다.

준예산은 회계년도 개시 전까지 예산의 불성립 시에 전년도에 준해서 지출하는 예산제도이다. 준예산은 예산집행의 신축성을 부여하고 예산 불성립으로 인한 행정의 중단을 방지한다. 지출용도는 「헌법」이나 법률에 의해 설치된 기관 또는 시설의 유지·운영비, 공무원의 보수와 사무 처리에 관한 기본경비, 이미 예산으로 승인된 사업의 계속비 등이다. 지출가능기간은 당해 연도 예산이 국회에서 의결될 때까지이며, 현행 「국가재정법」으로 채택되어 있는 제도이지만, 실제로 적용해 본 경험은 없다.

3) 예산제도의 종류

(1) 예산제도의 의의

품목별 예산 (LIBS)	예산집행의 낭비와 부당집행의 방지를 위해서 예산을 품목별로 구체적으로 명시하여, 그 집행결과를 결산으로 확인하려는 예산제도
성과주의 예산 (PBS)	경비를 지출하기 위한 사업이나 기능에 대하여 그 사업이나 기능을 수행하기 위하여, 어느 정도의 예산이 소요되는지를 명백하게 나타내기 위한 예산제도 사업별·활동별로 분류된 예산과목 사용: 단위원가×업무량=예산액
계획예산 (PPBS)	장기적인 기본계획 수립과 단기적 예산 편성을 프로그램 작성을 통해 유기적으로 연결시킴으로써 예산편성에 있어서의 계획기능을 중시하는 예산제도 예산과정에 경제적 논리를 도입하는 등 합리화·과학화에 기여하였다는 평가
영기준예산 (ZBB)	전년도와 유사한 사업이라도 그 사업의 수행목적·효과·소요경비 등을 새로 사업을 시작하는 수준, 즉 '영의 수준(Zero-Base)'에서 판단하여 우선순위를 새롭게 결정하고, 그에 따라 예산을 책정하는 제도로 정부의 경비절감과 감축관리의 도구로 활용됨
일몰법 (Sunset Law)	특정의 행정기관이나 사업이 일정기간 경과하면 의무적·자동적으로 폐지되게 하는 법률로, 입법기관에 의해 결정됨
자본예산 (CBS)	정부예산을 경상지출과 자본지출로 구분하고 경상지출은 경상수입으로 충당시켜 균형을 이루도록 하지만, 자본지출은 적자재정과 공채발행으로 그 수입에 충당케 함으로써 불균형예산을 편성하는 제도

(2) 예산제도의 장·단점

구분	장점	단점
품목별 예산제도	행정책임의 소재와 회계책임의 명확 행정부의 재량 축소로 입법통제가 용이 구매행정에 효과적이며 예산절약에 기여	정부지출의 전체적인 성과파악의 곤란 예산운영의 신축성 부족 의사결정을 위한 자료를 제시하지 못함 계획과 현실이 불일치
성과주의 예산제도	국민이 경찰의 활동 이해 용이 자원배분의 합리화 및 집행의 신축성 정부정책 수립 용이 및 예산심의 간편	업무측정단위 선정 및 단위원가 계산 곤란 행정부에 대한 입법통제 곤란 봉급 등 경직성 경비에 적용 곤란
계획예산제도	계획과 예산의 연계 및 일치 최고층의 의사를 예산에 직접 반영 용이 전문적 문제해결, 합리적 자원배분	막료(전문가) 개입으로 반목과 갈등의 심화 최고관리층의 권한 비대화 예산심의의 곤란으로 입법통제의 약화
영기준예산제도	자원 배분의 합리화 예산 운영의 신축성 발휘 예산감축 및 자원난 극복	업무 부담으로 관료들의 저항 우선순위 결정의 곤란 장기적 계획 위축, 소규모 조직 불리

4) 경찰예산의 편성

중기사업계획서의 제출	경찰청장은 매년 1월 31일까지 당해 회계연도부터 5회계연도 이상의 기간 동안의 신규사업 및 기획재정부장관이 정하는 주요 계속사업에 대한 중기사업계획서를 기획재정부장관에게 제출하여야 한다.
예산안편성지침의 통보	기획재정부장관은 국무회의의 심의를 거쳐 대통령의 승인을 얻은 다음 연도의 예산안편성지침을 매년 3월 31일까지 경찰청장에게 통보하여야 한다.
예산안편성지침의 국회보고	기획재정부장관은 경찰청장에게 통보한 예산안편성지침을 국회 예산결산특별위원회에 보고하여야 한다.
예산요구서의 제출	경찰청장은 예산안편성지침에 따라 다음 연도의 세입세출예산 · 계속비 · 명시이월비 및 국고채무부담행위 요구서(이하 '예산요구서'라 한다)를 작성하여 매년 5월 31일까지 기획재정부장관에게 제출하여야 한다.
예산안의 편성	기획재정부장관은 예산요구서에 따라 예산안을 편성하여 국무회의의 심의를 거친 후 대통령의 승인을 얻어야 한다.
예산안의 국회제출	정부는 대통령의 승인을 얻은 예산안을 회계연도 개시 120일 전까지 국회에 제출하여야 한다.
국회의 심의 · 의결	① 정부의 예산안이 국회에 제출되면 예산안 심의를 위해 국회가 개회되고, 예산안의 종합심사를 위하여 예산결산특별위원회가 구성된다. ② 예산심의절차는 '대통령의 시정연설 및 기획재정부장관의 제안 설명 → 소관상임위원회별 예산안 예비심사 → 예산결산특별위원회의 종합심사(계수조정소위) → 국회본회의 의결을 통한 예산안 확정' 순으로 이루어진다. ③ 예결위의 종합심사는 '종합정책질의 → 부처별 심의 → 계수조정소위원회의 계수조정 → 예결위전체회의에서 소위원회의 조정안 승인'의 순서로 행해진다. ④ 국회는 회계연도 개시 30일 전까지 이를 의결하여야 한다(헌법 제54조 제2항).

5) 경찰예산의 집행

경찰청장은 예산이 확정된 후 사업운영계획 및 이에 따른 세입세출예산 · 계속비와 국고채무부담행위를 포함한 예산배정요구서를 기획재정부장관에게 제출하여야 한다. 기획재정부장관은 예산배정요구서에 따라 분기별 예산배정계획을 작성하여 국무회의의 심의를 거친 후 대통령의 승인을 얻어야 한다.

기획재정부장관은 필요한 때에는 대통령령이 정하는 바에 따라 회계연도 개시 전에 예산을 배정(긴급배정)할 수 있으며, 기획재정부장관은 예산의 효율적인 집행 관리를 위하여 필요한 때에는 분기별 예산배정계획에 불구하고 개별사업계획을 검토하여 그 결과에 따라 예산을 배정할 수 있다.

6) 경찰예산의 결산

경찰청장은 「국가재정법」에서 정하는 바에 따라 회계연도마다 작성한 결산보고서(이하 '중앙관서결산보고서'라 한다)를 다음 연도 2월 말일까지 기획재정부장관에게 제출하여야 한다. 기획재정부장관은 「국가재정법」에서 정하는 바에 따라 회계연도마다 작성하여 대통령의 승인을 받은 국가결산보고서를 다음 연도 4월 10일까지 감사원에 제출하여야 한다. 감사원은 제출된 국가결산보고서를 검사하고 그 보고서를 다음 연도 5월 20일까지 기획재정부장관에게 송부하여야 한다. 정부는 감사원의 검사를 거친 국가결산보고서를 다음 연도 5월 31일까지 국회에 제출하여야 한다. 국회의 결산승인이 나면 정부의 예산집행 책임이 해제되고 당해 연도 예산의 기능은 완결된다.

2. 관서운영경비

1) 관서운영경비의 지급(국고금 관리법 제24조)

중앙관서의 장 또는 그 위임을 받은 공무원은 관서를 운영하는 데 드는 경비로서 그 성질상 법 제22조에서 규정한 절차에 따라 지출할 경우 업무수행에 지장을 가져올 우려가 있는 경비(관서운영경비)에 대해서는 필요한 자금을 출납공무원으로 하여금 지출관으로부터 교부받아 지급하게 할 수 있다.

관서운영경비를 교부받아 지급하는 출납공무원(관서운영경비출납공무원)은 교부된 자금의 범위에서 지급원인행위를 할 수 있으며, 관서운영경비출납공무원이 아니면 지급할 수 없다.

관서운영경비출납공무원은 관서운영경비를 금융회사 등에 예치하여 관리해야 한다. 관서운영경비출납공무원이 관서운영경비를 지급하고자 하는 때에는 정부구매카드(「여신전문금융업법」 제2조의 규정에 따른 신용카드 · 직불카드 또는 직불전자지급수단으로서 관서운영경비의 지급을 위하여 사용되는 것을 말한다)를 사용해야 한다. 다만, 경비의 성질상 정부구매카드를 사용할 수 없는 경우에는 현금지급 등의 방법으로 지급할 수 있다.

2) 지구대의 관서운영경비

관서운영경비는 지출업무를 담당하는 출납공무원을 두기 곤란한 관서 또는 재외관서의 경비를 그 관서의 장의 책임에 사용하도록 지급되는 공금으로 특수한 경비를 필요로 하는 관서의 경비를 말한다.

관서운영경비의 사용은 회계검사사항이 아니며, 사용 후에도 정산을 요하지 않는다. 관서운영경비의 지급방법은 계좌이체를 원칙으로 한다. 관서운영경비 지급관서는 지구대, 파출소, 전투경찰중대, 해외주재관서 등이다. 방범순찰대가 관서운영경비 교부대상이 아니라는 규정이 없으며, 현재 일부관서에는 방범순찰대를 관서운영경비 지급관서로 지정하여 관서운영경비를 교부하고 있다. 지구대장이 관서운영경비로 지급할 수 있는 비목으로는 관서운영비, 업무추진비, 여비 등이 있으며, 봉급은 여기에서 제외된다.

관서운영경비의 사용과 관련하여 ① 관서운영비는 일부 세목조정이 가능하며, ② 공공요금은 다른 비목으로 전용할 수 없고, 전용받을 수는 있으며, ③ 사용 후 잔액은 다음달 또는 익년으로 이월하며, ④ 증빙서류, 현금출납부 등은 회계연도 종료 후 5년간 보존해야 한다.

관서운영경비 중 건당 500만 원 이하의 경비만 관서운영경비로 집행하도록 규정한 예산과목은 관서운영비(복리후생비, 학교운영비, 일반용역비 및 관리용역비 제외), 특수활동비, 업무추진비 등이 있다. 관서운영경비출납공무원은 매 회계연도의 관서운영경비 사용 잔액을 다음 회계연도 1월 20일까지 해당 지출관에게 반납하여야 한다.

제 5 절 기디 관리

1. 물품 등의 관리

1) 물품관리

국가가 소유하는 동산과 국가가 사용하기 위하여 보관하는 동산을 말하며, 현금, 한국은행에 기탁해야 하는 유가증권, 국가재산인 동산은 제외된다. 물품 중에서 장비의 개념은 경찰조직이 치안업무를 원활하게 수행하기 위하여 필요로 하는 물품요소로, 「물품관리법」의 적용 대상 중 정수(定數)와 내용기간을 책정한 비소모품인 중요물품을 말한다.

경찰 물품관리의 목표는 능률성・효과성・경제성에 있으므로 절약과 능률을 근간으로 과학적인 관리기법을 적용하여 경찰업무수행의 원활한 지원과 사용에 낭비적 요소를 제거함으로써 국가예산과 물자를 절약하도록 노력해야 한다.

물품관리기관

총괄기관	기획재정부장관 - 물품의 관리에 관한 제도 및 정책에 관한 사항 관장 조달청장 - 각 중앙관서의 장이 행하는 물품의 관리에 관한 업무 총괄조정
관리기관	각 중앙관서의 장 - 그 소관에 속하는 물품 관리(예: 경찰청장)
물품관리관	경찰청장으로부터 물품관리에 관한 사무를 위임받아 그 범위 내에서 물품관리 사무를 집행하는 자로 「경찰 소관 회계직 공무원 관직 지정 및 회계사무 취급에 관한 규칙」(이하 "관직지정규칙"이라 한다)에 지정된 경찰관. 경찰청 장비운영과장은 총괄물품관리관으로서 경찰청과 그 소속기관의 물품관리 사무를 총괄・조정한다(경찰장비관리규칙 제4조 제1항).
물품출납공무원	물품관리관으로부터 물품의 출납과 보관에 관한 사무를 위임받은 공무원(경찰장비관리규칙 제5조)
물품운용관	물품관리관으로부터 물품의 사용에 관한 사무를 위임받은 공무원(경찰장비관리규칙 제6조) 물품관리관이 임명 [예: 경찰청 각 실・과 주무담당(계장)] [예: 시・도경찰청 각 실・과 및 대 주무담당(계장, 부대장 등)] [예: 경찰서의 각 과 주무담당(계장)]
분임물품관리관	물품관리관 사무의 일부를 분장하는 공무원 - 각 중앙관서의 장이 둘 수 있음(예: 경찰서 경무과장)
분임물품출납공무원	물품출납공무원 사무의 일부를 분장하는 공무원 - 물품관리관이 둘 수 있음

출처: 「물품관리법」 및 「경찰장비관리규칙」.

2) 경찰장비의 관리

(1) 무기 및 탄약관리

무기・탄약관리 및 사용 시에는 반드시 법정요건을 준수하고 안전수칙을 지켜야 할뿐만 아니라 무기지급 및 회수 시에는 반드시 책임간부가 입회 하에 출・입고 조치해야 하며, 부적격자에게는 무기휴대를 금지시키는 등 주의해야 한다. 무기탄약관리와 관련하여 규정에 의거 무기고 시설을 갖추고, 열쇠관리는 일과시간 중에는 경무과장, 일과 후에는 상황관리관(지구대의 경우 지역경찰관리자)이 철저하게 관리해야 한다.

권총의 사용 시 4대 안전수칙은 다음과 같다.

첫째, 총구는 공중(또는 지면)을 향한다.

둘째, 실탄 장전 시 반드시 안전장치(방아쇠울에 설치 사용)를 장착한다.

셋째, 1탄은 공포탄, 2탄 이하는 실탄을 장전한다. 다만, 대간첩작전, 살인, 강도 등 중요범인이나 무기 · 흉기 등을 사용하는 범인의 체포 및 위해의 방호를 위하여 불가피한 경우에 1탄부터 실탄을 장전할 수 있다.

넷째, 조준 시는 대퇴부 이하를 향한다.

– 즉시 대여한 무기 · 탄약을 회수해야 하는 경우

- 직무상의 비위 등으로 인하여 중징계 의결이 요구된 자
- 사의를 표명한 자

– 대여한 무기 · 탄약을 회수 또는 보관할 수 있는 경우

- 직무상의 비위 등으로 인하여 감찰조사의 대상이 되거나 경징계 의결 요구 또는 경징계처분 중인자
- 형사사건의 수사 대상이 된 자
- 경찰공무원 직무적성검사 결과 고위험군에 해당하는 자
- 정신건강상 문제가 우려되어 치료가 필요한 자
- 정서적 불안 상태로 인하여 무기 소지가 적합하지 않은 자로서 소속 부서장의 요청이 있는 자
- 그 밖에 경찰기관의 장이 무기 소지 적격 여부에 대해 심의를 요청하는 자

– 무기 · 탄약을 무기고에 보관하는 경우

- 술자리 또는 연회장소에 출입할 경우
- 상사의 사무실을 출입할 경우
- 기타 정황을 판단하여 필요하다고 인정되는 경우

(2) 진압장비 관리

진압장비의 사용은 최루탄의 경우와 같이 경찰위반의 상태를 야기한 경찰책임자에게만 영향을 미칠 뿐만 아니라 이와는 별도로 무관한 시민에게도 영향을 미치므로, 그 사용 시 안전성과 피해의 최소화에 노력해야 하고 남용하지 않도록 주의해야 한다.

(3) 차량관리

차량은 단위기관별로 집중관리를 원칙으로 하며, 차량운행의 절차를 준수해야 하고, 차량점검이나 운전자 교육에도 주의를 기울여야 한다. 또한 경찰차량은 범죄에의 대응이나 작전 등에 대비하여 항상 긴급출동의 태세를 갖추고 만일의 사태에 대비해야 한다. 경찰차량의 운전자들이 흔히 빠지기 쉬운 특권의식의 불식에도 힘써야 하며, 운행 시 교통법규를 준수하여 다른 운전자들의 모범이 되도록 주의해야 한다.

2. 보안관리

1) 보안의 의의 및 법적 근거

보안이란 협의로서 국가안전보장을 위하여 국가가 보호를 필요로 하는 비밀이나 인원·문서·자재·시설 및 지역 등을 보호하는 소극적인 예방활동(전산통신과 컴퓨터보안 포함)과 광의로서 국가안전보장을 해치고자 하는 간첩·태업·전복 및 불순분자들에 대해서는 이를 경계하고 방지하며 탐지·조사·체포하는 등의 적극적인 예방활동을 말한다.

「국가정보원법」, 「정보 및 보안 업무 기획·조정 규정」, 「보안업무규정」, 「보안업무규정 시행규칙」, 「보안업무규정 시행 세부규칙」 등이며, 「국가보안법」은 보안업무의 법적 근거는 아니다.

2) 보안책임

국가안전보장에 관련되는 인원·문서·자재·시설 및 지역을 관리하는 사람과 관계기관의 장은 이에 대한 보안의 책임을 진다(보안업무규정 제3조).

행정책임은 보안업무를 담당하는 공무원과 관계기관의 장이 고의와 관계없이 보안

누설이나 보안사고 등에 대해 또는 보안업무처리상 하자로 인해 부담하는 징계책임을 말한다.

형사책임은 「형법」 제127조(공무상 비밀의 누설)와 관련하여 공무원 또는 공무원이었던 자가 법령에 의한 직무상 비밀을 누설한 때에는 이에 해당하게 된다. 공무원이 자기가 취급하는 비밀이나 업무상 전해들은 비밀을 누설하여 실제로 국가정책에 차질을 초래할 수도 있으므로 특히 주의해야 한다.

3) 보안업무의 원칙과 대상

첫째, 보안의 대상이 되는 사실은 전파할 때 전파가 꼭 필요한가 또는 피전파자가 반드시 전달받아야 하며 필요한 것인가 검토해야 한다는 원칙(한정성)으로 보안에 있어서 가장 기본이며 중요한 원칙이다.

둘째, 한번에 다량의 비밀이나 정보가 유출되지 않도록 하는 원칙(부분화)을 말한다.

셋째, 보안과 업무효율은 반비례 관계가 있으므로 양자의 적절한 조화를 유지하는 방법을 강구해야 한다는 원칙이다.

보안은 인원, 문서, 자재, 시설, 지역 등을 대상으로 하며, 국가는 보안의 주체이다.

- 인원: 지위고하 불문, 내방 중인 외국인도 대상
- 문서 및 자재: 내용의 중요성과 가치의 정도에 따라 각 급으로 분류
- 시설: 중요산업시설로서 특별히 보호가 요청되는 시설
- 지역: 국가안전보장상 특별히 보호가 요청되는 지역

4) 보안의 방법 및 감사

경찰이 보유하는 문서, 음어자재, 정보자료 등이 외부로 유출되었을 때 국가안보나 사회안전 또는 개인의 비밀을 침해하는 경우에는 비밀로 구분하고 유출을 막는 보호조치를 해야 한다. 비밀의 구분은 비밀을 작성하거나 생산하는 사람이 그 비밀내용의 중요성과 가치의 정도에 따라 I급 비밀, II급 비밀, III급 비밀, 대외비로 분류한다.

I급 비밀은 누설되는 경우 대한민국과 외교관계가 단절되고 전쟁을 유발하며 국가의 방위계획 · 정보활동 및 국가방위의 필요불가결한 과학과 기술의 개발을 위태롭게 하는 등의 우려가 있는 비밀을 말한다.

II급 비밀은 누설되는 경우 국가안전보장에 막대한 지장을 초래할 우려가 있는 비

밀을 말한다.

Ⅲ급 비밀은 누설되는 경우 국가안전보장에 손해를 끼칠 우려가 있는 비밀을 말한다.

대외비는 비밀은 아니지만, 직무수행에 일시적으로 누설을 방지하기 위하여 특별히 보호를 요하는 사항으로 비밀에 준하여 취급·관리되는 것을 말한다.[1)]

Ⅰ급 비밀 및 암호자재취급 인가권자는 ㉠ 대통령, ㉡ 국무총리, ㉢ 감사원장, ㉣ 국가인권위원회위원장, ㉤ 각 부·처의 장, ㉥ 국가정보원장, ㉦ 국무조정실장, 방송통신위원회위원장, 공정거래위원회위원장, 금융위원회위원장, 국민권익위원회위원장 및 원자력안전위원회위원장, ㉧ 대통령비서실장, ㉨ 국가안보실장, ㉩ 대통령경호처장, ㉪ 검찰총장, ㉫ 합동참모의장, 각군 참모총장 및 육군의 1·3군 사령관 및 2작전 사령관, ㉬ 국방부장관이 지정하는 각군 부대장 등이다.

Ⅱ급 및 Ⅲ급 비밀취급 인가권자는 ㉠ Ⅰ급 비밀취급 인가권자, ㉡ 중앙행정기관인 청의 장(예: 경찰청장), ㉢ 지방자치단체장, ㉣ 특별시·광역시·도 및 특별자치도의 교육감, ㉤ ㉠부터 ㉣까지의 사람이 지정한 기관의 장 등이다.

「보안업무규정 시행 세부규칙」 제11조에는 Ⅱ급 및 Ⅲ급 비밀취급 인가권자는 다음과 같다. ㉠ 경찰청장, ㉡ 경찰대학장, ㉢ 경찰인재개발원장, ㉣ 중앙경찰학교장, ㉤ 경찰수사연수원장, ㉥ 경찰병원장, ㉦ 각 시·도경찰청장 등이다.

각 시·도경찰청장은 경찰서장, 기동대장에게 Ⅱ급 및 Ⅲ급 비밀취급 인가권을 경찰서장, 기동대장에게 위임한다. 이때 경정 이상의 경찰공무원을 장으로 하는 단위 경찰기관의 장에게도 위임할 수 있으며, 상기 규정에 의하여 Ⅱ급 및 Ⅲ급 비밀취급 인가권을 위임받은 기관의 장은 이를 다시 위임할 수 없다.

비밀의 취급이란 비밀을 수집, 작성, 관리, 분류, 재분류 및 수발하는 일체의 비밀관리행위를 말한다. 비밀을 취급할 수 있는 자는 행정청으로부터 해당 등급의 비밀취급 인가를 받은 자에 한한다. 경찰공무원은 임명됨과 동시에 Ⅲ급 비밀취급권을 가진다.

경비, 경호부서 근무자는 보직발령과 동시에 Ⅱ급 비밀취급권을 인가받은 것으로 한다. 보직발령과 동시에 Ⅱ급 비밀취급권을 인가받은 경우 비밀취급 인가증은 별도로 발급할 필요가 없다. 특수경과 경찰공무원 중 통신·항공경과는 보직발령과 동시에 Ⅱ급 비밀취급권을 가진다.[2)]

---

1) 음어자재는 Ⅲ급 비밀로 분류하고, 약호자재는 대외비 이상으로 분류한다.
2) 참고로 경찰서 경비과에서 중요시설 경비대책이란 제목으로 비밀문건 생산 시 비밀분류 담당 기

비밀의 보관에는 다음 사항이 지켜져야 한다. 비밀은 일반문서나 자재와 혼합 보관할 수 없으며, I급 비밀은 반드시 금고에 보관하여야 하며, 타 비밀과 혼합 보관하여서는 아니 된다. II급 및 III급 비밀은 금고 또는 철제상자나 안전한 용기에 보관하여야 하며, 보관책임자가 II급 비밀취급 인가를 받은 때에는 동일 용기에 혼합 보관할 수 있다. 보관용기에 넣을 수 없는 비밀은 제한구역 또는 통제구역에 보관하거나 내용이 노출되지 아니하도록 특별한 보호책을 강구하여야 한다.

비밀의 보관용기 외부에는 비밀의 보관을 알리거나 나타내는 어떠한 표시도 하여서는 아니 된다. 보관용기의 자물쇠 종류 및 사용방법은 보관책임자 이외의 인원이 알지 못하도록 특별한 통제를 실시하여야 하며, 타인이 알았을 때에는 즉시 이를 변경하여야 하며 관리방법은 다음과 같다.

첫째, 각급 기관의 장은 비밀의 작성·분류·수발 및 취급 등에 관한 일체의 관리사항을 기록하기 위하여 비밀관리기록부를 작성·비치하여야 한다. 다만, I급 비밀관리기록부는 따로 작성·비치하여야 하며, 암호 및 음어자재는 암호자재기록부에 의하여 관리한다.

둘째, II급이나 III급 비밀은 구분된 관리번호를 사용하여 동일 관리기록부를 사용할 수 있으며, 모든 비밀에는 작성 및 접수되는 순서에 따라 관리번호를 부여하여야 한다.

셋째, 비밀열람기록전은 그 비밀의 발행기관이 첨부하며, 그 비밀을 파기하는 때에는 그 비밀에서 분리하여 따로 철하여 보관하여야 한다.

넷째, 비밀을 생산한 부서에서는 원본에 비밀보고기간 및 보존기간을 함께 정하여 보존기간이 만료될 때까지 보존되도록 하여야 하는 등 어떤 경우에도 생산부서에서는 파기할 수 없다.

다섯째, 보호기간이 만료된 비밀은 기록물보존기관으로 이관시켜 기록물보존기관에서 보존기관 동안 보존 후 파기 여부 등을 결정한다.

여섯째, 서약서철, 비밀영수증철, 비밀관리기록부, 비밀수발대장, 비밀열람기록전(철), 비밀내출부는 5년 간 보존하여야 하며, 그 이전에 폐기하고자 할 때에는 국가정보원장의 승인을 받아야 한다.

인원보안 사무는 각급 경찰기관의 인사업무취급부서에서 분장한다. 작전전투경찰

능은 경비과이다.

순경 및 의무전투경찰순경에 대한 인원보안업무는 그 인사업무를 취급하는 부서에서 담당한다. 인원보안의 대상은 경찰공무원을 포함하여 국가 · 지방공무원 등이다.

보안의 대상이 되는 문서는 일반문서와 비밀문서 모두를 포함하는 바, I · II · III급 등의 비밀표지가 되어 있지 않은 문서라도 국가기밀에 해당하는 문서는 보안의 대상이 된다. 문서 비밀분류의 원칙은 다음과 같다.

첫째, 과도 또는 과소분류 금지의 원칙이다. 비밀은 적절히 보호할 수 있는 최저등급으로 분류해야 하며, 과도 또는 과소하게 분류해서는 안 된다는 원칙이다.

둘째, 독립분류의 원칙이다. 비밀은 그 자체의 내용과 가치의 정도에 따라 분류해야 하며 다른 비밀과 관련해서는 안 된다는 원칙이다.

셋째, 외국비밀 존중의 원칙이다. 외국정부 또는 국제기구로부터 접수한 비밀은 그 생산기관이 필요로 하는 정도 또는 그 이상으로 보호할 수 있도록 분류해야 한다는 원칙이다.

각급 기관의 장과 국가중요시설 · 장비 및 자재를 관리하는 사람은 국가비밀의 보호와 국가중요시설 장비 및 자재의 보호를 위하여 필요한 장소에 일정한 범위를 정하여 보호구역을 설정할 수 있으며, 보호구역의 설정자는 보안상 불필요한 인원의 접근 또는 출입을 제한하거나 금지시킬 수 있다.

보안감사란 보안의 대상인 인원 · 문서 · 자재 · 시설 · 지역 및 장비 등의 보안관리 상태에 대한 그 적정 여부를 조사하기 위하여 국가정보원장이 실시하는 감사를 말하며, 정기감사와 수시감사가 있다.

5) 보안심사위원회

보안업무의 효율적인 운영과 중요보안사항을 심의 · 결정하기 위하여 보안심사위원회를 설치 · 운영하고, 보안심사위원회에서 심의 · 결정된 사항은 당해 기관의 장에게 보고하여야 한다.

보안심사위원회의 부의안건 심의방법은 회의제 심의에 의한다. 단, 필요시 보안심사위원장의 결정에 의해 보안심사위원들의 의견서를 제출받아 서면으로 심사할 수 있다. 보안심사위원회는 재적 위원 과반수의 출석과 출석 위원의 과반수로 결정하며, 가부동수일 경우에는 위원장이 결정권을 갖는다.

구분	위원장	위원	간사
경찰청	경찰청 차장	각 국·관(5~7명)	경무과장
각 시·도경찰청	차장	각 부장 또는 과장(5~7명)	경무계장
기타 경찰서·대 등 총경(급) 이상이 장인 경찰기관	기관장	각 과장(급)	경무(서무)계장
경찰대학	교무처장	각 과장급(3명 이상)	총무계장
경찰인재개발원, 중앙경찰학교, 경찰수사연수원	운영지원과장	각 과의 계장(급) 5~7명	총무계장
경찰병원	총무과장	각 과(부)의 계장(급) 5~7명	총무계장

* 경찰서는 경찰서장이 위원장.

Introduction to Police Science

06 경찰통제 및 경찰개혁

제 1 절 경찰통제

1. 경찰통제의 의의

1) 경찰통제의 필요성

경찰은 업무성격 자체가 사회공공의 안녕과 질서유지라고 하는 경찰의 기본적 임무를 수행하기 위하여 국민의 자유와 권리에 개입하는 등 국민의 기본적 인권과 충돌하는 경우가 많으며, 경찰이 가지고 있는 권한이나 수행하는 기능으로 인해 권력으로부터 유혹을 받기가 쉬운 것이 사실이다. 이와 같은 현실에서 경찰통제의 필요성이 등장하는데, 경찰통제라 함은 경찰의 조직과 활동을 체크하고 감시함으로써 경찰조직과 경찰활동의 적정을 도모하기 위한 제도적 장치 또는 활동을 말한다.

경찰은 그 활동의 특성이나 기능 때문에 통제의 필요성이 다른 어느 행정기관보다 강조되고 있는데, 이를 열거해 보면 다음과 같다.

첫째, 경찰의 통제는 경찰의 민주적 운영을 위해서 필요하다. 경찰의 민주적인 운영·관리는 「국가경찰과 자치경찰의 조직 및 운영에 관한 법률」이 정하는 기본이념이다.

둘째, 경찰의 통제는 경찰의 정치적 중립을 확보하기 위하여 필요하다.

셋째, 경찰의 통제는 경찰활동에 있어 법치주의를 도모하기 위해 필요하다.

넷째, 경찰의 통제는 국민의 인권을 보호함과 동시에 조직 자체의 부패를 방지하고 건강을 유지하기 위하여 필요하다.

2) 경찰통제의 기본요소

(1) 권한의 분산

권한이 중앙이나 일부에 집중되어 있을 때 남용의 위험이나 정치적 유혹 또는 이용의 대상이 되기 쉬우므로 먼저 권한의 분산이 이루어져야 한다. 권한의 분산은 자치경찰제의 시행만을 의미하는 것은 아니며, 경찰의 중앙조직과 지방조직 간의 권한의 분산, 상위계급자와 하위계급자 간의 권한의 분산 등이 더욱 필요하다.

(2) 공개

오늘날 국민의 알권리를 보장하고 국정에 대한 국민의 참여와 국정운영의 투명성을 확보함을 목적으로 행정기관의 정보공개가 강력히 요청되고 있다. 정보가 공개되지 않으면 참여할 수 없고 참여 없이는 통제가 불가능하기 때문에 정보의 공개는 행정통제의 근본이 되고 있다.

우리나라에서도 이와 같은 취지에 따라 「공공기관의 정보공개에 관한 법률」이 제정되어 시행되고 있으며, 이 법은 원칙적으로 행정기관의 정보공개를 의무화하고 있고, 나아가 적극적으로 정보의 제공을 규정하고 있다.

심화 「공공기관의 정보공개에 관한 법률」 주요 내용

정보공개청구권자	모든 국민은 정보의 공개를 청구할 권리를 가진다(대통령령에 따라 외국인도 가능).
공공기관의 범위	국가기관 지방자치단체 「정부투자기관관리기본법」 제2조의 규정에 의한 정부투자기관 그 밖에 대통령령이 정하는 기관 – 각급 학교, 지방공사·공단, 정부산하기관, 특수법인, 국가 또는 지방자치단체로부터 보조금을 받는 사회복지법인과 사회복지사업을 하는 비영리법인

공개 및 비공개 대상 정보	공공기관이 보유 · 관리하는 정보는 공개 대상이 된다. 진행 중인 재판에 관련된 정보와 범죄의 예방, 수사, 공소의 제기 및 유지, 형의 집행, 교정, 보안처분에 관한 사항으로서 공개될 경우, 그 직무수행을 현저히 곤란하게 하거나 형사피고인의 공정한 재판을 받을 권리를 침해한다고 인정할 만한 상당한 이유가 있는 정보 등은 예외적으로 공개가 제한될 수 있다.
정보공개 여부의 결정	공공기관은 정보공개의 청구가 있는 때에는 청구를 받은 날부터 10일 이내에 공개 여부를 결정하여야 한다(다음 날부터 10일 연장 가능, 지체 없이 연장 사유 서면 통지). 비공개 대상 정보에 해당하는 정보에 대한 공개청구에 대해서도 실시기관은 공개를 결정할 수 있다.
불복구제절차	청구인이 정보공개와 관련한 공공기관의 비공개 또는 부분공개의 결정에 대하여 불복이 있는 때에는 공공기관으로부터 정보공개 여부의 결정통지를 받은 날 또는 비공개의 결정이 있는 것으로 보는 날부터 30일 이내에 당해 공공기관에 문서로 이의신청을 할 수 있다. 청구인이 정보공개와 관련한 공공기관의 결정에 대하여 불복이 있는 때에는 행정심판 또는 행정소송을 제기할 수 있다. 이의신청과 행정심판은 임의적 절차이다.

(3) 참여

오늘날 국민에게는 국민의 행정참여를 도모함으로써 행정의 공정성 · 투명성 및 신뢰성을 확보하고 국민의 권익을 보호할 목적으로 「행정절차법」에 의한 절차적 권리가 보편적으로 인정되기에 이르렀으며, 이와 같은 요구는 경찰기관에 대해서도 마찬가지로 작용하고 있다.

(4) 책임

경찰은 그 구성원 개인의 위법행위나 비위에 대해서 형사책임 · 민사책임이나 징계책임 등의 책임을 져야 할 뿐만 아니라 경찰기관의 행정에 대해서 조직으로서 책임을 져야 한다. 경찰공무원 개인의 징계책임은 지나치게 무거운 대신 관리자의 정책결정책임이나 조직을 개혁하지 않은 책임 등은 경시되기 쉽고, 그 결과 조직은 구습을 반복하고 개혁이나 발전 없이 같은 정체의 과정 속에 빠지게 된다. 따라서 책임추궁은 단순히 처벌의 문제라기보다는 발전을 위한 과정으로 이해해야 한다.

(5) 환류

경찰통제는 경찰행정의 목표와 관련하여 그 수행과정의 적정 여부를 확인하는 과정으로, 이의 확인 결과에 따라 책임을 추궁하고 나아가 환류(피드백: feedback)를 통하여 순환을 발전적으로 유도해야 한다. 만약 경찰통제의 결과에 따라 책임을 추궁하는 데 그치고 만다면 통제의 참다운 의미는 사라질 것이다.

2. 경찰통제의 유형

1) 민주적 통제와 사법적 통제

(1) 외국의 제도

영・미법계 국가에는 경찰조직의 민주성을 확보하기 위한 제도적 장치 마련, 예를 들어 경찰위원회나 경찰책임자의 선거, 자치경찰제도의 시행 등을 통해 시민이 직접 그 대표기관을 통한 참여와 감시를 가능케 하는 시스템을 구축하고 있다.

대륙법계 국가에서는 경찰행정에 대한 사법심사, 예를 들어 행정소송이나 국가배상제도 등을 통해 법원이 행정부의 행위를 심사함으로써 통제하는 시스템을 구축하고 있다. 특히, 초기 행정소송 등의 열기주의(列記主義)에서 개괄주의(概括主義)로 전환함으로써 행정에 대한 법원의 통제를 확대하고 있으며, 이는 국민의 사법적 구제의 길을 넓힘으로써 행정에 대한 통제를 강화하는 효과를 가져왔다.

오늘날 모든 국가에서는 양 통제 시스템을 모두 받아들이려는 노력을 계속하여 점차 혼합적인 시스템이 구축되고 있다고 할 수 있다.

(2) 우리나라의 제도

경찰조직의 민주성 확보를 통한 통제로서 국가경찰위원회가 도입되어 있다. 현행 국가경찰위원회는 경찰의 주요 정책 등에 관하여 심의・의결하는 권한을 가지고 있으나(국가경찰과 자치경찰의 조직 및 운영에 관한 법률 제10조 제1항), 행정안전부장관의 재의요구권(제10조 제2항)이 있어 실질적으로는 심의회 수준에 머물고 있는 등 명실상부한 민주적 통제장치로 보기는 어렵다.

18세 이상의 국민은 공공기관의 사무처리가 법령위반 또는 부패행위로 인하여 공익을 현저히 해하는 경우, 300명 이상의 국민의 연서로 감사원에 감사를 청구할 수 있다(부패방지 및 국민권익위원회의 설치와 운영에 관한 법률 제72조 제1항 전단).

경찰기관의 행위에 대하여 법원이 사법심사를 통하여 행정기관의 행위를 통제하는 방식이다. 우리나라에서는 「행정소송법」과 「국가배상법」을 통하여 행정의 위법한 처분 등의 행위에 대하여 통제를 가하고 있다. 이에 따라 국민은 경찰관청의 위법한 처분 그 밖의 공권력의 행사 또는 불행사로 인하여 권리 또는 이익의 침해를 받은 경우에는 항고소송 등의 행정소송을 통하여 구제를 받을 수 있고, 경찰공무원의 위법한 행위로 손해를 입은 국민은 국가를 상대로 손해배상을 청구할 수 있다.

2) 사전 통제와 사후 통제

(1) 행정통제의 추세

오늘날 행정청에 대해서는 권리나 이익이 침해받기 전에 절차적으로 참여하는 등 사전통제를 강화하고 있다. 그러나 사후 구제는 시간과 비용이 많이 들고 이미 침해된 권리나 이익의 원상회복이 불가능하기 때문에 사전적 구제 절차를 통한 보완이 필요한 것이며, 사전 구제절차 또는 통제장치의 마련이 오늘날 세계적인 추세라 하겠다.

(2) 우리나라의 제도

행정에 대한 사전 통제를 규정하고 있는 기본법은 「행정절차법」이다. 이 법은 행정청이 불이익처분 등을 행할 경우에 상대방에 대하여 청문 등의 절차에 참여케 하여 자기의 이익에 관해 변명할 기회를 부여하고 있으며, 입법이나 행정계획 등을 수립한 경우에도 관계자의 권리나 이익을 고려하여 입법예고제(동법 제41조)나 행정예고제(동법 제46조) 등을 통하여 미리 입법이나 행정계획 · 정책 등의 수립에 이해관계인의 참여 권리를 인정하고 있다.

행정에 대한 사후 통제는 사법부의 사법심사에 의한 통제가 중심을 이룬다. 행정부에서는 징계책임이나 상급기관의 하급기관에 대한 감독권, 행정심판을 통한 통제가 가능하다. 입법부를 통해서는 국회의 예산결산권이나 국정감사 · 조사권 등의 행정감독기능을 통하여 통제가 가해질 수 있다.

3) 내부적 통제와 외부적 통제

(1) 내부적 통제

경찰조직에서 자체 통제를 기하는 조직으로 경찰청에는 감사관을, 시・도경찰청에는 감사담당관을 두고 있다.

경찰청 감사관은 다음 사항에 관하여 차장을 보좌한다.

① 경찰청과 그 소속기관 및 산하단체에 대한 감사

② 다른 기관에 의한 경찰청과 그 소속기관 및 산하단체에 대한 감사결과의 처리

③ 사정업무

④ 경찰기관공무원에 대한 진정 및 비위사항의 조사・처리

⑤ 민원업무의 운영 및 지도

⑥ 기타 청장이 감사에 관하여 지시한 사항의 처리 등이다.

특히, 내부적 통제와 관련하여 주목해야 할 것은 1999년에 신설된 경찰서의 청문감사관제도이다. 왜냐하면 청문감사관은 경찰서의 감찰・감사업무도 관장하면서 민원인의 고충 등을 상담・해소해 주고 경찰서의 인권보호 상황을 확인 점검하는 임무를 띠고 있기 때문이다.

상급기관이 하급기관에 대하여 지시권이나 감독권 등의 훈령권을 행사함으로써 하급기관의 위법이나 재량권 행사의 오류를 시정하는 등 통제를 가할 수 있으며, 상급자는 하급경찰공무원에 대하여 직무명령을 통하여 그 행위를 통제하기도 한다.

(2) 외부적 통제

국가경찰위원회는 경찰의 주요 정책 등에 관한 심의・의결을 통하여 경찰을 통제하는 간접적 참여 통제장치이다. 그러나 실질적으로는 심의회 수준에 머물고 있는 등 명실상부한 민주적 통제장치로 보기는 어렵다.

국회는 입법권과 예산의 심의 결산권, 국정감사・조사권 등의 권능을 행사함으로써 경찰의 입법과정, 예산책정과 결산과정, 그리고 경찰행정에 대하여 감사하고 조사함으로써 경찰을 통제할 수 있다.

위법한 행정에 대한 법원의 사법심사를 통한 통제로, 위법한 처분 등의 취소 등을 통하여 시정케 할뿐만 아니라 공무원 개인에게도 민사・형사 책임을 물을 수 있다는

측면에서 위법한 행정작용을 억지하는 통제효과를 가져온다.

대통령은 경찰청장의 임명권, 국가경찰위원회 위원의 임명권 등을 통하여 경찰을 통제하며, 행정수반으로서 주요 정책결정을 통하여 경찰을 통제할 수 있다.

경찰청은 행정안전부장관 소속으로 되어 있고, 행정안전부장관은 경찰청장과 국가경찰위원회 위원의 임명제청권을 가지므로, 상급관청으로서의 권한행사를 통하여 경찰을 통제할 수 있다.

고충민원의 처리와 이에 관련된 불합리한 행정제도를 개선하고, 부패의 발생을 예방하며 부패행위를 효율적으로 규제하도록 하기 위하여 국무총리 소속으로 국민권익위원회를 둔다(부패방지 및 국민권익위원회의 설치와 운영에 관한 법률 제11조). 처분 등이 위법 · 부당하다고 인정할 만한 상당한 이유가 있는 경우에는 관계 행정기관 등의 장에게 적절한 시정을 권고할 수 있고(제46조 제1항), 신청인의 주장이 상당한 이유가 있다고 인정되는 사안에 대하여는 관계 행정기관 등의 장에게 의견을 표명할 수 있다(제46조 제2항).

국민권익위원회는 고충민원을 조사 · 처리하는 과정에서 법령, 그 밖의 제도나 정책 등의 개선이 필요하다고 인정되는 경우에는 관계 행정기관 등의 장에게 이에 대한 합리적인 개선을 권고하거나 의견을 표명할 수 있다(제47조). 권고 또는 의견을 받은 관계 행정기관 등의 장은 이를 존중하여야 하며, 그 권고 또는 의견을 받은 날부터 30일 이내에 그 처리결과를 국민권익위원회에 통보하여야 한다(제50조 제1항).

고충민원의 조사 · 처리과정에서 관계 행정기관 등의 직원이 고의 또는 중대한 과실로 위법 · 부당하게 업무를 처리한 사실을 발견한 경우 국민권익위원회는 감사원 또는 관계 행정기관 등의 감독기관(감독기관이 없는 경우에는 해당 행정기관 등을 말한다)에 시민고충처리위원회는 당해 지방자치단체에 감사를 의뢰할 수 있다(제51조).

경찰은 정보 · 보안업무와 관련해서는 국가정보원의 조정과 통제를 받고 있으며, 대간첩작전은 국방부의 통제를, 그리고 수사업무는 검찰에 의한 통제를 받고 있다. 특히, 검사는 수사지휘권, 경찰서 등의 구속 장소 감찰권, 교체임용 요구권 등을 통하여 경찰에 대한 막강한 통제권한을 가지고 있다.

감사원은 경찰기관의 세입 · 세출의 결산뿐만 아니라 경찰기관 및 경찰공무원의 직무에 대한 감찰을 통하여 경찰을 통제한다.

민중통제는 여론, 이익집단, 언론기관, 정당 등을 통한 직 · 간접적인 통제를 말한다. 특히, 언론기관은 제4부라고 일컬어질 만큼 그 영향력이 크며, 최근에는 시민단체의 운동(NGO)이 갈수록 영향력이 커지고 있다.

4) 경찰통제 관련 우리나라의 법제도

(1) 행정소송제도 – 행정소송법 주요 내용 정리

① 행정소송의 종류

항고소송	행정청의 처분 등이나 부작위에 대하여 제기하는 소송 • 취소소송 – 행정청의 위법한 처분 등을 취소 또는 변경하는 소송 • 무효 등 확인소송 – 행정청의 처분 등의 효력 유무 또는 존재 여부를 확인하는 소송 • 부작위위법확인소송 – 행정청의 부작위가 위법하다는 것을 확인하는 소송
당사자소송	행정청의 처분 등을 원인으로 하는 법률관계에 관한 소송 그 밖에 공법의 법률관계에 관한 소송으로서 그 법률관계의 한쪽 당사자를 피고로 하는 소송
민중소송	국가 또는 공공단체의 기관이 법률에 위반되는 행위를 한 때에 직접 자기의 법률상 이익과 관계없이 그 시정을 구하기 위하여 제기하는 소송
기관소송	국가 또는 공공단체의 기관 상호 간에 있어서의 권한의 존부 또는 그 행사에 관한 다툼이 있을 때에 이에 대하여 제기하는 소송 → 헌법재판소의 관장사항으로 되는 소송은 제외

② 행정소송에 있어서의 사법심사의 한계

행정소송은 구체적 권리·의무의 분쟁에 관하여 구체적인 법의 적용이 문제로 되는 경우에 한한다. 행정청의 재량에 속하는 행정행위에 관해서는 그 당부를 다툴 수 없다고 보는 것이 일반적이다. 그러나 재량의 일탈이나 남용의 경우는 위법으로서 소송대상이 된다.

대통령의 비상계엄 선포행위에 대한 대법원의 판례에서 판시하는 바와 같이 통치행위에 속하는 것은 원칙적으로 심리의 대상이 되지 아니한다. 그러나 통치행위가 국민의 기본권침해와 직접 관련되는 경우에는 당연히 헌법재판소의 심판의 대상이 된다.

③ 취소소송의 제기요건

첫째, 취소소송의 대상으로는 행정청의 처분 등이 존재할 것, 처분 등이 위법할 것 등이다.

둘째, 취소소송은 처분 등의 취소를 구할 법률상 이익이 있는 자가 제기할 수 있다(행정소송법 제12조 전단). 자격정지처분에 대해 집행정지결정이 있더라도 처분 시 표시된 자격정지기간이 경과한 경우 소(訴)의 이익이 있다. 엄격히 「행정소송법」 제12조 후단의 협의의 소익이라고 보기 어렵고, 광의의 소익이 인정되는 경우라고 보는 것이 타당하다. 또한 권리보호의 필요성이 있을 것 등이다. 즉, 처분 등의 효과가 기간의 경과, 처분 등의 집행 그 밖의 사유로 인하여 소멸된 뒤에도 그 처분 등의 취소로 인하여 회복되는 법률상 이익이 있는 자의 경우에는 또한 같다(행정소송법 제12조 후단).

셋째, 피고적격을 가진 행정청을 피고로 하여 제기할 것과 제소기간에 제기할 것 등이다. 취소소송은 원칙적으로 처분 등이 있음을 안 날부터 90일 이내에 제기하여야 하며, 취소소송은 원칙적으로 처분 등이 있은 날부터 1년을 경과하면 이를 제기하지 못한다.

넷째, 형식을 갖춘 소장에 의하여 제기할 것과 예외적인 경우 전심절차를 거칠 것 등이다.

④ 취소소송의 제기효과

법원에 대한 효과 (주관적 효과)	취소소송이 제기되면 당해 사건은 법원에 계속되며, 법원은 당해 사건을 심리하고 판결할 의무를 지는 동시에 당사자는 동일한 사건에 대하여 다시 소를 제기하지 못한다.
처분에 대한 효과 (객관적 효과)	원칙 – 집행부정지: 취소소송의 제기는 처분 등의 효력이나 그 집행 또는 절차의 속행에 영향을 주지 아니한다. 예외 – 필요한 경우 가구제(임시구제)로서 집행정지결정을 할 수 있다.

⑤ 집행정지제도

취소소송이 제기된 경우에 처분 등이나 그 집행 또는 절차의 속행으로 인하여 생길 회복하기 어려운 손해를 예방하기 위하여 긴급한 필요가 있다고 인정할 때에는 본안이 계속되고 있는 법원은 당사자의 신청 또는 직권에 의하여 처분 등의 효력이나 그 집행 또는 절차 속행의 전부 또는 일부의 정지(이하 '집행정지'라 한다)를 결정할 수 있다. '회복하기 어려운 손해'라 함은 일반적으로 사회통념상 금전보상이나 원상회복이 불가능하다고 인정되는 손해를 의미한다. 집행정지신청에 대한 심리에 있어서는 본안승소의 개연성을 고려하여야 한다(판례).

(2) 국가배상제도-국가배상법 주요 내용 정리

① 헌법과 국가배상법의 규정상 차이점

첫째, 「헌법」은 공무원의 직무상 불법행위로 인한 국가배상만을 규정하고 있으며, 영조물의 설치·관리의 하자로 인한 국가배상에 대해서는 규정하고 있지 않다.

둘째, 「헌법」은 배상주체를 국가 또는 공공단체로 규정하고 있으나, 「국가배상법」은 국가 또는 지방자치단체로 한정하고 있어 지방자치단체 이외의 공공단체의 배상책임에 관해서는 민법에 의하게 하고 있다.

② 국가배상법의 지위

첫째, 국가 또는 지방자치단체의 불법행위책임에 관하여 특별법이 없는 경우에는 「국가배상법」이 원칙적으로 적용되고, 「국가배상법」에 규정이 없는 사항은 민법이 보충적으로 적용된다.

둘째, 외국인에 대한 배상책임은 상호주의에 입각한다.

③ 손해배상책임

국가나 지방자치단체는 공무원 또는 공무를 위탁받은 사인(이하 '공무원'이라 한다)이 직무를 집행하면서 고의 또는 과실로 법령을 위반하여 타인에게 손해를 가하거나, 「자동차손해배상보장법」의 규정에 의하여 손해배상의 책임이 있는 때에는 이 법에 의하여 그 손해를 배상하여야 한다. 공무원이 고의 또는 중대한 과실이 있는 때에는 국가 또는 지방자치단체는 그 공무원에게 구상할 수 있다. 공무원의 개인책임도 인정된다. 공무원에게 경과실만 있을 때에는 공무원 개인은 손해배상책임을 지지 않는다.

④ 손해배상책임의 요건

공무원이 직무를 집행함에 당하여 고의 또는 과실로 인한 행위, 법령에 위반한 행위, 타인에게 손해가 발생했을 것 등이다

「헌법」 및 「국가배상법」에 규정된 군인, 군무원, 경찰공무원, 향토예비군대원이 직무집행과 관련하여 손해를 입은 경우에는 여기서의 타인에서 제외된다(이중배상금지). 손해란 법익침해의 결과로서 나타난 불이익을 말한다.

⑤ 영조물의 설치·관리의 하자로 인한 손해배상

도로·하천 기타 공공의 영조물의 설치 또는 관리에 하자가 있기 때문에 타인에게

손해를 발생하게 하였을 때에는 국가 또는 지방자치단체는 그 손해를 배상하여야 한다. 이는 무과실배상의 형태로 이루어진다. 영조물 하자로 인한 손해의 원인에 대하여 책임을 질 자가 따로 있을 때에는 국가 또는 지방자치단체는 그 자에 대하여 구상할 수 있다.

손해배상책임의 요건

공공영조물	도로 등 인공공물뿐만 아니라 하천 등 자연공물도 영조물에 포함된다. 경찰차량 등 동산 및 동물(경찰견)도 영조물에 포함된다.
설치 또는 관리의 하자	영조물의 설치·관리상 하자의 책임은 공무원의 과실을 불문한다. 영조물에 의한 배상책임이 무과실책임이라고 하나 손해를 일으킨 원인이 영조물의 설치·관리상의 흠이 아닌 경우, 즉 불가항력인 경우까지 책임을 지우는 법리는 아니다.
타인에 대한 손해의 발생	군인, 군무원, 경찰공무원, 향토예비군대원 등에게는 이중배상을 배제하는 특례를 두고 있다.

배상책임자는 국가 또는 지방자치단체이다. 지방자치단체장이 설치하여 관할 시·도경찰청장에게 관리권한이 위임된 교통신호기의 고장으로 교통사고가 발생한 경우, 궁극적인 배상책임은 영조물의 설치·관리 권한자로서 그 권한을 위임한 지방자치단체라 할 것이나, 경찰관들의 봉급을 부담하는 국가도 비용을 부담하는 자로서 손해를 배상하여야 한다(판례).

(3) 행정상 손실보상제도

행정상 손실보상이란 공공필요에 의한 공공수용 또는 공공사용 등 적법한 공권력 행사로 인해 개인의 재산에 가하여진 특별한 손해에 대하여 사유재산권의 보장과 전체적인 공평부담의 견지에서 행정주체가 행하는 조절적인 재산적 전보제도이다.

손실보상의 이론적 근거로는 특별희생설이 통설이다. 행정상 손실보상제도는 사유재산제를 기초로 한 개인의 재산권의 존중에 그 이론적 근거가 있으며, 이러한 사유재산제도에서는 행정주체가 공공목적을 위하여 개인에게 특별·우연한 희생을 가한 경우에는 정의와 공평의 견지에서 보상해야 한다. 실정법적 근거로는 「헌법」 제23조 제3항은 '공공필요에 의한 재산권의 수용·사용 또는 제한 및 그에 대한 보상은 법률로써 하되, 정당한 보상을 지급하여야 한다'고 규정하고 있다.

손실보상의 요건으로는 첫째, 재산권에 대한 공권적 침해, 둘째, 공공의 필요, 셋째, 재산권 침해의 적법성, 넷째, 특별한 희생, 다섯째, 보상규정의 존재 등이다.

손실보상의 기준으로 완전보상설과 상당보상설이 대립하나, 다수설과 판례는 완전보상설의 입장이다. 「헌법」 제23조 제3항에 따른 정당한 보상이란 원칙적으로 피수용재산의 객관적인 재산 가치를 완전하게 보상하여야 한다는 완전보상을 뜻하는 것이다(대판 2001.9.25).

(4) 행정절차제도 – 행정절차법 주요 내용 정리

행정절차제도는 영·미법계의 자연적 정의 또는 적법절차의 법리의 특색으로 인정되고 있으며, 「행정절차법」은 주로 절차적 규정만을 두고 있고 예외적으로 실체법 규정도 있다.

처분, 신고, 행정상 입법예고, 행정예고 및 행정지도의 절차에 관하여 다른 법률에 특별한 규정이 있는 경우를 제외하고는 이 법이 정하는 바에 의한다.

관보·공보·게시판·일간신문 및 인터넷에 공고하는 방법으로 송달하였을 경우에는 다른 법령 등에 특별한 규정이 있는 경우를 제외하고는 공고일부터 14일이 경과한 때에 그 효력이 발생한다.

행정청에 대하여 처분을 구하는 신청은 원칙적으로 문서로 하여야 한다. 처분을 신청함에 있어 전자문서로 하는 경우에는 행정청의 컴퓨터 등에 입력된 때에 신청한 것으로 본다. 행정청은 신청이 있는 때에는 다른 법령 등에 특별한 규정이 있는 경우를 제외하고는 그 접수를 보류 또는 거부하거나 부당하게 되돌려 보내서는 아니되며, 신청을 접수한 경우에는 신청인에게 접수증을 주어야 한다. 다만, 대통령령이 정하는 경우에는 접수증을 주지 아니할 수 있다.

행정청은 신청에 구비서류의 미비 등 흠이 있는 경우에는 보완에 필요한 상당한 기간을 정하여 지체 없이 신청인에게 보완을 요구하여야 한다. 신청인은 처분이 있기 전에는 그 신청의 내용을 보완하거나 변경 또는 취하할 수 있다. 다만, 다른 법령 등에 특별한 규정이 있거나 당해 신청의 성질상 보완·변경 또는 취하할 수 없는 경우에는 그러하지 아니하다.

행정청은 신청인의 편의를 위하여 처분의 처리기간을 종류별로 미리 정하여 공표하여야 한다. 이때 행정청은 필요한 처분기준을 당해 처분의 성질에 비추어 될 수 있는 한 구체적으로 정하여 공표하여야 한다. 행정청은 당사자에게 의무를 과하거나 권익을 제한하는 처분을 하는 경우에는 미리 당사자 등에게 통지하여야 한다. 행정청은 청문을 실시하고자 하는 경우에 청문이 시작되는 날부터 10일 전까지 당사자 등에게 통지하여야 한다.

이유부기는 행정처분 등을 함에 있어서 그 근거가 되는 법적·사실적 이유를 구체적으로 명기하는 것을 말한다. 행정청의 신중한 처분을 담보하고 쟁송단계에서 상대방이 당해 처분에 대하여 다툴 수 있는 구체적 근거를 미리 제공한다는 의미가 있다. 이유부기는 근거가 되는 법령 등을 명시하여야 함은 물론 처분을 받은 사람이 어떠한 위반사실에 대하여 당해 처분이 있었는지를 알 수 있을 정도로 사실을 적시할 것을 요한다(대판 1990.9.11., 90누1786). 「행정절차법」 제23조에서 이유부기에 대한 사항을 규정하고 있다.

행정청이 처분을 함에 있어서 다른 법령 등에서 청문을 실시하도록 규정하고 있는 경우, 행정청이 필요하다고 인정하는 경우에 해당하는 경우 청문을 실시한다. 청문은 행정청이 소속직원 또는 대통령령이 정하는 자격을 가진 사람 중에서 선정하는 사람이 주재하되, 행정청은 청문주재자의 선정이 공정하게 이루어지도록 노력하여야 한다.[1)]

청문주재자는 당사자 등의 전부 또는 일부가 정당한 사유 없이 청문기일에 출석하지 아니하거나, 의견서를 제출하지 아니한 경우에는 이들에게 다시 의견진술 및 증거제출의 기회를 주지 아니하고 청문을 마칠 수 있다.

당사자 등은 청문의 통지가 있는 날부터 청문이 끝날 때까지 행정청에 대하여 당해 사안의 조사결과에 관한 문서 기타 당해 처분과 관련되는 문서의 열람 또는 복사를 요청할 수 있다. 이 경우 행정청은 다른 법령에 의하여 공개가 제한되는 경우를 제외하고는 이를 거부할 수 없다.

행정청이 처분을 함에 있어서 다른 법령 등에서 공청회를 개최하도록 규정하고 있는 경우, 당해 처분의 영향이 광범위하여 널리 의견을 수렴할 필요가 있다고 행정청이 인정하는 경우에 해당하는 경우에 공청회를 개최한다.

행정청이 당사자에게 의무를 과하거나 권익을 제한하는 처분을 함에 있어서 청문 또는 공청회를 개최하는 경우 외에는 당사자 등에게 의견제출의 기회를 주어야 한다.

---

1) 처분청의 소속직원도 청문주재자가 될 수 있다.

의견청취절차를 거치지 않은 불이익처분은 하자 있는 처분이 되어 취소할 수 있다(판례).

당사자 등은 처분 전에 그 처분의 관할 행정청에 서면·구술로 또는 정보통신망을 이용하여 의견제출을 할 수 있다. 당사자 등이 정당한 이유 없이 의견제출기한에 의견제출을 하지 아니한 경우에는 의견이 없는 것으로 본다.

법령 등을 제정·개정 또는 폐지(이하 '입법'이라 한다)하고자 할 때에는 당해 입법안을 마련한 행정청은 이를 예고하여야 한다. 다만, 다음에 해당하는 경우에는 예고를 하지 아니할 수 있다.

- 입법내용이 국민의 권리·의무 또는 일상생활과 관련이 없는 경우
- 입법이 긴급을 요하는 경우
- 상위 법령 등의 단순한 집행을 위한 경우
- 예고함이 공익에 현저히 불리한 영향을 미치는 경우
- 입법내용의 성질 그 밖의 사유로 예고의 필요가 없거나 곤란하다고 판단되는 경우

(5) 행정심판제도 – 행정심판법 주요 내용

행정청의 처분 또는 부작위에 대하여는 다른 법률에 특별한 규정이 있는 경우 외에는 이 법에 따라 행정심판을 청구할 수 있다. 현행 행정심판법은 특정 사항에 한정하지 않고, 행정청의 위법·부당한 처분 또는 부작위에 대하여 일반적으로 행정심판을 제기할 수 있게 하는 '개괄주의'를 채택하여 국민의 권리구제 범위를 확대하였다.

대통령의 처분 또는 부작위에 대하여는 다른 법률에서 행정심판을 청구할 수 있도록 정한 경우 외에는 행정심판을 청구할 수 없다. 행정심판의 대상으로서의 '처분'은 행정청이 행하는 구체적 사실에 관한 법집행으로서의 공권력의 행사 또는 그 거부, 그 밖에 이에 준하는 행정작용을 말한다.

행정심판의 종류

취소심판	행정청의 위법 또는 부당한 처분을 취소하거나 변경하는 행정심판
무효 등 확인심판	행정청의 처분의 효력 유무 또는 존재 여부를 확인하는 행정심판
의무이행심판	당사자의 신청에 대한 행정청의 위법 또는 부당한 거부처분이나 부작위에 대하여 일정한 처분을 하도록 하는 행정심판

다음 각 호의 행정청 또는 그 소속행정청(행정기관의 계층구조와 관계없이 그 감독을

받거나 위탁을 받은 모든 행정청을 말하되, 위탁을 받은 행정청은 그 위탁받은 사무에 관하여는 위탁한 행정청의 소속행정청으로 본다)의 처분 또는 부작위에 대한 행정심판의 청구(이하 '심판청구'라 한다)에 대하여는 다음 각 호의 행정청에 두는 행정심판위원회에서 심리·재결한다.

1. 감사원, 국가정보원장, 그 밖에 대통령령으로 정하는 대통령 소속기관의 장
2. 국회사무총장·법원행정처장·헌법재판소 사무처장 및 중앙선거관리위원회 사무총장
3. 국가인권위원회, 진실·화해를 위한 과거사정리위원회, 그 밖에 지위·성격의 독립성과 특수성 등이 인정되어 대통령령으로 정하는 행정청

참고로 경찰서장, 시·도경찰청장, 경찰청장이 행한 처분에 대한 행정심판의 심리와 재결은 모두 중앙행정심판위원회에서 행한다.

행정심판청구기간의 제한은 행정법관계의 조속한 안정을 기하기 위하여 설정한 것으로, 그 성질상 취소심판과 거부처분에 대한 의무이행심판에만 적용되고 무효 등 확인심판과 부작위에 대한 의무이행심판에는 적용되지 않는다. 행정심판청구는 원칙적으로 처분이 있음을 안 날부터 90일 이내에 제기하여야 하고, 처분이 있은 날부터 180일을 경과하면 제기하지 못한다. 청구인이 천재·지변·전쟁·사변 그 밖에 불가항력으로 인하여 청구기간에 심판청구를 할 수 없었을 때에는 그 사유가 소멸한 날부터 14일 이내에 심판청구를 제기할 수 있다. 다만, 국외에서의 심판청구에 있어서는 그 기간을 30일로 한다.

심판청구는 처분의 효력이나 그 집행 또는 절차의 속행(續行)에 영향을 주지 아니한다. 위원회는 처분, 처분의 집행 또는 절차의 속행 때문에 중대한 손해가 생기는 것을 예방할 필요성이 긴급하다고 인정할 때에는 직권으로 또는 당사자의 신청에 의하여 처분의 효력, 처분의 집행 또는 절차 속행의 전부 또는 일부의 정지(이하 '집행정지'라 한다)를 결정할 수 있다.[2] 다만, 처분의 효력정지는 처분의 집행 또는 절차의 속행을 정

2) 집행정지는 공공복리에 중대한 영향을 미칠 우려가 있을 때에는 허용되지 아니한다. 위원회는 집행정지를 결정한 후에 집행정지가 공공복리에 중대한 영향을 미치거나, 그 정지 사유가 없어진 경우에는 직권으로 또는 당사자의 신청에 의하여 집행정지 결정을 취소할 수 있다. 원칙적으로 집행정지 신청은 심판청구와 동시에 또는 심판청구에 대한 위원회나 소위원회의 의결이 있기 전까지, 집행정지 결정의 취소신청은 심판청구에 대한 위원회나 소위원회의 의결이 있기 전까지 신

지함으로써 그 목적을 달성할 수 있을 때에는 허용되지 아니한다.

행정심판의 청구에 대하여 제6조에 따른 행정심판위원회가 행하는 판단(제2조 제3호)을 재결이라고 한다. 재결은 서면으로 한다.

위원회는 심판청구가 적법하지 아니하면 그 심판청구를 각하(却下)하며, 심판청구가 이유가 없다고 인정하면 그 심판청구를 기각(棄却)한다. 위원회는 취소심판의 청구가 이유가 있다고 인정하면 처분을 취소 또는 다른 처분으로 변경하거나 처분을 다른 처분으로 변경할 것을 피청구인에게 명한다. 위원회는 무효 등 확인심판의 청구가 이유가 있다고 인정하면 처분의 효력 유무 또는 처분의 존재 여부를 확인한다. 위원회는 의무이행심판의 청구가 이유가 있다고 인정하면 지체 없이 신청에 따른 처분을 하거나 처분을 할 것을 피청구인에게 명한다.

재결은 피청구인 또는 위원회가 심판청구서를 받은 날부터 60일 이내에 하여야 한다. 다만, 부득이한 사정이 있는 경우에는 위원장이 직권으로 30일을 연장할 수 있다. 위원장은 상기 단서에 따라 재결기간을 연장할 경우에는 재결기간이 끝나기 7일 전까지 당사자에게 알려야 한다.

위원회는 심판청구의 대상이 되는 처분 또는 부작위 외의 사항에 대하여는 재결하지 못하며, 심판청구의 대상이 되는 처분보다 청구인에게 불리한 재결을 하지 못한다.

제 2 절 경찰개혁

1. 경찰제도의 개혁

1) 행정개혁

(1) 의의

행정개혁이란 행정을 현재 상태로부터 보다 나은 상태·방향으로 개선시키기 위해 행정부가 의도적으로 추구하는 계획된 변화라고 할 수 있다. 이와 같은 변화 속에는 행

정의 취지와 원인을 적은 서면을 위원회에 제출하여야 한다.

정조직의 구조 변동과 새로운 정책, 행정기술, 방법의 채택 · 적용뿐만 아니라 행정인의 가치관, 신념, 태도를 변화시켜 개인발전과 조직발전을 통합시키려고 하는 행정체제의 모든 측면의 변화가 전부 포함된다.

(2) 특징

첫째, 가치 · 목표지향성을 지니며, 미래지향적이다.

둘째, 저항성 · 동태성 · 행동지향성을 띤다.

셋째, 인위성 · 계획성 · 지속성을 지닌 변동이다.

넷째, 포괄적인 연관성을 중시하고 그에 대처하는 활동이다.

(3) 필요성

첫째, 대통령과 정부 기관장의 변동과 새로운 정치(행정)의 이념 · 철학 등을 위해 행정개혁이 전개된다.

둘째, 사회적 환경의 변화와 행정수요에 대응하기 위해 필요하다. 즉, 고령화 · 여성의 사회진출 · 가정해체화 등 인구구조의 변화에 따른 확대, 그리고 신설된 행정역할에 대처하기 위해 요구된다.

셋째, 능률적이고 효율적인 행정구현을 위해 필요하다. 즉, 주먹구구식 관리 · 기능중복 · 불명료성 · 낮은 기술수준 등으로 극복하고 능률적 · 효율적인 행정문제해결을 위해 요구된다.

넷째, 환경의 급격한 변화에 대처해야 한다는 개혁압력의 증가와 현실행정의 낙후성과 누적된 폐단이 개혁의 필요성을 증가시킨다.

(4) 추진전략

개혁의 폭과 속도에 따른 전략	급진적 · 전면적 전략	근본적인 변화를 일시에 달성하려는 광범위하고 빠른 속도의 추진전략	개발도상국에서 사용
	점진적 · 부분적 전략	개혁의 영향, 수용태세, 동원자원을 감안하여 완만하게 추진하는 전략	소극적 개혁
개혁의 추진 방향에 따른 전략	명령적 · 하향적 전략	대내외의 참여 없이 상층부에서 일방적으로 추진하는 전략	저항유발, 지속화 곤란
	참여적 · 상향적 전략	구성원의 아이디어를 수집하고 그들의 의견을 반영하여 추진하는 전략	저항 최소화, 신속한 변화 곤란

(5) 저항 요인

첫째, 정치 · 사회적 불안정과 낙후성은 사회집단들의 심리적 공감대를 해체시켜 개혁에 대한 의구심과 갈등을 증폭시킨다. 특히, 개혁추진자의 낮은 신망, 정치적 리더십의 부족, 문화적 혼란과 가치갈등은 개혁의 장애가 된다.

둘째, 여론이나 시민 등 국민들의 개혁에 대한 무관심, 보수적 · 경직적 풍조와 권위주의적 태도 · 불신(적대)주의는 반개혁적인 관성이다.

셋째, 개혁이 누구를 위한 것인지, 그리고 어떻게 할 것인지, 개혁 전반에 대한 목적이 모호하면 국민과 관료들의 개혁에 대한 저항감이 강해진다.

넷째, 관료제의 법규만능주의, 파킨슨(Parkinson)법칙(관료적 이익 · 관료팽창주의), 변화에 저항하는 보수성 · 경직성 · 동조과잉(over conformity), 근속 · 경력 위주의 승진과 행정 무능화 · 특권화, 동태적 보수주의 등은 민주주의의 구현과 국민에게 향상된 서비스를 공급하는 행정개혁을 곤란하게 한다.

다섯째, 기존의 정책과 프로그램에 투자한 시간 · 자원 · 인원이 많은 경우, 새롭고 의미 있는 개혁으로 방향전환을 하려는 움직임에 제동을 걸게 된다. 즉, 매몰비용(sunk cost)으로 지나치게 기회비용이 클 경우 개혁의 걸림돌이 된다.

여섯째, 개혁으로 지위격하(승진곤란), 실직위험 증대, 직무만족의 손상, 재교육 · 재학습의 필요 부담, 사회적 유대의 와해, 자율성의 상실 등 기존의 체제에서 누리던 권익(이익)이 개혁을 곤란하게 한다.

(6) 극복방안

첫째, 강제적 전략이다. 계층적 권위로써 명령을 통해 저항을 상압적으로 억제하며, 물리적 제재나 신분상의 불이익처분(소극적 제재수단)을 가한다. 또한 공무원 숙청 등을 통해 긴장된 분위기를 조성하며, 권력구조를 일방적으로 개편한다.

둘째, 사회 · 규범적 전략이다. 적절한 상징조작과 사회 · 심리적 지원을 통해 자발적 협력과 개혁의 수용을 유도하려는 인간화에 역점을 둔 가장 선호될 수 있는 전략이다. 즉, 광범위한 참여와 의사소통의 활성화, 개혁의 필요성과 공공성의 공감, 개혁지도자의 위신을 높이고 긴장감을 완화시킨다.

셋째, 공리 · 기술적 전략이다. 즉, 기득권이 침해되지 않도록 보장, 개혁안의 명확한 제시, 적절한 개혁시기를 선택과 점진적 추진, 개혁방법을 다양화시킨다.

2) 경찰제도개혁

(1) 경찰개혁의 전략

① 경찰조직의 효율화

경찰조직이 생산성의 극대화를 위해 적합한 조직구조를 가지고 있는지 검토해야 한다. 즉, 현행의 전국 획일적인 계층구조와 조직규모는 과연 최적의 구조인지를 분석하여 지휘계층의 비대화와 중복은 없는지, 치안수요에 따른 폐지·축소와 통·폐합 또는 새로운 탄력성 있는 구조로의 전환은 필요하지 않은지 등을 분석·평가하고, 이를 바탕으로 조직내부의 개혁이 이루어져야 한다.

② 방범리콜제도

고객지향적인 행정이란 정부가 제공하는 행정 서비스에 대한 고객의 만족을 높이는 것으로, 이를 구현하기 위해서는 행정조직이 수혜자인 고객 중심의 조직으로 재편되어야 하고, 특히 고객과 접촉하는 일선기관의 권한과 기능이 대폭 강화되어야 한다.

방범리콜제는 생활안전활동과 관련한 주민의 건의사항을 생활안전시책에 반영함으로써 주민의 치안참여를 확대하기 위한 제도로 잘못된 행정서비스에 대한 불만제기권을 부여하고 이를 시정하는 장치이다.

③ 발탁인사

발탁인사제도는 미국의 GE사 잭 웰치(J. Welch)의 인사관리기법에서 유래된 것으로, 리더재능이 있다고 평가받는 인물은 나이와 경험에 상관없이 책임 있는 자리에 앉히는 제도이다. 발탁인사제도는 조기승진이나 인사의 유연성에 대한 제도적 장애를 제거한 것으로, 특히 승진연한 때문에 제한을 받고 있는 능력 있는 인재를 적재적소에 활용할 수 있다는 장점을 가지며, 다른 직원들에게도 동기를 부여하는 이점이 있다. 그러나 구성원 간의 갈등을 초래할 수 있으므로 조직문화와 조직발전에 기여할 수 있도록 신중하게 적용되어야 한다.

④ 목표에 의한 관리(MBO)

목표에 의한 관리란 조직구성원의 참여과정을 통하여 조직의 공통된 목표를 명확히 하고 체계적으로 조직구성원들의 목표를 부과하며, 그 수행결과를 평가하고 환류시켜 궁극적으로 조직의 효율성을 향상시키기 위한 관리기법을 말한다.

(2) 경찰개혁을 통해 변화된 패러다임

경찰은 개혁을 통하여 사고의 틀이 획기적으로 전환되었는데, 경찰운영 면에서는 불합리한 규제들의 철폐 및 국민들에게 치안서비스를 제공하는 방향으로, 집회 · 시위를 대처하는 측면에서는 진압위주에서 집회 · 시위를 적극적으로 관리하는 방향으로, 교통 측면에서는 단속 · 적발 위주에서 사고요인 제거 · 지도의 방향으로 각각 변화되었다.

2. 경찰의 수사구조 개혁

1) 경찰과 수사권

범죄의 수사와 관련하여 우리나라의 현행 「국가경찰과 자치경찰의 조직 및 운영에 관한 법률」 제3조와 「경찰관 직무집행법」 제2조는 각각 범죄의 수사를 경찰의 임무(직무)로 명백히 규정하고 있다.

우리가 일반적으로 수사권이라 함은 국가형벌권을 행사하기 위해 「형사소송법」에 의거 부여된 권한으로서 사건에 관한 공소제기 여부의 결정 또는 공소제기 및 이를 유지 · 수행하기 위한 준비로서, 범죄사실을 조사하고 범인 및 증거를 발견 · 수집 · 보전하기 위한 권한이라고 정의할 수 있는데, 수사권 조정으로 이러한 권한에 있어 경찰은 검사에 지휘에서 벗어나 1차 수사개시권 · 종결권을 확보하게 되었다.

2) 외국의 실태

경찰의 수사권과 관련한 각국의 실상은 국가마다 차이가 있어 획일적으로 논할 수는 없으나, 일반적으로 영 · 미법계인 영국과 미국은 경찰을 독자적인 수사기관으로 인정하고 있는 반면, 대륙법계인 독일, 프랑스에서는 경찰에게 독자적인 수사권이 부여되어 있지 않고, 경찰은 수사의 주재자인 검찰의 보조기관에 불과한 것이 원칙이다. 일본은 대륙법계와 영 · 미법계의 절충형태를 띠고 있다.

이와 같은 입장의 차이는 경찰을 행정경찰과 사법경찰로 구분하는 데서 출발한다고 볼 수 있으며, 이러한 분류는 프랑스의 권력분립 사상에서 유래하여 이른바 대륙법계에서는 원칙적으로 행정경찰 기능은 행정권에 속하고, 사법경찰 기능은 사법권에 속한다고 하고 있으나, 영 · 미법계 국가에서는 이와 같은 구분을 인정하지 않고 있다.

3) 우리나라 경찰의 실태

우리나라에서는 행정경찰과 사법경찰로 구별하지 않고 일반경찰기관이 양자를 아울러 관할하고 있다(형사소송법 제197조, 경찰관 직무집행법 제2조). 이를 바탕으로 경찰관은 사법경찰관리의 직무를 수행하고 있는 바, 경위에서 경무관까지는 사법경찰관, 순경에서 경사까지는 사법경찰리로 구분되고 있다.

「국가경찰과 자치경찰의 조직 및 운영에 관한 법률」 제3조(경찰의 임무) 및 「경찰관 직무집행법」 제2조(직무의 범위)에는 범죄수사를 경찰의 기본적인 임무(직무)로 규정하고 있다. 「형사소송법」 개정 이전에는 모든 수사에 있어 검사의 지휘를 받아서만 행하도록 되어 있고, 사법경찰관리집무규칙은 주요사건 발생 시 검찰에의 보고의무와 정보보고의무를 규정함으로써 엄격한 의미에서 수사개시 단계에서부터 검사지휘를 명시하고 있었다.

현재는 부분적으로 수사의 실행에 있어서 경찰은 법률상 독자적 권한을 갖게 되었으며, 수사진행에 있어서의 핵심인 각종 영장청구는 검사만이 할 수 있도록 규정되어 있다(헌법 제12조 제3항, 형사소송법 제200조의2 제1항, 제201조, 제215조).

사법경찰관은 직접 법원에 영장을 청구할 수 없고, 검사에게 신청하여 검사가 그 필요 여부를 판단한 후 판사에게 청구하도록 되어 있다. 영장집행은 사법경찰관리가 행하나, 검사의 지휘에 의하도록 되어 있다(형사소송법 제81조, 제209조). 긴급체포(형사소송법 제200조의3 제1항)의 경우에도 즉시 검사에게 긴급체포에 대한 승인건의를 해야 한다.

다만, 사법경찰관은 부분적으로 수사를 종결할 수 있다. 만약 혐의가 인정되기 어려워 '혐의 없음' 판단을 내린 경우, 사건을 검찰에 송치없이 자체적으로 종결할 수도 있다. 물론 피의자의 범죄 혐의가 인정되거나 검찰 또는 사건관계인이 이의를 제기할 경우에는 자의적인 사건종결이 불가능하다.

우리나라 「형사소송법」은 영 · 미법계의 많은 장점을 도입 · 채택하고 있으나, 수사권만은 대륙법계의 영향을 받아 검사주재의 수사권체제를 고수하고 있었다. 그러나 수사구조개혁을 통해 경찰 또한 수사의 주체로서 기능을 담당할 수 있게 되었다고 평가된다.

3. 통합 경찰작용법의 제정과 통일대비

1) 통합 경찰작용법

(1) 통합 경찰작용법 제정의 필요성

경찰작용법은 경찰행정의 내용을 규율하는 법규로서 경찰행정상의 법률관계의 성립·변경·소멸에 관련된 모든 법규를 말한다.

이것은 경찰의 임무, 경찰권 발동의 근거와 한계, 경찰행정의 유형, 경찰상 처분의 법적 효력, 경찰강제 등에 관한 규율을 내용으로 하는 것으로, 현행법상 경찰작용에 관한 법으로는 일반법이라고 할 수 있는 「경찰관 직무집행법」과 그 외 다수의 단행법이 존재하고 있다.

그러나 경찰작용법 전체가 체계적 통합성과 법적 명확성을 가지고 있지 못한 한계가 있으며, 이를 고려하여 경찰통합법의 제정을 서두를 필요가 있다.

(2) 현행 경찰관 직무집행법의 문제점

첫째, 제2조가 직무규정을 두고 있는데 이것이 임무규정인지, 개괄적 수권규정인지가 명확하지 않다(특히, 제2조 제7항).

둘째, 경찰직무의 한계로서 타 기관과의 관계에 대한 규정이 결여되어 있다.

셋째, 경찰의 사권보호(私權保護)와 관련하여 민사관계에 관한 경찰의 개입한계 또는 원칙이 미비하다.

넷째, 경찰권 행사의 제한 기준이 부족하다.

다섯째, 경찰책임의 불명확(비용부담의 문제), 기타 경찰강제, 손실보상, 상환청구권과 배상청구권 등이 갖춰 있지 않다. 나아가 현재의 각종 경찰활동의 법적 근거에 대하여 구체적 수권이 의문시되는 사안 등이 있는데, 이러한 사항들을 고려하여 경찰통합법의 제정을 서두를 필요가 있을 것이다.

2) 통일대비

(1) 독일경찰의 통일과정

통일 이전의 서독은 몇 개의 연방경찰기관이 있는 외에 원칙적으로 주(州)가 경찰권을 행사하는 경찰권을 중심으로 경찰제도가 운영되고 있었다.

동독의 경우에는 인민경찰로서 1945년 동독지역 점령국인 구소련의 영향으로 지방조직으로 설립되었으나, 1946년 사회주의체제를 공고히 하기 위하여 실질적인 중앙집권화가 추진되었고, 1964년 이후 내무부 산하에 중앙집권적으로 재편되어 있었다.

통일 이후 양독(兩獨) 내무부장관 회의 시 양 경찰 간에 경찰법 및 경찰조직의 통합, 경찰관의 상호 교환, 공동교육실시 등의 합의가 이루어진 후 동·서독 주경찰과의 자매결연 방식으로 경찰공무원의 파견, 경찰법의 제정, 경찰조직의 구축, 경찰교육 및 경찰장비 등을 지원하여 동독의 민주경찰제도의 수립을 지원하였다.

그 후 양독(兩獨) 내무부장관이 경찰협정을 체결하여 양독 경계지역의 검문철폐와 범죄의 공동대처에 합의하였고, 이후 경찰권은 통일조약에 의거 동독정부로부터 신연방주정부(구동독지역)에 귀속되었다. 한편, 베를린의 경우에는 베를린 내무부에 양 베를린의 고위 경찰관 및 실무경찰관들로 구성된 경찰통합을 위한 기획단을 설치하여 운영하였다.

(2) 평화통일과 경찰

평화통일 이후 예상되는 치안상황은 다음과 같다.

첫째, 남·북한 양쪽에 통일 반대 세력이 등장하여 통일 반대를 위한 집회·시위가 시도되면서 사회 분위기가 어수선해진 틈을 타 질서파괴 행위가 예상된다.

둘째, 분단의 정착이 장기화되면서 상호 인적 교류가 극히 제한되어 있다가 급격한 상호 왕래 증가로 인한 치안수요가 증가될 것이 예상된다.

셋째, 의식구조의 차이가 쉽게 해소되지 않음으로 인해, 남북지역 간의 갈등과 대립이 예상된다.

넷째, 분단 이전 토지 소유 관계에서 오는 소송사건의 발생과 실향민들의 새로운 가족관계 형성에서 오는 복잡한 문제 등이 나타나면서 치안수요가 폭발적으로 증가될 것이다.

앞으로 경찰도 통일을 대비해 경찰통일 방안을 연구하여 문제점을 줄여나가야 할 것이다. 이를 위해서는 통일 이후 경찰의 역할과 기능, 이를 수행하기 위한 조직과 제도 등에 관한 표준적인 시나리오와 계획, 그리고 사전준비와 관련하여 경찰관의 훈련이 절실히 필요하다.

경찰학개론
Introduction to Police Science

경찰학개론

제 2 편

경찰활동의 이해

Introduction to Police Science

01

생활안전 경찰활동

제 1 절 범죄의 의의

1. 범죄의 의미

범죄는 개별현상으로서의 범죄 및 범죄를 개별범죄의 단순 집합이 아닌 사회 전체적 현상의 하나로 이해하는 집단현상으로서의 범죄를 포함하는 의미이다. 범죄는 형식적 의미의 범죄뿐만 아니라 반사회적 행위 일체로서의 실질적 의미의 범죄를 포함한다. 범죄는 자연범과 법정범을 모두 포함하는 의미이다.

범죄는 사회규범에 대한 위반행위이며, 어떤 행위가 범죄인가 아닌가를 판단하는 기준이 되는 사회규범이나 법규범은 시대와 환경에 따라 다르기 때문에 범죄는 역사적·문화적 환경에 따라 다른 모습을 하게 된다(G. M. Sykes).

법학자들은 범죄 개념을 실질적 의미의 범죄와 형식적 의미의 범죄로 구분하여 정의한다. 형식적 의미의 범죄는 실정법인 형벌법규에 저촉되는 것에 한해서만 범죄로 규정하는 것을 의미한다. 따라서 반사회적인 행위라도 성문법으로 규정하지 않으면 범죄가 성립하지 않는다는 것이다. 즉, 죄형법정주의가 형식적 의미의 범죄개념이라고 할 수 있다.

실질적 의미의 범죄는 국가가 사회생활에서의 보호이익 또는 가치를 침해하는 반사회적 비난행위를 범죄로 보려는 견해이다. 따라서 행위자가 정신질환자, 형사미성년자와 같이 법률상 책임무능력자로서 처벌되지 아니하는 경우까지도 그 행위가 반사회성이 인정되는 한 범죄로 처벌하자는 것이다.

범죄가 성립하기 위해서는 구성요건에 해당하는 위법한 행위를 한 사람에게 책임이 있어야 한다. 즉, 구성요건 해당성, 위법성, 책임성을 범죄의 성립요건이라고 하고, 만약 이러한 3요소 중에서 하나라도 결여되면 범죄가 성립하지 않게 된다.

범죄개념의 구분

구분	개념	내용	비판
학문적 개념	법률적 개념	범죄는 법규를 위반한 행위	너무 포괄적 개념
	낙인이론적 개념	범죄를 정의할 권한 있는 자들이 정의한 행위로 그 자체만으로 범죄가 되는 것을 의미	법률위반만을 문제 시
	해악기준의 개념	상기 두 개념에 대한 결점을 발견하여 이를 보완하는 내용으로 해석한다. ① 서덜랜드(E. H. Sutherland) - 화이트칼라 범죄의 사회적 심각성과 대처방안에 대한 연구 ② 허먼 쉬벤딩어(Herman Schwendinger) - 인간의 기초적인 인권을 침해하는 해악적 행위 ③ 미하롭스키(Raymond Michalowski) - 결과적으로 불법적인 행위와 유사하지만 법적으로 용인된 행위	가치적인 측면에 치중
법제정 및 집행의 개념	법제정 과정의 개념	사회적 환경변화에 따라 범죄의 개념이 성립 법규가 형성되는 과정을 중심으로 개념 정의	
	법집행 과정의 개념	시간과 국가마다 법집행기관의 방침과 정책에 따라 범죄의 개념이 다르고 법집행 과정이 곧 법규의 활성화 역할, 사법기관이 주로 범죄에 대해 정의	

2. 범죄의 원인과 예방

1) 범죄원인론

범죄설명의 네 가지 요소로는 범행의 동기, 사회적 제재로부터의 자유(법률, 경찰력, 집단 간의 유대 등이 약화되는 경우), 범행의 기술, 범행의 기회로 구분된다. 네 가지 요소의 하나하나는 범행에 있어서 필요한 조건이지만, 충분조건은 되지 못한다.

범인성 소질(선천적 원시요소)로는 유전물질이, 범인성 환경(후천적 발전요소)으로는 유전적 결함, 체질이상 등이 있다.

메츠거(E. Mezger)는 소질과 환경의 상호관계를 범죄=소질・발달・인격+개인환경・행위환경으로 보았다.

룩셈부르거(William Healy Luxemburger)에 의하면 내인성 범죄(소질적・성격적 범죄)는 주로 소질로 인해 나타나는 범죄이며, 성격의 이상이나 신체 이상으로 발생하는 경우가 많으며, 개선이 가능한 경우와 개선이 불가능한 경우가 있다. 반면 외인성 범죄(환경적 범죄)는 주로 환경적 요인에 의해 나타나는 범죄이며, 환경의 개선에 의해 예방・억제될 수 있고 재범도 방지할 수 있으므로 잠재적 범죄자・수형자에게 교육을 함으로써 예방이 가능하다.

2) 범죄원인에 관한 여러 학설

(1) 고전주의 범죄학

베카리아(C. Beccaria)는 그의 저서 『범죄와 형벌』(1764)에서 공리주의, 사회계약이론, 죄형균형론, 일반예방주의를 주장하였다. 사형폐지 및 고문폐지를 주장하였으며, 유럽의 사법, 형벌제도의 개선에도 영향을 미쳤으며, 공리주의 학설(최대다수의 최대행복이 법의 목적)을 성립하였다.

벤담(J. Bentham)은 범죄선택개념을 제창하고 공리주의를 완성하였으며, 교도소 개혁을 주장하였다. 그는 형벌의 목적을 ① 범죄를 예방할 수 있는 것, ② 범죄를 예방할 수 없을 때에는 경범죄의 허용, ③ 범죄자가 필요한 만큼의 폭력을 사용하게 할 것, ④ 저렴한 가격으로 범죄를 예방할 것의 네 가지를 제시하였다.

고전주의 범죄학의 핵심내용은 인간은 욕구충족이나 문제해결을 위하여 범죄 또는 다른 해결책을 선택할 수 있는 자유의지를 가진 이성적이고 합리적 존재로 보며, 범죄를 선택하는 사람들에게 범죄에 대해 반작용으로 형벌을 주어 통제해야 한다. 반작용인 형벌은 엄격하고, 확실하며, 신속해야 통제효과가 크며 가장 효과적 범죄예방은 범죄를 선택하지 못하게 하는 형벌이다.

(2) 실증주의 범죄학

① 이탈리아의 실증학파

롬브로조(C. Lombroso)는 그의 저서 『범죄인론』에서 범죄자는 원시인의 속성을 격세유전에 의하여 전수받은 자들이라고 하는 생래적 범죄인설을 주장했다.

페리(E. Ferri)는 그의 저서 『범죄사회학』(1917)에서 범죄인을 네 가지 유형(생래적 범죄자, 기회범죄자, 격정범죄자, 정신이상 범죄자)으로 나누고, 범죄의 원인이 존재하는 사회에서는 이에 상응하는 일정한 양의 범죄가 반드시 발생한다는 범죄포화의 법칙을 주장했다.

가로팔로(R. Garofalo)는 그의 저서 『범죄학』(1885)에서 범죄자의 특성에 가장 적합한 형벌을 부과해야 한다고 주장하였고, 범죄를 자연범과 법정범으로 구별했다.

케틀레(A. Quetelet)는 범죄발생을 집단현상으로 인식하여 사회환경적 요인들과 범죄발생 간의 법칙성을 연구하였다.

② 생물학적 범죄학

라바터(J. K. Lavater)는 범죄자들의 얼굴모양을 연구하여 귀, 코, 눈의 모습과 각 부분들 간의 간격이 범죄와 관련이 있는지 연구했다(인상학).

갈(F. Gall), 슈플츠하임(J. Spurzheim)은 두개골과 머리의 융기모양을 연구하여 이러한 외형적인 요소가 범죄행위와 관련이 있는지 조사했다.

덕데일(R. L. Dugdale)의 쥬크(Jukes)가 연구와 고다드(H. Goddard)의 칼리카크(Kallikak)가 연구는 유전과 범죄와의 관련성에 초점을 두고 신체적인 성질이 범죄행위의 원인이 될 수 있고, 비정상적인 신체적 성질이 수대에 걸쳐 전수됨을 보여주었다(유전이론).

고링(C. Gorring)은 그의 저서 『영국의 수형자』(1913)에서 이탈리아학파를 비판했고, 생물통계학적 방법을 통해 인간의 특성을 연구했다. 또한 범죄와 낮은 지능의 관계를 중시하여 범죄행위가 유전되므로 박약한 정신, 간질, 정신이상, 결함이 있는 사회적 본능 등의 기질을 나타내는 가문의 산아제한으로 통제해야 한다고 주장했다.

크레츠머(E. Kretschmer)는 체형과 범죄를 연결하였고, 셀던(W. H. Sheldon)은 체형을 내배엽형, 중배엽형, 외배엽형으로 구분하고, 체형과 정신결함의 밀접한 관계를 주장했다(체형이론).

③ 심리학적 범죄학

심리학적 범죄학은 지능, 인성, 학습과 범죄행위의 결합을 비롯하여 범죄에 관한 정신적·성격적인 측면에 초점을 두고 있다.

모드슬리(H. Maudsley)는 정신이상과 범죄행위의 관계를 연구하였으며, 범죄를 유발하는 정신적 기질은 유전되어 범죄성향을 가진 정신적 퇴화에 이른다고 주장했다.

프로이트(S. Freud)는 정신분석학 측면에서 이드(본능적 욕망), 에고(현실적 자아), 슈퍼에고(도덕적 자아)의 개념을 제시하고, 이드와 슈퍼에고를 조정하는 에고의 역할을 강조하였다. 또한 슈퍼에고(도덕적 자아)를 형성하는 과정에서 부모와의 애정관계를 중요시하였다.

미국 정신의학협회(APA) 정신진단체계(DSM)에서는 반사회적 성격장애를 타인의 권리 또는 도덕을 무시하거나 침해하는 행위로 정의하였으며, 범죄행위와 관련이 있는 성격유형으로 분류하였다.

(3) 사회학적 범죄학

사회학의 창시자인 뒤르켐(E. Durhkeim)은 그의 저서 『자살론』에서 범죄는 정상적인 것이며, 불가피한 사회적 행위로 이해했다. 즉, 사회규범이 붕괴되어 급격한 사회변화, 전쟁, 사태, 소요 등의 기간 동안에 제대로 작동하지 못하는 상태(아노미 상태)에서 범죄가 발생한다고 했다.

아노미이론의 정립으로 뒤르켐과 차별을 시도한 머튼(R. Merton)은 사회가 계급적 특색으로 형성된 결과로서 사회적 목적과 그 수단이 분열된 것이 '아노미'라고 정의했다. 또한 특정한 병리적 사회구조가 사회긴장을 유발하고 이것이 개인을 범죄와 비행으로 몰아넣는다는 긴장이론을 제시했다.

생태학이론은 시카고학파[파크(R. E. Park), 버제스(E. Burgess), 워스(L. Wirth) 등]가 도시의 사회생태학적 조사를 통하여 사회제도의 기능과 붕괴가 사회에 어떻게 영향을 미치고 있는가를 연구했다. 인간의 사회도 지배·침입·승계의 과정으로 다른 지역사회를 지배하고, 이 과정에서 경계 지역은 문화적 갈등을 일으켜 범죄나 비행이 발생했다.

셀린(T. Sellin) 등의 문화갈등이론은 갈등을 범죄의 원인으로 보았다. 즉, 행위규범 갈등에서 심리적 갈등으로 이어져 범죄가 된다고 보았다.

사회해체론의 대표주자인 쇼(C. R. Shaw)와 맥케이(H. D. Mckay)는 저서 『비행지역』(1929)에서 도심지 비행의 원인은 사회해체라고 주장했다. 도심 슬럼가(街)에서 비행이 빈발하는 이유는 산업화 · 도시화 과정에서 사회조직이 해체되었기 때문이며, 빈민지역은 결손가정이 많으며, 평균소득이 낮고 임대입주자가 많은 특징이 있는데, 이 지역사회는 구성인종이 바뀌어도 비행발생률은 변하지 않는 점을 발견했다.

토마스(W. I. Thomas)의 『부적응 소녀』와 파리스(R. E. L. Faris)의 『사회해체』는 사회해체론의 대표적 저서이다. 사회해체론의 인과과정은 산업화 · 도시화 → 사회해체 → 사회통제의 약화 → 일탈의 과정을 거친다.

쇼(C. R. Shaw)와 맥케이(H. D. Mckay)의 공저 『소년비행과 도시지역』(1942)에서 범죄도 문화와 같이 부모로부터 아이에게 전해진다는 문화적 전파론을 전개했다. 이 이론은 범죄를 부추기는 가치관으로의 사회화나 범죄에 대한 구조적 · 문화적인 유인에 대한 자기통제의 상실을 범죄의 원인으로 본다.

서덜랜드(E. H. Sutherland)는 크레시(D. R. Cressey)와의 공저 『범죄학의 원리』에서 차별적 접촉을 제창했다. 서덜랜드는 사회해체의 개념을 부정하고, 사회가 이질적 이익과 이질적 목적달성을 추구하는 잡다한 조직으로 분화되며, 이 과정에서 범죄문화에 접촉 · 참가 · 동조함으로써 범죄행동이 학습되어 범죄가 발생(범죄의 원인을 물리적 환경, 범행의 기회로 봄)한다고 했다.

맛차(D. Matza)와 사이크스(G. Sykes)의 논문 「중화의 기술」에서 청소년은 비행과정에서 합법적 · 전통적 관습규범 의식이나 가치관이 중화된다는 중화기술이론을 제창하였다. 중화기술의 유형(다섯 가지)은 행위에 대한 책임의 회피, 행위로 인한 피해발생의 부정, 피해자의 부정, 비난자에 대한 비난, 보다 높은 충성심에의 호소이다.

허쉬(T. Hirshi)는 그의 저서 『비행원인』에서 사회적 유대이론(통제이론)을 주장했다. 사람은 자기 이외의 이해에 관심을 나타내는 감수성, 즉 비행을 억제하는 사회적 인연을 맺지 않으면 규범의 내면화가 약해지고, 억제(통제)력에서 자유롭게 되어 본능에 의해서 행동하고 일탈에 이른다. 비행을 억제하는 사회적 인연(네 가지)은 애착, 전념, 참여, 신념이다.

1960년대 미국 사회의 인권문제, 베트남전쟁, 빈곤문제의 동시발생에 대하여 사회학적인 관점에서 범죄자·비행자로 만드는 것은 행위의 질적인 면이 아니라 사회적으로 힘있는 사람들이 찍는 낙인이 원인이 된다고 주장했다. 범죄의 원인보다 「형법」의 생성 및 그 적용과정, 범죄자의 처리에 더 관심이 있었다.

마르크스주의 범죄학(급진적 범죄학, 비판범죄학)은 ① 비행·범죄행위는 계급투쟁의 산물, ② 자본주의 경제제도는 사회의 계급분화에서 출발, ③ 가진 자는 기관을 통하여 법적·제도적으로 무산자를 지배, ④ 하부계층이나 노동자계급의 범죄·비행보다 국가가 중한 범죄를 범한다고 하였다.

3) 범죄통제 및 범죄예방

(1) 범죄통제의 방법 및 모형

① 근세 이전에는 응보와 복수를, ② 고전주의 사상가들은 형벌과 제재를, ③ 실증주의 사상가들은 교정과 치료를, ④ 20세기 이후 범죄사회학자들은 범죄예방을 범죄통제의 방법으로 보고 있다.

제퍼리(C. R. Jeffery)는 범죄통제의 모형을 ① 형벌을 통한 범죄억제모델, ② 범죄자의 치료와 갱생정책을 통한 사회복귀모델, ③ 사회환경개선을 통한 범죄예방모델 등으로 구분하였다.

(2) 범죄예방의 개념

미국의 범죄예방연구소는 범죄예방의 개념을 범죄기회를 감소시키는 사전활동이며, 범죄에 관련된 환경적 기회를 제거하는 직접적 통제활동이라고 규정하고 있다.

랩(S. P. Lab)은 범죄예방을 실제 범죄를 줄이는 것뿐만 아니라 공중이 가지고 있는 범죄에 대한 심리적 두려움을 제거하는 사전적 활동이라고 보았다.

범죄예방활동은 우범사 등을 대상으로 지역사회 지도자 등에 의해서도 이루어지며, 범죄예방의 개념에는 범죄억제활동, 치료 및 갱생활동, 사회발전활동, 범죄기회의 제거활동 등이 모두 포함된다.

(3) 범죄예방의 유형 – 브랜팅햄(P. J. Brantingham) & 파우스트(F. L. Faust)

① 1차적 예방(사회적 예방) → 일반대중

물리적·사회적 환경 중에서 범죄의 원인이 되는 조건들을 개선시키는 데 초점을 두고 환경설계, 이웃(주민)감시, 민간경비, 일반예방, 사적 안전, 범죄와 범죄예방교육 등이 속한다.

② 2차적 예방(상황적 예방) → 우범자나 우범집단

잠재적 범죄자를 초기에 발견하고 범죄행위가 발생하기 이전에 예방하고자 하는 것으로 지역사회의 지도자, 교육자, 부모에 의해서 이루어지며 물리적 디자인 변경, 사회적 행동변화, 감시개선, 지역사회 경찰활동 등이 속한다.

③ 3차적 예방(치료, 교정) → 범죄자

실제 범죄자를 대상으로 더 이상 범죄를 저지르지 않도록 하기 위한 활동으로 대부분은 형사사법기관이 담당하며 특별예방, 체포, 기소, 치료, 사회복귀 등이 포함된다.

1차적 예방단계가 기본적으로 모든 시민들에게 적용되는 것임에 반해, 2차적 예방은 잠재적 범죄자(우범자 및 우범집단) 또는 기회범에 대한 예방을 지향하고 있으며, 3차적 예방은 재범자나 범죄성이 강한 범죄자에 대한 예방을 지향하고 있다.

4) 범죄이론과 범죄예방이론

(1) 억제이론-고전주의

인간의 자유의지와 도덕적 책임감을 강조하며, 범죄자를 합리적(경제적)으로 결정하고 행동하는 존재로 파악하며, 개인의 자유의사에 의해 범죄를 저지르는 것이므로 전적으로 범죄에 대한 책임은 개인의 책임이고, 사회의 책임이 아니라고 본다. 범죄의 동기 및 원인, 사회적 환경보다는 처벌에 초점을 두고 처벌의 신속성, 확실성, 엄격성이 중요하게 여겨진다. 특히, 응보주의 입장에서 강력한 처벌을 통한 범죄예방을 강조하며, 국가는 자유의사로 범죄를 행한 사람을 강력하고 확실한 처벌을 함으로써 범죄자와 일반인들로 하여금 미래에 범죄를 예방하는 데 효과적이라고 주장한다. 또한 고전학파 범죄예방이론으로 범죄를 저지르면 반드시 처벌된다는 것을 일반 공중에게 보여줌으로써 일반예방효과가 나타나고, 범죄자에게 엄격하고 강력한 처벌을 할 때 특별예방효과가 나타난다고 본다.

그러나 다음과 같은 이론적 한계점이 존재한다.

첫째, 범죄실행의 여부에 대해 합리적 선택을 할 수 있다고 하나, 폭력과 같은 충동적 범죄의 경우에는 적용하는 데 어려움이 있고, 처벌의 확실성을 높이기 위해 숨은 범죄를 줄이고, 인지된 범죄의 검거율을 높여야 한다고 주장한다.

둘째, 일반인이 범죄와 형벌(구성요건)을 알고 있음을 전제로 하지만 일반인은 형벌법규를 알지 못하며, 처벌을 통한 예방효과 실패 시 보완할 대안을 제시하지 못한다.

셋째, 이론 자체가 추론을 한 것이므로 처벌의 예방효과를 경험적으로 증명한 연구는 부족하다.

(2) 치료 및 갱생이론 – 실증주의

첫째, 치료 및 갱생이론은 생물학적 · 심리학적 범죄이론으로, 인간의 자유의지를 강조하는 고전주의 억제이론과 달리 결정론적 인간관을 기초로 범죄자는 정상인과 다른 생물학적 · 심리학적 결함이 있는 인간으로 본다.

둘째, 범죄자는 기본적으로 내재적인 결함이 있는 인간으로 봄으로써 범죄행위보다 범죄자에 관심을 가지며, 처벌보다는 오히려 치료를 받아야 한다고 주장한다.

셋째, 범죄현상을 사회의 책임으로 봄으로써 사회단체 및 교도소에서의 범죄예방활동의 이론적 배경이 된다. 갱생이론에 의한 구체적 범죄예방프로그램은 병리현상의 치료와 도덕교육, 직업교육 등 사회적응을 위한 치료와 갱생교육으로 나타난다.

넷째, 범죄자에 대한 확실하고 엄격한 처벌을 통한 일반예방효과보다는 범죄자의 치료와 갱생을 통한 특별예방효과에 중점을 둔다.

이 이론의 비판으로는 치료 및 갱생활동은 비교적 비용이 많이 소요되며, 치료 및 갱생프로그램은 대부분의 범죄행위에 대한 간접적 통제(온정주의, 인도주의)이므로 적극적인 범죄예방에는 한계가 있다. 또한 교도소는 갱생에 반대되는 활동을 하기도 하며, 갱생프로그램은 범죄행위가 아닌 범죄자를 대상으로 하므로 일반예방효과에는 한계가 있다. 그리고 갱생프로그램을 통해 수형자는 갱생이론이 의도하는 대로 자유인의 환경에 적응하기보다 수형자의 환경에 더욱 잘 적응하게 되는 한계가 있다.

(3) 사회발전을 통한 예방이론

첫째, 범죄의 원인을 개인과 환경의 상호작용에서 찾는다. 범죄자의 사회적 환경이 범죄자의 내재적 성향보다 더 중요한 원인으로 보기 때문에 범죄를 유발할 수 있는 사회적 환경을 개선하고 국가발전을 통하여 범죄억제를 하고자 한다.

둘째, 결정론적 인간관에 기초하여 주어진 환경(빈곤, 차별, 경제적 불평등)에 의하여 개인의 인성, 태도, 행위양식 등이 결정된다.

셋째, 지역사회 발전프로그램의 실시로 청년재창출계획, 이웃개선운동의 추진으로 공동체의 유대를 강화시켜 범죄를 예방하고자 한다.

이 이론의 비판으로는 범죄의 원인이 다양하여 범죄의 원인이 되는 사회적 환경을 개선할 능력이 있는가 하는 점이 이론의 근본적인 한계로 지적되고 있으며, 경제적·사회적·문화적 환경의 발전 등 전반적인 사회발전에 막대한 인적·물적 자원이 필요하다는 한계가 있다.

사회발전이론은 개인이나 소규모의 조직체에 의해서 수행될 수는 없으며, 국가나 사회 전체에 의하여 수행될 수 있다.

범죄예방 프로그램은 사회를 실험 대상으로 이용한다는 비판이 제기되기도 하며, 사회발전을 통한 범죄예방정책은 범죄문제를 근본적으로 해결할 것 같으면서도 실제로 수행되기에는 많은 어려움을 갖고 있다.

(4) 상황적 범죄예방이론

상황적 범죄예방이론은 범죄행위에 대한 위험과 어려움을 높여 범죄기회를 줄이고 범죄행위의 이익을 감소시켜 범죄를 예방하려는 이론이다.

합리적 선택이론은 코니쉬(D. B. Cornish)와 클라크(R. V. Clarke)가 대표적인 학자이며, 범죄행위는 비용과 이익을 고려하여 합리적으로 선택된다는 신고전주의 입장이다. 범죄자의 입장에서 선택할 수 있는 기회를 미리 진단하여 범죄예방을 할 것을 주장하였다. 고전주의 범죄관을 전제로 인간은 자유의지가 있고(비결정론적 인간관), 합리적 선택이 가능함을 전제로 하고 있으며, 억제이론과 맥락을 같이한다. 즉, 범죄자는 비용과 이익을 계산하여 유리한 경우에 범죄를 결행하기 때문에 효과적인 범죄예방은 체포의 확실성, 처벌의 엄중성과 신속성으로 예방할 수 있다는 것이다.

일상활동이론은 코헨(L. E. Cohen)과 펠슨(M. Felson)이 대표적인 학자이며, 범죄의 3요소, 즉 ① 동기가 부여된 잠재적 범죄자, ② 적절한 대상, ③ 보호자(감시자)의 부재가 범죄의 요소이다.

범죄발생의 요소를 고려하여 범죄에 대응할 것을 강조하였으며, 범죄발생요인(범죄욕구, 범죄능력, 범죄기회) 중 범죄기회를 통제하여 범죄를 예방할 것을 강조한다. 누구든지 가변적 상황요인, 즉 범죄환경과 기회조건이 갖추어지면 범행을 할 수 있는 잠재적 범죄자로 본다.

추상적이고 거시적인 범죄분석보다는 구체적 · 미시적인 분석이 범죄예방에 기여한다고 하였으며, 범죄자적 속성을 범죄의 결정적 요소로 보지 않는다.

범죄패턴이론은 브랜팅햄(P. Brantingham)이 대표적 학자로 범죄에는 일정한 장소적 패턴이 있으며, 이는 범죄자의 일상적인 행동패턴과 유사하다는 논리이다.

범죄자의 여가활동장소, 이동경로, 이동수단 등을 분석하여 범행지역을 예측함으로써 연쇄살인이나 연쇄강간 등의 연쇄범죄 해결에 도움을 줄 수 있다. 또한 지리적 프로파일링을 통한 범행지역의 예측 활성화에 기여했다.

비판으로는 범죄를 예방하는 장치나 수단을 강구할 경우 실질적으로는 범죄 감소가 아니라 전이, 즉 범죄가 이동할 뿐이라는 것이다(전이효과). 순수 범죄예방효과는 표면적으로 감소된 범죄에서 이면적으로 전이된 범죄를 제외하여야 한다(이러한 반론에 대해 이익확산효과를 주장하는 재반론이 있음).

민간부문의 과도한 보호조치는 사회적 불신과 요새화된 사회를 형성했다. 사회에 대한 국가권력의 과도한 개입을 초래함으로써 이른바 빅브라더(Big Brother)에 의하여 통제되는 국가통제사회가 될 가능성이 있다.

(5) 기타 현대적 범죄예방이론

① 환경범죄학[제이콥스(J. Jacobs), 제퍼리(C. R. Jeffery), 뉴먼(O. Newman)]

생태학적 이론을 토대로 물리적 환경의 변화를 통한 범죄예방(Crime Prevention Through Environmental Design: CPTED), 즉 물리적 설계, 주민참여, 경찰활동의 3요소를 종합적 · 계획적으로 접합한 범죄예방전략을 강조한다. 방어공간이론에서는 영역성을 강조한다. 즉, 순찰 및 감시가 용이한 주택설계를 통하여 범죄를 예방할 수 있다고 본다.

② 집합효율성이론[로버트 샘슨(R. Sampson) 등]

집합효율성이란 지역주민 간의 상호 신뢰 또는 연대감과 범죄에 대한 적극적인 개입을 의미한다. 사회해체이론에 대한 추가적인 연구에서 지역주민, 기업체, 지방자치단체 등을 지역사회 범죄율 차이의 원인으로 본다. 즉, 지역사회 구성원들의 유대강화와 범죄 등 사회문제에 대한 적극적인 개입 등 공동의 노력이 있다면 얼마든지 범죄문제에 효과적으로 대응할 수 있다는 논리를 전개하였으며, 비공식적 사회통제의 결합이 범죄예방에 효과적이라고 설명했다.

③ 깨진 유리창 이론[윌슨(J. Wilson) & 켈링(G. Kelling)]

무질서한 행위와 환경을 그대로 방치하면 주민들은 공공장소를 회피하게 되고, 범죄두려움은 증가하며 범죄와 무질서가 더욱 만연해진다. 무관용 정책(zero tolerance)과 집합효율성의 강화가 범죄를 예방하는 데 중요한 기여를 한다고 본다.

④ 피해자학

멘델존(B. Mendelsohn)은 피해자학을 제창하면서 제기하였는데, 범죄는 쌍방(범죄자, 피해자)의 존재로 성립하므로 피해자의 연구로써 재판 시 양형이나 범죄방지의 자료로 활용한다. 종전의 피해자의 범죄기여도 분석에서 최근 피해자보호의 관점으로 변화했다.

5) 방범순찰

(1) 순찰의 기능

첫째, 헤일(C. D. Hale)은 순찰의 기능을 범죄예방과 범인검거, 법집행, 질서유지, 대민서비스 제공, 교통정리 등 다섯 가지로 나누어 제시하면서 범죄예방활동을 포함한 모든 경찰활동의 목적이 순찰을 통하여 달성된다고 하였다.

둘째, 순찰은 범죄의 억제, 대민 서비스 제공을 위한 핵심적 기능이다.

셋째, 순찰은 범죄자에게 경찰이 도처에 있다는 생각을 갖게 한다.

넷째, 가시적 순찰활동은 주민들에게 심리적 안정감을 준다.

(2) 순찰의 방식과 장·단점

정선순찰은 인간에 대한 불신을 바탕으로 감독의 용이성을 위하여 강제를 통하여 경찰관 개인의 직업윤리의식 수준과 상관없이 일정한 산출을 올리려는 제도이다. 지정된 시간에 획일적으로 순찰하면서 서명을 하게 되어 있어 감독에는 용이하지만, 근무자의 자율성이 저하되고 책임회피식 순찰이 될 위험이 있다.

자율순찰은 인간에 대한 신뢰와 자율성을 바탕으로 창의적으로 임무를 수행하도록 하는 제도이다. 순찰시간과 지역을 정해주고 각자의 판단과 업무필요에 따라 순찰하는 방법이며, 지정된 순찰선이 없어 자율적 방범활동을 하는 것이다. 순찰방식의 선택은 경찰관의 윤리의식과 밀접한 관련이 있다.

순찰의 장 · 단점

	장점	단점
도보순찰	• 사고 발생 시 신속 대처 가능 • 상세한 순찰노선 부근의 정황관찰 용이 • 외부의 음향 청취에 유리 • 어떠한 장소나 도로에도 순찰 용이 • 지리에 상세한 통달 가능 • 주민접촉 빈번 • 특별한 경비가 불필요. 비용 최소화	• 순찰자의 피로가 심한 관계로 순찰노선의 단축과 횟수 감소 야기 • 기동력 부족으로 집행력 약화 • 장비휴대의 한계 • 군중 속이나 통행자가 다수인일 경우 경찰력 발휘 미흡
자동차순찰	• 높은 가시방범효과와 안정성 • 기동성에 의한 신속한 사건사고의 처리 • 다양한 장비 적재 가능	• 좁은 골목길에서는 주행이 불가능 • 정황관찰의 범위 제한 • 많은 경비 소요
오토바이순찰	• 좁은 골목길에서의 순찰 용이 • 기동성 양호 및 높은 가시효과	• 안전성 미흡 • 은밀한 순찰 불가능
자전거순찰	• 도보순찰보다 넓은 범위의 순찰 가능 • 신제적 피로가 도보순찰보다 감소 • 정황관찰과 시민과의 접촉이 비교적 용이 • 저렴한 경비로 운용 가능	• 오토바이나 자동차에 비해 기동성 저하 • 장비 적재 한계

(3) 순찰의 효과 연구 – 미국

① 뉴욕경찰의 작전25실험

뉴욕시 관할 구역 중 범죄가 많이 발생하는 지역인 뉴욕시 맨해튼 동부 25구역에 4개월 간 경찰관을 두 배로 증원·배치하여 순찰근무를 하게 했다. 실험결과 전년도의 동일기간 대비 노상강도는 90% 정도 감소, 자동차절도는 66%가 감소했다.

이 통계는 경찰 자체 조사이고, 범행에 대한 다른 변수가 통제되지 않았고, 주변지역으로 이동한 범죄(전이범죄)가 측정되지 않아 결과적으로 신뢰성에 문제가 있다.

② 캔자스(Kansas) 시의 예방순찰실험

차량순찰 수준을 증가해도 범죄는 감소하지 않았으며, 일상적인 차량순찰을 생략해도 범죄의 증가는 없었고, 대부분의 시민들은 순찰 수준의 변화를 인식하지 못했다.

③ 뉴왁(Newark) 시의 도보순찰실험

뉴왁 시의 도보순찰실험은 도보순찰을 증가하여도 실제로는 범죄발생은 감소되지 않았으나, 주민들은 자신들의 구역에서 범죄가 줄고 있다고 신뢰하고 있었다.

④ 플린트(Flint) 도보순찰 프로그램

플린트 도보순찰 프로그램의 평가결과에 의하면, 공식적인 범죄가 실험기간 동안에 증가하였음에도 불구하고 도보순찰의 결과 시민들은 오히려 더 안전하다고 느꼈다.

제 2 절 생활안전 경찰

1. 생활안전 경찰의 개념

1) 경찰개념의 분류에 따른 생활안전 경찰

사법경찰과 행정경찰 중 생활안전 경찰은 행정경찰에 해당한다. 행정경찰을 보안경찰과 협의의 행정경찰로 구분할 때 생활안전 경찰은 보안경찰에 해당한다. 보안경찰은 다른 행정작용을 동반하지 않고 오로지 경찰작용만으로 행정의 일부분을 구성하는 경우이다. 협의의 행정경찰은 위생, 산림, 건축처럼 다른 행정활동을 하면서 경찰업무를 병행하는 경우이다.

예방경찰과 진압경찰 중 생활안전 경찰은 예방경찰에 해당하며, 생활안전 경찰은 범죄의 예방정책의 수립과 집행을 담당한다.

2) 생활안전 경찰의 특성

생활안전 경찰의 특성으로는 임무의 전반성(작용의 다양성 및 대상의 광범성), 대상의 유동성, 주민과의 접촉성, 관계법령의 다양성·전문성을 들 수 있다.

또한 생활안전 경찰은 사건의 초동조치 대응빈도가 높은데, 이와 같은 업무에서는 긴박성과 즉효성을 요구한다.

2. 지역사회 경찰활동(Community Policing)

1) 전통적 경찰활동과 지역사회 경찰활동 비교

구분	전통적 경찰활동	지역사회 경찰활동
정의	경찰이 법집행의 책임을 갖는 유일한 정부기관	경찰과 시민 모두에게 범죄방지의 의무가 있음
역할	범죄해결	보다 포괄적인 문제해결의 접근방법
업무평가 방식	범인 검거율(사후진압)	범죄와 무질서가 얼마나 적은가(사전예방)
업무의 우선순위	범죄와 폭력의 퇴치	범죄와 폭력 퇴치 + 지역사회질서를 문란케 하는 요인의 해결
효율성	범죄신고에 대한 반응시간이 얼마나 짧은가	주민의 경찰업무에의 협조도
대상	범죄사건	시민의 문제와 걱정거리
강조	집중화된 조직구조, 법과 규범에 의해 규제, 법을 엄격히 준수하는 책임강조	지역사회의 요구에 부응하는 분권화된 경찰관 개개인의 능력을 강조
타 기관과의 관계	갈등	원활한 협조

2) 지역사회 경찰활동의 개념

(1) 지역 중심 경찰활동(Community Oriented Policing: COP):
트로야노비치(R. Trojanowicz)와 베케로(B. Bucqueroux)

지역사회와 경찰 사이의 새로운 관계를 증진시키는 조직적인 전략이고 원리이며, 지역사회에서의 전반적인 삶의 질 향상이라는 목표를 가진다.

마약, 범죄와 범죄에 대한 두려움, 사회적 · 물리적 무질서, 전반적인 지역의 타락과 같은 문제들을 확인하고 우선순위를 결정하고 해결하고자 경찰과 지역사회가 함께 일해야만 한다는 전제조건에 토대를 둔다.

문제가 발생하거나 심화되기 전에 문제를 해결하기 위한 새로운 사전예방적인 적극적 대응과 함께 시민 개인의 범죄피해나 응급사태에 대한 경찰의 적극적이고 효과적인 대응을 유지해야 할 필요성을 조화시키고자 한다.

(2) 문제지향적 경찰활동(Problem Oriented Policing: POP): 골드슈타인(H. Goldstein), 에크와 스펠만(J. Eck & W. Spelman)

지역사회의 문제를 해결하기 위한 여러 가지 방안을 중점으로 우선순위를 재평가하고, 각각의 문제에 따른 대응은 각각의 형태를 요구한다.

경찰관리자는 일선 경찰관들이 자신의 분야에서 문제를 결정하도록 신뢰하고, 문제해결에 필요한 시간을 주고, 범죄분석을 담당하는 부서는 지역경찰관들에게 지역의 경향과 패턴을 파악할 수 있도록 자료를 제공하도록 제도를 개선하고, 대중정보와 비평을 공개적이고 적극적으로 수용하도록 한다.

문제해결은 조사(scanning) → 분석(analysis) → 대응(response) → 평가(assessment)의 과정을 통해 궁극적인 방안을 모색하게 된다(SARA 모델).

(3) 이웃지향적 경찰활동(Neighborhood Oriented Policing: NOP): 스펠만(William Spelman)

지역에서의 범죄는 지역거주자들이 사람들의 공연한 위반 행동에 대하여 비공식적 사회통제를 기피하거나 이에 대한 대처 능력이 없기 때문에 그리고 경제적 궁핍이 소외를 정당화하기 때문에 일어난다고 본다.

지역조직은 지역사회 경찰활동 경찰관들에게서 중요한 역할을 부여받고 이들의 원조를 얻게 된다.

지역조직은 서로를 위해 감시할 목적으로 조직되며, 일부는 공식적인 민간순찰을 하기도 한다. 때로는 구역 클럽을 만들어 지역거주자들에게 지역에 관한 정보를 제공하며 경찰과 협동해서 범죄를 억제하는 기능을 수행한다.

3) 지역사회 경찰활동 사례

(1) 우리나라의 지역사회 경찰활동 사례

① 자율방범대

지역사회 주민들의 자발적 범죄예방을 위한 자율봉사조직으로 전국적으로 회원이 등록되어 있다. 범죄현장의 신고, 부녀자 안전귀가, 청소년 선도보호 활동을 실시한다.

② 시민경찰학교

경찰업무에 관한 강의와 지구대 현장체험, 유치장 및 경찰시설의 견학 실시 등 지역주민의 경찰업무 이해도 향상을 위한 체험기회를 제공한다.

주민협력치안의 기반을 조성하기 위한 지역사회 경찰활동 프로그램을 실시하며, 수료한 시민들은 경찰보조업무에 참여할 수 있도록 유도하고 있다.

③ 생활안전협의회

각 지구대 단위로 10~20명의 회원으로 구성되는데, 지역주민과 지역경찰과의 의사소통 기능과 주민의 치안행정 참여를 통한 지역사회 안전활동의 강화를 목표로 한다.

④ 청소년 범죄예방 활동

㉠ 범죄예방 교실－경찰관이 직접 학교를 방문하여 청소년들이 범죄로부터 스스로 방어할 수 있도록 여러 가지 예방교육을 실시한다.

㉡ 사랑의 교실－범죄소년들의 재범을 방지하기 위하여 한국 BBS, 한국청소년육성회 등 청소년단체들과 협조하여 인성교육에 중점을 둔 교육을 실시한다.

㉢ 명예경찰 포돌이·포순이 소년단 운영－경찰과 학교, 청소년단체의 유기적인 협조로 청소년 스스로가 각종 범죄 및 제반 사고로부터 자신을 보호할 수 있는 능력을 배양하고, 봉사활동과 교통질서 등 기초질서의식을 함양시키기 위해 조직되었다.

(2) 외국의 지역사회 경찰활동 사례

① 미국

㉠ 이웃 지켜주기 프로그램－1960년대 말 시작되었으며, 구역에서 의심스러운 사람이나 행동에 대해 상호 감시하는 프로그램으로 평균 15가구를 하나의 조로 편성하고, 매월 1회 정기모임을 통해 정보를 공유하며, 경찰은 지역감시에 대한 조언과 순찰을 통한 범죄예방 필요사항을 권고한다.

㉡ 시민순찰활동－1979년 미국 뉴욕시에서 지하철 범죄예방을 위해 시작되었으며, 지역순찰, 주민상대 범죄예방교육, 약자에 대한 보호 및 봉사활동을 전개한다.

㉢ 언론의 범죄예방 프로그램－중범죄자의 검거에 적극적으로 시민을 참여시키기 위해 범죄에 관한 정보를 가진 주민의 신고를 적극 유도하고, 일정금액의 현금보상을 실시하고, 어린이와 청소년을 상대로 한 범죄예방 프로그램을 제

작하여 언론매체를 통해 방영한다.

㉣ 기업연계 프로그램－지역사회의 기업성장을 돕고 새로운 고용을 창출하기 위해 기업유치 설명회에 경찰이 적극 참여하여 지역의 범죄예방대책과 안전을 위한 정책을 설명함으로써 지역경제 발전에 동참하는 프로그램이다.

㉤ 노숙자를 위한 프로그램－지역사회의 중대한 위협요소이자 잠재적인 범죄유발 요소인 노숙자문제를 지방정부와 협의하여 적극적으로 참여하고, 노숙자 처리를 위한 가이드라인을 작성하여 효과적으로 처리하기 위한 협력 프로그램이다.

② 영국

㉠ 범죄와 무질서 감축을 위한 협의체 구성－1998년 「범죄와 무질서법」을 제정하여 경찰과 지방정부를 책임기관으로 하는 지역협의체 구성은 3년 주기로 범죄와 무질서 감축협의회(CDRP)를 운영하고 있다.

㉡ 특별경찰－경찰업무 보조를 위한 시민의 자원봉사조직으로 18세 이상 50세 이하 누구든지 자원 가능하며, 주당 최소 4시간 이상의 봉사시간이 요구된다. 범죄대응능력 향상을 위한 사전훈련을 실시하며, 경찰과 유사한 장비 지급, 경찰과 거의 대등한 권한을 부여한다.

㉢ 지역치안 지원관－2002년 경찰개혁법 통과에 따라 시행되었으며, 지역별 경찰관서장의 특정 범위에 대한 경찰권 위임을 통해 순찰과 범죄예방활동을 실시(유급으로 운영)한다.

③ 일본

㉠ 방범협회－전국에서 지역으로의 계층적 구조로 편성되어 범죄예방 포스터 · 안내서 · 게시판 제작 · 배포, 범죄예방 신문 등을 제작하며, 각종 무도대회 및 주기적인 방범운동을 개최한다.

㉡ 약물예방협회－시민 · 청소년에 대한 약물의 해악성을 홍보하는 경찰활동을 지원한다.

㉢ 교통안전협회－시민의 교통안전의식 고취와 교통사고 예방을 위해 경찰과 함께 활동(교통안전 어머니회, 교통안전 지원회 등)하며, 교통사고 줄이기 캠페인을 전개하고 방송매체를 통해 홍보한다.

㉣ 직장방범협회－금융기관 등 범죄가 발생하기 쉬운 업종의 업소들이 결성(은행, 전당포, 공장, 백화점, 유흥업소, 숙박업소, 위생업소, 자동차관련 업소 등)하여 자치방범활동을 전개한다.

제 3 절 경찰사범단속

1. 생활질서업무

지역경찰의 업무 중 사회공공의 안녕과 질서를 유지하기 위하여 실시하는 생활질서 업무에는 풍속사범의 단속, 기초질서위반 단속, 총포·도검류 등 단속이 있다.

2. 풍속사범의 단속

1) 풍속사범의 의의 및 단속목적

풍속사범은 미풍양속을 저해하는 사범을 말하며 성매매행위, 사행행위, 음란행위 등이 있다. 음란개념은 추상적 기준이므로 어떤 행위가 음란한 행위인가에 대한 판단은 구체적 행위를 사안별로 개별적으로 판단하는 수밖에 없고, 법률로 일률적인 기준을 설정하는 것은 부적절하다.

풍속사범의 단속목적은 사회의 선량한 풍속유지 등이다. 선량한 풍속이란 어느 특정 시대나 국가에 있어서 일반적으로 용인되고 있는 도덕적 관념과 규범을 말한다. 어떤 행위가 선량한 풍속을 해하는 행위인가를 판단하는 기준은 역사적·문화적 환경에 따라 다르며 고정된 개념은 아니다.

2) 풍속영업의 규제에 관한 법률위반 단속

(1) 풍속영업소의 종사자 및 영업자

"대통령령으로 정하는 종사자"란 명칭에 관계없이 영업자를 대리하거나 영업자의 지시를 받아 상시 또는 일시적으로 영업행위를 하는 대리인 · 사용인 · 그 밖의 종업원(무도학원업의 경우 감사 · 감사보조원을 포함한다)을 말한다(풍속영업의 규제에 관한 법률 시행령 제3조).

풍속영업자에는 허가 또는 인가를 받지 않거나 등록 또는 신고를 하지 않고 풍속영업을 영위하는 자도 포함된다.

(2) 풍속영업자 및 종사자의 준수사항

첫째, 풍속영업을 영위하는 장소에서 「성매매알선 등 행위의 처벌에 관한 법률」 제2조 제1항 제2호의 규정에 따른 성매매알선등행위를 해서는 아니 된다.

둘째, 음란행위를 하게 하거나 이를 알선 또는 제공하는 행위는 아니 된다.

셋째, 음란한 문서 · 도화 · 영화 · 음반 · 비디오물, 그 밖의 음란한 물건에 대한 반포(頒布) · 판매 · 대여하거나 이를 하게 하는 행위와 관람 · 열람하게 하는 행위 및 반포 · 판매 · 대여 · 관람 · 열람의 목적으로 진열하거나 보관하는 행위는 아니 된다.

넷째, 도박이나 그 밖의 사행(射倖) 행위를 하게 하는 행위는 아니 된다(풍속영업의 규제에 관한 법률 제3조).

(3) 풍속영업소에 대한 경찰관의 출입 · 검사 시 유의사항

풍속영업소에 출입하여 검사하는 경찰공무원은 그 권한을 표시하는 증표를 지니고 이를 관계인에게 내보여야 한다(풍속영업의 규제에 관한 법률 제9조).

풍속영업소의 검사를 위한 출입범위는 원칙적으로 영업소에 한정해야 한다. 즉, 내실이나 종업원의 거실 등에는 출입하지 않도록 한다.

(4) 노래연습장의 단속

노래연습장은 「음악산업진흥에 관한 법률」의 적용을 받는다. 노래연습장 업주는 주류를 판매 · 제공하는 행위, 접대부를 고용 · 알선하는 행위, 성매매 또는 음란행위를 하게 하거나, 이를 알선 · 제공하는 행위를 해서는 안 된다. 위반 시 2년 이하의 징역 또는 2천만 원 이하의 벌금에 처한다.

청소년 출입허용시설이 없는 노래연습장은 「청소년 보호법」에 따라 출입금지 연령이 19세 미만이다. 노래연습장은 시장 · 군수 · 구청장에게 등록해야 한다. 청소년은 부모나 감독자와 동행하여 청소년출입시간 외에 출입할 수 있다.

3) 아동 · 청소년의 성보호에 관한 법률위반 단속

이 법은 아동 · 청소년 대상 성범죄의 처벌과 절차에 관한 특례를 규정하고 피해아동 · 청소년을 위한 구제 및 지원 절차를 마련하며 아동 · 청소년 대상 성범죄자를 체계적으로 관리함으로써 아동 · 청소년을 성범죄로부터 보호하고 아동 · 청소년이 건강한 사회구성원으로 성장할 수 있도록 함을 목적으로 한다.

"아동 · 청소년의 성을 사는 행위"는 아동 · 청소년, 아동 · 청소년의 성(性)을 사는 행위를 알선한 자 또는 아동 · 청소년을 실질적으로 보호 · 감독하는 자 등에게 금품이나 그 밖의 재산상 이익, 직무 · 편의제공 등 대가를 제공하거나 약속하고 다음 각 목의 어느 하나에 해당하는 행위를 아동 · 청소년을 대상으로 하거나 아동 · 청소년으로 하여금 하게 하는 것을 말한다.

① 성교 행위, ② 구강 · 항문 등 신체의 일부나 도구를 이용한 유사 성교 행위, ③ 신체의 전부 또는 일부를 접촉 · 노출하는 행위로서 일반인의 성적 수치심이나 혐오감을 일으키는 행위, ④ 자위 행위이다.

대상 아동 · 청소년에 대하여는 보호 및 재활을 위하여 처벌하지 아니한다. 아동 · 청소년의 선도보호와 아동 · 청소년 대상 성범죄로 유죄판결이 확정된 자의 신상정보 등록 및 공개와 취업제한 등을 규정하고 있다. 참고로 청소년을 이용한 성적 접대행위는 「청소년 보호법」에서 규율한다.

3. 사행행위의 단속

사행행위는 여러 사람으로부터 재물이나 재산상의 이익을 모아 우연의 방법으로 득실을 결정하여 재산상의 이익이나 손실을 주는 행위를 말한다.

1) 사행행위영업

① 복권발행업

② 현상업

③ 그 밖의 사행행위업 – 회전판돌리기업, 추첨업, 경품업 등이다.

2) 허가 및 승인권자

사행행위영업을 하고자 하는 자는 시설 등을 갖추어 행정안전부령이 정하는 바에 의하여 시·도경찰청장의 허가를 받아야 한다. 영업의 대상범위가 둘 이상의 특별시·광역시 또는 도에 걸치는 경우에는 경찰청장의 허가를 받아야 한다. 허가를 받은 자가 대통령령이 정하는 중요사항을 변경하고자 하는 때에는 행정안전부령이 정하는 바에 의하여 경찰청장 또는 시·도경찰청장의 허가를 받아야 한다. 국가기관 또는 지방자치단체가 사행행위영업을 하고자 하는 때에는 경찰청장의 승인을 받아야 한다(사행행위 등 규제 및 처벌 특례법 제4조).

3) 허가의 유효기간

허가의 유효기간은 영업의 종류별로 대통령령으로 정하되, 3년을 초과할 수 없다(사행행위 등 규제 및 처벌 특례법 제7조). 참고로 복권발행업·현상업 및 그 밖의 사행행위업 허가의 유효기간은 90일이다(사행행위 등 규제 및 처벌 특례법 시행령 제4조). 허가의 유효기간이 지난 후 계속하여 영업을 하고자 하는 자는 행정안전부령이 정하는 바에 의하여 다시 허가를 받아야 한다.

4. 총포·도검·화약류 등의 단속

1) 용어의 정의

총포는 권총·소총·기관총·포·엽총, 금속성 탄알이나 가스 등을 쏠 수 있는 장약총포, 공기총(압축가스를 이용하는 것을 포함한다) 및 총포신·기관부 등 그 부품으로서 대통령령이 정하는 것을 말한다(총포·도검·화약류 등의 안전관리에 관한 법률 제2조). '총'은 권총(기관권총 포함), 소총, 기관총(구경 20mm 미만, 기관권총 제외), 엽총, 사격총, 어획총, 마취총, 도살총, 산업용총, 구난구명총, 가스발사총, 기타 뇌관의 원리를 이용한 장약총 등이다.

"도검"이란 칼날의 길이가 15센티미터 이상인 칼·검·창·치도(稚刀)·비수 등으로서 성질상 흉기로 쓰이는 것과 칼날의 길이가 15센티미터 미만이라 할지라도 흉기로 사용될 위험성이 뚜렷한 것 중에서 대통령령이 정하는 것을 말한다. 월도, 장도, 단도, 검, 창, 치도, 비수, 잭나이프(칼날의 길이가 6센티미터 이상의 것에 한한다), 비출나이프(칼날의 길이가 5.5센티미터 이상이고, 45° 이상 자동으로 펴지는 장치가 있는 것에 한한다), 그 밖의 6센티미터 이상의 칼날이 있는 것으로서 흉기로 사용될 위험성이 뚜렷이 있는 도검 등이 있다.

"화약류"란 다음 각 호의 화약, 폭약 및 화공품(火工品: 화약 및 폭약을 써서 만든 공작물)을 말한다.

2) 총포 등 소지 및 취급금지 연령

20세 미만인 사람은 총포・도검・화약류・분사기・전자충격기・석궁의 소지허가를 받을 수 없다(총포・도검・화약류 등의 안전관리에 관한 법률 제13조 제1항 제1호).

18세 미만의 사람은 총포・도검・화약류・분사기・전자충격기・석궁을 취급(제소・판매・수수・직재・운빈・지장・소지・사용・폐기 등을 말한다)하여서는 아니 되며, 누구든지 그들에게 이를 취급하게 하여서는 아니 된다(동법 제19조 제1호). 단, 대한체육회장이나 특별시・광역시 또는 특별자치도의 체육회장이 추천한 선수 또는 후보자가 사격경기용 총 등을 소지하고자 하는 경우에는 예외이다.

3) 총기로 인한 공중의 위험을 방지하기 위한 조치

① 5.5mm 단탄 공기총 중요부품 순찰지구대 보관

② 총포의 안전도를 연 1회 정기적으로 실시

③ 수렵기간 중 산탄엽총과 공기총 총기보관 해제

④ 민유총포 보유 허가제

㉠ 권총, 소총－시・도경찰청의 허가

㉡ 엽총, 공기총, 가스발사총, 마취총－경찰서장의 허가

5. 사격 및 사격장 관리

원칙적으로 사격장을 설치하고자 하는 자는 경찰서장이나 시・도경찰청장의 허가

를 받아야 한다. 예외적으로 공기총(압축가스를 이용하는 것을 포함한다) 사격장 또는 석궁사격장을 설치하고자 하는 자는 경찰서장의 허가를 받아야 한다(사격 및 사격장 안전관리에 관한 법률 제6조).

원칙적으로 관공서·「초·중등교육법」 및 「고등교육법」에 따른 학교·병원·공원·사찰 또는 교회·주택·「영유아보육법」에 따른 어린이집·「유아교육법」에 따른 유치원, 그 밖에 대통령령으로 정하는 시설 또는 장소로부터 200미터 이내의 주변에서는 실외사격장을 설치하지 못한다(사격 및 사격장 안전관리에 관한 법률 제8조).

사격의 제한자로는 ① 14세 미만의 자(다만, 사격경기용 총기나 석궁으로 사격하는 경우는 제외한다), ② 심신상실자(장애인복지법 제2조 제2항에 따른 장애인 중 지적장애인, 정신장애인, 그 밖의 중증장애인으로서 사리분별 능력이 없는 사람 중 대통령령으로 정하는 기준에 해당하는 사람), ③ 음주자, ④ 그 밖에 위해를 발생하게 할 우려가 있는 사람이다(사격 및 사격장 안전관리에 관한 법률 제13조).

원칙적으로 허가관청은 위해방지를 위하여 연 1회 이상 정기적으로 사격장에 대한 점검을 하여야 한다.

6. 기초질서위반 단속

1) 기초질서 단속의 의의

기초질서 단속은 국민의 일상생활 속에서 준법정신을 높이고 사회적 도덕심을 향상시켜 공동생활의 평화질서를 확보하고, 비교적 경미한 범죄행위의 단속을 통하여 그 이후에 발생할 수 있는 더 큰 범죄를 예방하는 데 의의를 찾을 수 있다.

2) 기초질서 위반행위

기초질서 단속은 「경범죄 처벌법」과 「도로교통법」에 근거한다. 쓰레기 등 투기 및 노상방뇨 등, 광고물 무단부착 등은 「경범죄 처벌법」에서의 기초질서 위반행위이며, 보행자 무단횡단 등은 「도로교통법」에서의 기초질서 위반행위이다.

3) 경범사범의 단속

① 주민등록번호를 거짓으로 꾸며대고 배를 타면 거짓 인적사항 사용죄가 성립한다.

② 근거 없이 신기하고 용한 약방문인 것처럼 내세우거나, 그 밖의 미신의 방법으로 병을 진찰, 치료, 예방한다고 하여 사람들의 마음을 홀리게 한 사람은 미신요법죄가 성립한다. 미신요법죄는 재산상의 이득까지 취할 것을 요건으로 하지 않는다.

③ 과다노출죄는 장소, 행위자의 성별, 나이 등에 따라 구체적 · 상대적으로 판단해야 한다.

④ 지문채취불응죄는 범죄 피의자로 입건된 사람에 대하여 경찰공무원이나 검사가 지문채취를 요구했을 경우에만 성립한다.

⑤ 출입이 금지된 구역이나 시설 또는 장소에 정당한 이유 없이 들어간 경우 무단출입죄가 성립한다.

⑥ 총포 등의 조작장난죄는 '여러 사람이 모이거나 다니는 곳'일 것을 요건으로 한다.

⑦ 상대방의 명시적 의사에 반하여 지속적으로 접근을 시도하여 면회 또는 교제를 요구하거나 지켜보기, 따라다니기, 잠복하여 기다리기 등의 행위를 반복하는 사람은 지속적 괴롭힘에 해당한다.

⑧ 몹시 거친 말이나 행동으로 주위를 시끄럽게 하거나 술에 취하여 이유 없이 다른 사람에게 주정한 사람은 음주소란 등에 해당한다(경범죄 처벌법 제3조).

4) 범칙금의 납부

「경범죄 처벌법」에 의하여 통고처분서를 받은 사람은 그 통고처분서를 받은 날부터 10일 이내에 경찰청장 · 해양경찰청장 또는 철도특별사법경찰대장이 지정한 은행, 그 지점이나 대리점, 우체국 또는 제주특별자치도지사가 지정하는 금융기관이나 그 지점에 범칙금을 납부해야 한다.

다만, 천재 · 지변이나 그 밖의 부득이한 사유로 말미암아 그 기간 내에 범칙금을 납부할 수 없을 때에는 그 부득이한 사유가 없어지게 된 날부터 5일 이내에 납부하여야 한다. 상기 납부기간 내에 범칙금을 납부하지 않은 사람은 납부기간이 마지막 날의 다음 날부터 20일 이내에 통고받은 범칙금에 그 금액의 100분의 20을 더한 금액을 납부하여야 한다. 범칙금을 납부한 사람은 그 범칙행위에 대하여 다시 처벌받지 아니한다(경범죄 처벌법 제8조).

경찰서장, 해양경찰서장 및 제주특별자치도지사는 납부기간 내에 범칙금을 납부하지 않은 사람에 대해서는 지체 없이 즉결심판을 청구하여야 한다. 즉결심판이 청구되기 전까지 통고받은 범칙금에 그 금액의 100분의 50을 더한 금액을 납부한 사람에 대해서는 그러하지 아니하다(동법 제9조 제1항).

제 4 절 즉결심판

1. 즉결심판절차의 의의

즉결심판절차는 범증이 명백하고 죄질이 경미한 범죄사건을 신속·적정한 절차로 심판함으로써 소송경제를 도모하기 위한 것으로, 피고인의 자백만으로 유죄를 인정할 수 있다. 지방법원, 지원 또는 시·군법원이 경미한 범죄, 즉 20만 원 이하의 벌금, 구류, 과료에 처할 사건에 대하여 일반 형사소송절차를 거치지 않고 심판한다(즉결심판에 관한 절차법 제2조).

즉결심판의 청구권자는 관할 경찰서장이며, 정식재판을 청구하고자 하는 피고인은 즉결심판의 선고·고지를 받은 날부터 7일 이내에 정식재판청구서를 경찰서장에게 제출해야 한다(즉결심판에 관한 절차법 제14조).

2. 불출석심판제도

1) 의의

벌금 또는 과료를 선고하는 경우에는 피고인이 출석하지 않더라도 심판할 수 있다. 궐석으로 즉결심판을 받는 제도이다.

피고인 또는 즉결심판 출석통지서를 받은 자는 법원에 불출석심판을 청구할 수 있고, 법원이 이를 허가한 때에는 피고인이 출석하지 않더라도 심판할 수 있다.

2) 불출석심판을 청구할 수 있는 자의 범위

① 「경범죄 처벌법 시행령」 제6조 제1항 또는 제3항에 의하여 즉결심판 출석통지를 받은 자

② 「도로교통법 시행령」 제98조 제1항 또는 제2항에 의하여 즉결심판 출석통지를 받은 자

③ 별표 기재 법률위반행위로 즉결심판 출석통지를 받은 자 등이다(즉결심판절차에서의 불출석심판청구 등에 관한 규칙 제2조).

3) 불출석심판청구의 방식

불출석심판을 청구하고자 하는 자는 즉결심판을 청구할 관할 경찰서장 또는 해양경찰서장에게 「경범죄 처벌법 시행령」 제2조 또는 「도로교통법 시행령」 제93조에 규정된 범칙금액에 그 100분의 50을 더한 금액 또는 별표 기재 벌금 등 예납기준액을 예납하고 불출석심판청구서를 제출하여야 한다. 경찰서장이 즉결심판을 청구함에는 제출받은 불출석심판청구서를 사건기록과 함께 법원에 제출하여야 한다(즉결심판절차에서의 불출석심판청구 등에 관한 규칙 제3조).

4) 허가 여부의 결정

불출석심판청구가 있는 때에는 법원은 특별한 사정이 없는 한 불출석심판청구를 허가해야 한다. 다만, 별표 기재 법률위반 사건으로서 그 죄질이 중하거나 범행이 상습적으로 이루어진 경우에는 불출석심판을 허가하지 아니한다(동법 제4조).

5) 결정에 따른 조치

불출석심판청구를 허가하여 피고인의 출석없이 즉결심판을 한 때에는 법원서기관, 법원사무장, 법원주사 또는 법원주사보는 즉결심판서의 오른쪽 위의 여백과 즉결심판사건부의 비고란에 각각 "불출석심판"이라고 주인하여 놓아야 한다. 불출석심판청구를 허가하지 아니한 때에는 다시 즉결심판기일을 정하여 피고인을 소환하여야 한다(동법 제5조).

제 5 절 유실물처리

1. 유실물법의 주요 내용

1) 습득물의 조치 등

타인이 유실한 물건을 습득한 자는 이를 신속하게 유실자 또는 소유자, 그 밖에 물건회복의 청구권을 가진 자에게 반환하거나 경찰서(지구대 · 파출소 등 소속 경찰관서를 포함한다) 또는 제주특별자치도의 자치경찰단 사무소(이하 "자치경찰단"이라 한다)에 제출하여야 한다. 다만, 법률에 따라 소유 또는 소지가 금지되거나 범행에 사용되었다고 인정되는 물건은 신속하게 경찰서 또는 자치경찰단에 제출하여야 한다. 물건을 경찰서에 제출한 경우에는 경찰서장이, 자치경찰단에 제출한 경우에는 제주특별자치도지사가 물건을 반환받을 자에게 이를 반환하여야 한다. 이 경우에 반환을 받을 자의 성명이나 주소를 알 수 없을 때에는 대통령령으로 정하는 바에 따라 공고하여야 한다(유실물법 제1조).

경찰서장 또는 자치경찰단을 설치한 제주특별자치도지사는 보관한 물건이 멸실되거나 훼손될 우려가 있을 때 또는 보관에 과다한 비용이나 불편이 수반될 때에는 대통령령으로 정하는 방법으로 이를 매각할 수 있다. 매각에 드는 비용은 매각대금에서 충당한다. 매각 비용을 공제한 매각대금의 남은 금액은 습득물로 간주하여 보관한다(유실물법 제2조).

습득물의 보관비, 공고비 그 밖에 필요한 비용은 물건을 반환받는 자나 물건의 소유권을 취득하여 이를 인도받는 자가 부담하되 「민법」 제321조~제328조의 규정(유치권에 관한 규정)을 적용한다(유실물법 제3조).

물건을 반환받는 자는 물건가액의 100분의 5 이상 100분의 20 이하의 범위에서 보상금을 습득자에게 지급하여야 한다. 다만, 국가 · 지방자치단체 그 밖에 대통령령으로 정하는 공공기관은 보상금을 청구할 수 없다(유실물법 제4조).

습득물의 보관비, 공고비 그 밖에 필요한 비용과 보상금은 물건을 반환한 후 1개월이 지나면 이를 청구할 수 없다(유실물법 제6조).

습득자는 미리 신고하여 습득물에 관한 모든 권리를 포기하고 의무를 지지 아니할 수 있다(유실물법 제7조). 물건을 반환받을 각 권리자가 그 권리를 포기한 경우에는 습득자가 그 물건의 소유권을 취득한다. 다만, 습득자는 그 취득권을 포기하고 제8조 제1항의 예에 따를 수 있다(유실물법 제8조).

습득물 그 밖의 이 법의 규정을 준용하는 물건을 횡령함으로써 처벌을 받은 자 및 습득일부터 7일 이내에 습득물을 신고 또는 제출하지 않은 자는 비용과 보상금을 받을 권리 및 습득물의 소유권을 취득할 권리를 상실한다(유실물법 제9조).

2) 선박, 차량, 건축물 등의 습득(유실물법 제10조)

① 관리자가 있는 선박, 차량, 건축물, 그 밖에 일반인의 통행을 금지한 구내에서 타인의 물건을 습득한 자는 그 물건을 관리자에게 인계하여야 한다.

② 제1항의 경우에는 선박, 차량, 건축물 등의 점유자를 습득자로 한다. 자기가 관리하는 장소에서 타인의 물건을 습득한 경우에도 또한 같다.

③ 이 조의 경우에 보상금은 제2항의 점유자와 실제 물건을 습득한 자가 반씩 나누어야 한다.

④ 「민법」 제253조에 따라 소유권을 취득하는 경우에는 제2항에 따른 습득자와 제1항에 따른 사실상의 습득자는 반씩 나누어 그 소유권을 취득한다. 이 경우 습득물은 제2항에 따른 습득자에게 인도한다.

3) 장물의 습득(유실물법 제11조)

범죄자가 놓고 간 것으로 인정되는 물건을 습득한 자는 신속히 그 물건을 경찰서에 제출하여야 한다. 다만, 공소권이 소멸되는 날부터 6개월 간 환부(還付)받는 자가 없을 때에만 습득자가 그 소유권을 취득한다.

4) 준유실물(유실물법 제12조)

착오로 점유한 물건, 타인이 놓고 간 물건이나 일실(逸失)한 가축에 관하여는 이 법 및 「민법」 제253조를 준용한다. 다만, 착오로 점유한 물건에 대하여는 제3조의 비용과 제4조의 보상금을 청구할 수 없다.

5) 매장물(유실물법 제13조)

매장물이 「민법」 제255조에서 정하는 물건인 경우 국가는 매장물을 발견한 자와 매장물이 발견된 토지의 소유자에게 통지하여 그 가액에 상당한 금액을 반으로 나누고, 국고(國庫)에서 각자에게 지급하여야 한다. 다만, 매장물을 발견한 자와 매장물이 발견된 토지의 소유자가 같을 때에는 그 전액을 지급하여야 한다. 제2항의 금액에 불복하는 자는 그 통지를 받은 날부터 6개월 이내에 민사소송을 제기할 수 있다.

6) 수취하지 아니한 물건의 소유권 상실 및 수취인이 없는 물건의 귀속 (유실물법 제14조 및 제15조)

이 법 및 「민법」 제253조, 제254조에 따라 물건의 소유권을 취득한 자가 그 취득한 날부터 3개월 이내에 물건을 경찰서 또는 자치경찰단으로부터 받아가지 아니할 때에는 그 소유권을 상실한다.

이 법의 규정에 따라 경찰서 또는 자치경찰단이 보관한 물건으로서 교부받을 자가 없는 경우에는 그 소유권은 국고 또는 제주특별자치도의 금고에 귀속한다.

2. 경찰관서의 유실물처리 조치

① 습득물 신고서와 보관증을 작성하여 보관증은 당해 습득물 제출자에게 교부해야 한다.

② 분실신고를 접수한 지구대에서는 분실 및 습득물처리대장에 기재해야 한다. 지구대장 명의로 분실신고 접수증을 교부할 수 있고, 타 법령에서 경찰서장의 분실신고 접수증을 요구할 경우에는 경찰서장 명의로 교부해야 한다.

③ 경찰서에서는 일반유실물에 대하여 습득물 관리카드에 기록하므로, 별도로 분실 및 습득물처리대장에 기재할 필요가 없다.

④ 차량등록판 분실신고 접수 시 유실자가 제시한 차량등록증과 신분증을 복사하여 분실신고서에 첨부한다.

⑤ 지구대에서 관내주민의 주민등록증만을 습득신고 접수할 경우에는 읍・면・동 사무소에 직접 인계한다.

⑥ 운전면허증만 접수된 경우 교통과를 통해 조회 후 재발급 전이면 분실자에게 우편으로 우송하고, 재발급된 경우에는 교통과에 인계한다. 교통과에서는 생활안전과에서 넘겨받은 운전면허증은 폐기한다.

⑦ 1개 지갑 속에 주민등록증, 운전면허증, 신용카드 등이 함께 들어 있는 경우 지구대에서는 24시간 이내에 인도해야 하고, 경찰서에서는 3일 이내에 유실자에게 직접 인도한 후 관련 대장에 수령인을 받거나 우편봉투에 습득물과 안내문을 동봉하여 우송한다.

⑧ 습득물이 10만 원 이하의 금품일 경우 진정한 권리자임이 확인되고 보상금 협의가 이행된 후에는 청구권자에게 우편으로 반환할 수 있다.

⑨ 경찰서장은 습득물이 현금일 경우 금융기관에 예탁한 후 통장을 보관한다.

제 6 절 소년경찰활동

1. 소년의 유형 – 소년법 및 소년업무규칙

비행소년	범죄소년	죄를 범한 14세 이상 19세 미만인 소년
	촉법소년	형벌법령에 저촉되는 행위를 한 10세 이상 14세 미만인 소년
	우범소년	다음에 해당하는 사유가 있고 그의 성격이나 환경에 비추어 앞으로 형벌법령에 저촉되는 행위를 할 우려가 있는 10세 이상 19세 미만인 소년 • 집단적으로 몰려다니며 주위 사람들에게 불안감을 조성하는 성벽이 있는 것 • 정당한 이유 없이 가출하는 것 • 술을 마시고 소란을 피우거나 유해환경에 접하는 성벽이 있는 것
죄질이 경미한 범죄소년		「즉결심판에 관한 절차법」 제2조의 즉결심판의 대상에 해당하는 범죄소년
학교 밖 청소년		•「초・중등교육법」 제2조의 초등학교・중학교 또는 이와 동일한 과정을 교육하는 학교에 입학한 후 3개월 이상 결석하거나 취학의무를 유예한 청소년 •「초・중등교육법」 제2조의 고등학교 또는 이와 동일한 과정을 교육하는 학교에서 제적・퇴학처분을 받거나 자퇴한 청소년 •「초・중등교육법」 제2조의 고등학교 또는 이와 동일한 과정을 교육하는 학교에 진학하지 아니한 청소년

2. 소년보호사건의 처리

1) 비행소년의 처리 – 소년업무규칙

경찰관은 소년에 대해서는 가급적 구속을 피하고 부득이 구속, 체포 또는 동행하는 경우에는 그 시기와 방법에 특히 주의하여야 한다. 경찰관은 피해 소년의 심정을 이해하고 그 인격을 존중하며, 신체적 · 정신적 · 경제적 피해의 회복과 권익증진을 위하여 노력하여야 한다. 경찰관은 피해자 및 신고자의 비밀을 보장하여야 한다. 다만, 피해자 등이 동의한 경우에는 그러하지 아니하다. 경찰관은 범죄소년 사건을 입건하여 수사한 결과 혐의가 인정되는 경우에는 관할 지방검찰청 검사장 또는 지청장에게 송치하여야 한다. 경찰서장은 촉법소년과 우범소년에 대해서는 소년보호사건으로 하여 관할 소년부에 송치하여야 한다. 경찰관은 소년사건을 조사할 때에는 소년의 주거 · 성명 · 연령 · 직업 · 용모 등에 의하여 본인을 알 수 있을 정도의 사실이나 사진이 보도되지 않도록 특히 주의하여야 한다.

2) 소년형사절차의 특례

죄를 범할 당시 18세 미만인 소년에 대하여 사형 또는 무기형으로 처할 경우에는 15년의 유기징역으로 한다. 다만, 특정강력범죄를 범한 소년에 대해서는 20년의 유기징역으로 한다(소년법 제59조).

소년이 법정형으로 장기 2년 이상의 유기형에 해당하는 죄를 범한 경우에는 그 형의 범위에서 장기와 단기를 정하여 선고하되, 장기는 10년, 단기는 5년을 초과하지 못한다. 다만, 특정 강력범죄를 범한 소년에 대해서는 장기는 15년, 단기는 7년을 초과하지 못한다(소년법 제60조).

18세 미만인 소년에게는 「형법」 제70조의 규정에 의한 노역장 유치선고를 하지 못한다(소년법 제62조).

징역 또는 금고를 선고받은 소년에 대하여는 특별히 설치된 교도소 또는 일반 교도소 안에 특별히 분리된 장소에서 그 형을 집행한다. 다만, 소년이 형의 집행 중에 23세가 되면 일반 교도소에서 집행할 수 있다(소년법 제63조).

보호처분이 계속 중일 때에 징역, 금고 또는 구류의 선고를 받은 소년에 대해서는 먼저 그 형을 집행한다(소년법 제64조).

3. 청소년에 대한 규제

1) 업태별 출입 · 고용제한 연령

유흥주점 단란주점	출입	19세 미만	「청소년 보호법」 제29조 제2항, 제59조 제8호
	고용		「청소년 보호법」 제29조 제1항, 제58조 제4호
	청소년 주류 판매		「청소년 보호법」 제28조 제1항, 제59조 제6호
다방 (고용만)	기타 다방	15세 미만	「근로기준법」 제64조(취직인허증 없이)
		18세 미만	「근로기준법」 제66조(가족관계기록사항에 관한 증명서와 친권자 또는 후견인의 동의서 비치없이)
	소개업자	18세 미만	「직업안정법」 제21조의3 제2항
일반음식점 (고용만)	소주방, 호프, 카페	19세 미만	「청소년 보호법」 제29조 제1항, 제58조 제4호 ※ 고용주만 처벌
	일반식당	15세 미만	「근로기준법」 제64조(취직인허증 없이)
		18세 미만	「근로기준법」 제66조(가족관계기록사항에 관한 증명서와 친권자 또는 후견인의 동의서 비치없이)

* 티켓다방 자체가 불법이므로 단속 대상이 된다.

2) 청소년유해약물 등으로부터 청소년 보호

'청소년'이란 만 19세 미만의 자를 말한다. 다만, 만 19세에 도달하는 해의 1월 1일을 맞이한 자를 제외한다. '청소년유해약물 등'이란 청소년에게 유해한 것으로 인정되는 주류, 담배, 마약류, 환각물질 등 청소년유해약물과 청소년에게 유해한 것으로 인정되는 청소년유해물건을 말한다(청소년보호법 제2조 제4호).

청소년에게 술이나 담배를 판매하는 자는 2년 이하의 징역 또는 2천만 원 이하의 벌금형으로 처벌할 수 있으나, 구입하는 청소년은 처벌할 수 없다.

3) 청소년유해업소

(1) 청소년출입 · 고용금지업소(출입 및 고용 금지)

① 「게임산업진흥에 관한 법률」에 따른 일반게임제공업 및 복합유통게임제공업 중

대통령령으로 정한 것

② 「사행행위 등 규제 및 처벌특례법」에 의한 사행행위영업

③ 「식품위생법」에 의한 식품접객업 중 대통령령으로 정하는 것
   -유흥주점영업, 단란주점영업

④ 「영화 및 비디오물의 진흥에 관한 법률」에 의한 비디오물감상실업 및 제한관람가비디오물소극장업 및 복합영상물제공업

⑤ 「음악산업진흥에 관한 법률」에 의한 노래연습장업 중 대통령령이 정하는 것

⑥ 「체육시설의 설치 · 이용에 관한 법률」에 의한 무도학원업, 무도장업

⑦ 전기통신설비를 갖추고 불특정한 사람 상호 간의 전화통화를 매개하는 것을 주된 목적으로 하는 영업(예: 전화방)

⑧ 불특정한 사람 사이의 신체적인 접촉 또는 은밀한 부분의 노출 등 성적 행위가 이루어지거나 이와 유사한 행위가 이루어질 우려가 있는 서비스를 제공하는 영업으로서 청소년보호위원회가 결정하고 여성가족부장관이 고시한 것

⑨ 청소년유해매체물, 청소년유해약물 및 청소년유해물건을 제작 · 생산 · 유통하는 영업 등 청소년의 출입과 고용이 청소년에게 유해하다고 인정되는 영업으로서 대통령령이 정하는 기준에 따라 청소년보호위원회가 결정하고 여성가족부장관이 이를 고시한 것(예: 성기구판매업소)

⑩ 「한국마사회법」에 따른 장외발매소

⑪ 「경륜 · 경정법」에 따른 장외매장 등이다(청소년보호법 제2조 제5호).

(2) 청소년고용금지업소(출입 가능, 고용 금지)

① 「게임산업진흥에 관한 법률」에 따른 청소년게임제공업 및 인터넷컴퓨터게임시설제공업

② 「공중위생관리법」에 의한 숙박업, 이용업, 목욕장업 중 대통령령으로 정하는 것
   ㉠ 숙박업-다만, 「관광진흥법」의 규정에 의한 휴양콘도미니엄업과 「농어촌정비법」 또는 「국제회의산업 육성에 관한 법률」의 적용을 받는 숙박시설에 의한 숙박업 제외
   ㉡ 이용업-다만, 다른 법령에 의하여 취업이 금지되지 아니한 남자청소년의 경우에는 고용 가능

ⓒ 목욕장업 중 안마실을 설치하여 영업을 하거나 또는 개실로 구획하여 하는 영업

③ 「식품위생법」에 의한 식품접객업 중 대통령령으로 정하는 것
 – 티켓다방, 소주방, 호프, 카페

④ 「영화 및 비디오물의 진흥에 관한 법률」에 의한 비디오물소극장업

⑤ 「화학물질관리법」에 의한 유해화학물질 영업(유독물제조업, 유독물판매업, 유독물보관·저장업, 유독물운반업 및 유독물사용업) 다만, 유해화학물질 사용과 직접 관련이 없는 영업으로서 대통령령이 정하는 영업 제외

⑥ 회비 등을 받거나 유료로 만화를 대여하는 만화대여업

⑦ 청소년유해매체물, 청소년유해약물 등을 제작·생산·유통하는 영업 등 청소년의 고용이 청소년에게 유해하다고 인정되는 영업으로서 대통령령이 정하는 기준에 따라 청소년보호위원회가 결정하고 여성가족부장관이 고시한 것 등이다(청소년보호법 제2조 제5호).

※ 「담배사업법」에 의한 제조담배의 소매업은 청소년고용금지업소가 아니다.

※ 비디오물대여업은 청소년고용금지업소가 아니다.

4. 실종아동등 · 가출인 업무처리

1) 용어의 정의(실종아동등의 보호 및 지원에 관한 법률 제2조)

(1) 아동등

다음의 어느 하나에 해당하는 자를 말한다.

① 실종 당시 18세 미만인 아동

② 「장애인복지법」 제2조의 장애인 중 지적장애인 · 자폐성장애인 · 정신장애인

③ 「치매관리법」 제2조 제2호의 치매환자

(2) 실종아동등

약취·유인 또는 유기되거나 사고를 당하거나 가출하거나 길을 잃는 등의 사유로 인하여 보호자로부터 이탈된 아동등을 말한다.

2) 정보통신망 수배 대상 및 수배제외 대상

(1) 실종아동등 프로파일링시스템 입력 대상

① 실종아동등

② 가출인

③ 보호시설 입소자 중 무연고자 등이다.

(2) 실종아동찾기센터 홈페이지의 수배 대상

① 실종아동등

② 가출인 ※ 가출인의 수배자료는 행방불명자의 경우에만 일반인에게 공개 가능

③ 치매질환자 등이다.

(3) 실종아동등 프로파일링시스템 입력배제 대상

① 민사문제 해결 목적으로 신고된 자

② 범죄 혐의를 받고 형사관련 수배된 자

③ 허위로 신고된 자

④ 보호자 중 일부가 가출 시 동행한 실종아동등

⑤ 기타 주변정황에 비추어 명백히 정보통신망 수배 대상이 아닌 자 등이다.

3) 실종아동등 프로파일링시스템 등록 및 수배

경찰관서의 장은 관할 장기실종아동등에 대하여 정보통신망 수배일로부터 1월까지는 15일에 1회, 1월이 경과한 후부터는 분기별 1회 보호자에게 추적 진행사항 통보 및 귀가 여부를 확인한다. 경찰서장은 가출인에 대하여 실종아동등 프로파일링시스템 수배일로부터 반기 1회 보호자에게 귀가 여부를 확인한다.

제 7 절 민간경비활동

1. 민 · 경협력 생활안전체제의 강화

1) 생활안전기능에서 담당하는 민간방범업무

(1) 자율방범대에 대한 생활안전업무

(2) 민간경비업체에 의한 생활안전활동

(3) 시민단체 및 언론에 의한 생활안전활동

청원경찰의 근무에 대한 감독은 경비과에서 담당하고 있다.

다양한 사회현상 속에서 모든 방범취약요소를 경찰이 완전히 파악하여 대처하기에는 한계가 있으므로 이를 보완하기 위하여 주민들의 생활안전활동에의 참여와 자위방범체제를 구축하는 것이 필요하게 된다.

2) 민 · 경협력 생활안전체제의 강화방안

첫째, 경찰과 주민과의 동반자관계를 정립하여 지역사회의 문제해결에 경찰이 관심을 갖고 주민과 함께 노력한다.

둘째, 범죄예방활동에 주민들의 자발적 참여를 유도하기 위하여 민간방범의 중요성을 적극 홍보한다.

셋째, 자율방범단체를 조직하고 명확한 활동계획과 업무평가 등 운영의 합리화를 도모한다.

넷째, 민간경비산업의 육성을 위한 제도적 장치 마련, 경찰과 협력체제 구축 등의 노력을 경주한다.

2. 민간경비업

1) 민간경비업의 의의 및 업무

'Private Security'라고 불리는 산업으로 여러 가지 위해로부터 개인의 이익이나 생명 및 재산을 보호하기 위하여 특정한 의뢰인인 고객으로부터 보수를 받고 안전·경비에 관련된 서비스를 제공하는 개인이나 단체, 영리기업을 뜻한다.

민간경비업의 업무로는 ① 시설경비, ② 신변보호, ③ 호송경비, ④ 기계경비, ⑤ 특수경비, ⑥ 혼잡·교통유도경비 등이 있다.

민간경비의 필요성으로는 ① 산업화에 따른 사회병리현상과 범죄 증가 및 경찰력의 한계, ② 특별한 개인적 서비스에 대한 수익자부담원칙의 확산, ③ 범죄예방에 관한 치안공동생산 공감대 형성 등이 있다.

2) 민간경비업 발전을 위한 고려사항

경찰이 범죄예방의 한 축으로 민간경비업의 발전을 위하여 ① 종사자들의 전문성과 윤리의식 제고를 위한 지도·감독 강화, ② 상호 업무협조와 조직에 대한 이해 증진, ③ 지역 범죄특성 등 정보교류 강화 등 다양하고 적극적인 방법을 강구할 필요가 있다.

참고로, 민간경비업의 주요 내용은 다음과 같다.

경비업의 허가권자는 시·도경찰청장이다. 「경비업법」에 경비업의 업무로는 시설경비업무, 호송경비업무, 신변보호업무, 기계경비업무, 특수경비업무, 혼잡·교통유도경비업무의 여섯 가지가 있다. 경비업은 법인이 아니면 이를 영위할 수 없으며, 「경비업법」은 경비업의 건전한 운영에 이바지함을 목적으로 한다. 경비업 허가신청은 법인만이 할 수 있고, 경비업을 영위하고자 하는 법인은 주사무소의 소재지를 관할하는 시·도경찰청장의 허가를 받아야 한다.

Introduction to Police Science

02 수사 경찰활동

제 1 절 수사의 기초이론

1. 범죄의 진압 및 수사

범죄란 형식적으로는 실정법에 의하여 제재로서 형벌이 과해지는 행위를 말한다. 형벌법규에 규정되어 있는 구성요건에 해당하고 위법·유책한 행위를 말한다. 과료나 범칙금과 같이 형벌 이외의 제재나 보안처분의 대상이 되는 행위는 범죄가 아니다. 범죄는 보통 자연범과 법정범으로 구별되는데, 여기서는 양자 모두 포함하며 행정범은 반드시 유책성을 요구하지는 않는다.

1) 범죄진압의 의의

범죄진압이란 주로 범죄가 막 일어나려고 하는 것을 미연에 방지하거나 범죄가 이미 발생된 뒤에도 그 확대를 방지 또는 종식시키는 활동을 말한다. 그 활동의 내용은 범죄의 예방과 범죄의 수사, 양자의 모두에 중복된다. 집단적 범죄의 경우에는, 특히 예방과 수사를 합쳐서 진압이라는 말을 많이 사용한다.

2) 범죄수사의 의의

수사는 공소제기 여부의 결정 또는 공소제기 및 이를 유지・수행하기 위한 준비행위로써 공소제기 이전은 물론 공소제기 이후에도 할 수 있다. 공소제기 이후에는 주로 검사에 의하여 이루어지는 경우가 많다.

수사활동에는 범죄사실 조사, 증거 및 범인발견 등이 포함되며, 현행법의 수사에 대해서는 「형사소송법」 제197조에 '수사한다'로 규정하여 법정주의 원칙을 천명하고 있다. 범죄수사는 사법경찰 작용으로서 수사경찰의 주된 임무이다.

2. 수사의 조건

수사의 조건이란 수사권의 발동과 수사실행의 조건으로서 수사절차의 개시와 그 진행・유지에 필요한 조건을 의미한다. 이는 수사기관의 무제한적인 재량권 행사를 방지하고 수사권의 발동과 행사에 제한을 가하기 위하여 의미가 있는 것이다.

수사의 일반적 조건에는 수사의 필요성과 상당성이 있는데, 수사는 이 필요성과 상당성이 있는 경우에 한해서 허용된다.

1) 수사의 필요성

범죄의 혐의란 범죄사실 존재의 개연성을 말하며, 이는 주관적 혐의와 객관적 혐의로 구분한다. 주관적인 범죄혐의는 수사기관이 범죄의 혐의를 주관적으로 인정하는 경우이며, 객관적인 범죄의 혐의가 증거에 의하여 객관적으로 뒷받침되는 경우인데, 수사의 개시는 구체적 사실에 근거한 주관적 범죄혐의가 있는 경우에 수사가 가능하다.

수사는 공소제기 가능성이 있는 경우 가능하므로, 공소제기의 가능성이 없는 사건은 수사가 허용되지 아니한다. 소송조건은 검사의 공소제기가 유효하기 위한 조건으로 법원의 실체재판을 행하기 위한 전제조건이다. 소송조건이 결여되면 공소제기 가능성이 없게 되므로 수사의 필요성도 부인된다. 문제는 고소가 있어야 공소제기가 가능한 친고죄에서 고소가 없는 경우 수사의 필요성이 인정될 것인지가 문제된다. 견해의 대립이 있지만 판례는 고소의 가능성이 있는 경우 수사는 적법하다고 판시하였다(대판 1995.2.24., 1994도252).

2) 수사의 상당성

범죄인지의 상당성이란 수사기관의 범죄인지가 수사 시 비례의 원칙에 의해서 상당하다고 인정되는 경우이다. 범죄로 인한 피해가 극히 경미한 사건에 대해서 범죄인지를 하는 것은 범죄인지권의 남용이다.

수사방법은 사회통념상 상당하다고 인정되어야 한다. 문제는 마약사범과 조직범죄를 수사하기 위한 방법으로 함정수사가 인정될 것인가의 문제이다. 함정수사는 범죄유발형과 기회제공형으로 구분할 수 있는데, 판례는 범죄유발형 함정수사만 위법하고 기회제공형은 적법하다고 판시하였다(대판 2008.3.13., 2007도10804).

3. 수사의 원칙

1) 수사의 기본이념

수사절차의 기본이념은 실체적 진실의 발견과 기본적 인권의 보장이다. 실체적 진실주의는 당사자의 주장, 인부(認否) 또는 입증에 구애되지 않고 객관적인 사실의 진상을 규명하려는 절차법의 이념이다. 실체적 진실의 발견에는 인간 능력의 한계, 제도자체에서 오는 한계, 인권보장적 측면에서 가해지는 절차의 한계가 있다.

2) 수사의 지도원리

실체적 진실주의, 무죄추정의 법리, 필요최소한도의 법리, 적정절차가 있다.

3) 제도적 표현

임의수사의 원칙, 수사비례의 원칙, 수사 비공개의 원칙, 자기부죄 강요금지의 원칙, 강제수사 법정주의의 원칙, 영장주의의 원칙, 제출인 환부의 원칙이 있다.

4) 범죄수사의 3대 원칙 - 3S원칙

첫째, 모든 범죄수사는 가급적 신속히 착수하여 죄증이 인멸되기 전에 수사를 수행종결하여야 한다는 것이 신속착수의 원칙(Speedy Initiation)이다.

둘째, 범죄의 현장이나 물건 등은 변화를 본질로 하므로, 수사관이 그 범죄현장을 보존하고 철저히 관찰해야 한다. 즉, 범죄의 현장은 증거의 보고(寶庫)라는 현장보존의 원칙(Scene Preservation)이다.

셋째, 수사관은 평소에도 공중의 적극적인 협력을 얻어야 하지만 범죄수사는 시민의 협력 없이는 힘들다. 즉, 사회는 증거의 바다(海)라는 말은 시민협력의 원칙(Support by the Public)이다.

5) 범죄수사의 기본원칙

① 임의수사의 원칙
② 강제수사 법정주의
③ 강제수사 영장주의
④ 수사비례의 원칙
⑤ 수사 비공개의 원칙
⑥ 자기부죄 강요금지의 원칙

제 2 절 수사의 과정

1. 범죄수사의 단계적 고찰

1) 내사(입건 전 조사)

내사(內査)는 수사의 전 단계로서 신문 등 출판물의 기사, 익명의 신고, 소문 등에 범죄혐의 유무를 조사할 가치가 있는 내용이 있을 때 그 진상을 밝히기 위하여 입건하지 아니하고 조사하는 단계를 말한다. 조사결과 범죄혐의가 있고 입건의 필요와 가치가 있을 때에는 수사개시의 단서가 되므로 범죄인지보고서를 작성하여 입건한다. 범죄혐의가 없거나 입건할 필요가 없을 때에는 경찰서장에게 보고한 후 지시를 받아 내사사건종결처리부에 기재하여 내사 종결한다.

2) 입건(수사의 개시)

수사기관이 사건을 인지하여 수사를 개시함을 입건(立件)이라고 한다. 입건의 원인은 내사를 통한 범죄의 인지, 고소·고발의 접수, 자수, 자복, 변사체 검시, 수사지휘, 타 사법경찰업무 취급관서로부터의 이송사건수리 등이다.

수사를 개시한 때란 범죄인지서를 작성하여 입건한 경우 및 수사준칙 제19조 제1항에 해당하는 경우를 포함한다.

① 피혐의자의 수사기관 출석조사

② 피의자 신문조서의 작성

③ 긴급체포

④ 체포·구속영장의 청구 또는 실행

⑤ 사람의 신체, 주거, 관리하는 건조물, 자동차, 선박, 항공기 또는 점유하는 방실에 대한 압수수색 또는 검증영장(부검을 위한 검증영장은 제외한다)의 청구 또는 신청

실무에서 입건이란 수사기관에 비치된 범죄사건부에 사건을 기재하고 사건번호를 부여하는 단계를 말하며, 그와 동시에 혐의자가 피의자의 신분으로 된다.

3) 수사의 실행

사건이 수리되면 수사를 실행하게 된다. 수사해야 할 사항은 범인, 범죄사실, 증거이다(형사소송법 제197조 참조). 구속사건은 구속한 날부터 10일 이내, 고소·고발사건은 수리한 때로부터 2개월 이내에 수사를 완료해야 한다.

4) 사건의 송치(수사의 종결)

사법경찰관은 사건에 대하여 진상이 파악되고 적용할 법령, 처리의견을 제시할 수 있을 정도가 되면 사건을 검사에게 송치한다. 이로써 경찰의 수사행위는 일단 종결되는 것으로 본다.

불송치 통지의 경우 고소인 등의 이의신청이 있는 때에는 검사에게 사건을 송치하며, 검사로부터 재수사 요청을 받을 때에는 사건을 재수사한다.

5) 송치 후의 수사

사건송치 후 피의자의 여죄가 발견되거나 검사의 공소제기 또는 유지를 위한 보완수사요구가 있을 경우 이에 상응하는 추가적인 수사활동이 전개된다. 또한 검사로부터 시정조치 요구 등을 받을 때에는 정당한 이유가 없으면 시정조치를 이행하고 시정조치 결과를 검사에게 통보한다.

2. 수사의 단서

수사기관이 범죄혐의가 있다고 판단하게 되는 원인을 수사의 단서라고 한다.

수사의 단서는 수사기관의 체험에 의한 경우와 타인의 체험에 의한 경우로 구분할 수 있다. 전자에 해당하는 경우는 현행범인의 발견, 거동수상자의 불심검문, 변사사건의 처리, 타 사건 수사 중 범죄 발견, 기타 보도, 출판, 소문 등이 있으며, 후자에 해당하는 경우는 고소·고발, 자수, 피해신고(익명신고 포함), 투서, 진정, 탄원 등이 있다.

1) 불심검문

불심검문이란 경찰관이 범죄의 예방 및 범인검거의 목적으로 거동수상자를 정지시켜서 그 권한에 의하여 직접 질문하여 조사하는 것을 말한다(제1편 제4장 제3절 경찰작용법 참조).

2) 변사체의 검시

사람의 사망이 범죄에 기인한 것인가를 판단하기 위해 수사기관이 변사체의 상황을 조사하는 것이다. 변사체의 검시는 관할 지방검찰청 검사가 하도록 되어 있고, 사법경찰관은 검사의 지휘를 받아 검시를 대행할 수 있을 뿐이다.

변사체 검시는 수사 전의 처분이므로, 변사체 검시는 수사로 보지 않는다. 변사자 또는 변사의 의심있는 시체는 반드시 검시를 해야 한다.

3) 고소·고발

고소는 피해자 또는 그 대리인이 수사기관에 대하여 범죄사실을 신고하여 범인의 소추를 구하는 의사표시이다. 고소는 1심 판결 선고 전까지 취소할 수 있으며, 친고죄에 있어서 고소는 수사의 단서일 뿐만 아니라 소송조건이 된다.

대법원은 '수사가 장차 고소나 고발이 있을 가능성이 없는 상태에서 행해졌다는 등의 특단의 사정이 없는 한 고소나 고발이 있기 전에 수사를 하였다는 이유만으로 그 수사가 위법하다고 볼 수 없다'고 판시하여 제한적 허용설을 취하고 있다.

고발은 범인 및 고소권자 이외의 제3자가 범죄사실을 수사기관에 신고하여 범인의 소추를 구하는 의사표시이다. 고발은 일반적으로 수사개시의 단서에 불과한 것이나, 예외로 특정한 범죄에 관하여는 소송조건이 될 수 있다.

「조세범처벌법」, 「관세법」, 「출입국관리법」, 「물가안정에 관한 법률」, 「독점규제 및 공정거래에 관한 법률」 등의 위반에 해당될 때는 당해 소속기관의 고발을 받아야 수사할 수 있다. 그러나 「특정범죄 가중처벌 등에 관한 법률」 위반에 해당될 때에는 고발 없이도 수사할 수 있다.

4) 자수

자수란 범인이 수사기관에 대하여 자발적으로 자기의 범죄사실을 신고하여 소추를 구하는 의사표시를 하는 것을 말한다. 범죄사실을 신고하는 시기에는 제한이 없다. 즉, 범죄사실이 발각된 후에 신고하거나, 지명수배를 받은 후라 할지라도 체포 전에 자발적으로 신고한 이상 자수에 해당한다.

3. 수사첩보 및 범죄첩보의 수집

1) 범죄첩보의 특징

첫째, 그 내용이 아무리 중요하더라도 시간이 경과함에 따라 가치가 감소하게 된다.

둘째, 범죄첩보는 결합되고 가공되며, 기초첩보가 다른 기초첩보와 결합하여 구체적인 사건첩보가 되거나 사건첩보가 다른 사건첩보와 결합하여 범죄첩보가 된다.

셋째, 단순한 사실의 나열이 아니고 그 속에 하나의 원인과 결과를 내포하고 있다

넷째, 범죄첩보는 다른 첩보와 연결되어 있어 이를 분해하고 혼합함으로써 완전한 사건으로서 새로운 모습을 갖게 된다.

다섯째, 범죄첩보는 수사기관의 필요성에 따라 가치가 달라진다.

2) 수사(범죄)첩보의 수집요령

모든 경찰관은 일상 업무를 수행하면서 항상 적극적인 자세로 문제의식을 가지고 사물을 관찰함으로써 정확한 사회진단에 의한 수사첩보를 발굴 · 수집하여야 한다. 신속 · 정확한 수사첩보활동을 위해서는 평소에 범죄 상황 및 수법을 파악하고 있어야 하며, 관내 주민의 실태파악과 아울러 원만한 인간관계의 형성이 필요하다.

3) 수사첩보 수집 및 처리 규칙

수사첩보란 수사와 관련된 각종 보고자료로서 범죄첩보와 정책첩보가 있다.

범죄첩보는 대상자, 혐의 내용, 증거자료 등이 특정된 입건 전 조사 단서 자료(범죄사건첩보)와 범죄 관련 동향(범죄동향첩보)을 말한다.

기획첩보는 일정기간 집중적으로 수집이 필요한 범죄첨보를 말한다.

정책첩보는 수사제도 및 형사정책 개선, 범죄예방 및 검거대책에 관한 자료이다.

수사첩보분석시스템은 수사첩보의 수집, 작성, 평가, 배당 등 전 과정을 전산화한 시스템으로서 수사국 범죄첩보분석시스템(Criminal Intelligence Analysis System: CIAS)과 사이버수사국 사이버첩보관리시스템(Cyber Intelligence Management System)으로서 경찰청 범죄정보과(사이버수사기획과)에서 구축 또는 운영 중인 것을 말한다.

경찰공무원은 입수한 모든 수사첩보는 수사첩보분석시스템을 통하여 작성 · 제출함을 원칙으로 하며, 허위의 사실을 수사첩보로 제출해서는 안 된다.

평가 및 기록관리 책임자(이하 '평가 책임자'라 한다)는 다음과 같다.

① 경찰청 – 범죄정보(사이버수사기획)과장

② 시 · 도경찰청 및 경찰서 – 수사(사이버수사)과장(형사과가 분리된 경우 형사과장)

평가 책임자는 제출된 수사첩보의 내용이 부실하여 보충할 필요성이 있는 경우 제출자에게 보완을 요구할 수 있다. 평가 책임자는 제출된 수사첩보를 비공개하여야 하나, 범죄예방 및 검거 등 수사목적으로 수사첩보 내용을 공유할 필요가 있다고 인정할 경우 수사첩보분석시스템에서 공유하게 할 수 있다.

경찰공무원이 입수한 모든 수사첩보는 수사첩보분석시스템을 통하여 처리되어야 한다. 각급 경찰관서장은 입수된 수사첩보를 신속하게 처리하고 압수된 수사첩보와 관련하여 당해 관서에서 처리하기가 적합하지 않다고 인정될 만한 사유가 있는 경우에 한하여 상급관서에서 처리할 수 있도록 지체 없이 보고한다.

수집된 수사첩보는 수집관서에서 처리하는 것을 원칙으로 한다. 다만, 평가 책임자는 수사첩보에 대해 범죄지, 피내사자의 주소·거소 또는 현재지 중 어느 1개의 관할권도 없는 경우 이송할 수 있다.

범죄첩보의 평가결과 및 그 기준은 다음과 같다.

특보	전국단위 기획수사에 활용될 수 있는 첩보와 2개 이상의 시·도경찰청과 연관된 중요사건 첩보 등 경찰청에서 처리해야 할 첩보이다.
중보	2개 이상 경찰서와 연관된 중요 사건 첩보 등 시·도 단위에서 처리해야 할 첩보이다.
통보	경찰서 단위에서 조사할 가치가 있는 첩보이다.
기록	조사할 정도는 아니나 추후 활용할 가치가 있는 첩보이다.
참고	단순히 수사업무에 참고가 될 뿐 사용가치가 적은 첩보이다.

수사첩보에 의해 사건해결 또는 중요범인을 검거하였을 경우 수사첩보제출자를 사건을 해결한 자 또는 검거자와 동등하게 특별승진 또는 포상할 수 있다. 일정기간 동안 개인별로 수사첩보성적을 평가하여 포상 및 특별승진 등 기준으로 사용할 수 있으며, 제출한 수사첩보에 의해 수사시책 개선발전에 기여한 자는 별도 포상한다.

제 3 절 강제수사

1. 체포영장에 의한 체포

1) 요건

피의자가 죄를 범하였다고 의심할 만한 상당한 이유가 있고, 정당한 이유 없이 「형사소송법」 제200조의2 규정에 의한 출석요구에 응하지 아니하거나 응하지 아니할 우려가 있는 때에는 검사는 관할 지방법원판사에게 청구하여 체포영장을 발부받아 피의자를 체포할 수 있고, 사법경찰관은 검사에게 신청하여 검사의 청구로 관할 지방법원판사의 체포영장을 발부받아 피의자를 체포할 수 있다.

2) 체포의 제한

다액 50만 원 이하의 벌금, 구류 또는 과료에 해당하는 사건에 관하여는 피의자가 일정한 주거가 없는 경우 또는 정당한 이유 없이 검사 또는 사법경찰관의 수사상 필요에 의한 출석요구에 응하지 아니한 경우에 한하여 체포할 수 있다.

3) 체포절차

체포영장신청서 작성 → 체포영장신청부 기재 → 체포영장 신청 → 체포영장 청구 → 체포영장 발부 → 체포영장 제시 및 집행 → 범죄사실 고지 → 체포영장집행원부 기재 → 체포통지(24시간 이내) → 구속영장 신청 또는 석방(48시간 이내)

4) 체포영장의 집행

검사의 지휘에 의하여 사법경찰관리가 집행한다. 체포영장을 집행함에는 피의자에게 반드시 이를 제시해야 하며, 신속히 지정된 법원 기타 장소에 인치해야 한다. 그러나 체포영장을 소지하지 않은 경우에 급속을 요하는 때에는 피의자에 대하여 공소사실의 요지와 영장이 발부되었음을 고하고 집행할 수 있다.

집행을 완료한 후에는 신속히 체포영장을 제시해야 한다. 영장에 의한 체포, 긴급체포, 현행범인 체포된 피의자에 대하여 범죄사실의 요지, 체포의 이유와 변호인을 선임할 수 있음을 말하고, 변명할 기회를 준 후 확인서를 받아 수사기록에 편철한다.

5) 사후절차

체포한 피의자를 구속하고자 할 때에는 체포한 때로부터 48시간 이내에 구속영장을 청구해야 한다. 그 기간 이내에 구속영장을 청구하지 아니한 때에는 검사의 지휘를 받아 피의자를 즉시 석방해야 한다.

6) 체포 · 구속적부심사

체포 또는 구속된 피의자 또는 그 변호인, 법정대리인, 배우자, 직계친족, 형제자

매나 가족, 동거인 또는 고용주는 관할 법원에 체포 또는 구속의 적부심사를 청구할 수 있다.

2. 긴급체포

1) 요건

첫째, 피의자가 사형·무기 또는 장기 3년 이상의 징역이나 금고에 해당해야 한다(장기 3년 이상은 법정형이 장기 3년 이상임을 의미).

둘째, 죄를 범하였다고 의심할 만한 상당한 이유가 있어야 한다. 단, 수사기관의 주관적 혐의만으로는 부족하고 범죄혐의에 대한 객관적·합리적 근거가 있어야 한다.

셋째, 피의자가 증거를 인멸할 염려가 있거나 도망하거나 도망할 우려가 있어야 한다. 단, 일정한 주거가 있는 피의자에 대해서도 긴급체포가 요청되는 경우가 있으므로, 주거부정을 긴급체포의 요건에서 제외하고 있다.

넷째, 긴급을 요하여 지방법원판사의 체포영장을 받을 시간적 여유가 없는 경우라야 한다.

2) 사후절차

사법경찰관이 피의자를 체포한 경우에는 즉시 긴급체포서를 작성하여야 한다. 12시간 이내에 검사에게 긴급체포한 사유와 체포를 계속해야 할 사유 등을 기재한 긴급체포승인건의서를 작성하여 긴급체포 승인건의를 해야 한다. 단, 기소중지된 피의자를 당해 수사관서가 위치하는 시·도 이외의 지역에서 긴급체포한 경우에는 24시간 이내에 검사가 긴급체포를 승인하지 않은 때에는 피의자를 즉시 석방해야 한다.

검사 또는 사법경찰관이 피의자를 긴급체포한 경우 피의자를 구속하고자 할 때에는 지체 없이 검사는 관할 지방법원판사에게 구속영장을 청구하여야 하고, 사법경찰관은 검사에게 신청하여 검사의 청구로 관할 지방법원판사에게 구속영장을 청구하여야 한다. 이 경우 구속영장은 피의자를 체포한 때부터 48시간 이내에 청구하여야 한다.

3) 재체포의 제한

긴급체포 후 구속영장을 청구하지 않거나 발부받지 못하여 석방된 자는 영장 없이는 동일한 범죄사실에 관하여 체포하지 못한다.

3. 현행범인의 체포

1) 현행범인 및 준현행범인

현행범인이란 범죄를 실행하고 있거나 실행하고 난 직후의 사람을 말한다. 예비·음모를 벌하는 죄인 때에는 예비·음모 자체가, 교사·방조를 벌하는 죄인 때에는 그 교사·방조가 곧 범죄실행인 것이므로, 그런 행위를 하고 있거나 실행하고 난 직후의 사람도 현행범인이다.

다음과 같은 자는 준현행범인으로서 현행범인으로 간주된다.

① 범인으로 불리며 추적되고 있을 때, ② 장물이나 범죄에 사용되었다고 인정하기에 충분한 흉기나 그 밖의 물건을 소지하고 있을 때, ③ 신체나 의복류에 증거가 될 만한 뚜렷한 흔적이 있을 때, ④ 누구냐고 묻자 도망하려고 할 때이다.

50만 원 이하의 벌금, 구류 또는 과료에 해당하는 죄의 현행범인은 주거가 분명하지 아니한 때에 한하여 현행범인으로 체포할 수 있다. 10만 원 이하의 벌금, 구류 또는 과료의 형에 처하도록 규정되어 있는 「경범죄 처벌법」 위반 사건은 경미범죄의 특칙에 해당된다.

2) 현행범인 체포절차

먼저, 경찰관 체포 시에는 범죄사실 등 고지 → 현행범인체포서 작성 → 현행범인체포원부 기재 → 체포통지 → 구속영장 신청 또는 석방 순이다. 또한 사인(私人) 체포 시에는 현행범인 인도 → 현행범인인수서 작성 → 현행범인체포원부 기재 → 체포통지 → 구속영장 신청 또는 석방 순이다.

검사 또는 사법경찰관리가 현행범인을 체포한 경우 또는 현행범인을 인도받은 경우에 체포한 피의자를 구속하고자 할 때에는 체포한 때부터 48시간 이내에 「형사소송법」 제201조의 규정에 의하여 구속영장을 청구해야 한다. 그 기간 이내에 구속영장을 청구하지 아니하는 때에는 피의자를 즉시 석방해야 하며, 이때 검사의 지휘는 불필요하며 소속경찰관서장의 지휘를 받는다.

4. 구속

1) 구속의 의의와 목적

구속이란 피고인 또는 피의자의 신체의 자유를 체포에 비해 장기간 제한하는 대인적 강제처분으로 피의자구속은 수사절차에서 수사기관이 법관의 영장을 발부받아 행하는 구인·구금하는 것이고, 반드시 체포된 자임을 요하지 아니한다(형사소송법 제201조, 제201조의2). 피고인구속은 공소제기 후 법원이 행하는 구인과 구금이다(동법 제69조). 구인이란 피고인 등을 법원 또는 일정한 장소에 실력을 행사하여 인치하는 강제처분으로 구인한 피고인을 법원에 인치한 경우에 구금할 필요가 없다고 인정한 때에는 그 인치한 때로부터 24시간 이내에 석방하여야 한다(동법 제71조).

구속은 피의자·피고인의 형사소송에의 출석을 보장하고, 증거인멸에 의한 수사와 심리의 방해를 제거하며, 확정된 형벌의 집행을 확보하는 것을 그 목적으로 한다. 또한 구속은 형사소송의 진행을 확보하기 위한 것이며 단순히 수사를 용이하게 하기 위함(수사의 편의, 자백을 받기 위함)이 아니다.

2) 구속의 요건

「형사소송법」 제201조 제1항은 피의자 구속요건을, 제70조는 피고인 구속 사유를 규정하고 있다. 피의자의 구속요건은 피고인에게 준용하고 있으므로 피의자·피고인의 구속요건은 동일하다.

피의자·피고인이 죄를 범하였다고 의심할 만한 상당한 이유가 있어야 한다(동법 제201조 제1항, 제70조 제1항). 구속은 수사기관의 주관적 혐의로는 부족하고 객관적 범죄혐의가 있어야 한다. 즉, 무죄추정을 깨뜨릴 수 있을 정도의 유죄판결에 대한 고도의 개연성이 존재해야 하며, 따라서 위법성 조각 사유·책임 조각 사유가 존재하는 경우에는 객관적 범죄혐의를 인정할 수 없다.

구속 사유로는 주거부정, 증거인멸, 도망하거나 도망할 염려이다. 그러나 개정된

「형사소송법」은 제70조 제2항을 신설하여 범죄의 중대성, 재범의 위험성, 피해자 및 중요 참고인 등에 대한 위해 우려 등을 고려하여야 한다.

3) 구속의 절차

검사는 관할 법원의 피의자 구속 시 판사에게 구속영장을 청구하여 구속영장을 발부받아 피의자를 구속할 수 있다. 그러나 사법경찰관은 검사에게 신청하여 검사의 청구로 피의자를 구속할 수 있을 뿐이다. 또한 피고인 구속 시 검사의 영장청구가 필요한가에 대하여 판례는 법원이 피고인에게 구속영장을 발부하는 경우에도 검사의 신청이 있어야 한다는 것이라고 볼 수는 없다(대판 1996.8.12., 96모46)고 하여 부정설을 취하고 있다.

검사의 영장청구는 형식적 절차의 확실성을 위하여 반드시 서면으로 한다(형사소송규칙 제93조). 또한 구속영장의 청구에는 구속의 필요를 인정할 수 있는 자료를 제출하여야 한다(형사소송법 제201조 제2항). 피의자도 구속영장의 청구를 받은 판사에게 유리한 자료를 제출할 수 있다(형사소송규칙 제96조 제2항, 제3항).

5. 압수 · 수색

증거물이나 몰수물의 수집과 보전을 목적으로 하는 대물적 강제처분이다. 임의수사에 의하여도 수사의 목적을 달성할 수 있는 때에는 대물적 강제처분을 할 수 없다. 강제처분이므로 원칙적으로 영장주의의 원칙이 적용되지만, 긴급성이 있는 경우는 영장주의의 예외가 허용된다.

1) 압수 · 수색 후의 조치

증거물 또는 몰수한 물건을 압수하였을 때에는 압수조서와 압수목록을 작성해야 한다. 압수물이 있을 경우 압수목록을 기록한 압수증명서를 교부해야 하며, 압수물이 없을 경우 압수물이 없다는 취지의 수색증명서를 교부해야 한다.

2) 압수물의 환부 · 가환부

검사 또는 사법경찰관은 사본을 확보한 경우 등 압수를 계속할 필요가 없다고 인정되는 압수물 및 증거에 사용할 압수물에 대하여 공소제기 전이라도 소유자, 소지자, 보관자 또는 제출인의 청구가 있는 때에는 환부 또는 가환부하여야 한다(형사소송법 제218조의2).

3) 유류물 · 임의제출물의 압수 – 영치

범죄사실과 관련이 있다고 판단되는 증거물인 경우 보관과 관리의 이유로 고소인에게 반환하는 것이 바람직하지 않고, 임의제출물로 압수하여 관리하는 것이 타당하다. 소지자 · 소유자 · 보관자 등이 임의로 증거물을 제출할 경우 영장 없이 압수할 수 있다.

법률효과는 영장에 의한 압수와 동일하고, 일단 영치된 이상 제출자가 임의로 취거할 수 없으며, 사후 별도의 압수 · 수색영장은 필요하지 않다.

4) 범행 중 또는 범행직후 범죄장소에서의 압수 · 수색 · 검증

범행 중 또는 범행직후의 범죄장소에서 긴급을 요하여 법원판사의 영장을 받을 수 없는 때에는 영장 없이 압수 · 수색 또는 검증이 가능하다. 이 경우에는 사후에 지체 없이 압수 · 수색영장을 발부받아야 한다. 물론 피의자의 체포 또는 구속을 전제로 하지 않으며, 피의자가 현장에 있거나 체포되었을 것을 요건으로 하지 않는다.

6. 검증

검증이란 사람의 신체나 장소 또는 물건의 존재형태 · 움직임을 오관의 작용으로 직접 경험하는 강제처분이다. 내용에 있어서는 실황조사와 같으나 강제력에 의한다는 점에서 서로 다르고, 범죄혐의가 확정적으로 발견된 뒤에 행하게 되는 점에서 검시와 다르다.

법원의 검증과 수사기관이 하는 검증이 있는 바, 법원의 검증은 증거조사의 일종으로 영장이 요구되지 않으나, 수사기관의 검증은 강제처분으로서 원칙적으로 영장이 요구된다. 수사기관의 검증에 관하여는 법원의 검증에 관한 규정이 준용되고, 검증에 있어서의 절차적 사항과 제한, 예외규정은 압수 · 수색의 경우와 동일하다.

검증의 방법에 관하여는 특별한 제한이 없다. 즉, 검증을 함에 있어서는 신체의 검사, 사체의 해부, 분묘의 발굴, 물건의 파괴 기타 필요한 처분을 할 수 있다. 그러나 피의자 아닌 자의 신체검색은 증거의 존재를 확인할 수 있는 현저한 이유가 있는 경우에 한하여 할 수 있다.

사법경찰관의 영장신청 후 검사가 영장을 청구하면 지방법원판사가 영장을 발부한 후 집행한다. 그러나 범행 중 또는 범행직후의 범죄장소에서의 검증은 영장 없이 가능하나 사후에 영장을 청구하여야 한다.

제 4 절 수사서류의 작성

1. 수사서류의 작성방법

첫째, 수사서류에는 작성한 연월일을 기재해야 하며, 작성자의 소속관서(소속 부·과 또는 청·과) 및 계급을 기재해야 한다. 또한 작성자의 기명날인 또는 서명을 할 것이 요구된다. 이때 날인 대신에 기명만 하는 것은 허용되지 않는다.

둘째, 수사서류가 2매 이상인 때에는 서류의 연속성을 증명하기 위하여 작성자의 날인에 사용한 인장을 가지고 매 엽에 간인한다. 이에 대한 규정은 없고 통상 좌측 여백에 작성자가, 우측 여백에 진술자가 날인한다.

셋째, 여백이나 공백에는 사선을 긋고 날인할 것, 즉 문자를 마음대로 삽입할 수 없다는 것을 담보하여 서류의 신빙성을 높이기 위하여 여백·공백에는 반드시 사선을 긋고 그 선상 중앙부에 날인한다.

넷째, 문자를 변·개조하지 말 것, 즉 원칙적으로 문자를 고쳐서는 안 되며, 문자를 삭제하거나 삽입하거나 난 외에 기재할 필요가 있는 경우에는 다음의 방법을 취한다.

피의자신문조서나 진술조서인 경우에는 삽입된 문자 또는 삭제된 문자 위에 작성자가 날인한 후 좌측 난 외에 '가○자' 또는 '삭○자' 라고 기재하고, 그곳에 진술자로 하여금 날인하게 해야 한다. 진술자가 외국인인 때에는 그 날인을 생략할 수 있다.

2. 적용법조의 기재요령

1) 기재범위

(1) 구성요건 특정에 필요한 각칙

처벌규정, 금지규정이 별도로 규정된 경우 양자 모두 기재하며, 처벌규정 또는 금지규정에서 다른 조문을 인용한 때에는 피인용 조문(항)도 기재한다. 같은 조문(항)은 같은 피의자에 대하여 중복 기재하지 않는다.

(2) 형법 총칙 규정은 공범(공동정범, 교사범, 종범), 누범, 경합범(상상적 경합범, 실체적 경합범), 필수적 몰수(도박, 뇌물죄 등)를 기재

임의적 몰수, 추징, 간접정범, 총칙상 미수, 형의 가중·감경규정, 벌금 등 임시조치법은 기재하지 않으며, 실체적 경합범 표시는 「형법」 제37조, 제38조, 제39조, 제40조로 기재한다.

2) 기재순서

적용법조가 여러 개 있을 경우 특별법, 형법 각칙 본조, 형법 총칙 순으로 기재하며, 처벌규정, 금지규정, 공범·누범·경합범, 소년범 순으로 기재한다. 또한 공범, 상상적 경합범은 해당 조문 뒤에 표시하고 누범, 경합범은 끝에 기재한다.

3) 법률명 표시방법

같은 법률조문을 계속 열거할 경우 최초에만 법률명을 기재하며, 여러 개의 법률조문을 열거할 경우 법률명이 바뀔 때마다 한 번씩 기재한다. 법률조문과 법률조문 사이에 다른 법이 들어갈 경우 법률명을 재차 기재하지 않고 '같은 법'으로 기재하고, 2명의 피의자에 대해 같은 법률이 적용되는 경우 공범에 대해서는 '같은 법'으로 기재한다.

제 5 절 현장수사활동

1. 초동조치

상황실장은 상황실에 정위치 하고, 청내 순시 시 무전기를 휴대하고 항시 관내상황을 파악해야 하며, 112신고와 동시에 무전망을 장악하여 일체감 있게 상황실 및 112지령실을 지휘해야 한다. 112 및 교통순찰차, 형사기동대차, 오토바이 등 기동력 있는 요소로 하여금 신속한 현장진출을 지시하고 도주로 차단 지령을 내려야 한다.

시·도경찰청 간, 경찰서 간, 지구대 간 공조체제를 유지하고, 경계지점 발생사건 신고 접수 시 관할을 불문하고 상호 중복 출동 및 확인 종결로 공조체제를 구축해야 하며, 112타격대 출동 등 상황에 따른 필요한 초동조치를 강구해야 한다.

현장상황파악 및 조치를 철저히 해야 한다. 즉, ① 112 및 교통순찰차, 형사기동대차, 오토바이, 출동경력 등 도착 확인, ② 현장지휘자 도착 확인(지구대장, 형사반장 등), ③ 검문 및 검거조치 요령 지시 등이다.

2. 현장관찰

1) 현장의 위치 및 부근상황 관찰

현장에 도착하면 범행현장의 세부를 관찰하기 전에 먼저 현장의 위치, 주요 지점과의 거리관계, 현장 주변의 지형, 교통상황, 도로상황, 가옥의 소밀상황, 명암 등 현장 부근의 총체적인 상황을 잘 알아두어야 한다.

2) 가옥 주변의 관찰

범행의 현장이 옥내인 경우에는 가옥의 주변을 좌(우)회하여 상세히 관찰한다. 담장이 있는 주택의 경우 담에 대해서는 범인의 침입, 도주의 흔적을 빠뜨리지 않게 특히 신중히 해야 한다.

3) 가옥 외부의 관찰

특히, 외벽의 관찰이 끝났다 해서 즉시 옥내에 들어가지 말고 가옥의 외부 둘레, 특히 그 외벽을 좌(우)회하며 관찰하여 침입, 도주 기타 범죄에 관계있는 자료의 발견에 힘써야 할 것이다.

4) 현장 내부의 관찰

옥내에 들어서려면 될 수 있는 한 침입개소로 추정되는 곳으로부터 그 부근을 잘 관찰하면서 들어가야 한다. 옥내의 관찰은 먼저 가옥의 구조, 방실의 출입구 등 총체적인 상황을 잘 알아두어 될 수 있는 한 침입구로 인정되는 곳으로부터 시작하여 순차로 범행현장 중심부로 향하며 면밀히 관찰해야 한다.

3. 변사사건의 처리

1) 변사체의 발견보고

경찰관은 변사자 또는 변사로 의심되는 시체를 발견하거나 시체가 있다는 신고를 받았을 때는 즉시 소속 경찰관서장에게 보고하여야 한다.

2) 변사사건 처리방침

변사체의 처리 시에는 사인을 규명하여 자·타살 여부를 명확히 해야 한다. 신원불상 변사자는 긴급사건수배에 준하여 수배하고, 십지지문을 채취 조회하여 신속히 신원을 파악해야 한다. 신원이 판명되지 않은 사건으로서 계속 수사할 필요가 있을 때에는 변사사 수배카드를 작성 관리한다.

3) 검시에 연속된 수사

사법경찰관이 검시를 한 경우에 사망이 범죄에 기인한 것으로 인정될 때에는 즉시 경찰서장과 당해 검시를 지휘한 검사에게 보고하는 동시에 수사해야 한다. 수사상 필요할 때에는 압수·수색·검증영장을 받아 검증을 하되 의사, 기타 적당한 감정인에게 시체의 해부를 위촉해야 한다. 다만, 긴급을 요할 때에는 영장 없이 검증할 경우 검증조서와 감정서만을 작성하고 검시조서의 작성을 생략할 수 있다. 부검 여부는 유족의 의사와 상관없이 범죄혐의가 있다고 판단되면 수사기관이 독자적으로 판단하여 시행한다.

4. 공조수사

1) 공조수사의 종류

평상공조는 평소 예견 가능한 일반적 공조로 수배, 통보, 조회, 촉탁 등이 있다.

비상공조는 중요 특이사건의 발생 등 특수한 경우의 공조로 수사긴급배치, 수사본부 설치 · 운영, 특별사법경찰관리 등과의 합동수사 등이 있다. 정복과 사복, 내근과 외근 등 부서와 관할을 불문하고 전원이 동원되는 것이 상례이다.

횡적 공조는 대내적으로는 시 · 도경찰청, 경찰서, 112 상호 간은 물론 관서의 각 부서 상호 간 내지 횡적 동료 상호 간의 수사공조로서 정보의 교환, 수사자료의 수집활용, 수배통보, 촉탁 또는 합동수사 등이 있으며, 대외적으로는 특별사법경찰관리와의 수사협조 및 경찰유관기관, 단체, 개인과의 수사협조, 나아가 국제형사기구와의 형사공조 등이 있다.

종적 공조는 상 · 하급 관서는 물론 관서의 상 · 하급 부서 내지 상 · 하급자 상호 간의 상명하복 관계를 의미하며, 통상 상명하복관계라고 하지만 하나의 경찰목적달성을 위한 의사전달체계라는 개념으로 파악한다. 예를 들면, '수사관회의에는 가급적 많은 인원을 참석시켜라', '가장 신참형사의 말도 존중하라'는 격언은 전체의 의사를 규합하고 상 · 하 간의 거리를 좁혀주는 공조수사의 좌우명이다.

자료공조는 경찰이 필요로 하는 모든 수사정보를 자료화함으로써 그 시점의 모든 경찰관서가 이를 자기 수사에 활용할 수 있도록 하는 외에, 그 자료가 영구히 남아서 후에 경찰이 이를 계속 승계하여 가면서 활용하도록 하는 공조제도이다. 자료 수집과 조회제도가 대표적이다.

활동공조는 현재 제기되는 당면문제에 대한 공조수사활동으로 수사긴급배치, 불심검문, 미행, 잠복, 현장긴급출동 등이 있다.

2) 수법원지

수법원지란 수법범인의 인적사항, 인상특징, 수법내용, 범죄사실, 직업, 사진, 필적 등을 수록한 기록지 또는 이를 전산 입력한 것을 말한다.

경찰서장은 다음에 해당하는 죄질의 피의자를 검거하였거나 인도받아 조사하여 구속 송치할 때에는 별표 1 '수법 · 수배 · 피해통보 전산자료 입력코드번호부'에 규정된 내용에 따라 별지 제1호 서식에 의한 수법원지 1매를 작성하여 시 · 도경찰청장을 거쳐 경찰청장에게 송부해야 한다.

3) 피해통보표

피해통보표란 피해사건이 발생하여 그 범인이 누구인지 판명되지 아니하였을 때에 해당 사건의 피해자, 범인의 인상 · 신체 · 기타 특징, 범행수법, 피해사실, 용의자 인적사항, 피해품, 유류품 등 수사자료가 될 수 있는 내용을 수록한 기록지 또는 이를 전산 입력한 것을 말한다.

5. 지명수배 및 지명통보

1) 지명수배

지명수배란 피의자의 체포를 의뢰하여 그 인도를 요구하는 수배를 말한다. 사법경찰관은 다음에 해당하는 사람의 소재를 알 수 없을 때에는 해당 피의자에 대하여 지명수배를 할 수 있다. 다만, 기소중지 의견으로 사건을 송치할 때에는 지명수배를 해야 한다.

① 법정형이 사형, 무기 또는 장기 3년 이상의 징역이나 금고에 해당하는 죄를 범하였다고 의심할 만한 상당한 이유가 있어 체포영장 또는 구속영장이 발부된 사람

② 지명통보의 대상인 자로 지명수배의 필요가 있어 체포영장 또는 구속영장이 발부된 사람 등이다.

2) 지명통보

특정한 피의자를 발견한 경우 그 피의자에 대한 출석요구를 의뢰하는 제도이다.

사법경찰관은 다음에 해당하는 사람의 소재가 불명할 때에는 당해 피의자에 대하여 지명통보를 할 수 있다. 다만, 기소중지의견으로 사건을 송치할 때에는 지명통보를 해야 한다.

① 법정형이 장기 3년 미만의 징역 또는 금고, 벌금에 해당하는 죄(예: 차량의 무단방치)를 범하였다고 의심할 만한 상당한 이유가 있고, 수사기관의 출석요구에 응하지 않은 사람

② 법정형이 장기 3년 이상의 징역이나 금고에 해당하는 죄를 범하였다고 의심되더라도 사안이 경미하고, 출석요구에 응하지 않은 사람

제 6 절 범죄감식

1. 지문의 종류

현장지문	현재지문	혈액 등 이물질이 묻어서 남겨져 이화학적인 가공을 하지 않고서도 육안으로 식별되는 지문으로, 인상된 상태에 따라 정상지문과 역지문으로 나뉜다.
	잠재지문	인상된 그대로의 상태로는 육안으로 식별되지 않고 이화학적 가공을 해야 가시상태로 되는 지문으로, 범죄현장의 대부분은 잠재지문으로 볼 수 있다.
준현장지문	범죄현장은 아니더라도 범죄현장과 관련이 있는 범인의 침입경로, 도주경로 및 예비장소 등에서 발견된 지문 또는 전당포, 금은방 등에 비치된 거래대장에 압날된 지문 등 피의자 발견을 위하여 범죄현장 이외의 장소에서 채취한 지문을 말한다.	
관계자지문	범인이 아닌 사건수사에 관련된 사람, 현장출입자 등이 남긴 지문을 말한다.	
유류지문	현장지문 또는 준현장지문 중에서 관계자지문을 제외한 지문으로, 범인의 지문일 가능성이 많으며, 범죄현장에서 채취한 유류지문은 범죄수사에서 '증거의 왕'으로 취급된다.	

2. 시체의 초기 현상

1) 체온의 냉각

사망과 동시에 열에너지의 발생이 멎어 체온은 점차 내려가서 끝내는 주위의 대기 온도와 같은 온도가 되며, 체내 및 체표의 수분이 증발할 때 수분이 체온에서 증발열을 빼앗기 때문에 주위의 기온보다 낮아지는 경우도 있다. 체온은 항문에 검온기를 삽입하여 곧창자(직장) 내 온도로 측정한다.

2) 시체건조

사망하면 피부에 대한 수분의 보충이 정지되어 몸의 표면은 습윤성을 잃고 건조하게 된다. 특히, 피부, 입술, 항문 등 외부에 노출되어 있는 부분이 피혁상화(皮革狀化)되고, 이에 의하여 사후경과시간을 추정할 수 있다.

3) 각막의 혼탁

각막은 사후 12시간 전후에서 안개가 낀 것처럼 흐리기 시작하여 약 24시간 이상이 되면 현저하게 흐리고 동공도 흐리게 되며, 약 48시간 이상이 되면 불투명하게 된다.

4) 시체굳음(경직)

전신의 근육은 생존 중에는 일정한 긴장상태를 유지하고 있으나, 사후에는 일시 이완되었다가 시간이 경과함에 따라 근육은 점차 수축하여 다시 굳어져 이른바 시체굳음의 상태가 되므로, 시체굳음의 진행상황이나 시체얼룩의 발현상황에 의하여 사후경과시간을 추정할 수 있다.

참고로 니스텐(Nysten) 법칙은 시체굳음은 일반적으로 '턱관절 → 어깨관절 → 손발의 상지 → 손가락 · 발가락' 순으로 진행된다는 것이다.

시체굳음은 사후 2~3시간에 턱관절에서부터 시작하여 12시간 정도면 손가락관절의 근육굳음이 나타난다(12시간 정도면 전신에 미침).

5) 시체얼룩(시반)

적혈구의 자체 중량에 의한 혈액침전(중력현상)으로, 시체하부의 피부가 암적갈색으로 변화하는 것을 말한다. 시체얼룩을 통해 사망 당시의 시체상황을 파악할 수 있다.

3. 시체의 후기 현상

1) 자가용해

사후 미생물의 관여 없이도 세포 가운데의 자가효소에 의하여 분해가 일어나 세포 구성성분은 분해되어 변성되고, 세포 간 결합의 붕괴로 조직은 연화되는 현상을 말한다.

2) 부패

부패균의 산화·환원작용에 의해서 일어나는 질소화합물의 분해를 말한다.[1)]

3) 미라화

고온·건조지대에서 시체의 건조가 부패·분해보다 빠를 때 생기는 시체의 후기 현상을 말한다.

4) 시체밀랍

화학적 분해에 의해 고체형태의 지방산 또는 그 화합물로 변화한 상태를 말한다. 비정형적 부패형태로서 대부분은 수분이 풍부한 수중 또는 습한 흙 속에 있는 시체에서 잘 나타난다.

5) 백골화

부패가 진행되어 뼈만 남게 되는 것을 말한다. 백골화되는 시간은 여러 상태에 따라 다르나 소아는 사후 4~5년, 성인시체는 7~10년 후에는 완전 백골화되는 것이 보통이다.

---

1) 부패의 3대 조건
 ① 공기의 유통: 공기의 유통이 없으면 부패가 느리고 너무 좋아도 건조현상이 부패현상보다 선행되어 부패가 진행되지 않는다.
 ② 온도: 온도가 20~30℃ 사이일 때 가장 속도가 빠르며, 온도가 낮을수록 부패속도가 느리며, 온도가 30℃ 이상이면 수증기 증발로 건조현상이 와 부패속도가 다시 느려진다.
 ③ 습도: 습도가 60~66%일 때 부패는 잘 진행된다.

제 7 절 수사행정

1. 유치

경찰관서의 유치장 설치근거는 「경찰관 직무집행법」 제9조이다. 신체 등의 검사는 유치인보호주무자가 피의자입(출)감 지휘서에 지정하는 방법으로, 유치장 신체검사실에서 해야 하며, 그 종류와 기준 및 방법은 다음과 같다.

외표검사는 죄질이 경미하고, 동작과 언행에 특이사항이 없으며, 위험물 등을 은닉하고 있지 않다고 판단되는 유치인에 대해서는 신체 등의 외부를 눈으로 확인하고 손으로 가볍게 두드려 만져 검사하는 것이다.

간이검사는 일반적으로 유치인에 대해서는 탈의막 안에서 속옷은 벗지 않고 신체검사의를 착용(유치인의 의사에 따른다)하도록 한 상태에서 위험물 등의 은닉 여부를 검사하는 것이다.

정밀검사는 살인, 강도, 절도, 강간, 방화, 마약류, 조직폭력 등 죄질이 중하거나, 근무자 및 다른 유치인에 대한 위해 또는 자해할 우려가 있다고 판단되는 유치인에 대해서는 탈의막 안에서 속옷을 벗고 신체검사의로 갈아입도록 한 후 정밀하게 위험물 등의 은닉 여부를 검사하는 것이다.

여자를 유치함에 있어 친권이 있는 유아의 대동을 신청할 때에는 상당한 이유가 있는 경우에 한하여 생후 18개월 이내의 유아에 대해서 경찰서장이 이를 허가할 수 있다.

유치인보호주무자는 유치인이 발병하였을 때에는 경찰서장에게 보고하여 필요한 조치를 받게 하고, 그 사항에 따라 다른 유치실에 따로 수용하여 안전하게 하거나 또는 의료시설이 있는 장소에 수용하는 등 적당한 조치를 해야 한다. 임부, 산부 및 고령자는 상기 질병에 걸린 유치인에 준하여 조치해야 한다.2)

2) 임부는 수태 후 6개월 이상의 부녀자를 말하며, 산부는 분만 후 60일을 경과하지 않은 부녀자를, 고령자는 70세 이상인 자를 말한다.

2. 호송

1) 호송의 종류

호송방법에 의한 분류	직송	피호송자를 관서 또는 출두해야 할 장소나 유치할 장소에 직접 호송
	채송	피호송자가 중병으로 호송의 계속이 불가능할 때, 이를 인수받은 경찰관서에서 치료한 후 호송
호송내용에 의한 분류	이감 호송	피호송자의 수용장소를 다른 곳으로 이동하거나, 특정 관서에 인계하기 위한 호송
	왕복 호송	피호송자를 특정 장소에 호송하여 필요한 용무를 마치고 다시 발송관서 또는 호송관서로 호송
	집단 호송	한번에 다수의 피호송자를 호송
	비상 호송	전시, 사변 또는 이에 준하는 국가비상사태나 천재, 지변에 있어서 피호송자를 다른 곳에 수용하기 위한 호송
호송수단에 의한 분류	도보 · 차량 · 열차 · 선박 · 항공기호송	

2) 호송 출발 전의 조치

호송관은 반드시 호송주무관의 지휘에 따라 포박하기 전에 피호송자에 대해서 안전호송에 필요한 신체검색을 실시해야 한다. 여자인 피호송자의 신체검색(수색)은 여자경찰관이 행하거나 성년의 여자를 참여시켜야 한다.

호송관은 호송관서를 출발하기 전에 반드시 피호송자에게 수갑을 채우고 포승으로 포박해야 한다. 다만, 구류선고 및 감치명령을 받은 자와 고령자, 장애인 및 환자 중 주거와 신분이 확실하고 도주의 우려가 없는 자에 대하여는 수갑(포승)을 채우지 않도록 한다. 호송관은 피호송자가 2인 이상일 때에는 피호송자마다 포박한 후 호송수단에 따라 2인 내지 5인을 1조로 하여 상호 연결시켜 포승해야 한다.

호송은 일출 전 또는 일몰 후에는 할 수 없다. 다만, 기차, 선박 및 차량을 이용하는 때 또는 특별한 사유가 있는 때에는 그러하지 아니하다.

호송수단은 경찰호송차, 기타 경찰이 보유하고 있는 차량에 의함을 원칙으로 한다. 다만, 경찰차량을 사용할 수 없거나, 기타 특별한 사유가 있는 때에는 도보나 경비정, 경찰항공기 또는 일반교통수단을 이용할 수 있다.

호송관서의 장은 호송사정을 참작하여 호송수단을 결정해야 하며, 집단호송은 가능한 한 경찰차량을 사용해야 한다. 호송에 사용되는 경찰차량에는 커튼 등을 설치하여 피호송자의 신분이 외부에 노출되지 않도록 하여야 한다.

호송관서는 미리 인수관서에 피호송자의 성명, 호송일시 및 호송방법을 통지해야 한다. 다만, 다른 수사기관에서 인수관서에 통지하거나 비상호송, 기타 특별한 사유가 있는 때에는 예외로 한다.

3) 차량호송요령

피호송자는 운전자 바로 옆, 뒷자리나 출입문 앞, 뒤, 옆자리가 아닌 곳에 승차시켜야 한다. 다만, 소형차량이거나 특별한 사유가 있을 때에는 그러하지 아니할 수 있다.

4) 호송 중 유의사항

피호송자를 유숙시켜야 할 사유가 발생하였을 때에는 체류지 관할 경찰서 또는 교도소에 의뢰하여 유치장 또는 교도소 감방에 입감 유숙시켜야 한다. 만약 유숙시킬 수 없는 지역에서는 호송관은 가장 가까운 경찰관서에 유숙에 관한 협조를 의뢰해야 한다.

피호송자가 식량, 의류, 침구 등을 자비로 부담할 때에는 호송관은 물품의 구매 또는 피호송자에의 공여를 허락할 수 있다. 이 경우 구매단가를 피호송자의 영치금품 등에서 지급한 때에는 호송관은 본인의 인증서를 받아야 한다.

3. 우범자 첩보수집 등 – 주요 강력범죄 출소자 등에 대한 정보수집에 관한 규칙

이 규칙은 주요 강력범죄 출소자 등의 재범방지 및 피해자 보호를 위한 정보를 수집함으로써 공공안녕에 대한 위험의 예방 및 대응을 목적으로 한다.

1) 주요 강력범죄의 정의

① 살인, 방화, 약취 · 유인
② 강도, 절도, 마약류 범죄

③ 범죄단체의 조직원 또는 불시에 조직화가 우려되는 조직성 폭력배가 범한 범죄

2) 출소자 등의 정의

「형의 집행 및 수용자의 처우에 관한 법률」에 따라 통보받은 출소자 또는 「보호관찰 등에 관한 법률」에 따라 통보받은 보호관찰이 종료된 가석방자 중 다음 각 호의 어느 하나에 해당하는 사람을 말한다.

① 살인, 방화, 약취 · 유인에 해당하는 범죄로 금고 이상의 실형을 선고받은 사람

② 강도, 절도, 마약류 범죄에 해당하는 범죄로 3회 이상 금고형 이상의 실형을 받은 사람

③ 범죄단체 조직원 또는 불시에 조직화가 우려되는 조직성 폭력배가 범한 범죄로 벌금형 이상의 형을 선고받은 사람

3) 거주 예정지의 정의

출소자 등의 실제 거주 예상지를 말한다.

4) 정보수집 대상자

주요 강력범죄 출소자 등을 말한다.

5) 심사위원회

대상자에 대한 정보수집 종료 여부를 심사하기 위해 경찰서에 심사위원회를 둔다. 심사위원회는 3명 이상 5명 이내로 성별을 고려하여 구성하고, 경찰서 형사(수사)과장을 위원장으로 하며, 간사 1명을 둔다. 위원회는 반기별로 개최하되, 위원장이 필요하다고 인정하는 경우 임시회의를 개최할 수 있다. 위원회는 수집된 정보 등을 기초로 대상자에 대한 정보수집 종료 여부를 결정할 수 있다. 위원회는 재적위원 과반수의 출석과 출석위원 과반수의 찬성으로 의결한다.

제 8 절 폭력사범 수사

1. 폭력행위 등 처벌에 관한 법률위반 수사

1) 이 법률에 있어서 '위험한 물건을 휴대하여'에 대한 해석

「형법」 제261조에 있어서 '위험한 물건'이라 함은 흉기는 아니라고 하더라도 널리 사람의 생명·신체에 해를 가하는 데 사용할 수 있는 일체의 물건을 포함한다고 풀이할 것이므로, 본래 살상용·파괴용으로 만들어진 것뿐만 아니라 다른 목적으로 만들어진 칼·가위·유리병·각종 공구·자동차 등은 물론 화학약품 또는 사주된 동물 등도 그것이 사람의 생명·신체에 해를 가하는 데 사용되었다면 이 조문의 '위험한 물건'이라 할 것이다. 한편, 이러한 물건을 '휴대하여'라는 말은 소지뿐만 아니라 널리 이용한다는 뜻도 포함하고 있다(대법원 1997.5.30., 97도597).

2) 이 법률 제4조에 규정된 '단체 등의 구성죄'

이 죄는 계속범이며, 위험범·단순거동범의 성격을 띠므로 범죄단체를 구성하거나 이에 가입함으로써 기수가 되며, 그 후 목적한 범죄를 실행하였는지 여부는 이 죄의 성립에 영향이 없다. 구성과 가입은 이 죄의 고유한 행위태양이다.

2. 가정폭력범죄 수사

1) 가정폭력범죄의 신고 및 고소

누구든지 가정폭력범죄를 알게 된 경우에는 수사기관에 신고할 수 있다.

피해자 또는 그 법정대리인은 가정폭력 행위자를 고소할 수 있고, 피해자의 법정대리인이 가정폭력행위자인 경우 또는 가정폭력 행위자와 공동으로 가정폭력범죄를 범한 경우에는 피해자의 친족이 고소할 수 있다. 피해자는 가정폭력행위자가 자기 또는 배우자의 직계존속인 경우에도 고소할 수 있다. 피해자에게 고소할 법정대리인이나 친족이 없는 경우에 이해관계인이 신청하면 검사는 10일 이내에 고소할 수 있는 사람을 지정하여야 한다(가정폭력범죄의 처벌 등에 관한 특례법 제6조).

2) 가정폭력범죄에 대한 응급조치

진행 중인 가정폭력범죄에 대하여 신고를 받은 사법경찰관리는 즉시 현장에 나가서 다음의 조치를 하여야 한다. 즉, 폭력행위의 제지, 가정폭력 행위자・피해자의 분리 및 현행범인의 체포 등 범죄수사, 피해자를 가정폭력 관련 상담소 또는 보호시설로 인도(피해자가 동의한 경우만 해당한다), 긴급치료가 필요한 피해자를 의료기관으로 인도, 폭력행위 재발 시 격리 또는 접근금지 등의 임시조치를 신청할 수 있음을 통보할 수 있고, 피해자보호명령 또는 신변안전조치를 청구할 수 있음을 고지한다(가정폭력범죄의 처벌 등에 관한 특례법 제5조).

제 9 절 마약류사범 수사

1. 마약류의 분류

1) 마약류관리에 관한 법률상 마약류의 분류

<table>
<tr><td rowspan="4">마약</td><td>① 천연
마약</td><td>양귀비・아편 또는 코카엽
㉠ '양귀비'라 함은 파파베르 솜니페룸 엘, 파파베르 세티게름 디시를 말한다.
㉡ '아편'이라 함은 양귀비의 액즙이 응결된 것과 이를 가공한 것(의약품으로 가공한 것을 제외한다)을 말한다.
㉢ '코카 잎'이라 함은 코카 관목(에리드록시론속의 모든 식물을 말한다)의 잎을 말한다.
→ 다만, 엑고닌・코카인 및 엑고닌 알카로이드가 모두 제거된 잎은 제외한다.</td></tr>
<tr><td>② 반합성
마약</td><td>양귀비, 아편 또는 코카 잎에서 추출되는 모든 알카로이드 및 그와 동일한 화학적 합성품으로서 대통령령이 정하는 것</td></tr>
<tr><td>③ 합성
마약</td><td>천연마약 및 반합성마약과 동일하게 남용되거나 해독작용을 일으킬 우려가 있는 화학적 합성품으로서 대통령령이 정하는 것</td></tr>
<tr><td colspan="2">④ 천연마약, 반합성마약, 합성마약을 함유하는 혼합물질 또는 혼합제제
→ 다만, 다른 약물이나 물질과 혼합되어 천연마약, 반합성마약, 합성마약으로 다시 제조 또는 제제할 수 없고, 그것에 의하여 신체적 또는 정신적 의존성</td></tr>
</table>

	을 일으키지 아니하는 것으로서 보건복지부령이 정하는 것(이하 '한외마약'이라 한다)을 제외한다.
향정신성의약품	① 오용하거나 남용할 우려가 심하고 의료용으로 쓰이지 아니하며 안전성이 결여되어 있는 것으로서 이를 오용하거나 남용할 경우 심한 신체적 또는 정신적 의존성을 일으키는 약물 또는 이를 함유하는 물질
	② 오용하거나 남용할 우려가 심하고 매우 제한된 의료용으로만 쓰이는 것으로서 이를 오용하거나 남용할 경우 심한 신체적 또는 정신적 의존성을 일으키는 약물 또는 이를 함유하는 물질
	③ 상기 ① 및 ②에 규정된 것보다 오용하거나 남용할 우려가 상대적으로 적고 의료용으로 쓰이는 것으로서 이를 오용하거나 남용할 경우 그리 심하지 아니한 신체적 의존성을 일으키거나 심한 정신적 의존성을 일으키는 약물 또는 이를 함유하는 물질
	④ 상기 ③에 규정된 것보다 오용하거나 남용할 우려가 상대적으로 적고 의료용으로 쓰이는 것으로서 이를 오용하거나 남용할 경우 ③에 규정된 것보다 신체적 또는 정신적 의존성을 일으킬 우려가 적은 약물 또는 이를 함유하는 물질
	⑤ 상기 ① 내지 ④에 열거된 것을 함유하는 혼합물질 또는 혼합제제 → 다만, 다른 약물 또는 물질과 혼합되어 ① 내지 ④에 열거된 것으로 다시 제조하거나 제제할 수 없고, 그것에 의하여 신체적 또는 정신적 의존성을 일으키지 아니하는 것으로서 총리령이 정하는 것을 제외한다.
대마	대마초(칸나비스 사티바 엘)와 그 수지 및 대마초와 그 수지를 원료로 하여 제조된 일체의 제품 → 다만, 대마초의 종자 · 뿌리 및 성숙한 대마초의 줄기와 그 제품은 제외한다.

2) 효능에 의한 마약류의 분류

억제제	① 중추신경계의 기능을 저하 또는 억제하고 진정시키는 기능을 한다. ② 정신적 스트레스와 불안을 해소시키기도 하지만, 계속 사용하면 의존성이 생기고, 중단하게 되면 심각한 금단현상을 경험하게 된다.	헤로인 등 아편 계열의 마약과 마약으로 분류되지는 않지만 알코올 등도 해당된다.
각성제	① 억제제와 반대로 중추신경계의 활동을 강화하는 기능을 한다. ② 맥박이 빨라지고 혈압이 상승하고 동공이 확장되고 공격적으로 변하며, 심한 경우 극도의 불안 또는 정신병자와 같은 행태를 보이기도 한다.	메스암페타민, 코카인 및 일부 살빼는 약 등이 해당된다.
환각제	① 감각이 왜곡되어 환상을 보거나 극도의 행복감이나 불행의 교차함을 느끼거나 망상 · 불안 등을 초래한다. ② 장기간 사용 시 신경계의 장애나 환시 등을 초래한다.	LSD, 대마초 등이 해당된다.

2. 신종마약류

1) MDMA - 일명 엑스터시

1949년 독일에서 식욕감퇴제로 개발되었으며, 기분이 좋아지는 약, 포옹마약(Hug Drug), 클럽마약, 도리도리 등으로 불리기도 한다.

복용자는 테크노, 라이브, 파티장 등에서 막대사탕을 물고 있거나 물을 자주 마시는 등의 행위를 하며, 복용하면 신체접촉 욕구가 강하게 발생한다.

2) GHB - 일명 물뽕

무색 · 무취로서 소다수 등 음료에 타서 복용하여 '물 같은 히로뽕'이라는 뜻으로 일명 '물뽕'으로 불리기도 한다. 미국, 캐나다, 유럽 등지에서 성범죄용으로 악용되어 '데이트 강간약물(Date Rape Drug)'로도 불리고 있다.

짠맛이 나는 액체이다. 근육강화 호르몬 분비효과가 있으며, 사용 후 15분 후에 효과가 발현하여 3시간 정도 지속된다.

3) 덱스트로메트로판 - 일명 러미라

진해거담제로서 의사의 처방전이 있으면 약국에서 구입이 가능하며, 강한 중추신경 억제성 진해작용이 있어 코데인 대용으로 널리 시판되고 있다. 도취감 또는 환각작용을 맛보기 위해 사용량의 수십 배에 해당하는 20~100정을 흔히 남용한다. 청소년 사이에서 소주 등에 타서 마시는데 이를 '정글주스(Jungle Juice)'라고 한다.

4) 카리소프로돌 - 일명 S정

중추신경에 작용하여 골격 근육을 이완시키는 효과가 있으며, 과다 사용 시 치명적으로 인사불성, 혼수쇼크, 호흡저하, 사망에까지 이르게 된다. 금단증상으로는 온몸이 뻣뻣해지고 뒤틀리며, 혀 꼬부라진 소리 등을 하게 된다.

5) 야바(YABA)

야바는 종래에 태국 등 동남아시아 지역에서 야마(YahMah: 원기나는 약)로 불려졌으나 최근 필로폰에 대한 경각심에서 야바(YABA: 미치게 하는 약)로 호칭되고 있다. 메스암페타민(필로폰)에 카페인이나 헤로인 또는 코데인을 섞은 합성약물로서 그 가격은 메스암페타민의 1/5에 불과하고 순도가 20~30% 정도로 낮지만, 메스암페타민의 효과보다 더욱 강력한 각성제로 알려져 있다.

야바는 대개 붉은 알약의 형태를 띠나 적갈색, 오렌지색, 흑색, 녹색 등 여러 가지 색으로 제조되기도 한다. 태국 등 동남아시아 지역에서 주로 생산되어 유흥업소 종사자, 육체노동자, 운전기사 등을 중심으로 급속히 확산되고 있다.

야바는 원재료가 화공약품인 관계로 양귀비의 작황에 좌우되는 헤로인과는 달리 안정적인 밀조가 가능한 것이 특징이다.

제10절 컴퓨터범죄 수사

1. 사이버범죄의 정의

사이버범죄는 컴퓨터범죄를 포함하여 사이버공간(cyber space)에서 행해지는 모든 범죄를 말한다. 사이버범죄는 인터넷과 같이 컴퓨터와 컴퓨터가 서로 네트워크로 연결되어 형성되는 사이버공간에서 발생하는 범죄를 총칭한다.

과거 컴퓨터범죄, 정보통신범죄, 하이테크범죄 등의 용어가 사용되었으며, 특히 컴퓨터범죄는 독립적인 컴퓨터시스템에서의 범죄라는 개념이므로, 인터넷이라는 사이버공간에서의 범죄를 지칭하는 용어로는 부적절하다.

2. 사이버범죄의 유형 및 특징

1) 사이버범죄의 유형

사이버테러의 범죄는 정보통신망 자체를 공격 대상으로 하는 불법행위로, 해킹, 바이러스 유포, 메일폭탄, DOS 공격 등 전자기적 침해장비 등을 이용한 컴퓨터시스템 및 정보통신망 공격행위이다. 수사에 있어 상당 수준의 컴퓨터 지식과 조작능력이 필요하며, 경찰청 사이버테러대응센터가 주도적으로 대응한다.

일반적인 사이버범죄는 사이버공간을 이용한 일반적인 불법행위로, 사이버 도박, 사이버 스토킹, 사이버 성폭력, 사이버 명예훼손 및 협박, 전자상거래 사기, 개인정보의 유출, 인터넷 포르노사이트의 운영, 소프트웨어 저작권 침해, PC방을 중심으로 나타나는 청소년 성매매나 음란물사이트 열람 행위 등이 있다. 일반적으로 각 시·도경찰청 사이버범죄수사대와 경찰서 단위의 사이버범죄 수사반이 수사를 담당한다.

2) 사이버범죄의 특징

범행동기 측면에서는 ① 게임이나 단순한 유희, ② 원한이나 불평불만에 의한 보복, ③ 정치적 목적이나 산업경쟁, ④ 예금의 무단인출 등을 통한 경제적 이익의 취득, ⑤ 지적 모험심의 추구를 위한 해킹 등이 특징이다.

행위자 측면에서는 행위자의 연령이 낮으며 초범이 많다는 점, 죄의식이 희박하며 컴퓨터 전문가 또는 조직내부인이 많다는 점이 특징이다.

범행 측면에서는 범행이 되풀이 될 가능성이 높다는 점, 컴퓨터 프로그램의 조작과 컴퓨터의 고정자료를 변경하여 발생하는 범죄는 자동반복실행성을 띤다는 점, 통신과의 연결로 범행의 광역성이 나타난다는 점, 발각이 어렵고 고의의 입증이 곤란하다는 것이 특징이다.

3. 컴퓨터범죄와 실제 침해유형

컴퓨터 부정조작은 자료조작, 프로그램 조작이 있으며. 컴퓨터파괴는 컴퓨터 자체에 대한 물리적 가해행위와 컴퓨터 자료에 대한 논리적 가해행위가 있다. 프로그램의 파괴, 자료접근의 방해행위는 후자의 경우에 해당한다. 컴퓨터 무단사용은 타인 컴퓨터의 권한 외 사용 및 가장 사용의 경우이고 컴퓨터 스파이는 자료유출, 불법복제 등이 있다.

03

경비 경찰활동

제 1 절 경비경찰의 이해

1. 경비경찰의 의의

경비경찰은 사회공공의 안녕이나 질서에 위험 또는 경찰위반의 상태가 발생되었거나 발생할 우려가 있는 경우 이를 예방·진압하는 경찰활동이다. 이때 위험 또는 경찰위반의 상태는 사람에 의한 경우는 물론이고 동물이나 자연력에 의한 것도 포함된다. 경비경찰의 대상에는 치안경비, 특수경비(대테러), 경호경비, 중요시설경비 등 주로 사람에 의한 경우는 물론이고 혼잡경비, 재난경비도 포함된다.1)

경비경찰활동은 일반통치권에 의한 질서유지작용이다. 경비경찰은 특정 사태가 발생한 후에 진압하는 사후적 측면이 있지만, 사태의 발생을 미연에 방지하기 위한 예방적 활동에도 큰 비중을 둘 필요가 있다. 경비경찰활동은 기본적으로 현재의 질서상태를 보존하는 것에 가치를 두고 있으나, 새로운 변화와 발전을 보장하기 위한 동태적·적

1) 참고로 경비 관련 용어로는
① 실제기동훈련(Field Training Exercise: FTX), ② 관측초소(Observation Post: OP)
③ 지휘본부(Commamd Post: CP), ④ 지휘소 연습[도상훈련](Command Post Exercise: CPX) 등

극적인 의미의 질서유지작용이라고도 볼 수 있다.

2. 경비경찰의 대상 및 특징

1) 경비경찰의 대상

치안경비는 공안을 해하는 다중범죄 등 집단적인 범죄사태 발생 또는 발생 우려가 있을 때 전개하는 경비활동이다.

특수경비(대테러)는 총포·도검·폭발물 등에 의한 인질·살상 등 사회이목을 집중시키는 중요사건을 예방·경계·진압하는 경비활동이다.

경호경비는 피경호자의 신변을 보호하는 호위와 경비활동이다.

중요시설경비는 국가적으로 중대한 영향을 미치는 국가산업시설, 국가행정시설을 방호하기 위한 경비활동이다.

혼잡경비는 기념행사·경기, 경축제례 등에 수반하는 조직화되지 않은 군중에 의하여 발생하는 자연적·인위적인 혼란상태를 예방·경계·진압하는 경비활동이다.

인위적·자연적 재난경비는 천재지변·화재 등의 자연적·인위적 돌발사태로 인하여 인명피해 또는 재산피해를 예방·경계·진압하는 경비활동이다.

2) 경비경찰의 특징

첫째, 경비사태가 발생한 후에 진압뿐만 아니라 특정한 사태가 발생하기 전에 경계·예방의 역할을 수행한다는 점에서 복합기능적 활동이다.

둘째, 경비활동은 기본적으로 현재의 질서상태를 유지하는 것에 가치를 둔 동태적·적극적 질서유지활동이다.

셋째, 다중범죄·테러·경호상 위해나 경찰작전상황 등이 발생하였을 경우에 기한을 정하여 진압할 수는 없으며, 즉시 출동하여 신속하게 조기 제압해야 한다.

넷째, 경비경찰은 개인적인 활동으로 이루어지기보다는 지휘관, 부하, 장비, 보급체계를 갖춘 조직적인 집단활동이다.

다섯째, 경비경찰의 모든 활동은 계선조직의 지휘관이 내리는 지시나 명령에 의하여 움직이며, 그 결과에 대해서도 일반적으로 지휘관이 지휘책임을 진다.

여섯째, 경비경찰활동은 사회 전체의 질서를 파괴하는 범죄에 대응하여 공공의 안녕과 질서를 유지하기 위한 국가 목적적 치안수행활동이다.

3. 경비경찰의 조직운영 원칙 및 수단

1) 경비경찰의 조직운영 원칙

경비경찰은 업무의 성격상 개인적 활동보다는 부대단위 활동으로 이루어지는 경우가 대부분이며, 한 명의 지휘관으로 통일된 지휘를 해야 한다. 조직의 정점부터 말단에 이르는 계선을 통하여 상하 계급 간에 일정한 관계가 형성되어, 책임과 임무의 분담이 명확히 이루어지고 명령과 복종의 체계가 통일되어야 한다. 업무수행과정에서 국민의 협력을 구해야 하고, 국민이 스스로 협조를 해줄 때 효과적인 업무수행이 가능하다.

2) 경비경찰의 수단

첫째, 균형있는 경력운영으로 경비사태의 상황과 대상에 따라 주력부대와 예비부대를 유효 적절하게 활용, 한정된 경비력을 가지고 최대의 성과를 올려야 한다.

둘째, 경비사태에 실력행사를 할 경우에 유리한 지점과 위치를 확보해야 한다.

셋째, 경비경찰권의 발동은 경비상황의 발생에 따른 개입의 조건을 고려하여 가장 적합한 시기에 발동되어야 한다.

넷째, 경비사태 발생 시 경비병력이나 군중들에게 사고 없이 경비사태를 안전하게 진압해야 한다.

4. 경비경찰권의 조리상의 한계

1) 경찰소극목적의 원칙

경찰행정의 목적은 공공의 안녕과 질서의 유지에 있는 것이므로, 법령에 특별한 규정이 없는 한 경비경찰권은 소극적인 사회질서유지를 위해서만 발동되어야 하고 적극적으로 공공복리증진을 위한 발동은 허용되지 않는다.

2) 경찰공공의 원칙

경찰공공의 원칙은 사회공공의 안녕과 질서유지를 목적으로 하기 때문에 사생활불가침의 원칙, 사주소불가침의 원칙, 민사관계불간섭의 원칙의 세 가지 요소가 성립된다.

3) 경찰비례의 원칙

공공의 안녕 · 질서에 대한 경미한 장애를 제거하기 위하여 중대한 개인의 권리를 제한하는 것은 허용되지 않으며, 질서권 발동의 정도는 필요 최소한의 정도에 그쳐야 한다.

4) 경찰평등의 원칙

경비경찰권을 행사함에 있어서 모든 국민에 대해 성별 · 종교 · 인종, 기타 사회적 신분 등을 이유로 불합리한 차별을 해서는 안된다는 원칙이다.

5) 경찰보충성의 원칙

경찰보충성의 원칙이란 다른 사회일반적 방법으로 통제 불가능할 때 최후의 수단으로 개입해야 한다는 원칙이다.

6) 경찰책임의 원칙

경찰권은 원칙적으로 경찰위반의 상태, 즉 사회공공의 안녕 · 질서에 대한 위험에 대해 직접적으로 책임을 질 지위에 있는 사람(경찰책임자)만 발동될 수 있다.

5. 경비계획

1) 경비계획의 의의

경비계획은 긴급사태에 신속히 대처하기 위하여 사전에 예상되는 상황을 가상하여 수립해 두는 것이다. 신속 · 정확한 경비정보수집은 합리적 경비계획을 가능케 한다.

2) 경비계획의 내용

경비(지휘)본부(CP)는 중대한 경비사안이 예정되어 있는 경우에 통상 관할 경찰서에 설치하는 것이다. 경비본부는 일반적으로 실시기관의 장이 본부장이 된다.

부대편성계획은 먼저 인원을 책정한 후 주어진 상황을 가상하여 효율적으로 처리할 수 있는 부대를 편성한다.

경비실시계획을 작성함에 있어서 계획 대상이나 발생이 예상되는 상황과 개별적인 구체적 내용을 상정하여 경비실시 방침을 정한다. 상급 경비실시기관은 하급 경비실시기관의 경비계획을 검토하여 필요한 사항을 수정할 것을 명한다. 경비실시기관의 장은 상급부서의 경비실시방침에 따라 경비계획서를 작성하여 경비를 실시한다.

제 2 절 혼잡경비

1. 혼잡경비와 다중범죄의 대상을 분류하는 기준 – 군중의 조직화 정도

혼잡경비의 대상은 기념행사, 경기, 대회 등 주로 미조직된 군중에 의한 인위적·자연적 혼란상태가 주 대상이다. 다중범죄는 일정한 목적을 가진 조직된 군중에 의한 행위이다(예: 대규모 항의집회).

2. 혼잡경비 활동

1) 혼잡경비 활동 시 행사 주최 측과의 협조사항

① 행사진행과정 파악, ② 용역경비원 활용 권고, ③ 자율적 질시유지 등이며, 경력 배치사항은 경찰 판단에 실시하므로 협조사항이 아니다.

2) 혼잡경비에 대비한 근무자의 교양 및 FTX 방법

교양내용은 행사계획, 진행, 문제점, 근무요령, 지휘체계의 점검 등이다. 행사 1~2

일 전에 대규모 행사 시는 근무자 전원, 소규모 행사 시는 분구장, 기동·제대장 이상을 소집하여 교양하는 것이 바람직하다.

일반 행사 시에는 주요 책임자 현장답사로 책임구역 확인 및 문제점을 도출하여 보완하며, 대규모의 문제성 행사나 중요인사 참석 시 전 직원에게 FTX를 실시한다.

3) 혼잡경비대책

수익성 행사의 경우 경찰은 우발사태대비 개념으로 운용한다. 경찰 CP(지휘본부)는 행사장 전체를 조망·관리할 수 있는 장소에 설치한다. 관중석에 배치되는 예비대는 통로 주변에 배치하여 긴급투입이 가능하도록 해야 한다. 혼잡경비에 배치되는 경력 소요는 행사의 성격·행사장 규모·군중 수·군중의 성향 등을 고려하여 적정한 인원을 배치함으로써 경력의 낭비를 최소화해야 한다.

제 3 절 선거경비

1. 선거경비의 의의

1) 선거경비의 개념

각종 선거 시 후보자에 대한 완벽한 신변보호와 유세장 및 투·개표장에서의 선거와 관련한 폭력·난동·테러 등 선거 방해 요소를 사전 예방·제거함으로써 평온한 가운데 선거가 실시되도록 치안질서를 확립하는 데 목적이 있다. 선거경비는 혼잡경비, 특수경비, 다중경비 등 종합적인 경비활동이 요구되는 활동이다.

2) 선거경비대책

(1) 전 경찰관 비상근무체제로 전환하여 근무 강화

(2) 선거공고일~선거일 전까지 – 경계강화기간으로 설정

(3) 선거일부터~개표종료 시까지 – 갑호비상기간

2. 후보자 신변보호

1) 대통령선거 후보자

대통령선거 후보자는 「을호」 경호 대상으로 후보자등록 시부터 당선확정 시까지 실시한다. 대통령 당선이 확정된 자는 「갑호」 경호의 대상이다.

후보자의 요청에 따라 경호대를 편성 · 운영하며, 유세장 · 숙소 등에 대하여 24시간 실시한다. 후보자가 경호를 원하지 않는다면 시 · 도경찰청에서 경호경험이 있는 사람으로 선발된 자를 대기시켜 유세기간 중 근접 배치한다.

2) 국회의원 및 지방자치단체장 및 국회의원 후보자

각 선거구를 관할하는 경찰서에서는 후보자가 원할 경우 전담 경호요원 2~3명을 배치한다.

3. 투표소 및 개표소 경비

1) 투표소 경비

투표구 선거관리위원회와 경비대책을 사전 협의하고 비상통신망도 구성한다.

투표소 외곽경비는 ① 투표소별 무장 정복경찰 배치, ② 경찰서별로 112타격대 및 채증조 운용, ③ 투표소를 지역별로 구분하여 권역별 예비대를 운용한다.

2) 개표소 경비 – 3선 경비

첫째, 제1선(개표소 내부)은 선거관리위원회 위원장 책임에 질서를 유지하며, 선거관리위원회 위원장 요청 시 개표소에 경찰력을 투입한다. 질서가 회복되거나 선거관리위원회 위원장의 요구가 있을 때에는 퇴거하며, 개표소 내부의 사전 안전검측 및 유지는 선거관리위원회와 협조하여 경찰에서 보안안전팀을 운영하여 실시한다.

둘째, 제2선(울타리 내곽)은 선거관리위원회와 합동으로 출입자를 통제하며, 출입문은 가급적 정문만 사용하고 기타 출입문을 시정한다.

셋째, 제3선(울타리 외곽)은 검문조 · 순찰조를 운용하여, 위해기도자의 접근을 사전에 차단한다.

제 4 절 재난경비

1. 재난경비의 의의

1) 재난과 재해의 개념

「자연재해대책법」에서는 자연재해가 대응단계부터 불가항력적이라는 결과물이라는 측면에서 "재해(災害)"라는 용어를 사용하고 있다.

「재난 및 안전관리 기본법」에서는 인위재난의 대응단계부터 통제가능성에 초점을 맞추어 "재난(災難)"이라는 용어를 사용하고 있다.

재해경비의 대상은 재해와 재난을 모두 포함한 개념이다. 재난은 물리적 · 사회적 요인 등이 고려된 개념으로 이해할 수 있다. 이 경우 사람이 살지 않는 계곡의 홍수와 산사태 등은 재난으로 보기 어려우므로 재난이라고 할 수 있으려면, 인간생활의 영역에 영향을 미치는 사회적 요인도 함께 고려되어야 한다.

2) 재해경비활동

「경찰관 직무집행법」 제5조의 위험 발생의 방지 등은 재해발생 시 경찰활동의 근거가 되며, 「경찰직무 응원법」도 재해경비활동의 근거가 된다. 경찰관은 위해가 목전에 현존하고, 특히 긴급을 요할 때에는 위해방지상 즉시강제를 할 수 있다.

홍수로 인한 제방 붕괴가 임박한 경우 선(先)조치 후(後)보고를 해야 한다. 이때 보고를 먼저 하더라도 우선 개략적인 사항을 보고하고 정확한 내용 파악은 추보로 한다.

2. 재난에 대비한 경찰의 사전조치

1) 기초조사

기초조사는 재해경비계획을 수립하기 위한 조사로, 재해발생 예상 개소를 위치별, 유형별로 파악한다. 또한 재해발생 시 대비할 수 있는 인적 · 물적 자원의 소재를 파악하고 과거 재해발생상황을 참작하여 반드시 현장을 답사하여 객관적으로 조사한다.

2) 시설 · 장비의 확보

첫째, 경찰은 기동차량, 경비정, 무전기, 확성기 등을 포함한 임무수행의 필요 장비 등을 미리 확보하여야 한다. 둘째, 지역 민방위협의회를 포함한 관계기관에서는 경보를 전파할 수 있는 경보장비, 화재를 진입하기 위한 소방상비, 내피호 등의 대피시설, 구호장비, 구호물자, 의료품 기타 비상시 필요한 물자 등을 미리 확보하여야 한다.

3) 재해경비계획의 수립 시 고려사항

① 재난발생 경보 및 전달체계
② 피해상황 파악 및 보고체계
③ 피난장소와 피난유도방법
④ 관계기관과 협조
⑤ 재난발생 후 치안확보 등이다.

3. 재난발생 시 현장조치

1) 현장지휘본부의 설치

일정기간 동안 경찰의 현장조치가 필요하다고 판단되는 경우 재난관리활동을 총괄 지휘하기 위해 설치한다. 대규모 재난발생 시 모든 경찰활동은 현장지휘본부를 중심으로 진개되므로 사고지역 관할 경찰서장은 즉시 현장지휘본부를 설치 · 지휘해야 한다.

설치 여부에 대한 진단은 시 · 도경찰청장 또는 경찰서장이 피해의 규모 · 범위 등을 고려하여 결정하거나 경찰청장이 설치 지시를 할 수 있다. 현장지휘관은 재해규모에 따라 경찰서장 또는 시 · 도경찰청장이 된다.

2) 경찰통제선의 설정

경찰통제선(police line)은 위험으로부터 주민을 보호하고 구조 등 작업에 장애를 주는 요소를 제거하며, 장비 · 차량의 효과적인 투입을 지원하기 위해 설치한다. 보통 제1통제선은 소방, 제2통제선은 경찰이 담당한다. 출입구는 통제구역 안으로 들어가는 입구 1개를 원칙으로 하되, 필요시 반대편에 1개를 추가할 수 있다. 출입이 필요하다고 인정되는 자는 적당한 표시를 하여 출입을 허용한다.

3) 경찰정보지원센터의 운영

경찰정보지원센터는 재난현장에 설치하여 관계인에게 피해상황을 적절히 제공하는 기능을 수행한다. 설치장소는 사고수습 활동에 지장을 주지 않도록 경찰통제선 밖에 설치하며, 인근에 공공기관 · 교회 등 적절한 장소가 없는 경우 경찰버스 등을 활용한다.

다수의 인명피해 발생 시 문의하는 사람이 많은 경우에 설치하며, 책임간부는 공보기능과 협조, 정보센터 활동사항을 적극 홍보한다. 피해 관련 정보의 적절한 제공으로 봉사경찰상 정립에 기여하는 제도이다.

제 5 절 중요시설경비

1. 중요시설경비의 의의

중요시설경비는 공공기관, 공항 · 항만, 주요 산업시설 등 적에 의하여 점령 또는 파괴되거나 기능이 마비될 경우 국가안보 및 국민생활에 중요한 영향을 미치는 시설인 국가중요시설을 보호하기 위한 제반 근무활동이며, 통상 청원경찰과 특수경비원이 그 업무를 수행한다.

중요시설에 대한 방호의 근거규정으로 「대통령훈령」 제28호가 있다. 중요시설의 시설주는 청원경찰을 두도록 되어 있으며, 경찰은 청원경찰 감독, 군부대는 연대 · 사단별로 담당 중요시설에 정기 방호진단 및 방호계획을 수립하도록 규정하고 있다.

2. 중요시설의 실질적 분류 – 시설이 국가안전에 미치는 중요도

① 가급: 적에 의하여 점령 또는 파괴되거나 기능 마비 시 광범위한 지역의 통합방위 작전수행이 요구되고, 국민생활에 결정적인 영향을 미칠 수 있는 시설

② 나급: 적에 의하여 파괴되거나 기능 마비 시 일부지역의 통합방위 작전수행이 요구되고, 국민생활에 중대한 영향을 미칠 수 있는 시설

③ 다급: 적에 의하여 파괴되거나 기능 마비 시 제한된 지역에서 단기간 통합방위 작전수행이 요구되고, 국민생활에 상당한 영향을 미칠 수 있는 시설

* 국가중요시설은 공항, 항만, 원자력발전소 등의 시설 중 국가정보원장이 지정하는 국가보안목표시설과 국방부장관이 관계 행정기관의 장 및 국가정보원장과 협의하여 지정하는 국가중요시설을 말한다(경비업법 시행령 제2조).

제 6 절 집회 · 시위의 관리

1. 다중범죄의 특징

첫째, 다중범죄를 발생시키는 주동자나 참여자는 자신의 주장이 옳다는 확신을 가지고, 사회정의를 위하여 희생한다는 생각으로 투신이나 자살을 하는 등 과감하고 전투적인 행동을 하는 경우가 많다.

둘째, 다중범죄는 특정한 조직에 기반을 두고 조직의 뜻대로 계획해서 뚜렷한 목적의식을 가지고 감행되는 경우가 대부분이므로 소속되어 있는 단체의 설치목적이나 활동방침을 분명하게 파악하는 것이 사태의 진상파악에 도움이 될 수 있다.

셋째, 다중범죄의 발생은 군중심리로 인하여 발생하는 경우가 많으나 우연히 아주 작은 동기에 의하여 발생하기도 하는 바, 일단 발생하면 부화뇌동으로 인하여 갑자기

확대될 수도 있다.

넷째, 시위군중은 행동에 대한 의혹이나 불안을 갖지 않고 과격하게 또 단순하게 행동하며, 특히 이성적인 판단능력을 상실함으로써 과격·단순·편협하여 타협이나 설득이 어려운 경우가 많다.

집회 및 시위의 비교

항목	집회	시위
관련 법률	헌법 제21조, 집회 및 시위에 관한 법률(집시법)	
특징	• 특정 목적을 위해 사람들이 일정 장소에 모이는 행위 • 의견 표출보다 모임 자체에 중점을 둠	• 의견·주장을 알리거나 관철하기 위해 일정한 방식으로 행동하거나 표현하는 행위 • 적극적 의견 표출과 행동에 중점을 둠
예시	• 평화적 시민 집회 • 공공장소에서의 토론회 • 특정 사안에 대한 연대 집회	• 피켓 시위 • 구호를 외치며 행진하는 시위 • 노동조합의 근로조건 개선 요구 시위
사전 신고 여부	• 단순 집회: 사전 신고 불필요 • 옥외 집회: 사전 신고 필요(집시법 제6조)	• 모든 시위는 사전 신고 필요(집시법 제6조)

2. 진압활동

1) 다중범죄 진압의 궁극적 대책

다중범죄는 파급성이 크고 군중심리가 작용하므로 발생 후 진압보다는 사전에 문제점을 찾아 대책을 강구하는 정책적 해결법이 바람직하나 현실적으로 정책적 치료로 모든 다중범죄를 예방하는 것은 불가능하므로 다중범죄가 발생하였을 경우에 물리적인 힘에 의한 진압방법이 병행되어야 한다. 다중범죄 진압의 궁극적인 대책으로 '주동자의 검거 및 격리'가 가장 효과적이며 바람직하다고 볼 수 있다.

2) 다중범죄의 정책적 치료법 – 다중범죄 진압이론

① 선수승화법: 특정 사안의 불만집단에 대한 정보활동을 강화하여 사전에 불만 및 분쟁요인을 찾아내어 해소시켜 주는 방법이다.

② 전이법: 다중범죄의 발생 징후나 이슈가 있을 때 국민들의 관심을 집중시킬 수 있는 경이적인 사건을 폭로하거나 규모가 큰 행사를 개최함으로써 원래의 이슈가 상대적으로 약화되도록 유도하는 방법이다.

③ 지연정화법: 불만집단의 고조된 주장을 시간을 끌어 이성적으로 사고할 기회를 부여하고, 정서적으로 감정을 둔화시켜서 흥분을 가라앉게 하는 방법이다.

④ 경쟁행위법: 불만집단과 반대되는 대중의견을 크게 부각시켜 불만집단이 위압되어 자동해산 및 분산되도록 하는 방법이다.

3. 집회 · 시위 관리대책

특정한 집회 · 시위의 관리목적으로 작성되는 종합대책서에 포함되는 각 기능별 대책은 경비대책, 정보대책, 교통대책, 수사대책, 보안대책, 홍보대책, 지원대책으로 구분할 수 있다.

1) 경비계획의 수립 시 고려사항

첫째, 어떠한 상황에도 대비가 가능하도록 경력운영에 융통성을 부여한다. 경력배치시간을 편의적으로 정하다 실기하는 경우가 많이 있으므로 주의를 요한다.

둘째, 시설보호요청서, 체포 · 압수수색영장의 발부 여부를 고려한다.

셋째, 예상상황에 대한 정보판단에 입각하여 대처방침을 결정한다.

2) 현장실시 단계에서의 조치요령

첫째, 관할 서장이 지원된 기동대 및 지휘관을 통합 지휘한다.

둘째, 소규모의 집회에도 서장이 반드시 현장에 임장 · 지휘한다.

셋째, 경찰서에서는 경비계에 상황유지반을 편성하여 상황을 유지한다.

넷째, 시 · 도경찰청에서는 평상시에 경비계, 대규모 상황발생 시에 종합대책실을 운용한다.

3) 상황별 대처요령

상징물은 사전 검문검색으로 차단이 바람직하나, 반입되어 소각 시에는 「경찰관 직무집행법」 제5조 위험 발생의 방지 등, 제6조 범죄의 예방과 제지에 근거하여 다중이 모인 장소에서 방화는 극히 위험한 행위로 위험방지 차원에서 경고 또는 강제 소화할 수 있다.

공공의 안녕과 질서를 해치는 다중에 의한 불법사태는 신속하게 진압되어야 하지만, 경찰력 행사로 인한 사회적 파장 등을 고려하여 신중하게 대처하여야 한다.

진압방침을 결정할 경우에는 집회장소 및 참가자의 구성·성향 등을 고려하고, 이 사태로 인해 침해되는 공공의 법익을 정확히 분석한 후에 관련 기능 간 협의를 통해 진압방침을 결정하여 시행해야 한다. 주변상황을 고려하여 경고·설득 등의 일차적 방법을 적용해야 하며, 최루탄의 사용은 최후적으로 고려되어야 한다.

4) 집회의 해산 – 집회시위현장 인권보호 매뉴얼

'종결선언 요청 → 자진해산 요청 → 해산명령 → 직접해산'의 4단계 해산절차를 준수한다. 해산 대상 집회라도 처음부터 해산명령은 안 되고, 종결선언 요청·자진해산의 요청 수순을 밟아 불응할 경우 해산명령을 한다. 불법집회 주최자 등이 수사·공판절차에서 해산명령 전에 종결선언 요청·자진해산의 요청을 받지 못하였다고 진술하여 사법처리에 곤란을 겪는 점을 감안, 해산절차를 준수하고 해산절차 이행에 대한 기록을 남겨 사후 사법조치를 대비한다.

제 7 절 경호

1. 경호의 의의 및 원칙

1) 경호의 개념

경호란 경호 대상자의 생명·재산을 보호하기 위하여 신체에 가하여지는 위해를 방지하거나 제거하고 특정 지역을 경계·순찰 및 방비하는 등의 모든 안전활동을 의미한다. 이와 같은 경호 개념은 경비와 호위를 포함하는 개념이다. 또한 경호는 완벽해야 하며 한 번 실패하면 사후에 보완이 불가능한 특징이 있다.

2) 경호경비의 4대 원칙

첫째, 자기 희생의 원칙이란 피경호자는 어떠한 대가를 치루더라도 절대로 신변의 안전이 보호·유지되어야 한다는 것으로, 피경호자가 위기에 처했을 때는 어떠한 희생을 치르더라도 피경호자를 보호해야 한다.

둘째, 담당 구역 책임의 원칙이란 경호자는 각자 자기 담당 구역에서 일어나는 모든 사태에 대하여 자신만이 책임을 지고 해결해야 한다는 것이다. 비록 인근지역에 특별한 상황이 발생되었다고 해서 자기 책임구역을 이탈해서는 안 된다.

셋째, 하나로 통제된 지점을 통한 접근의 원칙이란 피경호자와 접근할 수 있는 통로는 경호상 통제된 유일한 통로만이 필요하다는 것이다.

넷째, 목표물보존의 원칙이란 암살자 또는 위해를 가할 가능성이 있는 자로부터 피경호자를 완전히 격리해야 한다는 원칙이다.

경호의 대상

국내 요인	경호처 경호 대상	갑호	1. 대통령과 그 가족 2. 대통령 당선인과 그 가족 3. 퇴임 후 10년 이내의 전직 대통령과 그 배우자 4. 대통령권한대행과 그 배우자 5. 그 밖에 경호처장이 경호가 필요하다고 인정하는 요인 (대통령 등의 경호에 관한 법률)
	경찰 경호 대상	을호	1. 국회의장, 대법원장, 국무총리, 헌법재판소장 2. 전직 대통령과 그 배우자(퇴임 후 10년 경과) 3. 대통령선거 후보자
		병호	1. 갑호·을호 외에 경찰청장이 경호가 필요하다고 인정하는 요인
외국 요인	경호처 경호 대상 A·B·C·D등급	갑호	1. 외국의 국가원수 또는 행정수반과 그 배우자 2. 그 밖에 경호처장이 경호가 필요하다고 인정한 사람 (대통령 등의 경호에 관한 법률)
	경찰 경호 대상 E·F등급	을호	1. 부통령, 부총리, 왕족, 외빈 A, B, C, D등급의 배우자 단독 방한 2. 전직 대통령, 전직총리, 국제회의·국제기구의 중요 인사 3. 기타 장관급 이상으로 경찰청장이 경호가 필요하다고 인정하는 외빈

2. 경호활동의 종류 및 준비

1) 경호활동의 종류

(1) 행사성격에 의한 구분

① 완전공식경호: 대규모 국가적인 행사로 사전에 언론을 통해 완전히 공개된 행사 시 실시하는 경호이다. 예를 들면, 대통령 취임식, 국군의 날 기념식, 월드컵 축구대회, 아시아유럽정상회의(ASEM) 등 대규모 국제행사 등이다.

② 공식경호: 연례적 · 통상적으로 실시하는 공개된 행사 시 경호로 국경일, 기념일, 기공식 및 준공식 등을 말한다.

③ 비공식경호: 보안유지가 요구되는 비공개 행사 시 실시하는 경호로 현장방문행사 등을 말한다.

④ 완전비공식경호: 정무 또는 사무상 필요에 의해 사전통보나 절차 없이 이루어지는 행사 시 실시하는 경호로 비공식방문, 운동, 공연관람 등의 경호를 말한다.

(2) 활동시점 및 경호방법에 의한 구분 – 선발경호, 수행(근접)경호

(3) 장소에 의한 구분 – 육상경호, 해상 및 해안경호, 공중경호

(4) 근무형태에 의한 구분 – 노출경호, 비노출경호

(5) 연도경호의 등급구분 – 경호 1, 2, 3, 4, 5등급

(6) 외빈경호의 등급구분 – 외빈 A · B · C · D · E · F등급

2) 안전대책

요인임석 행사계획을 인지한 때부터 안전활동에 착수하며, 안전검측과 동시에 경력을 배치하여 안전유지를 실시한다.

안전검측과 안전유지는 생활안전기능(생활질서계)의 임무이며, 안전조치와 안전검측은 물적 취약요소 배제의 수단이다.

비표의 종류는 적을수록 좋고, 행사별로 별도의 비표를 운영한다. 비표 분실사고 발생 시 즉각 보고하고 전체 비표를 무효화하며, 경호근무자의 경호안전활동 시부터 비표

를 운용한다. 행사장 근무자의 비표는 경호배치 전에 교양 후 지급한다.

안전검측이란 경호의 위해요소를 미연에 제거하기 위하여 행차연도 및 행사장·숙소의 내·외부에 대하여 실시하는 안전조사활동을 말한다.

검측 대상은 외부, 내부, 공중지역, 연도로 구분하여 빠짐없이 실시하는 것이 중요하며, 통로의 경우 가운데보다는 양측을 중점적으로 검측한다. 전기선은 끝까지 추적해서 확인하고 전자제품은 분해해서 확인하며, 검측은 위장해서 타인이 눈치채지 못하도록 실시한다.

3. 경호의 실시

1) 경호 시 착안사항

경호경비는 타 업무에 우선하여 최우선적으로 처리해야 하며, 비밀이 유지되도록 보안유지에 철저를 기해야 한다. 또한 경호경비는 교통통제가 중요하므로 교통과와 긴밀히 협조한다. 경호업무는 3중 경호원리에 의하여 실시하는데, 경호실은 1선 VIP 승하차지점 및 행사장 내부를 담당하고, 경찰은 2선 경비구역, 3선 경계구역의 경비를 담당한다. 대통령 및 영부인, 외국 원수는 대통령경호처에서 주관하고, 국무총리는 경찰 단독으로 실시한다.

경호에는 행사장경호, 숙소경호, 연도경호 등이 있으며, 경호행사 시 동원경력은 2시간 전에 배치한다. '880 행사'란 완전비공식 행사를 말한다. 경찰의 경호는 「대통령 등의 경호에 관한 법률」에 따라 대통령경호처의 지휘를 받으며, 지시 거부는 불가하다.

2) 경호활동의 범위

(1) 직접경호지역 – 경호활동지역

제1선 (안전구역: 내부)	절대안전 확보구역	• 피경호자가 위치하는 내부로서 옥내일 경우에는 건물 자체를 말하며, 옥외일 경우에는 본부석이 통상적으로 해당 • 요인의 승·하차장, 동선 등의 취약개소로 피경호자에게 직접적으로 위해를 가할 수 있는 거리의 지역 수류탄 투척거리 또는 권총 유효사거리로서 실내행사는 행사장 내부, 실외행사는 행사장 반경 50m 내외

제2선 (경비구역: 내곽)	주경비 지역	• 제1선을 제외한 행사장 중심으로 소총 유효사거리 내외의 취약개소 – 안전구역을 보호하기 위한 경호활동이 이루어지는 구역으로, 실내행사는 건물 내부 또는 담장을 연하는 경계책 내곽, 실외행사는 소총 유효사거리 내외 • 경호책임은 경찰이 담당, 군부대 내일 경우에는 군이 책임
제3선 (경계구역: 외곽)	조기경보 지역	• 행사장 중심으로 적의 접근을 조기에 경보하고 차단하기 위하여 설정된 선 • 실내행사는 소총 유효사거리, 실외행사는 소구경곡사화기 유효사거리를 고려한 거리

(2) 간접경호지역

직접경호지역을 제외한 지역부터 피경호인의 안전과 경호활동에 영향을 줄 수 있는 행사장 반경의 일정지역을 말하며, 간접경호지역에서는 집단민원 및 노조·학원 등의 집회·시위활동에 대한 첩보수집활동이 요구된다.

제 8 절 대테러업무

1. 테러의 정의 및 발생요인

「국민보호와 공공안전을 위한 테러방지법」에 따르면 테러란 국가·지방자치단체 또는 외국 정부(외국 지방자치단체와 조약 또는 그 밖의 국제적인 협약에 따라 설립된 국제기구를 포함한다)의 권한행사를 방해하거나 의무 없는 일을 하게 할 목적 또는 공중을 협박할 목적으로 하는 행위를 말한다.

가. 사람을 살해하거나 사람의 신체를 상해하여 생명에 대한 위험을 발생하게 하는 행위 또는 사람을 체포·감금·약취·유인하거나 인질로 삼는 행위

나. 항공기와 관련된 다음 각각의 어느 하나에 해당하는 행위

다. 선박 또는 해상구조물과 관련된 다음 각각의 어느 하나에 해당하는 행위

라. 사망·중상해 또는 중대한 물적 손상을 유발하도록 제작되거나 그러한 위력을 가진 생화학·폭발성·소이성(燒夷性) 무기나 장치를 다음 각각의 어느 하나에

해당하는 차량 또는 시설에 배치하거나 폭발시키거나 그 밖의 방법으로 이를 사용하는 행위

마. 핵물질, 방사성물질 또는 원자력시설과 관련된 다음 각각의 어느 하나에 해당하는 행위

구분	내용
사람에 대한 행위	– 사람을 살해하거나 상해하여 생명에 위험을 발생시키는 행위 – 사람을 체포, 감금, 약취, 유인하거나 인질로 삼는 행위
항공기	– 운항 중인 항공기를 추락, 전복, 파괴하거나 안전을 해칠 만한 손괴를 가하는 행위 – 폭행, 협박 등으로 항공기를 강탈하거나 운항을 강제하는 행위 – 항공기 운항과 관련된 시설을 손괴하거나 조작을 방해하는 행위
선박 및 해상구조물	– 운항 중인 선박 또는 해상구조물을 파괴하거나 안전을 위태롭게 하는 행위 – 선박 또는 해상구조물을 강탈하거나 운항을 강제하는 행위 – 관련 기기·시설을 파괴하거나 기능 장애를 일으켜 안전을 위태롭게 하는 행위
공공시설 및 장비	– 생화학, 폭발성, 소이성 무기를 차량, 도로, 공공시설 등에 배치하거나 폭발시키는 행위 – 전기, 가스, 수도 등 공공 시설이나 에너지 시설을 손괴하거나 이를 이용해 피해를 발생시키는 행위
핵물질 및 원자력시설	– 원자로, 방사성물질 등을 파괴하거나 부당하게 조작하여 생명이나 공공안전을 위협하는 행위 – 핵물질을 수수, 사용, 보관, 또는 파괴하는 행위

산업사회의 역기능은 테러 발생을 증가시킨다. 일반적으로 테러리스트는 법질서 의식은 빈약하나 성공에 대한 집념이 강하며, 매스미디어의 발달은 테러행위의 전파를 용이하게 만들었다. 빈곤으로 인한 욕구충족수단의 제한이나 좌절을 경험했을 때 테러의 원인으로 작용할 수 있지만, 경제빈곤 자체가 직접적인 테러의 원인으로 작용한다고는 볼 수 없다. 테러분자들은 최근 테러 공격이 용이한 민간인, 민간시설 등 이른바 'Soft-Target'을 공격 목표로 삼고 있다.

2. 테러의 예방 및 대응활동

관계기관은 테러 관련 정보를 입수한 경우 지체 없이 사건관할기관의 장 및 국가정

보원장에게 통보해야 한다.

관계기관의 장은 소관업무와 관련하여 국가중요시설 · 장비 및 인원에 대한 테러예방대책을 수립하고 그 시행을 지도 · 감독한다. 관계기관의 장은 국내에서 개최되는 국가중요행사에 대하여 행사 특성에 맞는 분야별 대테러 · 안전대책을 수립 · 시행해야 한다.

법무부장관과 관세청장은 공항 및 항만에서 발생하는 테러와 연계된 혐의자의 출입국 또는 테러물품의 반출입에 대한 적발 및 처리상황을 신속히 국가정보원장 및 경찰청장에게 통보해야 한다.

3. 테러 발생 시 공통적으로 요구되는 현장조치의 내용

첫째, 도주로의 차단 및 봉쇄로 테러범의 활동반경을 축소시킨 후 추후에 협상의 기법상 범인들에게 길을 열어 주는 등의 대책을 강구할 수 있다.

둘째, 격리와 고립을 통하여 현장주변에 있을 수 있는 공범과의 연락을 차단한다.

셋째, 전기 · 가스 등 위험물의 공급차단으로 피해확산을 방지한다.

넷째, 사건현장의 공개는 범인의 마지막 도피처를 박탈하는 결과를 가져오므로 언론사의 현장 접근은 철저히 통제되어야 한다.

4. 각국의 대테러조직

영국	SAS - 특수공군부대	제2차 세계대전 독일군의 기습 및 정보수집 필요성을 계기로 창설
미국	① SWAT - 경찰특수부대 ※ 뉴욕은 기동타격대, 버밍햄은 전술작전단, LA는 특별무기전술기동대 등으로 호칭	
	② 델타포스 - 미육군 대테러특수부대	1977년 독일의 GSG-9의 모가디슈 인질구출작전 성공을 계기로 창설
	③ 레인저	
	④ SEAL - 해군특수부대	1962년 1월 케네디 대통령의 특명에 의해 창설

독일	① GSG-9-연방경찰(Bundespolizei) 소속	1972년 뮌헨올림픽 이스라엘 선수촌 테러사건을 계기로 창설
	② SEK - 경찰특수부대	각 주와 주요 도시의 미국 SUAT처럼 독립특수부대 창설
프랑스	① GIGN - 국가헌병대 대테러부대	1973년 프랑스 주재 사우디아라비아 대사관 점거사건을 계기로 창설
	② GIPN - 경찰의 대테러부대	
우리나라	① KNP868 - 서울시경찰청 직할부대 K-SWAT - 경찰특공대	1983년 '86아시안게임과 '88올림픽을 대비하여 창설
	② 707부대 - 군 특수기동타격대	1981년 해외 대테러 작전을 전담하기 위해 창설

5. 치안상황처리 매뉴얼의 주요 내용

1) 테러 발생 시 임무

(1) 경찰청장

① 테러대책 상임위원회 등 테러대책기구에 통보

② 경찰청 대테러협의회 개최(필요시 위원장은 경찰청 차장)

③ 테러사건대책본부 가동, 상황의 종합처리

④ 합동조사반 가동(비지속사건)

(2) 시 · 도경찰청장

① 상황보고, 전파, 관계기관 지원팀 요청

② 현장대응활동 지원, 시 · 도경찰청 대테러협의회 개최(필요시 위원장은 시 · 도경찰청 차장)

③ 현장지휘소의 설치, 현장지휘 · 조정 및 특공대 · 협상팀 · 지원팀의 운용

④ 합동조사반 가동(비지속사건)

(3) 경찰서장

① 상황보고, 전파, 관계기관에 지원팀 요청

② 현장지휘소 설치 전까지 현장지휘 · 통제

③ 보도창구의 일원화 및 합동조사반 가동(비지속사건)

(4) 지구대장

① 신속한 상황보고 및 전파, 부상자 구호 등

② 현장주민의 대피 및 피해확산의 방지, 사건현장의 보존

2) 상황보고서 작성 시 필수 확인사항

(1) 인질·납치테러

사건형태, 일시, 장소, 관련자 정보, 사건발생 동기, 위협수단, 피해상황, 진압과정(현장진입·현장도면 등), 경찰특공대 대응 및 유관기관 협조사항 등이다.

(2) 폭탄테러

폭발물 종류·출처 등 원인물질 확인, 발생장소의 구체적 특성, 피해규모, 현장상황, 현장·언론사·인터넷 등 테러원인 확인, 테러범 관련 단체·자료 최대한 확보, 폭발물 해체(예정) 시 처리방법 등 파악, 군·소방 등 유관기관 협조사항 등이다.

(3) 화생방테러

테러유형별 주무기관 조치사항 및 협조사항, 테러물질의 종류·출처 등 원인물질 확인, 발생장소의 구체적 특성, 피해규모, 현장상황, 현장·언론사·인터넷 등 테러원인 확인, 테러범 관련 단체·자료 최대한 확보 등이다.

3) 인질협상기법

첫째, 논쟁을 개시할 때는 요구는 인질범이 먼저 하도록 유도한다.[2)]

둘째, 협상은 상대적인 것으로 주고받는 형식으로 이루어져야 한다.

셋째, 매번 합의가 이루어질 때마다 그 내용을 명확히 한다.

넷째, 타결안은 개개 내용에 대한 일괄 타결안이 되어야 하며, 여러 가지 내용을 한 덩어리로 취급해서는 안 된다. 즉, 한 가지 사안의 내용별로 조건, 시간, 장소, 전달방

---

2) 참고로 리마증후군이란 1995년 12월 17일 페루 수도인 리마 소재 일본대사관에 '투팍아마르' 소속의 게릴라가 난입하여 대사관 직원 등을 126일 동안 인질로 잡은 사건에서 유래되었다. 시간경과에 따라 인질범이 인질에게 일체감을 느끼게 되고, 인질의 입장을 이해하여 호의를 베푸는 등 인질범이 인질에게 동화되는 현상을 말한다. 스톡홀름증후군이란 인질이 인질범에 동화되는 현상을 말한다. 스웨덴 수도인 스톡홀름에서 은행강도사건 발생 시 인질로 잡혀 있던 여인이 인질범과 사랑에 빠져 인질범과 함께 경찰에 대응하여 싸운 사건에서 유래되었다.

식, 식별방법, 인도에 대한 상대방의 요구조건 처리 등을 명확히 하여 일괄하여 합의를 한다는 의미이다.

다섯째, 협상으로 인한 타협이 불가능하더라도 다음 단계의 작전을 위한 지속적인 대화나 접촉을 실시해야 한다.

여섯째, 인질협상과정에서 단정적인 용어사용은 자제한다.

일곱째, 인질범이 초기에 인질을 살해하지 않으면 궁지에 빠지지 않는 한 인질을 살해할 가능성이 적으므로 시간을 지연시킨다.

여덟째, 인질범의 여자친구나 가족은 인질범의 감정을 자극하므로 되도록 현장에서 격리시키는 것이 바람직하다.

아홉째, 인질에게는 되도록 긴 대답을 얻을 수 있는게 가능한 한 '예' 또는 '아니오'로 대답할 수 없는 열린 질문을 한다.

제 9 절 경찰작전

1. 경찰작전의 의의 및 지휘체계

경찰작전은 대간첩작전, 전시대비 경찰작전 등이 있으며, 경찰이 작전을 수행하는 것은 남북분단 상황에 기인한다. 경찰작전의 근거규정으로 「경찰관 직무집행법」, 「대통령훈령」 제28호가 있다. 해안선 경계근무는 대부분 군에서 담당하나 독도, 제주특별자치도, 울릉도, 소흑산도 등의 도서에서는 경찰이 담당하고 있다.

「대통령훈령」 제28호는 ㉠ 병종 사태(적의 침투·도발위협이 예상되거나 소규모의 적이 침투한 때) 발생 시 경찰 관할 지역에서는 해당 시·도경찰청장 책임에 작전을 수행하고, ㉡ 을종 사태 이상 선포 시에는 지역군사령관에게 작전지휘권이 이전되며, ㉢ 병종 사태 시라도 시·도경찰청장이 작전지휘권을 지역통합방위협의회의장인 시·도지사에게 건의 후 결정하여 지역군사령관에게 이전할 수 있도록 규정하고 있다.

통합방위 병종 사태 발생 시 시·도경찰작전지휘관은 시·도경찰청장이다. 시·도경찰청장은 경찰 관할 지역의 예비군관리대를 작전통제하며, 지역군사령부와 국가정보원 대공분실 등과 협조하여 업무를 수행한다. 통합방위협의회는 중앙통합방위협의회, 지역통합방위협의회, 직장통합방위협의회를 둔다. 지역통합방위협의회는 시·도협의회, 시·군·구협의회, 지역협의회로 구성되므로 행정구역 단위로 설치·운용한다.

2. 통합방위작전(대간첩작전) 및 전시대비 경찰업무

1) 통합방위작전

112타격대는 적의 도주로를 차단하는 경우도 있으나, 신속하게 원점으로 출동하여 원점의 수색 및 접적유지 등이 가장 중요한 임무이다. 원점 부근에 있는 적을 고착시키거나 접적을 유지한다. 원점을 보존하여 정보분석조의 분석이 가능하도록 하며, 112타격대는 정보분석조를 포함 총 13명으로 구성한다.

112타격대와 정보분석조를 함께 원점지역에 출동시켜야 하며, 신고내용 및 초동조치 상황을 지휘관 및 상급기관에 보고한다. 후속 증원부대의 소집·출동조치를 하며, 상황을 인접 경찰기관 및 유관기관에 통보한다.

2) 전시대비 경찰업무

(1) 전시·사변 또는 이에 준하는 국가비상사태 발생 시 경찰의 임무

① 효율적인 군사작전 지원

② 중요시설 보호 및 방호지도·감독

③ 전시치안확보 활동

④ 용공불순세력의 색출 처리

⑤ 민유총포·화약류의 안전관리 등이다.

(2) 충무계획

「대통령훈령」 제28호에 의거 실제적으로 전쟁의 발생이 임박한 경우에 실전에 대비하여 3단계로 대응하는 전체적인 방안을 체계적으로 수립한 것이다. 충무계획에 따라 경찰은 단계별로 정해진 작전임무를 군과 합동으로 수행하게 된다. 특히, 경비경찰은 충무계획에 의거한 부대의 편성이 이루어지는 바, 기동대는 직접 군에 작전 배속이

되어 있다.

유사시 경찰작전은 '충무계획'에 의해서 실시되고, '을지연습'은 매년 1회 충무계획을 토대로 가상 시나리오에 의한 도상훈련이므로 경비과장은 반드시 충무계획을 숙지해야 한다.

(3) 을지연습

을지연습은 핵심과제 토의 위주로 실시하고 시나리오에 의한 도상연습과 실제훈련으로 보완하는 훈련이며, 실제훈련과 병행할 수 있다. 전시 · 사변 또는 국가 비상시를 대비하기 위하여 민 · 관 · 군 합동으로 매년 1회 실시하는 범국민적인 방어목적 훈련이다.

을지연습은 국무총리가 연습방법 및 기간 등을 정하여 대통령의 승인을 얻어 훈련 실시명령을 발하며, 을지연습은 행정안전부가 주관한다.

제10절 청원경찰

1. 청원경찰의 의의

1) 개념

'청원경찰'이란 국가기관 또는 공공단체와 그 관리에 있는 중요 시설 또는 사업장, 국내 주재 외국기관, 그 밖에 행정안전부령으로 정하는 중요 시설, 사업장 또는 장소의 경영자가 경비(經費)를 부담할 것을 조건으로 경찰의 배치를 신청하는 경우 그 기관 · 시설 또는 사업장 등의 경비(警備)를 담당하게 하기 위하여 배치하는 경찰로 경비국 소관이다. 또한 그 경비구역만의 경비를 목적으로 필요한 범위에서 「경찰관 직무집행법」에 따른 경찰관의 직무를 수행한다.

2) 직무

청원경찰은 청원경찰의 배치 결정을 받은 자(청원주)와 배치된 기관 · 시설 또는 사업장 등의 구역을 관할하는 경찰서장의 감독을 받아 그 경비구역만의 경비를 목적으로 필요한 범위에서 「경찰관 직무집행법」에 따른 경찰관의 직무를 수행한다. 이때 범죄수사에는 관여할 수 없다.

청원경찰이 직무를 수행하는 경우에 「경찰관 직무집행법」 및 같은 법 시행령에 의하여 행하여야 할 보고는 관할 경찰서장에게 서면으로 보고함에 앞서 지체 없이 구두로 보고하여 그 지시에 따라야 한다.

3) 무기휴대

시 · 도경찰청장은 청원경찰이 직무를 수행하기 위하여 필요하다고 인정하면 청원주의 신청을 받아 관할 경찰서장으로 하여금 청원경찰에게 무기를 대여하여 지니게 할 수 있다.

청원주가 청원경찰이 휴대할 무기를 대여받으려는 경우에는 관할 경찰서장을 거쳐 시 · 도경찰청장에게 무기대여의 신청을 하여야 하고, 그 신청을 받은 시 · 도경찰청장이 무기를 대여하여 휴대하게 하려는 경우에는 청원주로부터 국가에 기부채납된 무기에 한정하여 관할 경찰서장으로 하여금 무기를 대여하여 휴대하게 할 수 있다.

2. 직무감독권자 및 징계

1) 직무감독권자

청원주와 관할 경찰서장이며, 시 · 도경찰청장은 청원경찰의 효율적인 운영을 위하여 청원주를 지도하며 감독상 필요한 명령을 할 수 있다.

2) 징계

청원주는 청원경찰이 직무상의 의무를 위반하거나 직무를 태만히 한 때, 품위를 손상하는 행위를 한 때에는 징계처분을 하여야 한다. 청원경찰에 대한 징계의 종류는 파면, 해임, 정직, 감봉 및 견책으로 한다.

Introduction to Police Science

04

교통경찰활동

제 1 절 교통경찰

1. 교통의 의의

교통은 공간적 장소의 변화 또는 장소적 이동이며, 교통은 거리저항을 극복하는 이동이다. 또한 교통은 체계적인 교통기관에 의한 이동이며, 반복현상을 갖는 이동이다. 화물의 장소적 이동인 수송도 교통에 속한다.

1) 교통경찰이 대상으로 하는 교통의 영역

첫째, 정보의 장소적 이동을 제외한 일반 교통의 영역이다.
둘째, 해상교통은 부분적으로 해양경찰의 대상이 되고 있다.
셋째, 교통경찰의 주 대상은 도로교통이다.
넷째, 궤도에 의한 철도교통이나 항공교통은 교통경찰의 영역에서 제외된다.

2) 교통의 원칙

① 3E의 원칙 = 교통안전교육(Education), 교통안전공학(Engineering), 교통단속(Enforcement)

② 4E의 원칙=3E+교통환경(Environment)

③ 6E의 원칙=4E+교통경제(Economy)+교통 관련 법제(Enactment)

2. 교통경찰활동

1) 교통경찰활동의 특성

첫째, 모든 계층의 사람이 교통경찰의 대상이며, 사회생활에 중대한 영향을 미친다.

둘째, 경찰활동 평가의 창구가 되며, 교통 환경의 변화가 급격하다.

셋째, 기술적 분야에 속하는 사항이 많음과 동시에 행정적 분야에 속하는 사항이 많다.

넷째, 전국적인 관련성이 강하며, 일반행정 분야와의 협력을 필요로 한다.

2) 교통경찰활동의 법적 근거

근거법으로 「국가경찰과 자치경찰의 조직 및 운영에 관한 법률」과 「경찰관 직무집행법」이 있다. 「국가경찰과 자치경찰의 조직 및 운영에 관한 법률」 제3조 제6호는 교통의 단속과 위해의 방지를, 「경찰관 직무집행법」 제2조 제5호는 교통 단속과 교통 위해(危害)의 방지를 그 임무 또는 직무로 규정하고 있다. 또한 교통경찰권한에 관한 수권 규정으로 「도로교통법」이 있으며, 기타 교통사고처리에 관한 규정으로 「형법」, 「교통사고처리 특례법」, 「특정범죄 가중처벌 등에 관한 법률」 등이 있다.

3. 교통규제

1) 교통규제의 의의

교통규제란 도로에서의 위험을 방지하고 교통의 안전과 원활한 소통을 도모하기 위하여 신호기 및 안전표지를 설치하는 등 도로에서의 통행규칙을 설정하는 활동을 말한다.

2) 교통규제권자와 규제내용

(1) 경찰청장

경찰청장이나 시 · 도경찰청장은 도로에서 일어나는 위험을 방지하고 교통의 안전과 원활한 소통을 확보하기 위하여 필요하다고 인정하는 경우에는 구역이나 구간을 지정하여 자동차 등의 속도를 제한할 수 있다. 고속도로 관리자가 교통안전시설을 설치하려면 경찰청장과 협의하여야 한다. 경찰청장은 고속도로 관리자에게 교통안전시설의 관리에 관하여 필요한 사항을 지시할 수 있다. 경찰청장은 고속도로의 원활한 소통을 위하여 특히 필요한 경우에는 고속도로에 전용차로를 설치할 수 있다. 도로관리청이 고속도로에서 점용허가 및 통행의 금지나 제한 행위를 한 때에는 경찰청장에게 그 내용을 즉시 통보하여야 한다.

(2) 시장 등=특별시장 · 광역시장 또는 시장 · 군수(광역시의 군수 제외)

시장 등은 도로에서의 위험을 방지하고 교통의 안전과 원활한 소통을 확보하기 위하여 필요하다고 인정하는 경우에는 신호기 및 안전표지(이하 "교통안전시설"이라 한다)를 설치 · 관리하여야 한다. 시장 등은 원활한 교통을 확보하기 위하여 특히 필요한 경우에는 시 · 도경찰청장이나 경찰서장과 협의하여 도로에 전용차로를 설치할 수 있다.

(3) 시 · 도경찰청장

① 보행자나 차마의 통행 금지 또는 제한
② 횡단보도의 설치
③ 차로 및 가변차로의 설치
④ 고속도로를 제외한 도로에서의 자동차 등의 속도 제한
⑤ 차마의 횡단이나 유턴 또는 후진 금지
⑥ 교차로 통행방법의 지정
⑦ 서행 및 일시정지 장소의 지정
⑧ 정차 및 주차금지 장소의 지정
정차 또는 주차가 금지된 장소 중 시 · 도경찰청장이 안전표지로 구역 · 시간 · 방법 및 차의 종류를 정하여 정차 또는 주차를 허용한 곳에서는 정차 또는 주차할 수 있다.

⑨ 승차인원 · 적재중량 또는 적재용량 제한 등이다.

(4) 경찰서장

경찰서장은 도로에서의 위험을 방지하고 교통의 안전과 원활한 소통을 확보하기 위하여 필요하다고 인정하는 경우에는 우선 보행자나 차마의 통행을 금지하거나 제한한 후 그 도로관리자와 협의하여 금지 또는 제한의 대상과 구간 및 기간을 정하여 도로의 통행을 금지하거나 제한할 수 있다.

도로관리청 또는 공사시행청의 명령에 따라 도로를 파거나 뚫는 등 공사를 하려는 사람("공사시행자"라 한다)은 3일 전에 그 일시, 공사구간, 공사기간 및 시행방법, 그 밖에 필요한 사항을 관할 경찰서장에게 신고하여야 한다.

경찰서장은 교통안전시설 그 밖에 이와 비슷한 공작물을 함부로 설치한 사람, 교통에 방해가 될 만한 물건을 도로에 내버려 둔 사람, 교통에 방해가 될 만한 인공구조물 등을 설치하거나 그 공사 등을 한 사람에 대하여 위반행위를 시정하도록 하거나 그 위반행위로 인하여 생긴 교통장해를 제거할 것을 명할 수 있다.

(5) 경찰공무원

도로를 통행하는 보행자 및 모든 차마의 운전자는 교통안전시설이 표시하는 신호 또는 지시와 교통정리를 위한 경찰공무원 등의 신호 또는 지시가 다른 경우에는 경찰공무원 등의 신호 또는 지시에 따라야 한다. 경찰공무원은 도로의 파손, 화재의 발생이나 그 밖의 사정으로 인한 도로에서의 위험을 방지하기 위하여 긴급히 조치할 필요가 있을 때에는 필요한 범위에서 보행자, 차마 또는 노면전차의 통행을 일시 금지하거나 제한할 수 있다.

제 2 절 도로 및 교통안전시설

1. 도로

「도로교통법」에서 '도로'란 「도로법」에 따른 도로, 「유료도로법」에 따른 유료도로,

「농어촌도로 정비법」에 따른 농어촌도로, 그 밖에 현실적으로 불특정 다수의 사람 또는 차마(車馬)가 통행할 수 있도록 공개된 장소로서 안전하고 원활한 교통을 확보할 필요가 있는 장소를 말한다(도로교통법 제2조 제1항 라). 일반교통에 사용되지 않는 학교 구내나 소년원의 원내 등은 도로에 해당하지 않는 곳으로 해석한다.

일반교통에 사용되는 곳을 도로라 하며, 도로의 판단 여부는 도로의 형태성과 도로 이용 및 통행의 공개성 등에 의한다. 준공검사를 앞두고 일반에게 이용이 허용된 도로, 공원·고수부지의 길, 일반교통에 공용되는 장소는 「도로교통법」에서의 도로로 본다. 단, 교정(校庭)은 도로가 아니다. 울산현대조선소는 본래 사영역이나 사실상 개방성이 인정되어 경찰청 질의회신에서 도로로 인정한 바 있다(1983.7.16).

학교 구내는 판례에 의하면, 자주적·독립적으로 관리되고 공개성이 없으므로 도로로 보지 않으며, 역 구내는 일반교통에 공용되는 장소라 할 수 없어 도로로 보지 않는다. 또한 노상주차장은 주차장법의 적용 대상인 주차장에 해당하여 도로로 보지 않는다.

2. 교통안전시설

특별시장·광역시장·제주특별자치도지사 또는 시장·군수(광역시의 군수를 제외한다. 이하 "시장 등"이라 한다)는 도로에서의 위험을 방지하고 교통의 안전과 원활한 소통을 확보하기 위하여 필요하다고 인정하는 경우에는 신호기 및 안전표지(이하 "교통안전시설"이라 한다)를 설치·관리하여야 한다. 다만, 「유료도로법」 제6조의 규정에 의한 유료도로에서는 시장 등의 지시에 따라 그 도로관리자가 교통안전시설을 설치·관리하여야 한다.

특별시장·광역시장은 고속도로를 제외한 일반도로에서의 교통안전시설의 설치·관리에 관한 권한을 시·도경찰청장에게 위임하고, 시장·군수는 그 권한을 경찰서장에게 위탁한다.

횡단보도를 설치하고자 하는 장소에 횡단보행자용 신호기가 설치되어 있는 경우에는 횡단보도 표시만 설치한다. 횡단보도를 설치하고자 하는 도로의 표면이 포장되지 않아 횡단보도 표시를 할 수 없는 때에는 횡단보도 표지판만을 설치한다. 그 횡단보도 표지판에 횡단보도의 너비를 표시하는 보조표지를 설치한다.

일반도로에서의 횡단보도 설치는 광역시급 이상 지역은 관할 시 · 도경찰청장이 설치 · 관리하고, 기타 시 · 군지역에서는 관할 경찰서장이 설치 · 관리하도록 되어 있다.

시 · 도경찰청장 또는 경찰서장이 어린이 보호구역 지정신청을 받아 조사 결과 어린이보호구역으로 지정 · 관리하는 것이 필요하다고 인정하는 경우에는 당해 초등학교 등의 주 출입문을 중심으로 반경 300m 이내의 도로 중 일정구간을 어린이 보호구역으로 지정한다.

참고

「도로교통법」 제12조

시장 등은 교통사고의 위험으로부터 어린이를 보호하기 위하여 필요하다고 인정하는 경우에는 다음 각 호의 어느 하나에 해당하는 시설이나 장소의 주변도로 가운데 일정 구간을 어린이 보호구역으로 지정하여 자동차 등과 노면전차의 통행속도를 시속 30km 이내로 제한할 수 있다.

어린이 보호구역 안에서 시 · 도경찰청장 또는 경찰서장이 취할 수 있는 조치사항은 ㉠ 차마의 통행을 금지하거나 제한하는 것, ㉡ 차마의 정차나 주차를 금지하는 것, ㉢ 이면도로(도시지역에 있어서 간선도로가 아닌 도로로서 일반의 교통에 사용되는 도로)를 일방통행도로 지정 · 운행하는 것, ㉣ 운행속도를 시속 30km 이내로 제한하는 것 등이 있다.

특별시장 · 광역시장 및 제주특별자치도지사는 관할 구역 안에서 노인복지시설을 설립 · 운영하는 사람(이하 "노인복지시설의 설립 · 운영자"라 한다)의 건의를 받아 관할 시 · 도경찰청장에게, 시장 · 군수(광역시의 군수를 제외한다)는 관할 구역 안의 노인복지시설의 설립 · 운영자의 건의를 받아 관할 경찰서장에게 각각 노인 보호구역의 지정을 신청할 수 있다. 시 · 도경찰청장 또는 경찰서장은 조사 결과 신청지역을 보호구역으로 지정 · 관리하는 것이 필요하다고 인정하는 경우에는 해당 노인복지시설 주 출입문을 중심으로 반경 300m 이내의 도로 중 일정구간을 노인 보호구역으로 지정하여야 한다.

참고

「도로교통법」 제12조의2

시장 등은 교통사고의 위험으로부터 노인 또는 장애인을 보호하기 위하여 필요하다고 인정하는 경우에는 제1호부터 제3호까지 및 제3호의2에 따른 시설 또는 장소의 주변도로 가운데 일정 구간을 노인 보호구역으로, 제4호에 따른 시설의 주변도로 가운데 일정 구간을 장애인 보호구역으로 각각 지정하여 차마와 노면전차의 통행을 제한하거나 금지하는 등 필요한 조치를 할 수 있다.

제 3 절 차마의 통행방법

1. 교차로의 통행

황색의 등화 시 교차로에 진입하고 있는 운전자, 보행 등의 녹색점멸 시 보행을 시작하는 보행자, 적색등화에 주의하면서 횡단하는 보행자는 신호위반으로 단속할 수 있다. 황색의 등화 시 우회전하는 차마는 신호에 상관없이 다른 차량에 주의하며 운전할 수 있고, 우회전하는 경우에는 보행자의 횡단을 방해하지 못한다.

교통정리를 하고 있지 아니하는 교차로에 동시에 들어가려고 하는 차의 운전자는 우측도로의 차에 진로를 양보하여야 한다. 교통정리를 하고 있지 아니하는 교차로에서 좌회전하고자 하는 차의 운전자는 그 교차로에서 직진하거나 우회전하려는 다른 차가 있을 때에는 그 차에 진로를 양보하여야 하며, 교통정리를 하고 있지 않고 교통이 빈번한 교차로에서는 일시정지해야 한다.

2. 일시정지해야 하는 곳

모든 차 또는 노면전차의 운전자는 다음에 해당하는 곳에서는 일시정지해야 한다.

① 교통정리를 하고 있지 아니하거나 좌우를 확인할 수 없거나 교통이 빈번한 교차로

② 시·도경찰청장이 도로에서의 위험을 방지하고 교통의 안전과 원활한 소통을 확보하기 위하여 필요하다고 인정하여 안전표지에 의하여 지정한 곳(도로교통법 제31조 제2항 제2호)

여기서 일시정지란 차가 일시적으로 그 바퀴를 완전 정지시키는 것을 말하는 것으로, 얼마 간의 시간 동안 정지상태를 유지해야 하는 교통상황적 의미를 말한다.

3. 앞지르기 및 고속도로 전용차로 통행

1) 앞지르기 금지 시기

앞차의 좌측에 다른 차가 앞차와 나란히 가고 있는 경우에는 그 앞차를 앞지르지 못하며, 뒤차는 앞차가 다른 차를 앞지르고 있거나 앞지르고자 하는 때에는 그 앞차를 앞지르지 못한다(도로교통법 제22조 제1항). 모든 운전자는 「도로교통법」이나 이 법에 의한 명령 또는 경찰공무원의 지시에 따라 정지하거나 서행하고 있는 차, 위험을 방지하기 위하여 정지하거나 서행하고 있는 차를 앞지르지 못한다(도로교통법 제22조 제2항).

2) 앞지르기 금지 장소

모든 차의 운전자는 다음에 해당하는 곳에서는 다른 차를 앞지르지 못한다.

① 교차로

② 터널 안

③ 다리 위

④ 도로의 구부러진 곳, 비탈길의 고갯마루 부근 또는 가파른 비탈길의 내리막 등 시·도경찰청장이 도로에서의 위험을 방지하고 교통의 안전과 원활한 소통을 확보하기 위하여 필요하다고 인정하는 곳으로서 안전표지로 지정한 곳(도로교통법 제22조 제3항)

3) 고속도로 전용차로 통행

고속도로 버스전용차로를 통행할 수 있는 차량을 종전 17인승 이상 승합자동차에서 9인승 이상 승용・승합자동차로 확대하되, 12인승 이하 승용・승합자동차로서 6인 미만이 승차한 경우는 통행할 수 없다.

다인승 전용차로의 경우 3인 이상 승차한 승용・승합차만 통행 가능하다.

4. 주취 중 운전금지

음주운전은 혈중알코올농도와 상관없이 누구든지 술에 취한 상태에서 자동차 등 노면전차 또는 자전거를 운전하는 일체의 경우로, 혈중알코올농도 0.03퍼센트 이상인 경우를 말한다.

1) 주취운전금지

누구든지 술에 취한 상태에서 자동차 등(건설기계관리법 제26조 제1항 단서의 규정에 의한 건설기계 외의 건설기계를 포함)을 운전해서는 안 된다. 「도로교통법」에서의 모든 건설기계를 운전하고자 하는 자는 술에 취한 상태에서 운전하면 안 된다. 원동기장치자전거를 운전하고자 하는 자는 배기량에 관계없이 술에 취한 상태에서 운전하면 안 된다.

취중 경운기 운전의 경우 경운기는 자동차 등에 포함되지 않으므로 「도로교통법」을 적용할 수 없다. 여관 주차장에서 차량 위치 이동은 도로가 아닌 곳이므로 주취운전에 포함되지 않는다.

조수석에서 차안의 기기를 만지다 핸드브레이크가 풀려 시동이 걸리지 않은 채 10cm 밀려 내려가 사고 난 경우 소정의 운전에 해당하지 않는다.

2) 음주측정

「도로교통법」에서의 주취운전의 기준은 혈중알코올농도에 따라 다르므로, 음주측정기는 호흡알코올농도를 근거로 혈중알코올농도를 산출하는 기능을 한다.

특별한 사유가 없는 한 음주측정기의 성능시험을 위한 호흡채취 등은 금한다. 불대 부착 시 시료채취 입구가 망가지지 않도록 주의한다. 음주측정자는 음주측정 시에 운전자에게 최종 음주시간을 확인하여 구강 내 잔류알코올에 의한 과대 측정을 방지해야 한다(음주 시로부터 구강 내 잔류알코올 소거에 20분이 소요되며, 음용수 200ml를 제공함). 현행 음주측정기는 소수점 세 자리까지 표시되며, 음주운전자 적발보고서는 표시되어 있는 대로 소수점 세 자리까지 기재한다.

음주측정 결과 혈중알코올농도 0.03퍼센트 이상인 경우 주취운전자 적발보고서를 작성하며, 미란다원칙을 고지하고 지체 없이 경찰서로 동행, 의법 조치해야 한다. 음주측정 요구에 불응하는 운전자에 대해서는 음주측정 불응에 따른 불이익을 5분 간격으로 3회 이상 명확히 고지한 후 '측정거부'로 주취운전자 적발보고서를 작성한다. 측정거부로 주취운전자 적발보고서를 작성한 이후 마음이 변한 운전자가 음주측정을 요구하는 경우에는 측정해서는 안 된다. 음주측정을 거부한 사람은 「도로교통법」 위반으로 경찰서로 동행, 의법조치해야 한다.

3) 난폭운전금지(도로교통법 제46조의3)

2020년 6월 9일 법률의 개정을 통하여 난폭운전금지 규정을 개정하였다. 자동차 등(개인형 이동장치는 제외한다)의 운전자는 다음 각 호 중 둘 이상의 행위를 연달아 하거나, 하나의 행위를 지속 또는 반복하여 다른 사람에게 위협 또는 위해를 가하거나 교통상의 위험을 발생하게 하여서는 아니 된다.

1. 제5조에 따른 신호 또는 지시 위반
2. 제13조 제3항에 따른 중앙선 침범
3. 제17조 제3항에 따른 속도의 위반
4. 제18조 제1항에 따른 횡단 · 유턴 · 후진 금지 위반
5. 제19조에 따른 안전거리 미확보, 진로변경 금지 위반, 급제동 금지 위반
6. 제21조 제1항 · 제3항 및 제4항에 따른 앞지르기 방법 또는 앞지르기의 방해금지 위반
7. 제49조 제1항 제8호에 따른 정당한 사유 없는 소음 발생
8. 제60조 제2항에 따른 고속도로에서의 앞지르기 방법 위반
9. 제62조에 따른 고속도로 등에서의 횡단 · 유턴 · 후진 금지 위반 등이다.

4) 어린이통학버스의 특별보호(도로교통법 제51조)

어린이통학버스가 도로에 정차하여 어린이나 영유아가 타고 내리는 중임을 표시하는 점멸등 등의 장치를 작동 중일 때에는 어린이통학버스가 정차한 차로와 그 차로의

바로 옆 차로로 통행하는 차의 운전자는 어린이통학버스에 이르기 전에 일시정지하여 안전을 확인한 후 서행하여야 한다(도로교통법 제51조 제1항). 또한 제1항의 경우 중앙선이 설치되지 아니한 도로와 편도 1차로인 도로에서는 반대방향에서 진행하는 차의 운전자도 어린이통학버스에 이르기 전에 일시정지하여 안전을 확인한 후 서행하여야 한다(동법 제51조 제2항). 모든 차의 운전자는 어린이나 영유아를 태우고 있다는 표시를 한 상태로 도로를 통행하는 어린이통학버스를 앞지르지 못한다(동법 제51조 제3항).

어린이통학버스(여객자동차 운수사업법 제4조 제3항에 따른 한정면허를 받아 어린이를 여객 대상으로 하여 운행되는 운송사업용 자동차는 제외한다)를 운영하려는 자는 행정안전부령으로 정하는 바에 따라 미리 관할 경찰서장에게 신고하고 신고증명서를 발급받아야 한다(동법 제52조 제1항). 또한 어린이통학버스를 운영하는 자는 어린이통학버스 안에 제1항에 따라 발급받은 신고증명서를 항상 갖추어 두어야 한다(동법 제52조 제2항).

어린이통학버스를 운영하는 자는 어린이통학버스에 어린이나 영유아를 태울 때에는 성년인 사람 중 어린이통학버스를 운영하는 자가 지명한 보호자를 함께 태우고 운행하여야 하며, 동승한 보호자는 어린이나 영유아가 승차 또는 하차하는 때에는 자동차에서 내려서 어린이나 영유아가 안전하게 승하차하는 것을 확인하고 운행 중에는 어린이나 영유아가 좌석에 앉아 좌석안전띠를 매고 있도록 하는 등 어린이 보호에 필요한 조치를 하여야 한다(도로교통법 제53조 제3항).

어린이의 승차 또는 하차를 도와주는 보호자를 태우지 아니한 어린이통학버스를 운전하는 사람은 어린이가 승차 또는 하차하는 때에 자동차에서 내려서 어린이나 영유아가 안전하게 승하차하는 것을 확인하여야 한다(동법 제53조의5).

어린이통학버스를 운영하는 사람과 운전하는 사람은 어린이통학버스의 안전운행 등에 관한 교육(이하 "어린이통학버스 안전교육"이라 한다)을 받아야 하며 교육을 받지 아니한 사람은 어린이통학버스를 운전하게 하거나 동승하게 하여서는 아니 된다(동법 제53조의3). 어린이통학버스 안전교육은 신규 안전교육(어린이통학버스를 운영하려는 사람과 운전하려는 사람을 대상으로 그 운영 또는 운전을 하기 전에 실시하는 교육)과 정기 안전교육(어린이통학버스를 계속하여 운영하는 사람과 운전하는 사람을 대상으로 2년마다 정기적으로 실시하는 교육)이 있다.

5. 긴급자동차

1) 긴급자동차의 정의

긴급자동차란 소방차 · 구급차 · 혈액 공급차량 · 그 밖에 대통령령이 정하는 자동차로서 그 본래의 긴급한 용도로 사용되고 있는 자동차를 말한다.

2) 긴급자동차의 종류

(1) 법정 긴급자동차

① 경찰용 자동차 중 범죄수사 · 교통단속 그 밖에 긴급한 경찰임무를 수행하기 위하여 사용되는 자동차

② 국군 및 주한국제연합군용 자동차 중 군내부의 질서유지나 부대의 질서 있는 이동을 유도하는 데 사용되는 자동차

③ 수사기관의 자동차 중 범죄수사를 위하여 사용되는 자동차

④ 교정기관(교도소 · 소년교도소 · 구치소 · 보호감호소 · 소년원 · 소년분류심사원 · 보호관찰소)의 자동차 중 도주자의 체포 또는 피수용자 · 피관찰자의 호송 · 경비를 위하여 사용되는 자동차

⑤ 국내외 요인에 대한 경호업무수행에 공무로서 사용되는 자동차 등이다.

(2) 사용하는 사람의 신청에 의하여 시 · 도경찰청장이 지정하는 경우

① 전기사업 · 가스사업 그 밖의 공익사업기관에서 위험방지를 위한 응급작업에 사용되는 자동차

② 민방위업무를 수행하는 기관에서 긴급예방 또는 복구를 위한 출동에 사용되는 자동차

③ 도로관리를 위하여 사용되는 자동차 중 도로상의 위험을 방지하기 위한 응급작업 및 운행이 제한되는 자동차를 단속하기 위하여 사용되는 자동차

④ 전신 · 전화의 수리공사 등 응급작업에 사용하는 자동차와 우편물의 운송에 사용되는 자동차 중 긴급배달 우편물의 운송에 사용되는 자동차 및 전파감시업무에 사용되는 자동차 등이다.

(3) 긴급자동차에 준하는 자동차

① 긴급자동차에 의하여 유도되고 있는 자동차

② 국군 및 주한국제연합군용의 긴급자동차에 의하여 유도되고 있는 국군 및 주한국제연합군의 자동차

③ 생명이 위급한 환자나 부상자 또는 수혈을 위한 혈액을 운송 중인 자동차 등이다.

3) 긴급자동차의 우선통행

차마의 운전자는 도로(보도와 차도가 구분된 도로에서는 차도를 말한다)의 중앙(중앙선이 설치되어 있는 경우에는 그 중앙선을 말한다)으로부터 우측부분을 통행해야 하지만, 긴급자동차는 이 규정에 불구하고 긴급하고 부득이한 경우에는 도로의 중앙이나 좌측부분을 통행할 수 있다. 긴급자동차는 「도로교통법」이나 이 법에 의한 명령의 규정에 의하여 정지하여야 하는 경우에도 불구하고 긴급하고 부득이한 경우에는 정지하지 아니할 수 있다.

긴급자동차의 운전자는 상기의 경우에 교통의 안전에 특히 주의하면서 통행하여야 한다.

4) 긴급자동차의 교통사고

긴급자동차가 긴급한 용도로 사용되고 있다 해도 운행상 부과되는 주의의무로부터 자유로울 수 없고, 교통사고 야기 시에는 다른 일반승용차와 같이 당연히 위반내용을 적용·책임을 진다. 따라서 긴급업무수행 중 신호위반이나 중앙선침범으로 인한 사고야기 시에는 「교통사고처리 특례법」 소정 단서조항에 의거 신호위반사고, 중앙선침범사고로 처벌받는다.

제 4 절 교통지도단속

1. 교통지도단속의 개요

1) 교통지도단속의 의의

교통지도단속은 도로라는 한정된 공간을 공용하는 이용자 상호 간의 물리적 충돌을 배제하고 이해의 조정을 도모하기 위해 미리 정해진 이용방법과 계획된 교통의 흐름을 확실하게 실현시켜 나가기 위해 규칙위반자에게 법적 제재를 가함으로써 의무이행을 강제시키는 방법이다.

사고요인행위란 교통사고 야기와 직접적으로 관련이 되는 내용으로서 실무상으로는 음주, 과속, 중앙선 침범단속 등을 말한다.

2) 교통지도단속활동의 역할

① 규칙의 이해와 안전행동의 교시(教示)

② 위반행위의 억지(抑止)

③ 교통위반행위의 배제

④ 위반행위에 대한 법적 제재조치의 실현

⑤ 국민과 경찰의 연대의식 등이다.

2. 무인교통단속

우선, 위반사실통지서를 위규차량 소유주 등에게 발송한다. 이때 의견진술기간은 15일 간 부여한다. 경찰관서에 출석 시에는 운전자가 확인되거나, 소유자 등의 과태료 부과 대상의 부득이한 사유가 없는 경우에 한하여 범칙금 납부고지서를 발급한다. 의견진술 기한까지 의견진술이 없는 경우 과태료 납부고지서를 우송한다.

군인이나 군속이 군용차량 운전 중 범칙행위를 한 때에는 통고서를 발부하지 않고, 별지 제9호 서식의 적발통보서를 작성해야 한다. 적발통보서는 경찰서장의 결재를 받아 그 운전자의 소속부대에 서면 통보해야 한다. 군인이나 군속이 일반운전면허 없이 일반차량을 운전 중 범칙행위를 한 때에도 상기와 같다. 단, 군인이나 군속이 일반운전면허로 일반차량을 운전한 때에는 일반운전자와 동일하게 단속·처리한다.

3. 교통정리

교통정리란 교통의 혼잡을 완화하여 교통의 원활한 촉진과 안전 확보 및 교통공해 방지를 도모함을 목적으로 하는 경찰관의 기술적인 경찰활동으로, 경찰이 모든 신호나 표지의 방법으로 통행을 지휘하는 적극적이며 구체적인 행위이다.

교통정리에 필요한 인원의 배치는 교통실태조사에 의해서 얻은 자료를 근거로 결정한다. 그러나 현재 운영되고 있는 정원에서 배치해야 하기 때문에 감독자는 효율적인 인원활용을 할 수 있도록 근무계획을 세워야 한다.

4. 범칙행위, 통고처분, 과태료처분

통고처분은 경미한 위반자에게 일일이 즉심에 회부하는 번잡성을 피하고 신속, 간편하게 처리함으로써 즉결심판을 받는 것과 동일한 효과를 부여한다. 통고처분은 경미한 교통법규 위반자에게 경찰관이 직접 범칙금을 납부할 것을 통고하는 제도이며, 행정권의 작용에 의해 재산적 제재를 가하는 조치이다.

범칙행위란 「도로교통법」 제156조 및 제157조 각 항목의 죄에 해당하는 위반행위를 말한다. 즉, 운전자나 보행자 등이 도로교통법령을 위반하여 20만 원 이하의 벌금이나 구류·과료(科料)에 처할 수 있는 구성요건에 해당하는 위법·유책한 행위이다.

통고처분 대상자 중 다음에 해당되는 사람에 대해서는 지체 없이 즉결심판을 받도록 해야 한다. 즉, ① 성명이나 주소가 확실하지 아니한 사람, ② 달아날 우려가 있는 사람, ③ 범칙금 납부통고서 받기를 거부한 사람 등이다.

교통주무과장은 범칙금 납부통고서 등을 오손·분실·훼손한 사람에 대해 6하 원칙에 의한 사유서를 징수한 후 사안의 경·중과 고의·과실 유무에 따라 경고 또는 계고 등의 상응한 조치를 해야 한다. 오손·분실·훼손 등의 통고서 사본·사유서·조치

결과 등의 관련 서류를 별도 합철하여 3년 간 보관해야 한다.

과태료는 대통령령이 정하는 바에 의하여 다음의 자가 부과·징수한다.

① 제160조 제1항 내지 제3항(일반도로에서의 전용차로 통행, 정차 또는 주차 규정을 위반한 경우 제외)의 과태료－시·도경찰청장 ※ 신호위반, 중앙선침범, 고속도로에서의 전용차로 위반·속도위반, 고속도로 갓길통행금지 위반 등

② 제160조 제1항(제52조 제1항·제3항을 위반한 경우만 해당한다), 제2항(제49조 제1항 제1호·제3호, 제50조 제1항·제3항, 제52조 제2항, 제53조 제2항, 제53조의3 제1항·제3항 및 제56조의3 제1항을 위반한 경우만 해당한다) 및 제3항(제5조, 제13조 제3항, 제15조 제3항, 제17조 제3항, 제29조 제4항·제5항, 제32조부터 제34조까지의 규정을 위반한 경우에만 해당한다)의 과태료: 제주특별자치도지사

③ 제160조 제2항 제4호의3·제4호의4·제4호의5·제10호 및 같은 조 제3항(제15조 제3항, 제29조 제4항·제5항, 제32조부터 제34조까지의 규정을 위반한 경우만 해당한다)의 과태료: 시장 등

과태료 처분에 불복이 있는 자는 처분의 고지를 받은 날부터 30일 이내에 시·도경찰청장·제주특별자치도지사 또는 시장 등에게 이의를 제기할 수 있다. 시·도경찰청장·제주특별자치도지사 또는 시장 등은 과태료 처분을 받은 자가 이의를 제기한 때에는 지체 없이 관할 법원에 그 사실을 통보하여야 하며, 그 통보를 받은 관할 법원은 「비송사건절차법」에 의한 과태료의 재판을 한다.

과태료 납부기간 내에 이의를 제기하지 아니하고 과태료를 납부하지 아니한 때에는 국세 또는 지방세 체납처분의 예에 의하여 이를 징수한다. 과태료는 과태료 납부고지서를 받은 날부터 60일 이내에 납부하되, 천재지변이나 그 밖의 부득이한 사유로 과태료를 납부할 수 없는 때에는 그 사유가 없어진 날부터 5일 이내에 납부하여야 한다. 고속도로순찰대 경찰관 및 대장은 행정기관이 아니므로 과태료 부과·징수권자가 될 수 없다.

제 5 절 운전면허 및 면허행정처분

1. 운전할 수 있는 차의 종류

1) 제1종

(1) 대형면허

① 승용자동차

② 승합자동차

③ 화물자동차

④ 건설기계 - ㉠ 덤프트럭, 아스팔트살포기, 노상안정기, ㉡ 콘크리트믹서트럭, 콘크리트펌프, ㉢ 천공기(트럭적재식), 콘크리트믹서트레일러, 아스팔트콘크리트재생기, ㉣ 도로보수트럭, 도로를 운행하는 3톤 미만의 지게차 등

⑤ 특수자동차(대형견인차, 소형견인차, 구난차는 제외)

⑥ 원동기장치자전거

(2) 보통면허

① 승용자동차

② 승차정원 15인 이하의 승합자동차

③ 적재중량 12톤 미만의 화물자동차

④ 건설기계(도로를 운행하는 3톤 미만의 지게차에 한한다)

⑤ 총중량 10톤 미만의 특수자동차(구난차등은 제외한다)

⑥ 원동기장치자전거

(3) 소형면허

① 3륜화물자동차

② 3륜승용자동차

③ 원동기장치자전거

(4) 특수면허

① 대형견인차

② 소형견인차

③ 구난차

④ 제2종 보통면허로 운전할 수 있는 차량

2) 제2종

(1) 보통면허

① 승용자동차

② 승차정원 10인 이하의 승합자동차를 포함한다

③ 적재중량 4톤 이하의 화물자동차

④ 총중량 3.5톤 이하의 특수자동차(구난차등 제외)

⑤ 원동기장치자전거

(2) 소형면허

① 이륜자동차(측차부를 포함한다) – 배기량 125cc 초과의 이륜자동차

② 원동기장치자전거

(3) 원동기장치자전거면허

원동기장치자전거 – 배기량 125cc 이하인 이륜자동차

2. 운전면허

1) 운전면허 및 운전면허증의 교부

자동차 등을 운전하고자 하는 사람은 시·도경찰청장으로부터 운전면허를 받아야 한다. 다만, 원동기를 단 차 중 「교통약자의 이동편의 증진법」 제2조 제1호에 따른 교통약자가 최고속도가 시속 20km 이하로만 운행될 수 있는 차를 운전하는 경우에는 그러하지 아니하다.

운전면허시험에 합격한 사람은 그 합격일부터 30일 이내에 시험을 실시한 경찰서

장 또는 도로교통공단으로부터 운전면허증을 교부받아야 한다. 운전면허의 효력은 본인 또는 대리인이 운전면허증을 교부받은 때부터 발생한다.

2) 운전면허 행정처분결과에 따른 결격 대상자 및 결격기간 –운전면허시험 응시제한기간

(1) 5년 제한

무면허운전(운전면허 발급제한기간 중 국제운전면허증), 음주운전, 과로, 질병·약물, 공동위험행위로 운전 중 사람을 사상한 후 구호조치 없이 도주한 경우, 음주운전으로 인한 사망사고 발생 시를 말한다.

(2) 4년 제한

무면허운전, 음주운전, 과로, 질병·약물, 공동위험행위 운전 외의 사유로 사람을 사상한 후 구호조치 없이 도주한 경우를 말한다.

(3) 3년 제한

① 음주운전으로 2회 이상 교통사고를 야기한 경우

② 자동차 등을 이용하여 범죄행위를 하거나, 다른 사람의 자동차를 훔치거나 빼앗은 사람이 무면허로 운전한 경우 등이다.

(4) 2년 제한

① 3회 이상 무면허운전(면허정지기간 중 운전 또는 면허발급제한기간 중 국제운전면허증)

② 공동위험행위로 2회 이상 면허 취소 시

③ 운전면허 대리응시, 음주운전 2회

④ 운전면허 소지자가 자동차 등을 이용하여 범죄행위를 한 경우

⑤ 다른 사람의 자동차를 훔치거나 빼앗은 경우

⑥ 음주운전 또는 음주측정거부의 규정을 위반하여 운전하다가 교통사고 등이다.

(5) 1년 제한

① 무면허운전

② 공동위험행위로 운전면허가 취소된 자가 원동기면허를 취득하고자 하는 경우

③ 2~5년 제한 사유 이외의 사유로 운전면허가 취소된 자(단, 적성검사기간 경과 또는

제1종 적성기준 불합격으로 제2종 면허를 받고자 하는 사람 제외).

④ 거짓이나 그 밖의 부정한 수단으로 운전면허 발급 등이다.

(6) 6개월 제한

1년의 운전면허발급제한기간에 해당하는 사유로 면허가 취소된 자가 원동기장치자전거 면허 취득

3) 운전면허 취소 · 정지

시 · 도경찰청장은 운전면허(연습운전면허를 제외한다)를 받은 사람이 다음의 어느 하나에 해당하는 때에는 행정안전부령이 정하는 기준에 의하여 운전면허를 취소하거나 1년 이내의 범위에서 운전면허의 효력을 정지시킬 수 있다(도로교통법 제93조).

① 술에 취한 상태에서 자동차 등의 운전을 한 때

② 술에 취한 상태에서의 운전금지 규정을 1회 이상 위반한 사람이 다시 이 규정을 위반하여 운전면허 정지 사유에 해당된 때 ※ 반드시 취소

③ 술에 취한 상태에 있다고 인정할 만한 상당한 이유가 있음에도 불구하고 경찰공무원의 측정에 응하지 아니한 때 ※ 반드시 취소

④ 약물의 영향으로 인하여 정상적으로 운전하지 못할 우려가 있는 상태에서 자동차 등을 운전한 때

⑤ 교통사고로 사람을 사상한 후 필요한 조치 또는 신고를 하지 아니한 때

⑥ 운전면허를 받을 수 없는 사람에 해당된 때 ※ 반드시 취소

⑦ 운전면허를 받을 수 없는 사람이 운전면허를 받거나 허위, 그 밖의 부정한 수단으로 운전면허를 받은 때 또는 운전면허효력의 정지기간 중 운전면허증 또는 운전면허증에 갈음하는 증명서를 교부받은 사실이 드러난 때 ※ 반드시 취소

⑧ 정기 또는 수시 적성검사를 받지 아니하거나 그 적성검사에 불합격된 때
※ 반드시 취소(정기적성검사기간이 경과된 때에는 반드시 취소 ×)

⑨ 운전면허 갱신기간 이내에 운전면허증을 갱신하지 아니하고 1년이 경과된 때

⑩ 운전 중 고의 또는 과실로 교통사고를 일으킨 때

⑪ 운전면허를 받은 사람이 자동차 등을 이용하여 살인 또는 강간 등 행정안전부령이 정하는 범죄행위를 한 때 ※ 반드시 취소

㉠ 「국가보안법」을 위반한 범죄에 이용한 때

㉡ 「형법」 등을 위반한 다음의 범죄에 이용한 때

- 살인 · 사체유기 또는 방화
- 강도 · 강간 또는 강제추행
- 약취 · 유인 또는 감금
- 상습절도(절취한 물건을 운반한 경우에 한한다)
- 교통방해(단체에 소속되거나 다수인에 포함되어 교통을 방해한 경우에 한한다)

⑫ 다른 사람의 자동차 등을 훔치거나 빼앗은 때

⑬ 다른 사람이 부정하게 운전면허를 받도록 하기 위하여 운전면허시험에 응시한 때 ※ 반드시 취소

⑭ 「도로교통법」에 의한 교통단속임무를 수행하는 경찰공무원 등 및 시 · 군공무원에 대하여 폭행한 때 ※ 반드시 취소하지는 않는다.

⑮ 운전면허증을 다른 사람에게 빌려주어 운전하게 하거나 다른 사람의 운전면허증을 빌려 이를 행사한 때 ※ 반드시 취소

⑯ 「자동차관리법」의 규정에 의하여 등록되지 아니하거나 임시운행허가를 받지 아니한 자동차(이륜자동차를 제외한다)를 운전한 때 ※ 반드시 취소

⑰ 제1종 보통면허 및 제2종 보통면허를 받기 전에 연습운전면허의 취소 사유가 있었던 때 ※ 반드시 취소

⑱ 다른 법률의 규정에 의하여 관계 행정기관의 장이 운전면허의 취소 또는 정지의 처분을 요청한 때

⑱의2 제39조 제1항 또는 제4항을 위반하여 화물자동차를 운전한 때

⑲ 「도로교통법」이나 이 법에 의한 명령 또는 처분을 위반한 때 등이다.

⑳ 운전면허를 받은 사람이 자신의 운전면허를 실효(失效)시킬 목적으로 시 · 도경찰청장에게 자진하여 운전면허를 반납하는 경우. 다만, 실효시키려는 운전면허가 취소처분 또는 정지처분의 대상이거나 효력정지 기간 중인 경우는 제외한다.

4) 운전면허의 정지처분 기준

처분벌점의 합계가 40점 이상이어야 하며, 정지처분을 하는 데 있어서 그 기준은 1점을 1일로 한다. 운전면허 정지처분의 집행은 관할 경찰서장이 한다.

벌점·누산점수가 1년 간 121점 이상, 2년 간 201점 이상, 3년 간 271점 이상이 되면 운전면허가 취소된다.

3. 연습운전면허

연습운전면허는 그 면허를 받은 날부터 1년 동안 효력을 가진다(도로교통법 제81조). 다만, 연습운전면허를 받은 날부터 1년 이전이라도 연습운전면허를 받은 사람이 제1종 보통면허 또는 제2종 보통면허를 받은 경우 연습운전면허는 그 효력을 잃는다.

시·도경찰청장은 연습운전면허를 교부받은 사람이 운전 중 고의 또는 과실로 교통사고를 일으키거나 이 법이나 이 법에 의한 명령이나 처분을 위반한 때에는 연습운전면허를 취소하여야 한다(도로교통법 제93조 제3항). 다만, 본인에게 귀책 사유가 없는 경우 등 대통령령이 정하는 경우에는 그러하지 아니하다.

상기 '본인에게 귀책 사유가 없는 경우 등 대통령령이 정하는 경우'라 함은 다음의 어느 하나에 해당하는 경우를 말한다(도로교통법 시행령 제59조).

㉠ 운전면허시험장의 도로주행시험을 담당하는 경찰관, 자동차운전학원의 강사, 전문학원의 강사 또는 기능검정원의 지시에 따라 운전하던 중 교통사고를 일으킨 경우

㉡ 도로가 아닌 곳에서 교통사고를 일으킨 경우

㉢ 교통사고를 일으켰으나 물적 피해만 발생한 경우 등이다.

4. 임시운전면허증

시·도경찰청장은 다음의 어느 하나의 경우에 해당하는 사람이 임시운전증명서의 교부를 신청한 때에는 행정안전부령이 정하는 바에 의하여 임시운전증명서를 교부할 수 있다(도로교통법 제91조 제1항).

㉠ 운전면허증을 받은 사람이 재발급 신청을 한 경우

㉡ 적성검사 또는 운전면허증 갱신발급 신청을 하거나 제88조에 따른 수시적성검사를 신청한 경우(이 경우 운전면허증에 행정안전부령이 정하는 사항을 기재하여 교

부함으로써 임시운전증명서의 교부에 갈음할 수 있다)

㉢ 운전면허의 취소나 정지처분 대상자가 운전면허증을 제출한 경우 등이다.

임시운전증명서는 그 유효기간 중 운전면허증과 같은 효력이 있다(도로교통법 제91조 제2항). 임시운전증명서의 유효기간은 20일 이내로 하되, 운전면허의 취소 또는 정지처분 대상자의 경우에는 40일 이내로 할 수 있다(도로교통법 시행규칙 제88조 제2항). 다만, 경찰서장이 20일 범위 안에서 연장 가능 ※ 최대 유효기간은 40일 또는 60일

5. 국제운전면허증

국제운전면허증을 발급받은 사람은 국내에 입국한 날부터 1년의 기간에 한하여 그 국제운전면허증으로 자동차 등을 운전할 수 있다. 이 경우 운전할 수 있는 자동차의 종류는 그 국제운전면허증에 기재된 것에 한한다.

국제운전면허증을 가지고 국내에서 자동차 등을 운전하는 사람이 다음의 어느 하나에 해당하는 경우에는 그 사람의 주소지를 관할하는 시·도경찰청장은 행정안전부령이 정한 기준에 의하여 1년을 넘지 아니하는 범위에서 국제운전면허증에 의한 자동차 등의 운전을 금지할 수 있다.

㉠ 적성검사를 받지 아니하였거나 적성검사에 불합격된 경우

㉡ 운전 중 고의 또는 과실로 교통사고를 일으킨 경우

㉢ 대한민국 국적을 가진 사람이 운전면허가 취소되거나 효력이 정지된 후 규정된 기간이 지나지 아니한 경우

㉣ 자동차 등의 운전에 관하여 이 법이나 이 법에 의한 명령 또는 처분을 위반한 경우 등이다.

운전면허를 받은 사람이 국외에서 운전을 하기 위하여 국제운전면허증을 교부받고자 하는 때에는 시·도경찰청장에게 신청하여야 한다. 국제운전면허증의 유효기간은 교부받은 날부터 1년으로 한다. 국제운전면허증은 이를 교부받은 사람의 국내운전면허의 효력이 없어지거나 취소된 때에는 그 효력을 잃는다. 국제운전면허증은 이를 교부받

은 사람의 국내운전면허의 효력이 정지된 때에는 그 정지기간 중 효력이 정지된다.

국내운전면허를 받은 사람(원동기장치자전거면허 및 연습운전면허를 받은 사람을 제외한다)이 「도로교통법」 제82조의 규정에 의하여 국제운전면허증을 교부받고자 하는 때에는 국제운전면허증교부신청서를 운전면허시험장의 장에게 제출해야 한다.

제 6 절 교통사고

1. 교통 및 사고의 개념

교통은 차의 운전을 말하며, 차의 운전은 본래적 사용방법에 따라 사용하는 것을 말한다. 차의 운행뿐만 아니라 차의 운행과 밀접하게 관련된 부수적인 행위를 포함한다. 교통의 개념에는 차체에 의하여 발생한 경우뿐만 아니라 차량에 적재된 화물 등 차량과 밀접하게 연결된 부위에 의하여 발생된 경우를 포함한다.

「도로교통법」 제2조 제17호의 정의에 비추어 볼 때 기차, 전동차, 항공기, 선박 등이 차에 포함되지 아니함은 명백하다. 「자동차관리법」 제3조의 규정에 의하여 국토교통부령으로 정한 승용자동차, 승합자동차, 화물자동차, 특수자동차, 이륜자동차는 모두 차에 해당한다.

원동기장치자전거 그 밖의 일반자전거, 우마차, 경운기, 사람이나 가축의 힘, 그 밖의 동력에 의하여 도로에서 운전되는 것 등도 차에 해당한다. 전동차 등 궤도차와 케이블카, 소아용 자전거(예: 세발자전거), 유모차, 신체장애자용의 휠체어 등은 차에 해당되지 않는다.

「도로교통법」의 사고는 도로에서의 제차 운전 중 사고로 제한하고 있으나 특별법인 「교통사고처리 특례법」에서는 도로에서의 교통사고로 제한하지 않고, '차의 교통'으로 인한 사고의 경우로 적용범위를 확대 처리하고 있다. 도로에서의 사고가 아니라 하더라도 '차의 교통'으로 인한 사고인 경우 「교통사고처리 특례법」을 적용하여 사고 처리해야 한다.

도로가 아닌 곳에서 발생한 교통사고라도 교통사고 조사반에서 처리한다. 공장 안에서 지게차를 운전하여 물건을 나르던 중 피해자를 들이받아 상해를 입게 한 경우에는 「교통사고처리 특례법」으로 의율해야 한다.

2. 교통사고의 의의 및 특성

교통사고란 차의 교통으로 인하여 사람을 사상하거나 물건을 손괴하는 것을 말한다. 즉, 차에 의한 사고를 말한다. 교통사고의 대부분은 업무상과실에 의하여 발생하며, 인적 피해 야기 도주자동차 운전자에 대해서는 「특정범죄 가중처벌 등에 관한 법률」이 적용된다.

일반 교통사고의 경우 「교통사고처리 특례법」으로 처리한다. 교통사고 야기 후 도주 피의자(뺑소니 피의자)는 업무상 과실범과 고의범이 결합된 범죄이다.

교통사고의 특성은 다음과 같다.

첫째, 교통사고는 교통이 빈번한 노로에서 우발적으로 발생된다. 차를 이용해 고의로 범한 범행은 교통사고라 할 수 없고, 교통사고를 가장한 살인과 같이 별죄를 구성한다.

둘째, 교통사고 현장이 즉시 변경될 뿐만 아니라 현장보존이 곤란하다.

셋째, 목격자, 참고인 등이 유동성이 있어 인적 증거 확보가 곤란하다.

넷째, 유류품 역시 교통의 번잡으로 멸실될 가능성이 많아 물적 증거 확보에 어려움이 있다.

우리나라 교통사고 사망자 통계기준으로 사망자는 교통사고가 주원인이 되어 30일 이내에 사망하는 것을 말한다.

3. 교통사고 조사

사고현장의 유류품은 증거가 되므로 수집 보관한다. 이때 유류품의 보관은 분실, 파손, 변질이 없도록 유의한다. 압수를 요하는 물품은 사법적 절차에 따라 압수하며, 사고현장의 증거가 될 물건을 발견하였을 때에는 압수하고, 압수하였을 때에는 입회인과 함께 사진촬영을 한다.

실황조사서의 작성요령은 구체성, 객관성, 간명성, 정확성이다.

4. 교통사고 처리

교통사고 처리의 직접적인 목적은 ① 교통사고로 인한 부상자 등의 신속한 구호, ② 사고의 연속방지와 교통질서의 회복, ③ 교통법령 위반에 대한 행정조치, ④ 형사책임의 규명을 위한 증거수집 및 보전 등이다.

1) 교통사고에 따른 책임

교통사고의 경우 형사책임, 민사책임, 행정적 책임이 뒤따르는데, 형사책임은 「교통사고처리 특례법」에 따라 처벌을 받고, 행정처분은 「도로교통법」에 따라 원인행위와 결과를 합산하여 면허정지 또는 취소되며, 민사책임은 「민법」이나 「자동차손해배상 보장법」에 따라 손해배상을 하는 것이다.

2) 교통사고처리 특례법

「교통사고처리 특례법」은 합의 또는 종합보험 가입 시 업무상과실 또는 중과실로 물적 피해, 인적 피해를 야기할 경우 처벌을 면제하는 특례법이다. 「교통사고처리 특례법」은 피해결과가 극심한 사고의 원인인 중대위반 행위 12개항을 선정, 위반한 운전자의 처벌을 강화하여 교통사고를 방지하고자 1982년 제정 · 시행되었다.

차의 운전자가 교통사고로 인하여 「형법」 제268조(업무상과실 · 중과실 치사상)의 죄를 범한 때에는 5년 이하의 금고 또는 2천만 원 이하의 벌금에 처한다.

차의 교통으로 업무상과실치상죄 또는 중과실치상죄와 「도로교통법」 제151조의 죄를 범한 운전자에 대하여는 피해자의 명시한 의사에 반하여 공소를 제기할 수 없다. 차의 운전자가 업무상 필요한 주의를 게을리하거나 중대한 과실로 다른 사람의 건조물이나, 그 밖의 재물을 손괴한 때에는 2년 이하의 금고나 500만 원 이하의 벌금에 처한다(도로교통법 제151조).

다만, 차의 운전자가 상기 죄 중 업무상과실치상죄 또는 중과실치상죄를 범하고 피해자를 구호하는 등 「도로교통법」 제54조 제1항의 규정에 의한 조치를 하지 아니하고, 도주하거나 피해자를 사고장소로부터 옮겨 유기하고 도주한 경우와 다음에 해당하는 행위로 인하여 동죄를 범한 때에는 그러하지 아니하다(교통사고처리 특례법 제3조).

㉠ 「도로교통법」 제5조에 따른 신호기가 표시하는 신호 또는 교통정리를 하는 경

찰공무원 등의 신호를 위반하거나 통행금지 또는 일시정지를 내용으로 하는 안전표지가 표시하는 지시에 위반하여 운전한 경우

ⓛ 「도로교통법」 제13조 제3항을 위반하여 중앙선을 침범하거나 같은 법 제62조를 위반하여 횡단, 유턴 또는 후진한 경우

ⓒ 「도로교통법」 제17조 제1항 또는 제2항에 따른 제한속도를 시속 20킬로미터를 초과하여 운전한 경우

ⓡ 「도로교통법」 제21조 제1항, 제22조, 제23조에 따른 앞지르기의 방법·금지시기·금지장소 또는 끼어들기의 금지를 위반하거나 같은 법 제60조 제2항에 따른 고속도로에서의 앞지르기 방법을 위반하여 운전한 경우

ⓜ 「도로교통법」 제24조에 따른 철길 건널목 통과방법을 위반하여 운전한 경우

ⓑ 「도로교통법」 제27조 제1항에 따른 횡단보도에서의 보행자 보호의무를 위반하여 운전한 경우

ⓢ 「도로교통법」 제43조, 건설기계관리법 제26조 또는 「도로교통법」 제96조를 위반하여 운전면허 또는 건설기계조종사면허를 받지 아니하거나 국제운전면허증을 소지하지 아니하고 운전한 경우. 이 경우 운전면허 또는 건설기계조종사면허의 효력이 정지 중이거나, 운전의 금지 중인 때에는 운전면허 또는 건설기계조종사면허를 받지 아니하거나 국제운전면허증을 소지하지 아니한 것으로 본다.

ⓞ 「도로교통법」 제44조 제1항을 위반하여 술에 취한 상태에서 운전을 하거나 같은 법 제45조를 위반하여 약물의 영향으로 정상적으로 운전하지 못할 우려가 있는 상태에서 운전한 경우

ⓙ 「도로교통법」 제13조 제1항을 위반하여 보도가 설치된 도로의 보도를 침범하거나 같은 법 제13조 제2항에 따른 보도 횡단방법을 위반하여 운전한 경우

ⓒ 「도로교통법」 제39조 제2항에 따른 승객의 추락 방지의무를 위반하여 운전한 경우

ⓚ 「도로교통법」 제12조 제3항에 따른 어린이 보호구역에서 같은 조 제1항에 따른 조치를 준수하고 어린이의 안전에 유의하면서 운전하여야 할 의무를 위반하여 어린이의 신체를 상해에 이르게 한 경우

ⓣ 「도로교통법」 제39조 제4항을 위반하여 자동차의 화물이 떨어지지 아니하도록 필요한 조치를 하지 아니하고 운전한 경우 등이다.

3) 교통사고처리시스템 - 교통사고 처리요령

(1) 인적 피해사고

치사사고는 「교통사고처리 특례법」 제3조 제1항이 적용되어 형사입건되며, 치상사고는 피해자 불벌의사가 있으면 「교통사고처리 특례법」 제3조 제2항이 적용되어 공소권 없음으로 처리되고, 원인행위만 「도로교통법」이 적용되어 처리된다. 피해자 불벌의사가 없으면 「교통사고처리 특례법」 제3조 제1항이 적용되어 형사입건된다. 단, 처벌특례 단서조항에 해당하는 경우에는 피해자의 의사에 관계없이 「교통사고처리 특례법」 제3조 제1항이 적용되어 형사입건된다.

(2) 물적 피해사고

피해자 불벌의사가 있으면 단순 물적 피해사고 처리결과 보고서만 작성하고 이를 교통사고처리대장에 등재한 후 형사불입건한다. 피해자 불벌의사가 없으면 「도로교통법」 제151조가 적용되어 형사입건된다. 이때 피해액 20만 원 미만은 즉결심판에 회부된다.

수개 행위가 경합되는 경우에는 단순 물적 피해사고 이외에 인적 피해사고·음주운전 등이 경합된 경우에는 단순 물적 피해사고 부분에 대해서는 피해자의 불법의사가 있을 경우 불입건하되, 사건 송치기록에 불입건한 단순 물적 피해사고의 발생경위·피해내역 등에 대한 수사보고서를 작성하여 기록에 편철한다.

(3) 도주사고

인적 피해사고는 「특정범죄 가중처벌 등에 관한 법률」 제5조의3이 적용되어 형사입건, 공소권 있음으로 처리한다. 단순 물적 피해사고는 「도로교통법」 제148조가 적용되어 형사입건, 공소권 있음으로 처리한다.

미신고 사고는 교통사고 야기 후 사상자 구호 등 사후조치는 하였으나 신고를 하지 않은 경우 도주사고의 인적 또는 단순 물적 피해사고의 기준에 따라 처리하되, 도로에서의 위험방지와 원활한 소통을 위해 필요한 조치를 한 때에는 「도로교통법」 제153조 제3호를 미적용한다.

도로에서의 위험방지와 원활한 소통을 위해 필요한 조치를 하지 않은 미신고 사고의 경우는 「도로교통법」 제153조 제3호를 적용하여 형사입건하고 공소권 있음으로 처리한다.

5. 대형교통사고 처리 매뉴얼의 주요 내용

1) 대형교통사고 인지 시 보고

대형교통사고 인지 시 경찰관은 15분 이내 경찰서 상황실, 교통주무과장에게 보고해야 하며, 경찰서는 시·도경찰청(종합상황실, 교통주무과장)에 10분 이내에, 시·도경찰청은 경찰청(종합상황실, 교통안전담당관)에 10분 이내 보고해야 한다.

2) 대형교통사고 현장조사 시 다섯 가지 필수조사 항목

① 사고차량 및 관련자의 손상·피해 정도 파악
② 도로상의 사고 결과 파악
③ 도로의 전반적인 특징 파악
④ 사고현장의 위치 파악
⑤ 사고 발생 당시의 각종 조건 파악

3) 스키드마크(skidmark)의 종류

일반 스키드마크(general skidmark)는 급감속, 급제동으로 인해 나타난 노면상의 진한 바퀴흔적을 말한다.

스킵 스키드마크(skip skidmark)는 경트럭 등의 공차상태에서 급제동 시 통통 튀며 발생된 흔적을 말한다.

갭 스키드마크(gap skidmark)는 브레이크를 밟았다 떼었다 하여 발생한 흔적을 말한다.

바운스 스키드마크(bounce skidmark)는 타이어 공기압, 노면융기 상태, 과도한 하중 등에 의해 바퀴가 바운딩하며 발생된 흔적을 말한다.

브로드사이드 스키드마크(broadside skidmark)는 횡방향으로 미끄러지며 넓게 발생된 흔적으로 주로 흔적 말미에 차량이 회전하면서 발생된 흔적을 말한다.

스워브 스키드마크(swerve skidmark)는 급제동 시 운전자의 핸들조작, 노면경사도,

편제동 등에 의해 약간 구부러져 발생된 흔적을 말한다.

임펜딩 스키드마크(impending skidmark)는 제동력이 완전히 전달되기 전 과도시간에 발생되는 짧은 흔적을 말한다.

- 요마크(yawmark) – 급핸들조작 등으로 바퀴가 구르면서 옆으로 미끄러지며 발생된 흔적, 곡선형태/빗살무늬
- 가속스커프마크(acceleration scuff) – 급가속 시 타이어가 헛바퀴 돌면서 발생한 흔적
- 크룩(crook) – 제동상태에서 외력에 의해 차량 운동방향이 급격하게 변화되며 발생된 굴절된 흔적

6. 교통사고 현장초동조치 매뉴얼의 주요 내용

1) 교통사고 현장 증거표시 방법

① 차량 최종위치 바퀴: ⊣⊏ ⊐⊢

② 소규모 파편물 또는 낙하물: ⬭

③ 타이어 흔적: 시작점 St → → 끝점 En

④ 혈흔 및 유류흔: 모양대로 표시(혈흔 BL / 유류흔 OL)

2) 교통사고 관련자에 대한 질문방법

① 객관성 – 이유가 뒷받침되어야 한다.

② 긍정성 – 편견이 없어야 하며, 긍정적이어야 한다.

③ 명백성 – 구체적이어야 한다.

④ 정확한 사실의 이해 – 대답의 진의를 파악한다.

⑤ 상당성 – 진술자와 다투어서는 안된다.

⑥ 합리성 – 조사관 의견을 강요하며, 질문을 제시해서는 안 된다.

⑦ 유통성 – 이해하는 태도를 가져야 한다.

⑧ 타당성 – 준비된 일련의 질문항목을 적용하지 않아야 한다.

보충

스키드마크 속도 추정식(V) = $\sqrt{254 \times f(\pm i) \times S}$

V = 시속(km/h)
f = 마찰계수
i = 도로종단구배(%) (오르막 +, 내리막 −)
S = 스키드마크(m)

'마디모 프로그램(MAthematical DYnamic MOdels)'이란 사고차량 시 탑승자의 인체충돌을 해석하여 시뮬레이션 프로그램으로 차량사고의 동영상, 차량파손상태의 사진과 같은 자료를 통하여 사고충격이 신체에 어떠한 영향을 미치는 가를 감정해 허위진단서 제출 여부를 판단하는 프로그램이다. 이는 경미한 사고에 대하여 과도한 대인보상을 요구하는 잘못된 관행을 방지하고 올바른 교통문화 정착을 위한 제도이다. 절차는 교통사고조사계에 접수하여 국립수사과학연구원에 신청하면 국립과학연구원은 분석하여 검사결과가 교통사고로 인한 인과관계가 인정되지 아니하면 대인접수가 취소되며, 인과관계가 인정되면 가해자는 벌점과 범칙금의 부과가 가능하게 된다.

7. 교통사고 현장의 경찰조치요령

1) 경찰차량 주차장소의 선정

교통방해가 안 되고 전조등으로 현장을 비출 수 있는 적당한 장소에 안전하게 주차하여야 한다.

2) 부상자 유무의 신속한 파악

부상자 구호는 가장 긴급을 요하는 것으로 응급처치를 하고 구급차를 요청하여 긴급히 병원으로 후송하여야 한다.

3) 사망자 유무의 확인

교통사고 사망자에 대하여 제일 먼저 완전한 사망인지 여부를 확인하여 조금이라도 회생가능성이 있으면 즉시 구급요청을 하여 병원으로 후송하여야 하며, 완전한 사망인 경우는 신속하게 증거보전조치를 강구한 후 사자에 대한 실례가 되지 않도록 정중하게 다루고, 그 소지금품을 잘 보관하여 유족에게 인계되도록 하여야 한다.

사체에 대한 인수인이 없을 때 또는 신원을 판명할 수 없을 때는 시, 군, 구청 등에 인도하고 인수증을 받아두어야 한다.

4) 사고관계자의 소지금품의 보호

사고관계 피해자가 소지한 금품을 일시 보관한 경찰관은 그 목록을 증인 입회 하에 작성하여 서명한 후 물품과 함께 본서에 제출하여 연고자로 하여금 찾아가게 하여야 한다.

5) 사고현장에서의 사고재발 방지노력

① 사고현장 부근의 교통정리

사고현장 주변에 도로상 유색의 표지 등을 세우거나 교통정리원의 배치, 기타 필요한 방법으로 현장 부근의 교통정리를 하여 교통의 위험을 방지하고, 사고수습의 신속을 도모하여야 한다. 특히, 야간일 경우 적절한 조명장치를 노상에 설치하여 접근하는 교통으로부터 사고현장을 보호하여야 한다.

② 보행인의 이동

사고현장 부근에 모여있는 사고와 관계없는 보행인 또는 구경꾼들은 친절하게 안전한 곳으로 이동시키든지 지나가게 하여야 하며, 사고 관련 목격자 등은 신속하게 인적사항 등을 확인하여 사고조사 시 활용할 수 있도록 조치하여야 한다.

③ 교통차단

사건에 관계있는 수사자료를 확실히 보전 또는 확보될 수 있는 최소한도의 필요한 교통차단만 하도록 하며, 전체 차단이 필요한 경우 왕래자의 불편을 최소화하도록 우회방책을 강구하여야 한다.

④ 위험물 발견

사고현장에 휘발유 등 인화성 있는 물건과 기타 불의의 사고를 발생할 가능성이 있는 물체는 신속히 제거하거나 안전하게 보관하여야 한다.

⑤ 교통장애물에 대한 조치

도로시설, 전주 등이 파손되어 교통장애를 가져왔을 때는 당면한 위해의 예방을 위해 예방적 우선조치를 취한 후 주무기관에 신속한 복구를 요청하고 협조하여야 한다.

6) 현장의 보존

부상자의 긴급이송 후 주변의 다른 부상자가 없는지 다시 한 번 살펴보고, 긴급부상자가 없으면 적절한 방법으로 완전한 현장 검토가 끝날 때까지 현장을 보존하여야 한다.

7) 증인의 확보

교통사고는 물적 증거를 완전하게 얻을 수 없는 것이 통례이므로 사고를 직접 목격한 참고인들을 가능한 많이 확보하여 두어야 하고, 사고현장에서의 구경꾼들의 주고받는 이야기, 가해자, 피해자의 진술, 사고현장 부근의 주민들 이야기 등에도 비상한 관심을 두어 군중속에 있는 증인의 협조와 확보를 위해 노력하여야 한다.

8) 사진의 촬영

전체적 상황의 촬영을 하고 현장상황 촬영, 그리고 사고자동차를 중심으로 촬영을 하여야 한다. 현장사진 촬영의 원칙은 ① 사진은 넓은 장면으로부터 점점 좁은 장면으로 순차적으로 찍고 그 관련성이 명확하게 하여야 한다. ② 이동 또는 손실되기 쉬운 물건부터 가능한 먼저 촬영해야 한다. ③ 목적물의 촬영방향 등에 주의하여야 한다. ④ 목적물에는 분필의 사용, 입회인의 이용 등으로 그 내용을 명확히 해놓아야 한다.

Introduction to Police Science

05 정보 경찰활동

제 1 절 정보의 개관

1. 정보의 개념

셔먼 켄트(Sherman Kent)는 『전략정보』라는 저서를 통하여 '정보란 지식이며 조직이고 활동이다'라고 정의하였다. 즉, 정보의 최종산물인 지식과 이 지식을 얻거나 기타 정보수집을 하기 위한 조직체와 조직체의 정보활동 그 자체가 전부 정보이다.

위너(A. N. Wiener)는 정보란 인간이 외계에 적응하려고 행동하고, 또 그 조절행동의 결과를 외계로부터 감지할 때에 외계와 교환되는 내용이다.

데이비스(G. B. Davis)는 정보란 받아들이는 사람에게 필요한 형태로 처리된 데이터이며, 현재 또는 장래의 의사결정에 있어서 실현되던가 또는 가치를 인정받는 것이다.

클라우제비츠(Carl von Clausewits)는 정보란 적과 적국에 관한 우리들의 지식의 총체를 의미하며, 전쟁에 있어서 아군의 계획 및 행동의 기초를 이루는 것이다.

1) 정보기관이 내리는 정의

정보란 국가의 정책결정을 위하여 수집된 첩보를 평가, 분석, 종합, 해석한 결과로 얻은 지식이다. 국가정책이나 전략기획을 수립하거나 의사를 결정하기 위하여 사용자에게 가치 있고 유용한 지식이 정보라는 것을 분명히 하고 있다. 정보는 1차 정보 또는 생(生)정보인 첩보의 평가 · 분석 등의 일련의 과정을 통하여 생산된 제2차적, 종합적, 창조적 지식이다.

2) 자료 · 첩보 · 정보의 비교

구분	자료(data)	첩보(information)	정보(intelligence)
의미	단순사실, 신호, 소재	특정 목적에 따라 수집된 자료	일정한 절차에 따라 처리된 유용한 정보
용어	데이터(자료)	1차 정보, 생정보	2차 정보, 가공정보, 지식
활동	입력(input)	수집	평가, 분석, 가공
활동특성	임의적	의식적	의식적
활동주체	담당 직원	담당 직원	정보전문가
특성	무의미	불확실성	확실성
유용성	小	中	大
시간	자동적	신속성	지연성

3) 정보의 질적 요건 – 정보의 가치에 대한 평가기준

(1) 적실성(relevance)

정보는 현재 직면한 문제해결, 즉 정보 사용자의 사용목적과 관련된 것이어야 한다. 정보는 의사결정 상황에서 문제의 상황을 파악 · 진단해야 하며, 대안을 분석함에 있어서 도움이 될수록 적실성은 커지고 그 가치도 높아진다.

(2) 적시성(timeliness)

정보는 사용자가 필요한 때에 사용할 수 있도록 제공되어야 한다. 즉, 정보의 제공이 너무 이르면 보안의 문제가 생길 수 있고, 지나치게 늦으면 시기를 잃어 의사결정에 사용할 수 없게 된다.

(3) 정확성(accuracy)

정보는 정확해야 하며, 정확한 정보를 얻기 위해서는 정보활동을 위한 사전준비의 철저와 정보의 객관성에 대한 평가가 요구된다. 정확성을 기하기 위해서는 수집된 첩보가 올바른 것이어야 하며, 정보를 다루는 사람도 공적인 자세와 공정성을 잃지 말아야 한다.

(4) 객관성(objectivity)

정보가 국가정책의 결정과정에서 사용될 때 국익증대와 안보추구라는 차원에서 완전한 객관적 입장을 유지해야 한다. 생산자나 사용자의 의도에 따라 정보가 주관적으로 왜곡되면 '선호 정책의 합리화 도구'로 전락될 수 있다.

(5) 완전성(completeness)

정보는 시간이 허용하는 한 최대로 완전한 지식이 되어야 한다. 가능한 주제와 관련된 사항을 모두 망라하여 작성되어야 하며, 부분적 단편적인 정보는 사용자가 의사결정을 하는 데 도움을 주지 못한다.

(6) 특수처리과정(special procedure)

정보는 특수과정을 거쳐 작성되는 지식으로, 그 주제에 관계되는 모든 첩보를 신속히 수집하여 평가 · 분석 · 종합 · 해석함으로써 비로소 사용자에게 가치 있는 지식으로 산출된다.

(7) 정보제공의 빈도(frequency)

정보의 사용자가 얼마나 자주 정보를 접할 수 있는가를 뜻하며, 빈도 자체가 사용자의 의사결정에 영향을 미칠 수 있다.

2. 정보의 분류

1) 성질에 따른 분류

(1) 전략정보

국가의 기본적 종합정보로 국가수준의 정보를 의미한다. 국가정책과 안전보장에 중대한 영향을 주는 상황에 대하여 각 정보기관에서 작성된 정보가 종합되어 평시에는 국가안전에 관한 정책결정의 기초가 되고, 전시에는 전반적인 군사작전계획의 토대가 되는 것이다. 전략정보는 전술정보를 포함하는 보다 광범위한 개념이며, 그 범위가 전국적이며 장기적인 성격의 정보를 말한다.

(2) 전술정보

전술정보는 '전투정보'라고 부르는 것처럼 군사정보적 개념을 갖고 있으나, 전략정보와 대조하여 구별하는 입장에서는 그 개념도 포괄적으로 이해해야 한다. 전술정보는 하부적 부문정보이며, 전략정보의 기본적인 방침에서 이를 구체적으로 수행하기 위한 세부적이고도 부문적이라는 데에 그 특징이 있다. 전술정보는 '부서별 정보 또는 정치적 정보'라고도 하며, 국가정책의 실현을 위한 세부계획의 수립 · 추진 등에 필요한 지식 등 각 부처가 요구하는 정보를 말한다.

(3) 방첩정보

국가안보를 위협하는 적대적 제3국 또는 집단의 공작활동(간첩 · 태업 · 전복)에 대응하기 위해 필요한 정보이다. 전략정보와 전술정보가 적극적 탐색활동의 기능을 수행하는 데 대하여 방첩정보는 소극적 · 방어적 기능을 수행한다.

2) 출처에 따른 분류

(1) 정보가 얻어지는 출처에 따른 분류

① 근본출처: 정보가 획득되는 실질적인 원천으로 중간기관이나 전달자에 의한 변조 없이 원형 그대로 입수 가능하다.

② 부차적 출처: 근본출처에서 획득한 정보를 정보작성기관에 전달해 준 자 또는 기관으로서 중간기관에 의하여 부분적으로 평가되거나 요약 또는 변형되어 전달되는 속성이 있으며, 역정보, 과장정보 또는 조작정보가 산출될 수 있다.

(2) 정보가 획득되는 시기에 따른 분류

① 정기출처: 정기적으로 정보를 획득할 수 있는 출처로서, 정기간행물 · 방송 · 신문 등 매스컴 출처와 정기적인 회의 기타 정기적 제보를 제공하는 망원(網員) 등이 있다.

② 우연출처: 한때 우연히 정보가 제공되는 출처로서, 사람들이 많이 모인 장소 · 다방 · 공원 · 시장 등지에서 우연한 기회에 정보를 입수하는 소극적인 경우와 평소 주위 사람들과 원만한 인간관계를 이루어 주변 사람들로 하여금 발생된 정

보를 자발적으로 제공해 올 수 있도록 하는 적극적인 경우가 있다.

(3) 비밀보호의 정도에 따른 분류

① 공개출처: 신문 · 잡지 · 방송 · 도서관 · 서적 · 공식적인 외교경로 등 개방 · 공개된 출처로서 특별한 보호조치가 요구되지 않는 출처이므로, 일상적인 방법으로 첩보를 수집할 수 있다. 또한 출처가 개방 · 공개되어 있다 하여 공개출처에서 얻은 첩보가 비밀출처보다 가치가 떨어지는 것은 아니다.

② 비밀출처: 출처가 외부에 노출되면 출처로서의 기능을 상실함은 물론 불이익이 가해질 수 있기 때문에 외부로부터 강력히 보호받아야 하는 출처이다. 비밀출처 중에는 많은 유지비용이 드는 것도 있으며, 매우 고급의 가치를 지닌 첩보가 있을 수 있다.

3) 입수형태에 따른 분류

(1) 직접정보

정보입수에 있어 어떠한 중간매체도 통하지 않고 직접 입수하는 형태로, 직접정보는 정보의 입수자가 자기 자신의 직접적인 체험이나 경험에서 또는 어떤 현상을 보고 듣고 느껴서 얻은 정보로 신뢰성이 높다.

(2) 간접정보

입수 시에 중간 매체를 통하여 입수한 정보이다. 과학문명이 발달하기 이전에는 주로 직접정보에 의존하였으나, 오늘날에는 대부분 책이나 TV · 라디오 · 신문 등을 통하여 간접적으로 정보를 입수하는 간접정보가 압도적으로 많으며, 그 중요성도 커지고 있다.

4) 대상에 따른 분류

(1) 소극정보

국가안전보장을 위태롭게 하는 간첩활동, 태업 및 전복에 대비할 국가적 취약점의 분석과 판단에 관한 정보로서 고유의 국가경찰기능을 위한 정보이다.

(2) 적극정보

국가의 경찰기능에 필요한 정보 이외의 모든 정보로서, 국가이익을 증대하기 위한 정책의 입안, 계획수립 및 정책계획의 수행에 있어서 필요한 제 정보요소로서 정책정보이며, 정치·경제·노동·사회·문화·과학 및 복지행정에 필요한 정보 등이 이에 속한다.

5) 기능(생산방법)에 따른 분류

(1) 기본정보

모든 사상의 정적(靜的)인 상태를 기술한 백과사전적 첩보로 구성된 사실적 성격의 일반 참고서이며, 과거의 사례에 대한 기본적·서술적 또는 일반자료적 유형의 정보이다. 인종, 가치관, 권력구조 등 비교적 변화가 적은 정태적이고 기초적인 사항으로 정보사용자가 사용할 정보라기보다는 현용정보 또는 판단정보의 작성자가 사용할 정보이다(예: 개인택시 면허발급 현황, 석유화합물 생산업체 현황, 4년제 대학교 현황 등).

(2) 현용정보

동적이며 현재를 기점으로 한 미래지향적 성향인 것으로 모든 대상의 동태를 현재의 시점에서 객관적으로 기술한 현상보고적 정보로 의사결정자에게 그때그때의 상황을 알리기 위한 정보이다. 현시점에서 활용 가능한 현상보고적 정보이며 시사정보, 현행정보, 현상정보 등이라고 하기도 한다. 기록물의 조사에 대하여 변화와 생동하는 사상을 부단히 감시함으로써 생산될 수 있다(예: 관내에서 벌어지고 있는 집단사태의 상황을 상황보고 형식으로 보고한 경우).

(3) 판단정보(기획정보)

미래에 대한 예측·평가 또는 보고서 유형의 정보로 특정 문제를 체계적 실증적으로 연구하여 미래에 있을 상태를 추리 평가한 정보이다. 어떤 사실 또는 사상에 대한 장래를 예고하고, 책임 있는 사용자에게 적당한 사전 지식을 주는 것을 사명으로 하는 정보로서 '기획정보'라고도 하며, 워싱턴 플랫(Washington Platt)은 판단정보를 '사실에서 도출된 특징적 정보'라고 하였다.

6) 사용주체에 따른 분류

(1) 내부정보

주로 하나의 개체, 즉 독립기관 자체에서 발생·생산되는 정보로 국가나 정보기관뿐만 아니라 연구소나 기업체·사회단체 등도 하나의 독립된 개체로서 정보를 입수·생산하여 전달하고 있다.

(2) 외부정보

다른 개체 또는 기관에서 발생되거나 생산되어 전달되는 정보로 정보업무를 수행하는 기관이라 하더라도 그 기능이 다르기 때문에 정확한 정보생산을 위해서 다른 분야의 외부정보를 입수·활용하는 경우가 많다.

7) 경찰의 업무구분에 따른 분류

일반정보, 보안정보, 외사정보 등이 있다.

제 2 절 정보의 순환

1. 정보의 순환과정 및 요구

1) 정보의 순환과정

(1) 정보의 요구단계

정보의 사용자가 필요에 따라 첩보의 수집활동을 집중 지시하는 단계로 정보활동의 기초가 되는 단계이다. '첩보의 기본요소 결정 → 첩보수집계획서의 작성 → 첩보수집 명령 → 사후 검토(조정·감독)' 등의 순환과정을 거친다.

(2) 첩보의 수집단계

첩보수집기관이 출처를 개척하고 수요첩보를 입수하여 이를 정보작성기관에 전달하는 과정이며, 정보순환과정 중에서 가장 중요하고 어려운 단계이다. '출처의 개척 →

첩보의 수집 → 첩보의 전달' 등의 순환과정을 거친다.

(3) 정보의 생산단계

첩보를 정보로 산출하는 정보순환의 단계로 학문적 성격이 가장 많이 지배되는 단계이다. 수집된 첩보가 정보생산기관에 전달되면 생산기관에서는 '선택(분류 · 기록) → 평가 → 분석(재평가 과정) → 종합 → 해석'의 과정을 거쳐 보고서를 작성하여 정보를 생산하는 순환과정이 이루어지는 단계이다.

(4) 정보의 배포단계

생산된 정보를 필요로 하는 개인 또는 기관에게 적합한 형태와 내용을 갖추어서 적당한 시기에 제공하는 과정으로 생산된 정보가 구두, 서면, 도식 등 정보를 필요로 하는 정보사용권자에게 유용한 형태로 배포되는 단계이다. 정보배포의 주된 목적은 정책입안자 또는 정책결정자가 정보를 바탕으로 건전한 정책결정에 이르도록 하는 것이다.

2) 정보의 요구

(1) 첩보수집계획서의 작성

정보요구자가 요구하는 정보를 생산하기 위해서는 이에 관계되는 첩보를 입수해야 하며, 이를 위해서 누가, 언제까지, 어떤 방식으로 첩보를 수집 · 보고할 것인가를 사전에 계획서를 작성하여 지시해야 수집기관에서 요구내용에 따라 충실히 수집할 수 있게 된다. 따라서 이러한 첩보수집계획서는 정보의 요구단계에서 작성한다.

첩보수집계획서의 구비요건은 요소의 결정, 요구되는 정보(EEI), 요구되는 정보에 관련된 배경첩보, 수집해야 할 첩보, 수집기관, 보고시기, 식별기호 등이다.

(2) 정보의 요구방법

① PNIO(Priority of National Intelligence Objective) – 국가정보목표 우선순위

㉠ 국가안전보장이나 정책에 관련되는 국가정보목표의 우선순위이다.

㉡ 국가의 전 정보기관이 계획하고 수행해야 할 정보활동의 기본방침이다.

㉢ 경찰청이 정보활동계획을 수립할 때 가장 중요한 지침이다.

㉣ 국가정보기관에서 작성한다.

※ PNIO를 작성하는 정보기관은 국가정보원이며 경찰이 아니다.

② EEI(Essential Elements of Information) – **첩보기본요소**

㉠ 국가지도자 또는 정책수립자가 임무를 효과적으로 수행하기 위하여 우선적으로 필요로 하는 정보요구사항이며, 첩보수집계획서의 핵심을 이루는 기준이다.

※ 통상 첩보수집계획서는 EEI계획서를 의미

㉡ 해당 부서의 정보활동을 위한 일반적 · 포괄적인 지침이다.

㉢ 일반적인 내용으로 전체적 의미를 가진 계속적 · 반복적으로 수집하여야 할 필요가 있는 경우에 사전계획서에 의하여 첩보의 수집이 명령되는 것이다.

㉣ 대부분 통계표와 같이 공개적인 것이 많고 문서화되어 있는 경우가 대부분이다.

㉤ 광범위한 지역에 걸쳐 수집되어야 할 항시적 요구사항이다.

③ SRI(Special Requirements for Information) – **특별첩보요구**

㉠ 어떤 돌발사항에 대하여 필요한 한도에서 단편적 · 지역적인 특수사건을 단기에 해결하기 위하여 필요한 경우에 요구하는 것이다.

㉡ 특별한 사전 수집계획서는 불필요하고, 단편적인 사항에 대하여 수시로 명령되는 것으로서 즉흥적인 첩보요구방법이다.

㉢ 첩보수집지침은 사안과 대상에 따라 상이하며, 비교적 구체성 · 전문성이 요구된다.

㉣ 요구형식은 구두로 하는 경우가 많다.

㉤ 일상적으로 경찰업무에 활용되는 정보요구는 SRI에 의해 이루어진다.

④ OIR(Other Intelligence Requirement) – **기타 정보요구**

㉠ 급변하는 정세의 변화에 따라 불가피하게 정책 수정이 필요하거나 또는 이를 위한 자료가 절실히 요구될 때 이용하는 첩보요구방법이다.

㉡ OIR에 책정되는 정보는 PNIO에 우선하여 작성된다.

2. 첩보의 수집과 생산

1) 첩보의 수집

(1) 계획성 있는 정보수집을 위해 우선순위를 결정할 경우 고려기준

첫째, 달성하고자 하는 목표에 얼마나 영향을 미치는가를 고려하여 이용가치가 높은 정보부터 수집함으로 시간과 비용을 줄일 수 있다.

둘째, 이용가능성이 높은 정보부터 수집한다.

셋째, 정보의 가치는 참신성에 의하여 크게 영향을 받으므로 이제까지 알려지지 않은 정보부터 수집하여 정보의 가치창출을 확대시킨다.

넷째, 정보의 긴급성은 정보의 가치에 결정적인 영향을 주는 요소로 긴급한 정보부터 수집하여야 한다.

다섯째, 아무리 중요하고 필요한 정보라고 하더라도 수집가능성이 희박하다면 곤란하다. 그러므로 수집 가능성 있는 정보부터 수집한다.

여섯째, 수집에 필요한 경비・시간・노력 등이 얼마나 소요되는지를 검토하여 우선순위를 정함으로써 불필요한 낭비를 방지한다.

> **간첩을 쓰는 방법에 따른 간첩의 분류 – 손자(孫子)**
>
> • 향간(鄕間)이란 적국의 시민을 사용하여 정보활동을 하는 것이다.
> • 내간(內間)이란 적의 관리를 매수하여 정보활동을 하는 것이다.
> • 반간(反間)이란 적의 간첩을 역으로 이용하여 아군을 위해 활동하는 것이다.
> • 사간(死間)이란 이편에서 고의로 허위를 조작하여 배반할 염려가 있는 아군의 간첩으로 하여금 그것을 사실로 알고 적에게 전언 또는 누설하게 하는 것이다.
> • 생간(生間)이란 적국에 잠입하여 정보활동을 하고 돌아와 보고하는 것이다.

2) 첩보의 생산과정

① 선택: 수집된 첩보 중 불필요한 첩보를 골라내고 긴급성, 유용성, 신뢰성, 적합성 등을 기준으로 필요한 것들을 걸러내는 단계이다. ※ 제1차적인 평가과정

② 기록: 정보의 생산과정에서 수집된 첩보 중 즉각 사용하지 않거나 사용된 첩보를 기록·관리하는 과정이다.

③ 평가: 첩보의 출처 및 내용에 관해 적절성·신뢰성·가망성을 판정하는 과정이다.

④ 분석: 평가된 첩보를 요소별로 분류하여 상호 관련성을 발견하고, 다른 사실과 비교하여 모순을 보충하고 상호 확인하는 단계이다. ※ 재평가과정

⑤ 종합: 부여된 주제에 대한 정보를 생산하기 위해 동종의 것끼리 분류된 사실을 하나의 통일체로 결합하는 과정이다.

⑥ 해석: 평가·분석·종합된 생정보에 대하여 그 의미와 중요성을 결정하고 미래에 대한 예측·판단을 가능케 하는 과정이다. 특히, 타당한 해석을 위해서는 분석관의 객관적 관찰과 예리한 판단력이 필요하다.

3) 첩보분류의 원칙

(1) 통합(統合)의 원칙

분류를 하는 데 있어서는 우선 다른 것과의 관계를 생각하여야 한다.

(2) 점진(漸進)의 원칙

분류는 순차적으로 분류되어 나가야 한다. 즉, 간단한 것에서 복잡한 것으로, 그리고 일반적인 것에서 특수한 첩보로 분류해 나가야 한다.

(3) 일관성(一貫性)의 원칙

분류를 하는 목적에 의해서 어떠한 기준으로 분류할 것인가를 확실히 정하여 동일한 분류기준에 따라 끝까지 동일하게 분류하여야 한다. 이 원칙이 위배된 분류를 크로스 구분(Cross Division)이라 하며, 분류방법에 있어서 배제된다.

(4) 상호배제(相互排除)의 원칙

분류의 세분항목은 애매한 점이 없이 확실하고 중복이 없어야 한다.

(5) 병치(竝置)의 원칙

유사한 것이나 관계되는 자료는 가깝게 위치할 수 있도록 분류되어야 한다.

3. 정보의 배포 및 보안

1) 정보의 배포

(1) 정보배포의 원칙

첫째, 필요성의 원칙으로 정보는 우선 누구에게 전달할 것인가를 결정해야 하며, 알아야 할 필요가 있는 대상자에게는 알려야 하고, 알 필요가 없는 대상에게는 알려서는 안 된다는 것을 말한다. 또한 배포기관은 누가 어떤 정보를 언제, 어떻게 사용할 것인가를 파악하고 있어야 한다.

둘째, 적시성의 원칙으로 정보는 정보사용자의 정보 소요시기에 배포되어야 한다. 작성된 정보가 아무리 정확하고 완전하며 중요한 정보라 할지라도 적시에 필요로 하는 대상에게 배포되지 않는다면 그 가치를 잃게 된다. 따라서 생산된 정보가 적시에 배포될 수 있도록 정보사용자의 정보 소요시기를 계속적으로 연구해야 한다.

셋째, 적당성의 원칙으로 정보는 사용자의 능력과 상황에 맞추어서 적당한 양을 조절하여 필요한 만큼만 적절한 전파수단을 통하여 전달되어야 한다. 정보가 불필요한 사람에게 전달될 경우 정보가 누설될 가능성이 있으므로 정보의 배포는 제한적으로 이루어져야 한다.

넷째, 보안성의 원칙으로 정보배포 시에는 보안을 갖추기 위한 장치가 필요하며, 완성된 정보연구 및 판단이 누설되면 정보로서의 가치를 상실할 수 있다.

다섯째, 계속성의 원칙으로 정보가 필요한 기관에 배포되었으면 그 주제와 관련된 새로운 정보는 그 기관에 계속 배포되어야 한다.

(2) 정보의 배포수단

비공식방법, 브리핑, 메모, 일일 정보 보고서, 정기간행물, 특별 보고서, 지정된 연구과제 보고서, 서적, 연구참고용 보고서, 도표 및 사신, 필름, 진신(진화) 등이 있다.

휴대폰 문자메시지는 정보사용자가 공식회의 · 행사 등에 참석하여 물리적인 접촉이 용이하지 않은 경우 또는 사실확인 차원의 단순보고에 활용하는 방식으로 최근 활용도가 높아지고 있으며, 때로는 일시에 나수를 대상으로 배포하는 데 활용되기도 한다.

2) 보안의 원칙

(1) 알 사람만 알아야 하는 원칙

보안상 가장 기본적이며 중요한 원칙으로 비밀을 전달할 때 꼭 필요한 사람인가 아닌가를 잘 검토하여 꼭 필요로 하는 사람에게만 전달하여야 한다는 원칙이다. 즉, 불필요하게 전파할 경우 비밀이 노출되어 국가안보에 위해가 올 수 있다.

(2) 적당성의 원칙

수집한 첩보나 생산된 정보는 사용자가 필요한 만큼 적당한 양을 전달하도록 하여야 한다는 것이다. 사용자가 요구하는 것 이상으로 정보를 제공하는 것은 불필요한 보안문제를 야기할 수 있다.

(3) 보안과 능률의 조화

보안과 능률은 서로 상반되는 개념으로 보안만 강조되면 능률이 저하되고, 능률만 강조하면 보안유지가 곤란하므로 항상 양자 균형이 필요하다는 원칙이다.

제 3 절 정보경찰

1. 정보경찰의 특징

1) 성질의 특징

첫째, 정보경찰은 예방적 · 사전적 활동을 한다.
둘째, 주 대상은 위태성 범죄이다.
셋째, 국가의 안전을 제1차적인 목표로 삼고 있다.
넷째, 정보경찰은 그 활동수단이 공개되지 않은 경우가 많다.

2) 수단의 특징

첫째, 신분의 비노출성이다. 임무수행 목적을 달성하기 위하여 신분을 노출시키지 않는다.

둘째, 업무의 비공개성이다. 업무의 내용이 공개되지 않아야 한다.

셋째, 불법적 합법수단이다. 경찰업무 중에서도 국가안전보장 수단으로 인한 합목적성이 강조되고, 임무수행의 상당성이 있을 때에는 도청·미행 등의 불법적인 활동도 인정되지만, 그 불법성은 결과적으로 개인의 법익에 아무런 손실을 끼치지 않게 하는 수사활동과정으로 되어야 한다.

3) 조직의 특징

첫째, 총괄성이다. 정보조직은 목적달성을 위해 기획기능, 첩보수집기능, 분석 및 생산기능, 수요자에게 적시에 배포하는 모든 기능을 다할 수 있도록 조직되어 있다.

둘째, 전문성이다. 정보조직도 전문화된 분업기관으로서 전문 분야의 업무에 전념할 수 있도록 세분되어 있다.

셋째, 조정이다. 총괄성과 전문성이라는 이중적인 원칙을 융합시키기 위한 필연적인 결과로써 조정의 원칙이 있다.

2. 경찰의 정보활동

1) 경찰정보활동의 필요성

정보활동은 경찰의 눈과 귀의 작용을 하는 임무이며, 공공의 안녕에 대한 위험을 예방하기 위해 필요하다. 즉, 불법폭력 시위발생 시 사전 정보활동은 매우 중요하다. 위험이 현실로 발생하였을 때에도 위해를 최소화하기 위해 정보활동은 필요하다.

2) 경찰정보활동의 특색

첫째, 정보활동은 각종 경찰활동의 기초가 된다.

둘째, 정보활동의 법적 성격은 사실행위에 속한다.

셋째, 정보활동은 임의수단이고 비권력적 작용이다.

넷째, 정보활동의 대상은 경비, 범죄, 외사 등 광범위하다.

3) 정보경찰활동의 법적 근거

「경찰관 직무집행법」 제2조에서 경찰관은 ① 국민의 생명·신체 및 재산의 보호, ② 범죄의 예방·진압 및 수사, ③ 범죄피해자 보호, ④ 경비, 주요 인사 경호 및 대간첩·대테러 작전 수행, ⑤ 공공안녕에 대한 위험의 예방과 대응을 위한 정보의 수집·작성 및 배포, ⑥ 교통 단속과 교통 위해의 방지, ⑦ 외국 정부기관 및 국제기구와의 국제협력, ⑧ 그 밖에 공공의 안녕과 질서유지의 직무를 수행한다고 명시하고 있다.

4) 경찰정보활동의 한계

자유민주주의 「헌법」에 보장된 기본권은 '국가안전보장·질서유지 또는 공공복리'를 위하여 필요한 경우 법률에 의하여 최소한으로 제한할 수 있으며, 법률에 의하여 제한한다 해도 기본권의 본질적인 내용을 침해할 수 없다. 따라서 정보경찰활동도 원칙적으로 「헌법」과 법률이 허용하는 범위의 활동이어야 정당성이 인정된다.

정보활동은 복잡 다양하고 고도의 기술성이 요구되므로 활동목적이나 수단 등을 모두 법제화하는 것은 불가능하다. 따라서 한계성이 문제되는 데 현저한 국가이익이나 위해예방 및 제거가 필요한 구체적인 경우에는 필요성, 상당성, 타당성을 고려하여 판단해야 한다.

정보경찰의 비합법적 활동의 용인문제는 국가 목적과 시대적 가치에 의존하여 판단해야 할 것이나 포괄적으로 생각할 수는 없고, 구체적 정황에 따라 개별적으로 고찰해야 한다.

3. 경찰정보보고서 및 채증활동

1) 경찰정보보고서의 종류

(1) 견문 보고서

견문 보고서는 첩보원천으로부터 보고 들은 내용을 작성하는 정보보고서이다. 전국의 모든 경찰관이 기능과 상관없이 보고할 의무를 가지며, 시민과 접촉한 후에 현장의 목소리를 전달하는 의미가 있다.

(2) 정책 보고서

정책 보고서는 정부의 주요 정책 가운데 국민의 생명·신체의 안전, 재산의 보호 등과 관련된 정책의 입안, 결정, 집행, 평가 과정에 필요한 정보를 제공하는 정보보고서이다. 정책 보고서는 치안정책 및 경찰활동과 관련한 분야뿐만 아니라 일반적인 정부부처에서 시행하는 정책에 대해서도 작성된다. 경찰정보 수집과정에서 경찰은 자연스럽게 정부정책을 둘러싼 국민의 요구나 문제점을 접하게 되고, 이러한 정책정보는 정부정책의 결정 및 오류시정 과정에 있어 귀중한 자료가 된다.

(3) 정보 판단서

타 견문과 자료를 종합·분석하여 작성한 보고서로서 지휘관으로 하여금 상황에 대한 조치를 요하는 보고서이다.

2) 채증활동

채증활동이란 각종 집회·시위 및 치안위해사태 발생 시 범법정황을 촬영·녹화 또는 녹음 등의 방법으로 정확한 상황파악 및 사법처리를 위한 자료를 확보하는 정보경찰의 활동을 말한다. 따라서 정보채증활동은 정보활동과 수사활동의 성격을 동시에 갖는다.

채증 시 유의사항은 다음과 같다.

첫째, 주동자 등 인물채증은 얼굴의 식별이 가능하도록 촬영해야 하며, 사용된 차량은 번호를 식별할 수 있도록 채증해야 한다.

둘째, 전경(全景)을 촬영하기 어려울 때에는 파노라마식으로 촬영해야 하며, 주요 부분은 반복하여 촬영해야 한다.

셋째, 사용된 주요장비 및 시위용품은 특정지을 수 있도록 촬영해야 한다.

넷째, 채증활동 중 집회 및 시위 참가자의 불필요한 오해를 사지 않도록 유의해야 하며, 채증장비의 피탈 등에 대비해야 한다.

4. 신원조사

국가보안을 위하여 국가에 대한 충성심·성실성 및 신뢰성을 조사하기 위하여 신원조사를 행한다. 이는 권력적 사실행위인 대인정보자료의 수집활동에 해당한다.

신원조사의 대상이 되는 자는 다음과 같다.

㉠ 공무원임용예정자

㉡ 비밀취급인가예정자

㉢ 국가중요시설 · 장비 및 자재 등의 관리자와 기타 각급기관의 장이 국가보안상 필요하다고 인정하는 자

㉣ 공공단체의 임원 임명에 있어서 정부의 승인이나 동의를 요하는 법인의 임원

㉤ 기타 법령이 정하는 자 등이다.

신원조사는 국가정보원장이 그 직권 또는 관계기관의 장의 요청에 의하여 이를 실시한다. 국가정보원장은 신원조사에 관한 권한의 일부를 국방부장관과 경찰청장에게 위임할 수 있다. 다만, 국방부장관에 대한 위임은 군인, 군무원, 「방위사업법」에 규정된 방위산업체 및 연구기관의 종사자와 기타 군사보안에 관련된 인원의 신원조사의 경우에 한한다.

5. 집회 및 시위에 관한 업무처리

1) 옥외집회 및 시위의 대상

모든 옥외집회 및 도로 · 광장 · 공원 등 공중이 자유로이 통행할 수 있는 장소에서의 집회 또는 시위는 신고 대상이다. 단, 학문, 예술, 체육, 의식, 친목, 오락, 관혼상제(冠婚喪祭) 및 국경행사(國慶行事)에 관한 집회에는 제6조부터 제12조까지의 규정을 적용하지 아니한다.

대학 구내 · 종교시설 구내 · 회사 구내 등 소위 '성역'에서의 집회도 옥외집회에 해당되나 현실적으로 시설당국의 자치권을 인정하여 시설주에게 일임하고 있다. 다만, 시설이용권이 없는 외부인이 동시설에서 집회를 개최하는 경우 집회신고를 해야 한다.

공공용물로서 건설된 지하 전철역 · 대합실 등은 그 시설이 일반인에게 개방된 시간에는 사방이 폐쇄되지 아니한 장소로서 옥외집회에 해당된다.

군작전 관할 구역에서의 옥외집회도 신고 대상이나 사실상 경찰행정권이 미치지 않

으므로 작전관할권이 있는 군부대장의 허가를 받아 개최해야 한다.

도로·역광장 등 공공장소에서 다수인이 공동목적을 가지고 행하는 가두성명·유인물배포·캠페인 등도 시위에 해당되므로 신고 대상이다. 다만, 흥행목적의 행렬, 마라톤 경기, 학생들의 소풍행렬, 종교의식 및 문화행사의 제등행렬·상제의 장의행렬 등은 시위가 아니다.

2) 옥외집회 및 시위의 신고 – 사전신고제

옥외집회나 시위를 주최하려는 자는 그에 관한 다음의 사항 모두를 적은 신고서를 옥외집회나 시위를 시작하기 720시간 전부터 48시간 전에 관할 경찰서장에게 제출하여야 한다(집회 및 시위에 관한 법률 제6조 제1항).

㉠ 목적, ㉡ 일시(필요한 시간을 포함한다), ㉢ 장소, ㉣ 주최자(단체인 경우에는 그 대표자를 포함한다), 연락 책임자, 질서유지인에 관한 주소·성명·직업·연락처, ㉤ 참가 예정인 단체와 인원, ㉥ 시위의 경우 그 방법(진로와 약도를 포함한다) 등이다.

다만, 옥외집회 또는 시위 장소가 두 곳 이상의 경찰서의 관할에 속하는 경우에는 관할 시·도경찰청장에게 제출하여야 하고, 두 곳 이상의 시·도경찰청 관할에 속하는 경우에는 주최지를 관할하는 시·도경찰청장에게 제출하여야 한다.

3) 금지 또는 제한 통고

제6조 제1항에 다른 신고서를 접수한 관할 경찰관서장은 신고된 옥외집회 또는 시위가 다음의 어느 하나에 해당하는 때에는 신고서를 접수한 때부터 48시간 이내에 집회 또는 시위를 금지할 것을 주최자에게 통고할 수 있다.

1. 제5조(집회 및 시위의 금지) 제1항, 제10조(옥외집회와 시위의 금지 시간) 본문 또는 제11조(옥외집회와 시위의 금지 장소)에 위반된다고 인정될 때
2. 제7조(신고서의 보완 등) 제1항에 따른 신고시 기재사항을 보완하지 아니한 때
3. 제12조(교통 소통을 위한 제한)에 따라 금지할 집회 또는 시위라고 인정될 때 등이다.

다만, 집회 또는 시위가 집단적인 폭행, 협박, 손괴, 방화 등으로 공공의 안녕·질서에 직접적인 위험을 초래한 경우에는 남은 기간의 해당 집회 또는 시위에 대하여 신

고서를 접수한 때부터 48시간이 지난 경우에도 금지 통고를 할 수 있다.

관할 경찰관서장은 집회 또는 시위의 시간과 장소가 중복되는 2개 이상의 신고가 있는 경우 그 목적으로 보아 서로 상반되거나 방해가 된다고 인정되면 각 옥외집회 또는 시위 간에 시간을 나누거나 장소를 분할하여 개최하도록 권유하는 등 각 옥외집회 또는 시위가 서로 방해되지 아니하고 평화적으로 개최·진행될 수 있도록 노력하여야 한다.

4) 보완 통고

관할 경찰관서장은 제6조 제1항에 따른 신고서의 기재사항에 미비한 점을 발견하면 접수증을 교부한 때부터 12시간 이내에 주최자에게 24시간을 기한으로 그 기재 사항을 보완할 것을 통고할 수 있다. 주최자가 24시간 이내에 기재사항을 보완하지 않은 때에는 당해 집회·시위에 대하여 금지 통고를 할 수 있다. 제1항에 따른 보완 통고는 보완할 사항을 분명히 밝혀 서면으로 주최자 또는 연락책임자에게 송달하여야 한다.

5) 금지 통고에 대한 이의신청

집회 또는 시위의 주최자는 제8조에 따른 금지 통고를 받은 날부터 10일 이내에 해당 경찰관서의 바로 위의 상급경찰관서의 장에게 이의를 신청할 수 있다. 제1항에 따른 이의신청을 받은 경찰관서의 장은 접수 일시를 적은 접수증을 이의신청인에게 즉시 내주고 접수한 때부터 24시간 이내에 재결(裁決)을 하여야 한다. 이 경우 접수한 때부터 24시간 이내에 재결서를 발송하지 아니하면 관할 경찰관서장의 금지 통고는 소급하여 그 효력을 잃는다.

이의신청인은 제2항에 따라 금지 통고가 위법하거나 부당한 것으로 재결되거나 그 효력을 잃게 된 경우 처음 신고한 대로 집회 또는 시위를 개최할 수 있다. 다만, 금지 통고 등으로 시기를 놓친 경우에는 일시를 새로 정하여 집회 또는 시위를 시작하기 24시간 전에 관할 경찰관서장에게 신고함으로써 집회 또는 시위를 개최할 수 있다.

집회 및 시위의 금지 통고에 불복하는 경우 과거에는 이의신청 절차를 거쳐야 행정소송을 제기할 수 있었으나, 현재는 당사자의 선택에 따라 이의신청 절차를 거치지 않고도 바로 행정소송을 제기할 수 있다.

6) 집회 · 시위의 금지와 제한

① 누구든지 다음 각 호의 어느 하나에 해당하는 집회나 시위를 주최하여서는 아니 된다.

㉠ 헌법재판소의 결정에 따라 해산된 정당의 목적을 달성하기 위한 집회 또는 시위

㉡ 집단적인 폭행, 협박, 손괴(損壞), 방화 등으로 공공의 안녕 질서에 직접적인 위협을 끼칠 것이 명백한 집회 또는 시위

② 누구든지 제1항에 따라 금지된 집회 또는 시위를 할 것을 선전하거나 선동하여서는 아니 된다.

③ 누구든지 다음 각 호의 어느 하나에 해당하는 청사 또는 저택의 경계 지점으로부터 100미터 이내의 장소에서는 옥외집회 또는 시위를 하여서는 아니 된다.

㉠ 국회의사당. 다만, 다음 각 목의 어느 하나에 해당하는 경우로서 국회의 기능이나 안녕을 침해할 우려가 없다고 인정되는 때에는 그러하지 아니하다.

㉮ 국회의 활동을 방해할 우려가 없는 경우

㉯ 대규모 집회 또는 시위로 확산될 우려가 없는 경우

㉡ 각급 법원, 헌법재판소. 다만, 다음 각 목의 어느 하나에 해당하는 경우로서 각급 법원, 헌법재판소의 기능이나 안녕을 침해할 우려가 없다고 인정되는 때에는 그러하지 아니하다.

㉮ 법관이나 재판관의 직무상 독립이나 구체적 사건의 재판에 영향을 미칠 우려가 없는 경우

㉯ 대규모 집회 또는 시위로 확산될 우려가 없는 경우

㉢ 대통령 관저(官邸), 국회의장 공관, 대법원장 공관, 헌법재판소장 공관

㉣ 국무총리 공관. 다만, 다음 각 목의 어느 하나에 해당하는 경우로서 국무총리 공관의 기능이나 안녕을 침해할 우려가 없다고 인정되는 때에는 그러하지 아니하다.

㉮ 국무총리를 대상으로 하지 아니하는 경우

㉯ 대규모 집회 또는 시위로 확산될 우려가 없는 경우

㉤ 국내 주재 외국의 외교기관이나 외교사절의 숙소. 다만, 다음 각 목의 어느 하나에 해당하는

하나에 해당하는 경우로서 외교기관 또는 외교사절 숙소의 기능이나 안녕을 침해할 우려가 없다고 인정되는 때에는 그러하지 아니하다.

㉮ 해당 외교기관 또는 외교사절의 숙소를 대상으로 하지 아니하는 경우

㉯ 대규모 집회 또는 시위로 확산될 우려가 없는 경우

㉰ 외교기관의 업무가 없는 휴일에 개최하는 경우

④ 상대적으로 금지되는 집회·시위

㉠ 관할 경찰관서장의 보완 통고에도 불구하고 기재사항을 보완하지 않은 경우

㉡ 옥외집회와 시위의 금지 시간에 해당하는 경우

㉢ 교통 소통을 위한 제한 및 금지

㉮ 관할 경찰관서장은 대통령령으로 정하는 주요 도시의 주요 도로에서의 집회 또는 시위에 대하여 교통소통을 위하여 필요하다고 인정하면 이를 금지하거나 교통질서 유지를 위한 조건을 붙여 제한할 수 있다. 다만, 조건 위반 시 금지가 가능하다.

㉯ 집회 또는 시위의 주최자가 질서유지인을 두고 도로를 행진하는 경우에는 제1항에 따른 금지를 할 수 없다. 다만, 해당 도로와 주변 도로의 교통소통에 장애를 발생시켜 심각한 교통불편을 줄 우려가 있으면 제1항에 따른 금지를 할 수 없다.

7) 질서유지선의 설정

'질서유지선'이란 관할 경찰서장이나 시·도경찰청장이 적법한 집회 및 시위를 보호하고 질서유지나 원활한 교통 소통을 위하여 집회 또는 시위의 장소나 행진 구간을 일정하게 구획하여 설정한 띠, 방책, 차선 등의 경계표지를 말하며, 모든 옥외집회·시위에 설정해야 하는 것은 아니다. 설정한 질서유지선을 경찰관의 경고에도 불구하고 정당한 사유 없이 상당 시간 침범하거나 손괴·은닉·이동 또는 제거하거나 그 밖의 방법으로 그 효용을 해친 자는 6개월 이하의 징역 또는 50만 원 이하의 벌금·구류 또는 과료에 처한다.

8) 확성기 등 사용의 제한

집회 또는 시위의 주최자는 확성기, 북, 징, 꽹과리 등의 기계·기구(이하 '확성기 등'

이라 한다)를 사용하여 타인에게 심각한 피해를 주는 소음으로서 대통령령으로 정하는 기준을 위반하는 소음을 발생시켜서는 아니 된다.

9) 집회 또는 시위의 해산

집회 또는 시위를 해산시키려는 때에는 관할 경찰관서장 또는 관할 경찰관서장으로부터 권한을 부여받은 국가경찰공무원은 '종결선언의 요청 → 자진해산의 요청 → 해산명령 및 직접 해산'의 순서에 따라야 한다.

주최자에게 집회 또는 시위의 종결선언을 요청하되, 주최자의 소재를 알 수 없는 경우에는 주관자 · 연락 책임자 또는 질서유지인을 통하여 종결선언을 요청할 수 있다.

종결선언 요청에 따르지 아니하거나 종결선언에도 불구하고, 집회 또는 시위의 참가자들이 집회 또는 시위를 계속하는 경우에는 직접 참가자들에 대하여 자진해산할 것을 요청한다.

자진해산 요청에 따르지 아니하는 경우에는 3번 이상 자진해산할 것을 명령하고, 참가자들이 해산명령에도 불구하고 해산하지 아니하면 직접 해산시킬 수 있다.

집회 또는 시위가 해산명령을 받았을 때에는 모든 참가자는 지체 없이 해산하여야 하고, 이를 위반한 자는 6개월 이하의 징역 또는 50만 원 이하의 벌금 · 구류 또는 과료에 처한다.

해산 사유는 다음과 같다.

㉠ 절대적으로 금지되는 집회 · 시위, ㉡ 금지 시간에의 옥외집회 · 시위, ㉢ 금지 장소에서의 옥외집회 · 시위, ㉣ 주최자가 종결선언을 한 집회 · 시위, ㉤ 신고하지 않은 옥외집회 · 시위, ㉥ 금지 통고된 옥외집회 · 시위 등, ㉦ 교통 소통을 위하여 금지한 옥외집회 · 시위, ㉧ 질서유지를 위한 조건을 위반한 집회 · 시위, ㉨ 금지행위로 인하여 질서를 유지할 수 없는 집회 · 시위 등이다.

Introduction to Police Science

06 안보수사 경찰활동

제 1 절 안보수사경찰

1. 안보수사경찰의 의의

안보수사경찰이란 「헌법」에 규정된 자유민주주의 기본질서의 보호를 목적으로 국가안전보장을 위태롭게 하는 간첩활동 및 제반 국가활동세력에 대비하는 국가적 대공취약점에 대한 첩보수집과 분석 및 판단, 보안사범 수사를 전담하는 경찰을 말한다. 안보수사 경찰활동의 실정법적 근거로는 「국가보안법」, 「보안관찰법」, 「국가경찰과 자치경찰의 조직 및 운영에 관한 법률」(제3조), 「경찰관 직무집행법」(제2조) 등을 들 수 있다.

2. 안보수사경찰의 특징 및 임무

1) 안보수사경찰의 특징

첫째, 안보수사경찰도 정보경찰과 마찬가지로 국가안전과 사회공공의 안녕・질서 유지를 목적으로 한다. 따라서 국민의 생명・신체・재산의 보호를 목적으로 하는 보통

경찰과 다르다.

둘째, 안보수사경찰도 정보경찰과 마찬가지로 국가적 · 사회적 침해범위를 그 대상으로 하나 주 대상은 대공에 관한 사항이다.

셋째, 안보수사 경찰활동은 직접 국가안전보장에 관련되는 범죄를 대상으로 하기 때문에 고도의 보안을 요하는 비공개활동을 그 특징으로 한다.

2) 안보수사경찰의 임무

안보수사경찰의 임무로는 ① 간첩 등 중요방첩공작수사 및 좌익사범수사, ② 반국가적 불온유인물 수집 및 분석, ③ 보안관찰업무, ④ 남북교류협력 관련 업무, ⑤ 북한이탈주민 관련 업무, ⑥ 방첩계몽 및 관련 단체와의 협조업무 등이 있다.

제 2 절 방첩활동

1. 방첩의 의의 및 기본원칙

방첩이란 기밀유지 · 보안유지라고도 하는 바, 상대로 하여금 아측의 의도를 간파하지 못하게 하고 아측의 어떤 상황도 또한 상대에게 전파되어서는 안 된다는 것이며, 외세 또는 국내불순세력의 국가위해행위로부터 국가안전을 보장하기 위한 안전통제방책이다.

방첩이란 적의 정보활동에 대비하여 아측을 보호하려는 노력으로써 간첩 · 태업 · 전복행위 등을 미연에 방지하고 적발하기 위한 조직된 활동이며, 첩보 · 인원 · 시설 · 물자 등을 보호하기 위한 적극적 · 소극적 보안대책에 관계되는 활동이다.

대개 소극적 방첩수단은 「보안업무규정」에 따른 보안활동을 의미하고, 적극적 방첩수단은 방첩공작을 가리킨다.

1) 방첩의 기본원칙

첫째, 방첩활동은 전담기관 · 보조기관 · 국민이 삼위일체가 되어 긴밀히 협조해야

만이 방첩목표를 달성할 수 있다는 원칙이다.「국가보안법」,「국가정보원법」, 대통령경호안전대책위원회 등의 운용은 각 기관의 조화와 협조를 구현하기 위한 제도이다.

둘째, 간첩활동은 대부분 지하활동으로 이루어지므로 치밀한 정보분석판단과 완벽한 대응책 수립 등으로 치밀성과 보안성이 유지되어야 한다는 원칙이다.「보안업무규정 시행규칙」,「신원조회업무처리지침」, 안전대책업무기본카드 기재요령 등은 치밀성과 보안성을 구현하기 위한 제도이다.

셋째, 간첩용의자의 발견과 검거는 간첩혐의의 구증과 조직전모를 파악, 일망타진해야 되므로 부단한 접촉과 공작으로 간첩행위를 원천 봉쇄한다는 공작적 개념의 원리이다. 계속접촉의 유지단계는 '탐지 → 판명 → 주시 → 이용 → 검거'의 순서이다.

2) 방첩의 수단

(1) 적극적 방첩수단

① 적에 대한 첩보수집 – 적의 동향과 행태에 관한 제지식을 수집하여 방첩활동의 자료를 제공하는 것으로 기록의 검토가 가장 중요하다.

② 적의 첩보공작 분석 – 입수된 적의 첩보로부터 공작방향과 수단방법을 분석・파악하여 대처한다.

③ 대상 인물 감시 – 미행감시 및 기술감시 등의 방법으로 대상 인물의 활동을 감시한다.

④ 침투공작 전개 – 대상 단체 및 지역에 공작원을 직접 침투시키거나 대상 지역 및 단체 내부에 있는 자를 포섭하여 정황탐지 및 증거수집을 위한 침투공작을 전개한다.

⑤ 역용공작 – 검거된 간첩을 전향시켜 역용가치가 있을 경우 그 간첩을 활용하여 적의 첩보수집 또는 다른 간첩의 검거에 이용한다.

⑥ 간첩신문 – 검거된 간첩을 신문하여 적의 공작방향과 기타 제 정보를 입수・활용한다.

(2) 소극적(방어적) 방첩수단

① 정보 및 자재보안의 확립 – 첩보나 정보가 내포되어 있는 자재(문서 포함) 자체를 보호하기 위한 통제가 이루어져야 하며, 비밀사항에 대한 표시방법 또는 보호방

법 등이 강구되어야 한다.

② 인원보안의 확립 – 비밀을 취급하는 인원에 대하여는 철저한 통제를 해야 한다. 즉, 비밀취급인가제도 확립, 철저한 신원조사 등이 병행되어야 한다.

③ 시설보안의 확립 – 적의 침입과 파괴를 방지하기 위해서는 시설에 대한 경비, 출입자에 대한 통제 또는 기타 적절한 조치가 강구되어야 한다.

④ 보안업무 규정화 확립 – 정보 및 자재보안과 인원보안, 시설보안 등에 대해서는 통일성 있는 통제가 이루어져야 한다.

⑤ 입법사항 건의 – 방첩업무에 관련되는 제 법령의 수정 및 개정사항을 건의한다.

(3) 기만적 방첩수단

① 허위정보의 유포 – 사실을 허위날조하여 우리가 기도하고 있는 바를 적이 오인하도록 하는 허위정보 유포기술이다.

② 유언비어 유포 – 유언비어를 유포하여 적이 오인하도록 하는 방법이다.

③ 양동간계시위 – 거짓 행동을 적에게 시위함으로써 적이 오인·판단하게 하는 방법이다.

2. 방첩의 대상

1) 간첩

간첩이란 대상국의 기밀을 수집하거나, 태업·전복활동을 하는 모든 조직적 구성분자를 말한다. 「형법」 제98조 간첩죄의 '간첩행위'는 북한을 위하여 군사상의 기밀뿐만 아니라 정치·경제·사회·문화 등 각 방면에 걸쳐 우리나라의 국방정책상 북한에 알리지 않거나 확인되지 않음이 우리나라의 이익이 되는 모든 기밀사항을 탐지하는 것을 말한다(대판 1983.6.28., 83도1109).

(1) 간첩의 종류

① 활동방법에 의한 분류

고정간첩은 일정한 지역에서 영구적으로 간첩행위를 하도록 임무를 부여받고 활동을 하는 간첩을 말한다. 일정한 공작기간이 없고 합법적으로 보장된 신분이나 조건이 구비되어 있는 공작원이다.

배회간첩은 고정간첩에 반대되는 간첩으로서 일정한 주거 없이 전국을 배회하면서 임무를 수행하는 간첩을 말한다. 일정한 공작기간이 설정되어 있고 배회활동 중 확고한 토대가 구축되며, 합법적인 신분을 획득하면 고정간첩으로 변할 수 있다.

공행간첩은 타국에 공용의 명목으로 입국하여 합법적인 신분을 갖고 이를 기회로 상대국에 대한 각종 정보를 수집하는 것을 목적으로 하는 간첩을 말한다. 대상 국가에 입국할 때 합법적인 신분을 보장받고 있다는 특징이 있다.

② 사명(임무)에 의한 분류

일반간첩은 일반적인 정보를 수집하거나 태업 · 전복공작을 전개하는 간첩으로서 통상 간첩이라 할 때에는 이를 말하며, 우리나라에 잠입한 대다수의 간첩이 해당된다.

증원간첩은 연고자 · 불평불만자 · 실업자 · 양민 등을 납치 또는 대동 월북하거나 납치자를 단기 또는 장기 간첩교육을 시켜 간첩으로 남파하는 것을 임무로 하는 간첩이다.

보급간첩은 간첩을 보내거나 또는 침투된 간첩들에게 필요로 하는 공작금품 · 장비 · 증명서원본 · 화폐 등을 지원하거나 보급하는 간첩이다.

무장간첩은 간첩의 호송 · 안내 · 연락 및 침투로를 개척하기 위하여 특별히 훈련된 간첩으로서 무기휴대 여부에 따른 구분이 아니라 대부분 군복을 착용하기 때문에 붙여진 이름이다.[1)] 부차적 임무로서 군사정보수집과 요인암살, 사회질서의 혼란 등이 있으며, 이를 위해 소부대 단위로 침투하는 경우가 많다.

(2) 간첩망의 형태

① 삼각형

삼각형태는 간첩이 3명 이내로 행동공작원을 포섭하여 직접 지휘하고 포섭된 공작원 간 횡적 연락을 차단시키는 활동조직으로 주로 지하당 구축에 많이 사용된다. 종적 연락은 가능하나 횡적 연락이 안 되므로 보안유지가 잘 되고 일망타진의 가능성이 적다. 하지만, 활동범위가 좁고 행동공작원이 검거되었을 때 간첩의 정체가 쉽게 노출된다.

---

1) 대량형간첩은 주로 전시에 파견되어 대상의 지목없이 광범위한 분야에서 정보를 수집하는 간첩이며, 지명형간첩은 특정 목표와 임무를 부여받아 특수한 정보를 수집하도록 개별적으로 지명하여 파견 침투되는 간첩을 말한다.

② 서클형

합법적 신분을 이용하여 침투한 후 공·사무활동을 하면서 대상국 정치·사회문제를 이용하여 적국의 이념이나 사상에 동조하도록 유도하기 위한 조직형태이다. 현재 첩보전에서 가장 많이 이용되고 있으며, 전선조직에 이용된다. 간첩활동이 자유롭기 때문에 대중적 조직의 동원이 용이하지만, 간첩의 정체가 폭로되었을 때 외교적 문제가 발생할 수 있다.

③ 단일형

간첩이 단일 특수목적을 수행하기 위하여 동조자를 포섭하지 않고 단독으로 활동하는 점조직으로 대남간첩이 가장 많이 사용하고 있는 간첩망의 형태이다. 간첩 상호 간에 종적·횡적 연락이 차단되므로 보안이 유지되며 신속한 활동을 할 수 있지만, 활동의 범주가 좁고 공작성과가 비교적 낮다.

④ 피라미드형

간첩 밑에 주공작원 2~3명을 두고 주공작원은 그 밑에 각각 2~3명의 행동공작원을 두는 조직형태지만, 현재는 거의 사용하지 않고 있다. 활동범위가 넓고 일시에 많은 공작을 입체적으로 수행할 수 있다. 하지만, 간첩과 주공작원 간, 행동공작원 상호 간에는 연락이 차단되므로 구성원 상호 간 최소한의 정체를 보장받을 수 있으나 활동이 노출되기 쉽고 일망타진 가능성이 있으며 조직에 시간이 소요된다.

⑤ 레포형

피라미드형 조직에 있어서 간첩과 주공작원 간, 행동공작원 상호 간에 연락원을 두고 종횡으로 연결하는 방식이다. 레포란 연락 또는 연락원을 뜻하는 공산당 용어인데 현재는 거의 사용되지 않고 있다.

2) 태업(Sabotage)

(1) 물리적 태업

방화태업이란 성냥·유류 등 인화물질로 목표물에 화재를 발생케 하는 태업방법으로 가장 파괴력이 강하며, 우연한 사고로 가장하기 쉽다.

폭파태업이란 TNT·다이나마이트 등 폭발물을 사용하여 목표물을 파괴하는 태업이다. 파괴가 전체적이고 즉각적이어야 할 때, 목표물을 파괴하기 위하여 강한 절단력·분쇄력을 필요로 할 때 주로 사용한다.

기계태업이란 기계·기구에 손상을 가하거나 조작하여 큰 파괴를 유발시키는 태업으로 열차탈선·전복·충돌 등이 있으며, 범행이 용이하다. 목표물에 접근해 있는 자가 실행할 수 있으며, 특별한 도구나 수단이 필요 없다. 사용자가 사전에 결함을 발견하기 어렵다.

(2) 심리적 태업

선전태업은 허위사실 또는 유언비어의 유포, 반정부 선동 등으로 민심을 혼란시키고 사회불안을 일으켜 전쟁수행능력에 영향을 미치게 하는 태업이다.

경제태업은 위조통화·증권의 유통, 대규모 부도사태 촉발, 악성 노동쟁의행위 확산 등 대상국의 경제질서를 혼란 또는 마비시키는 태업이다.

정치태업은 정치적 갈등과 분열을 일으켜 국민적 불신과 불화를 조장하고 일체성을 파괴하는 태업이다.

3) 전복

「헌법」에 의하여 설치된 국가기관을 강압에 의하여 변혁시키거나 기능을 저하시키는 것이다. 피지배자가 지배자를 타도하여 정권을 탈취하는 것을 '국가전복'이라고 하며, 동일 지배계급의 일부 세력이 집권세력을 제압하여 권력을 차지하는 것을 '정부전복'이라고 한다. 전복의 수단으로는 공산당(전위당) 조직, 통일전선 구축, 선전·선동, 테러 전술, 파업과 폭동, 게릴라 전술 등이 있다.

제 3 절 공작활동

1. 비밀공작

비밀공작활동을 수행하는 데 있어서 적의 저항과 위협으로부터 안전이 보장되느냐의 여부는 그 비밀공작의 성패를 좌우하는 결정적인 요소가 될 것이다. 즉, 비밀공작의 능률제고와 발전도모를 위해서는 비밀공작에 관한 일체를 적 및 공작상 무관계자로부터 안전하게 보호해야 한다.

비밀공작의 4대 요소로는 ① 주관자(Sponsor), ② 목표(Target), ③ 공작원(Agent), ④ 공작금 등이다.

1) 비밀공작망의 조직

(1) 직접망

최선단에서 활동하는 공작원이 직접 공작관과 연결되어 공작관의 조종통제를 받는 망형태이다.

장점	단점
㉠ 조직이 간단, 조종·통제가 용이 ㉡ 보안 유지 및 질이 좋은 첩보 수집 가능 ㉢ 공작원에 대한 테스트가 용이 ㉣ 공작비 절약	㉠ 공작원이 공작관의 신원과 얼굴을 알게 되어 조직이 노출될 우려 ㉡ 공작원의 업무량 과다 ㉢ 많은 목표를 대상으로 공작이 곤란

(2) 주공작원망

공작관으로부터 공작임무를 위임받은 주공작원이 공작망을 조종하며 통제하는 망형태이다.

장점	단점
㉠ 공작관과 일선공작원과의 언어 장벽 해소 ㉡ 공작원과 매개자를 공작 분리 및 대체 가능 ㉢ 많은 공작원을 간접 조종 가능 ㉣ 유능한 공작원의 활용으로 공작능률 향상	㉠ 공작관이 직접 공작원 통제 곤란 ㉡ 공작비의 과다 소요 ㉢ 공작원에 대한 테스트 및 가치평가 곤란 ㉣ 공작원 해고의 어려움

(3) 혼합망

직접망과 주공작원망을 혼합해서 조직하는 망형태이다

장점	단점
㉠ 공작관이 직접 주공작원 통제 가능 ㉡ 첩보·공작보고 등 진부(眞否) 확인 가능	주공작원망과 비슷한 단점이 제기됨

2) 비밀공작의 순환단계

(1) 공작지령

특정한 비밀공작의 추진을 공작관에게 지령하는 것이다. 공작관이 임의로 비밀공작을 수행하는 것이 아니며 반드시 상부의 지령에 의하여 수행되는데, 이 지령은 공작의 성격과 공작의 방향 등을 결정해 준다. 지령의 내용은 일반적이고 추상적인 경우가 있는가 하면 구체적이고 특정적인 경우도 있다.

(2) 공작계획

지령을 수행하기 위한 수단과 방법을 조직화한 것을 말한다. 비밀공작의 지령을 받은 공작관은 그 공작을 수행하기 위한 수단과 방법을 선택 · 연구하여 구체적인 공작계획을 작성한다. 공작계획은 6하 원칙에 의거하여 가급적 간단 · 명료하게 작성해야 한다.

(3) 공작원 모집

특정의 공작계획에 의거 공작임무를 성공적으로 수행할 수 있는 공작원을 채용하는 것을 말한다. 공작계획이 수립되면 공작을 수행할 사람, 즉 공작원이 필요하게 되는데, 우수한 공작원 선발은 곧 비밀공작의 성공과 연결된다. 공작원 모집은 '물색 → 조사 → 선정 → 채용'의 4단계를 거쳐 이루어진다.

(4) 공작원 훈련

공작원 후보자를 안전가옥에 수용해 임무수행에 필요한 능력을 배양시키고, 지식과 기능을 습득시켜 자신감과 사기가 앙양된 공작원으로 양성한다.

(5) 공작임무의 브리핑(briefing)

새로운 상황이나 임무, 적합한 공작활동요령에 대한 일반적인 검토와 상세한 지시 등을 해주는 것이다. 즉, 양성된 공작원에게 공작수행에 관한 명확하고 소상한 최종적인 설명 및 지령을 재확인시키는 것이다.

(6) 공작원의 파견 및 귀환

예정된 일시에 공작원을 대상 지역에 파견해 공작임무를 수행하게 하며, 공작원은 부여받은 공작임무를 수행한 후 다시 기지로 귀환한다.

(7) 디브리핑(debriefing)

공작지에 파견되었던 공작원이 귀환하면 즉시 디브리핑이 시작된다. 최근의 첩보와 공작진행 상황을 알기 위함이며, 공작원들이 체험한 것들을 허심탄회하게 발표할 수 있도록 기회를 주기 위해 실시한다.

(8) 보고서 작성

공작관은 디브리핑을 기초로 하여 소정양식에 의하여 보고서를 작성・제출하게 된다. 상급기관은 이 보고서에 의하여 공작의 계획성 여부 및 새로운 공작방향을 결정하여 지령함으로써 다시 최초의 순환과정을 밟아 공작을 진행한다.

(9) 해고

공작임무가 완료된 경우, 공작의 필요성이 없는 경우, 공작에 부적합한 경우 해당 공작원을 해고한다. 공작원의 해고방법은 어떠한 공작일지라고 공작원 채용 전에 반드시 고려해야 하며, 보안 및 비밀유지에 대한 조치를 철저히 해야 한다.

2. 가장

1) 가장(假裝)의 의의

정보활동(첩보공작・방첩공작을 포괄하는 개념)에 관계되는 인원, 시설, 물자, 활동 등의 제 요소의 정체가 외부에 노출되지 않도록 꾸며지는 외적・내적인 제 형태를 말한다. 내・외적 요소를 노출되지 않도록 꾸미는 것으로 외관만을 다르게 꾸미는 위장과는 구별되며, 비밀공작의 성격상 가장과 위장은 공작의 성패를 결정하는 요소라 할 것이다.

2) 가장의 종류

(1) 자연적 가장과 인공적 가장

자연적 가장은 신분이나 직업 등의 기존사실이 자연적 보호를 줄 수 있는 경우 그 기존사실을 그대로 활용하여 가장하는 것이다.

인공적 가장은 기존사실이 그대로 가장역할을 할 수 없는 경우 새로운 신분이나 직업·생활 등을 조작해서 허위의 가장을 사용하는 경우를 말한다. 인공적 가장이 많이 배합될수록 노출의 위험이 많으므로 사실에 가깝도록 구축하여야 하며, 면밀한 사전계획 훈련 및 경험이 요구된다.

(2) 신분가장과 행동가장

신분가장은 공작지역에 체류함이 가능하도록 신분이나 상태를 보호하여 주는 가장으로 공인가장(정부기관원 신분으로 가장)과 비공인가장으로 구분할 수 있다.

행동가장은 비밀공작활동을 하는 데 요구되는 제반 행동사항을 보호하여 주는 가장을 말한다. 신분가장과 행동가장은 상호 밀접한 관계를 갖고 있다.

(3) 중가장(重假裝)과 경가장(輕假裝)

중가장은 신분증 등의 가장구실이나 증명문서 등을 완비함으로써 저항요소로부터 정체가 폭로되지 않는 가장을 말한다.

경가장은 입증문건 등의 구비상태가 완벽하지 못하여 평범한 수사로도 쉽게 정체를 파악할 수 있고 임무를 폭로할 수 있는 가장이다.

(4) 기본적 가장과 부차적 가장

기본적 가장은 공작활동에 있어서 1차적이고 기본이 되는 가장이다.

부차적 가장은 기본적 가장으로써는 불완전하거나 노출될 위험이 있는 경우 2차적으로 사용하는 가장을 말한다. 비밀공작활동은 경우에 따라 2중·3중 또는 그 이상으로 가장을 설정하는 수가 있는 바, 이는 주로 장기적인 공작활동을 계획하였을 때 공작목적과 내용을 끝까지 보호하기 위함이다.

(5) 개인가장·집단가장·조직가장

개인가장은 비밀공작에 종사하는 공작원을 비밀활동 수행에 적응하도록 신분이나 행동을 개인별로 갖추도록 하는 가장을 말한다. 개인가장 설정 시 가명, 직업, 본적, 출생지, 전(前)주소, 경력, 가정상황, 병역관계 등에 대한 대비를 함으로써 공작지역에서의 체류와 공작활동을 가능하게 한다.

집단가장은 여러 정보기관 종사자가 집단적으로 행동을 취하게 되는 경우 공작활동과의 연관성으로부터 은폐하기 위하여 구축되는 가장이다. 공작원 간의 접촉이 주위의 눈에 노출되지 않도록 공작활동 단위로 그 조직원들이 공통적·집단적으로 갖춘다.

조직가장은 공작활동 수행에 적합하도록 비밀공작을 수행하는 조직 자체의 명칭과 사업을 보통의 기관이나 기업체처럼 보이도록 가장하는 것을 말한다. 명칭과 사업은 합법적이고 공개적이면서도 공작상 무관계자에 대하여는 배타적이어야 한다.

3. 연락

1) 연락선의 의의

연락선이란 변동하는 각종 상황에서도 비밀조직의 인원이나 기관 간에 상호 연락할 수 있도록 연락체계를 구성하는 것을 말하며, 비밀연락선이라고도 한다.

2) 연락의 수단

(1) 개인회합(personal meeting)

비밀조직의 두 구성원 간에 접촉의 유지, 첩보보고, 지령, 공작자료 등을 전달하기 위해 직접 상면하는 연락수단을 말한다. 공작원의 능력파악, 첩보의 대량전달, 하급공작원의 사기문제 및 이중간첩화 여부 파악이 용이하다는 장점이 있지만, 부분화의 원칙을 적용하기 어렵고, 가장구축이 곤란하며, 상급자가 하급자에 의하여 함정에 빠질 염려가 있다는 단점이 있다.

(2) 차단(cut-out)

구성원이 직접적인 접촉없이 연락하는 수단을 말한다. 차단을 위한 수단으로는 수수자, 연락원, 편의주소 관리인, 수수소, 전보, 우편물, 광고, 무선전신, 방송 등이 있다. 여기서 수수자(유인 포스트)는 조직원 간의 직접적 접촉없이 문서·물자 등을 전달하기 위하여 선정된 제3자(중계인)를 말하며, 수수소(무인 포스트)는 직접 접촉 없이 조직의 양자 간에 전달될 수 있도록 문서나 물품을 은닉·비장하는 장소, 시설물, 물체를 말한다.

개인회합과 같은 직접적인 위험을 덜기 위한 수단이 차단이다.

(3) 아지트(agit)

아지트는 선동지령본부의 약칭으로 노동쟁의를 지휘하는 지하본부를 말한다. 땅을 파고 들어가 은신하는 비합법적 활동의 잠복거점을 '비트'라고 한다. 아지트는 공작원이 외부로부터 보호될 수 있는 고도의 차단성을 구비해야 한다. 아지트의 종류에는 무전아지트, 교육아지트, 비상아지트 등이 있다.

(4) 드보크(dubok)

러시아어로 참나무를 의미하는 '두푸'에서 유래된 공작용어로서 제2차 세계대전 당시 상호 연락 수단이 없었던 시베리아 지방에서 동네입구에 서있는 큰 참나무를 표식으로 하여 편지나 물건을 갖다 놓았던 사실에서 유래되었다. 사람을 통하지 않고 자연지물을 이용한 비밀함에 의하여 상・하향 문건이나 물건, 공작금, 공작장비, 무기 등을 주고받는 연락수단이다. 대인접선으로 인한 위험성이나 노출을 방지하고 안전하게 연계・연락을 실현하여 보안성이 높다는 장점이 있지만, 매몰 장소의 식별이 곤란하다는 단점이 있다.

(5) 난수표

간첩이 지령이나 보고의 내용을 은닉・보호하기 위하여 약정한 암호문건이다.

(6) A-3방송

간첩을 고유번호로 호출하고 숫자로 된 암호문을 하달하는 방송을 말하며, 북한이 남파간첩에게 지령을 하달하는 수단으로 사용하고 있는 방송이다.

4. 사전정찰

사전정찰은 장래의 공작활동을 위하여 공작목표나 공작지역에 대한 예비지식을 수집하는 사전조사활동을 말한다. 사전정찰은 비밀용도를 위한 건물, 장소, 지역 등의 적부를 심사할 목적으로 그러한 목표물의 내부・외부 등 주변을 파악하기 위하여 행해진다.

사전정찰이 필요한 직접적 이유(용도)로는 ① 안전가옥의 선정, ② 개인회합 장소의 선정, ③ 수수소의 선정, ④ 무전발신기 설치장소의 선정, ⑤ 공작원의 침투・귀환을 위한 공중・해상항로 거점의 파악 등이다.

사전정찰은 '계획서 작성 → 공작원 선정 → 안전보장의 점검(안전대책 점검) → 정찰실시 → 결과보고'의 과정이 필요하다.

5. 감시

감시는 시각·청각을 통하여 공작 대상이 되는 인물·시설·물자에 관한 정보를 획득하는 기술이다. 감시에 대한 직·간접적인 근거규정은 「대통령 등의 경호에 관한 법률」, 「국가정보원법」, 「정보 및 보안 업무 기획·조정 규정」 등이 있다.

감시는 신문의 자료수집, 입수된 첩보의 확인, 제보자의 신뢰성 검토, 중요인물의 신변보호 등을 위해서 이용된다. 대인감시는 「헌법」의 기본권 보장문제와 관련하여 국가목적 수행을 위한 최소한의 범위에서 실시되어야 한다.

신중감시란 감시 대상자가 감지하지 못하도록 행하는 감시로서 감시당하고 있다는 사실을 알지 못하도록 함은 물론 감시자 역시 대상자에게 감지당하지 않도록 감시하는 것이다. 감시 대상자가 감시하고 있음을 알면 그 행위를 중지할 염려가 있으며, 감시 대상자의 접촉인물을 파악하여 연락선 및 조직의 정체를 밝힐 필요가 있을 때에 한다. 감시 중 대상자에게 감지당하였을 때에는 즉시 감시원을 교체해야 하며, 접선 등 어떤 용의사실이 발견되면 근접감시의 형태로 전환하게 된다.

근접감시란 감시 대상자가 감시당하고 있음을 감지하더라도 대상 인물을 놓치지 않기 위해 계속적으로 감시하는 것을 말한다. 대상자를 절대 놓쳐서는 안 될 경우, 대상자의 공작을 방해하기 위한 경우, 대상자가 중요한 행동을 취하는 경우(접선·도주·자해·중요증거인멸 등)에 활용되며, 직접감시라고도 한다.

완만감시란 계속적인 감시를 필요로 하지 않는 감시 대상자에 대해 필요한 시간·장소 등을 정하여 행하는 감시방법이다. 대상자가 이미 알려져 있는 자로서 중점적인 감시가 요구되는 때, 감시할 인적·물적·시간적 사정이 여의치 않아서 적은 인원으로 많은 감시효과를 올리고자 할 때 사용된다.

제 4 절 심리전

1. 심리전의 의의

비무력적인 선전 · 선동 · 모략 등의 수단에 의해 직접 상대국 국민 또는 군대에 정신적 자극을 주어 사상의 혼란과 국론의 분열을 유발시킴으로써 자국의 의도대로 유도하는 비무력 전술이다.

2. 심리전의 종류 및 방법 · 수단

1) 심리전의 종류

(1) 주체에 의한 분류

공연성 심리전은 사실출처를 명시하면서 실시하는 심리전으로 공식방송 · 출처를 명시한 전단 · 출판물 등이 있으며, 통상 '백색선전'이라고 한다.

비공연성 심리전은 출처를 밝히지 않거나 위장 · 도용하여 상대국의 시책 등을 모략 · 비방함으로써 내부혼란을 조장하는 방법으로 전개하는 심리전을 말하며, 통상 '회색선전 · 흑색선전'으로 호칭된다.

(2) 운용에 따른 분류

전략심리전은 광범위하고 장기적인 목표로 대상국의 전 국민을 대상으로 실시하는 심리전으로 자유진영국가들이 공산세계 국민들을 대상으로 전개하는 대공산권방송 등이 그 예이다.

전술심리전은 단기적인 목표로 즉각적인 효과를 기대하고 실시되는 심리전으로 간첩을 체포했을 때 널리 공개하는 것 등이 그 예이다.

(3) 목적에 따른 분류

선무심리전은 아측의 후방지역에서 사기를 앙양시킨다든가 수복지역 주민들의 협조를 얻고 질서를 유지하는 선전활동 등으로 타협심리전이라고도 한다.

공격적 심리전은 적측에 대해 특정 목적의 달성을 위해 공격적으로 행하는 심리전이다.

방어적 심리전은 적측이 가해 오는 공격목적을 와해·축소시키기 위해 방어적으로 실시하는 심리전이다.

2) 심리전의 방법·수단

(1) 선전

선전이란 특정 집단을 자극하여 감정이나 견해 등을 자기 측에 유리한 방향으로 유도하기 위하여 계획적으로 특정한 주장과 지식 등을 대중에게 일방적으로 전파하는 심리전의 기술이다. 선전은 오로지 주최 측의 이익을 위하여 대상 집단의 감정·편견 등을 자극한다는 점에서 주최 측의 역할을 대상 집단에게 알려 이해·협조를 얻는 데 목적을 두는 PR과 구별된다.

백색선전이란 주체·출처 등을 밝히면서 공개적으로 행하는 선전활동의 한 방법으로, 주체·출처 등을 은폐·위장하면서 행하는 회색선전·흑색선전 등과 구별되며 그 특징은 다음과 같다.

첫째, 국가 또는 공인된 기관이 공식보도기관을 통해 행하므로 주체·출처 등을 밝히지 않는 회색선전 및 흑색선전에 비해 진실성과 신빙성이 높다.

둘째, 공공연한 심리전이라는 점에서 출처를 위장하는 흑색선전과 다르다.

셋째, 공식보도의 형식을 취하는 만큼 국가의 위신·입장을 고려한다.

넷째, 적의 의도를 가장 정확하게 판단하는 자료가 된다. 즉, 의도적인 기만선전인가 아닌가를 분석하면 적의 의도를 판단할 수 있다.

회색선전이란 출처를 명확히 밝히지 않는 선전활동으로 단지 출처만 밝히지 않는 점에서 출처를 위장하는 흑색선전과 구별된다. 기술적으로 운용을 잘하면 거의 선전이라는 선입감을 주지 않고도 효과를 거둘 수 있으며, 선전주체가 드러나지 않으므로 그 위신에 관계없이 호응자의 관심을 집중시키는 주제·내용을 활용할 수 있다. 하지만, 출처를 은폐하면서 신비스럽고 권위있게 선전의 효과를 거두기는 매우 곤란하며, 적이 회색선전이라는 것을 감지하고 역선전을 해올 때에는 대항하기가 어렵다.

흑색선전이란 주체·출처를 위장하면서 암암리에 행하는 선전으로 백색선전과 반대되는 개념이며, 단지 출처만을 명확히 밝히지 않는 회색선전과도 구별된다. 북한 구국의 소리방송이 대표적인 예이다. 출처를 밝히지 않는 위장선전이므로 적국에서도 수행할 수 있으며, 특수목표를 대상으로 한 계층에 대해 즉각적이고 집중적인 선전을 할 수 있다는 점, 적으로 하여금 그 내부에 모순이 있음을 드러내어 사기를 저하시킨다. 즉, 용어·형식 등을 적국의 백색선전인 양 위장함으로써 전 국민을 현혹시킬 수 있다는 점, 선전내용을 임의로 할 수 있을 뿐만 아니라 출처확인이 곤란하므로 이에 대한 역선전도 효과를 거두기 어렵다는 점은 장점이다. 반면, 출처노출의 위험을 피하기 위해 지나친 주의가 요구되며, 정상적인 통신망을 이용할 수 없고 적진에서는 노출될 위험이 크다는 단점이 있다.

(2) 선동

선동은 대중의 심리를 자극하여 감정을 폭발시킴으로써 그들의 이성·판단력을 마비시켜 폭력을 유발케 하는 심리전의 한 기술로 대중 속에서 그들의 욕망·불평·불만·분노를 직접 자극하는 특징이 있다.

선동도 선전과 함께 대중의 사회운동·정치운동에 많이 활용된다. 선전은 특정 문제에 대한 체계적·학문적·이론적인 설득으로 그 목적을 달성하려는 반면, 선동은 대중의 감정을 고조시켜 폭동화하는 점에서 다르다. 선전은 특정 문제에 대한 이론적인 분석능력이 있는 전문가·학자에 의해 행해지지만, 선동은 대중의 감정을 간파하고 호소할 수 있는 웅변이나 예언 등에 뛰어난 사람, 대중의 인기를 모을 수 있는 사람에 의해 행해진다.

(3) 유언비어

유언비어는 국가분열이나 국론분열 등을 위해 출처가 불분명한 풍설을 퍼뜨리는 심리전의 방법으로 인위적으로 조작하여 전파시키는 경우와 자연적으로 발생하는 경우가 있다.

유언비어는 정치·경제·사회 등이 불안한 경우에 인간의 기본감정인 불안·공포·희망 등과 맞물려 발생되거나 조작되어 전파되며, 유언비어의 방지대책으로 근원지를 추적 색출하는 방법도 사용된다.

(4) 불온선전물

불온선전물은 북한이 대남심리전의 일환으로 국내의 정치·사회 등 문제를 시사성에 민감하게 맞추어 왜곡·선전하는 전단·책자·화보·가요테이프 등의 대남모략 비방 선전물을 총칭하는 개념이다. 북한이 직접 민심교란, 사회불안조성을 목적으로 하는 전단·책자, 신문 등은 불온선전물에 해당한다.

불온선전물은 국내에서 집회·시위 또는 인권운동의 수단으로 정치·사회·노동단체·학생 등이 제작 살포하는 불온유인물과 구별된다. 국내·외 단체 및 개별인사가 공산주의체제를 지지하는 화보, 자유민주체제의 부정·파괴를 선전하는 팸플릿, 노동해방과 계급투쟁을 선동하는 팸플릿 등은 불온유인물에 해당한다.

신종의 불온선전물인 경우는 수거 후 즉시 보고하고 견본 10부를 경찰청에 송부한다.

제 5 절 보안수사

1. 대공상황

1) 대공상황의 의의 및 분석판단

국가안보와 관련된 새로운 제반 사태 중 안보수사경찰의 업무 영역에 해당되는 상황을 대공상황이라 한다.

대공상황 분석판단은 상황발생과 전개과정에 대한 체계적 인식과정이며, 업무수행상 필요불가결한 기본과정이다. 대공상황의 분석과 판단은 다른 의미를 가지나 절대적 상관관계를 가진다. 대공상황의 분석은 상황발생 및 발전과정을 세밀히 파악하고 그 내용을 확인하며 관련성을 검토·세세화하는 것이다. 대공상황의 판단은 상황분석한 내용을 전개과정과 결과발생을 종합하여 결론을 도출하는 것이다. 대공상황 분석판단은 정책결정권자에게 사태에 따른 처리방향과 결심을 주는 데 그 의의가 있다.

2) 분석과정의 주의사항

첫째, 전체적 관련성을 유지해야 한다.

둘째, 사태에 대한 적절하고 정확한 분석과 해석이 이루어져야 한다.

셋째, 다른 출처에서 나온 많은 정보를 활용해야 한다.

넷째, 합리적이고 논리적인 분석을 해야 한다.

다섯째, 상황과 결론이 맞아 떨어져야 한다.

3) 종합 판단을 위한 구비요건

첫째, 사실 그대로 수집하고 수집된 자료를 종합해야 하며, 시간성(신속성)을 지켜야 한다.

둘째, 과대한 표현방법을 삼가해야 하며, 객관적 자료를 예시하고 간명하게 기술해야 한다.

셋째, 모든 사태를 객관적으로 관찰하여 종합 판단해야 한다.

넷째, 반드시 실제증거와 사실을 근거로 해야 하며, 사소한 의문점이라도 끝까지 확인해야 한다.

다섯째, 유관기관과 협조하여 의견을 종합하여 판단해야 한다.

4) 대공상황 발생 시 조치요령

대공상황이 발생 또는 탐지되면 신속, 정확하게 보고·전파하고, 이에 대한 적절한 대책을 조속히 수립해야 한다. 대공상황의 보고와 전파 시에는 적시성, 정확성, 간결성, 보안성이 고려되어야 한다.

대공상황이 발생하면 우선 사건개요에 관하여 신속하게 보고하고, 미비점과 의문점에 대해서는 2보, 3보로 연속하여 보고하되 일관성을 유지해야 하며, 현장확보, 목배치 등 초동조치는 사건처리에 중요한 관건이다. 대공상황에 있어서도 일반형사사건과 마찬가지로 현장조사는 상황분석판단에 있어 매우 중요하게 취급된다.

대공상황 발생 시 출동조치와 병행하여 군·보안부대 등 유관기관에 통보가 이루어져야 하며, 분석요원과 보안책임간부는 통신장비, 분석장비를 휴대하고 현장에 신속히 출동하여 분석판단 및 사건처리에 임한다.

2. 정보사범(보안사범)

1) 개요

보안수사는 정보사범을 인지 · 색출 · 검거 · 신문하는 일련의 활동을 말한다. 정보사범이란 국가존립의 기본질서를 위태롭게 하는 국가안전보장과 관련되는 반국가적 사범을 말한다. 「정보 및 보안 업무 기획 · 조정 규정」 제2조 제5호에는 정보사범의 범위를 내란죄, 외환의 죄, 「군형법」의 반란죄, 이적죄, 군사기밀누설죄 등으로 정하고 있다.

실무상 보안수사의 대상이라 하여 보안사범의 용어를 사용하기도 하는 바, 실무문제집 등에서는 정보사범과 보안사범을 특별히 구분하지 않고 혼용하고 있다.

2) 보안사범의 특성

첫째, 자신의 신념을 강조하는 확신범이 많다.

둘째, 시하당과 같이 조직적이고 집단적 범죄가 많다.

셋째, 일반형사범과 달리 범행의 결과가 쉽게 노출되지 않는다.

넷째, 위장, 변장술 등을 활용하여 보안대책을 강구한다.

3) 정보 및 보안 업무 기획 · 조정 규정

국외정보	외국의 정치 · 경제 · 사회 · 문화 · 군사 · 과학 · 기술 · 운송 · 통신 · 지리 · 인물 · 환경 · 보건 등에 관한 정보
북한정보	북한의 정치 · 경제 · 사회 · 문화 · 군사 · 과학 · 기술 · 운송 · 통신 · 지리 · 인물 · 환경 · 보건 등에 관한 정보
안보위해정보	「국가정보원법」 제4조 제1항 제1호 나목에 따른 정보
통신정보	전기통신수단에 의하여 발신되는 통신을 수신 · 분석하여 산출하는 정보
통신보안	통신수단에 의하여 비밀이 직접 또는 간접으로 누설되는 것을 미리 방지하거나 지연시키기 위한 방책
정보사범	「형법」 제2편 제1장 및 제2장의 죄, 군형법 제2편 제1장 및 제2장의 죄, 이 법 제80조 및 제81조의 죄, 「군사기밀보호법」 및 「국가보안법」에 규정된 죄를 범한 자와 그 혐의를 받는 자
정보수사기관	정보 및 보안 업무와 정보사범 등의 수사업무를 취급하는 각급 국가기관

제 6 절 국가보안법

1. 국가보안법의 이해

「국가보안법」은 '반국가활동'이라는 특정한 행위에 대하여 특별한 처벌규정과 절차를 두고 있으므로 일반형법과 「형사소송법」에 대한 특별법이다. 「국가보안법」에 특별한 규정이 없는 경우에는 「형법」과 「형사소송법」이 그대로 적용되나, 양법의 규정이 서로 충돌되는 경우에는 특별법 우선의 원칙에 따라 「국가보안법」의 규정이 우선 적용된다. 구체적으로 문제가 되는 경우는 외국인의 국외범, 피의자 구인문제, 구속기간의 연장문제 등이다.

「국가보안법」은 국가가 그 구성원인 국민에 대한 특정한 행위의 금지를 요구하는 내용으로 국가와 국민 간의 법률관계를 규율하는 법으로서 공법에 속한다.

「국가보안법」은 반국가적 행위에 대한 재판의 준거가 되는 법률이며, 국가형벌권의 실현을 목적으로 하는 형사사법법이다.

2. 국가보안법의 특성

1) 범죄성립상 특성(일반적 특성)

「국가보안법」에 있어서는 고의범만을 처벌하고 있다. 외국의 입법례는 과실범을 처벌하는 규정이 많이 있으며, 우리나라에서도 「군사기밀보호법」에서는 과실범의 처벌규정을 두고 있다(군사기밀보호법 제14조).

「국가보안법」에서는 범죄가 국가안보와 직결되므로 불고지죄, 무고·날조죄, 특수직무유기죄, 미수범 처벌, 예비·음모 등의 죄를 제외하고는 모든 반국가적 범죄에 관하여 미수와 예비·음모를 처벌한다.

보안사범은 국가의 존립을 위태롭게 하는 범죄의 중대성과 주체의 조직성을 고려한다면 당연히 선동·선전 및 권유행위는 그 자체로서 가벌성이 인정되어야 하므로 「국가보안법」(제3조 제2항, 제4조 제1항, 제7조 제1항)에서 이에 대한 처벌규정을 두고 있다.

불고지죄는 형사책임을 묻는다. 「국가보안법」에서는 예외적으로 전 국민에게 범죄 고지의무를 과하고 있는 바, 이는 총력안보체제를 위한 법적 보장조치라고 할 수 있다.

「국가보안법」에서는 반국가사범의 중대성에 비추어 범인에게 편의를 제공한 자는 종범이 아니라 별개로 독립된 편의제공죄로서 처벌하고 있다.

2) 형벌에 있어서의 특징

첫째, 「국가보안법」에서는 「국가보안법」, 「군형법」, 기타 「형법」에 규정된 반국가적 범죄로서 금고 이상의 형을 선고받고 그 형의 집행을 종료하지 아니한 자 또는 그 집행을 종료하거나 집행을 받지 아니하기로 확정된 후 5년이 경과하지 아니한 자가 재차 특정한 범죄를 범하였을 때에는 최고형을 사형으로 정하고 있다(제13조).

둘째, 「국가보안법」에서는 「국가보안법」 위반범죄에 관하여 유기징역형을 선고할 때에는 그 형의 장기 이하의 자격정지를 병과할 수 있도록 하고 있다(제14조).

셋째, 몰수 · 압수 및 국고귀속조치에 관하여 「형법」에 대한 특례입법으로서 이 법의 범인이 범행의 보수를 받은 때에는 이를 몰수하고 몰수할 수 없을 때에는 그 가액을 추징하도록 하였으며, 불기소처분(공소보류 포함) 시에도 압수물(서류 또는 물품)의 폐기 또는 국고귀속을 명할 수 있도록 하였다(제15조).

넷째, 「국가보안법」에서는 범죄에 대한 고도의 예방적 필요에 의하여 특별감면 사유를 규정하고 있다(제16조).

① 필요적 감경 또는 면제

㉠ 「국가보안법」의 죄를 범한 후 자수한 때이다.

㉡ 「국가보안법」의 죄를 범한 자가 이 법의 죄를 범한 타인을 고발하거나 타인이 이 법의 죄를 범하는 것을 방해한 때에 해당한 경우에는 그 형을 감경 또는 면제한다(제16조).

㉢ 불고지죄의 본범과 친족관계에 있는 때에는 그 형을 감경 또는 면제한다(제10조 단서).

② 임의적 감경 또는 면제

㉠ 편의제공죄의 본범과 친족관계가 있는 때에는 그 형을 감경 또는 면제할 수 있다(제9조 제2항 단서).

㉡ 특수직무유기죄의 본범과 친족관계가 있는 때에는 그 형을 감경 또는 면제할 수 있다(제11조 단서).

3) 소송절차의 특성

(1) 참고인의 구인과 유치(제18조)

검사 또는 사법경찰관으로부터 이 법에 정한 죄의 참고인으로 출석을 요구받은 자가 정당한 이유없이 2회 이상 출석요구에 불응할 때에는 관할 법원판사의 구속영장을 받아 구인할 수 있다. 구속영장에 의하여 참고인을 구인하는 경우에 필요할 때에는 근접한 경찰서 기타 적당한 장소에 임시로 유치할 수 있다.

(2) 피의자 구속기간의 연장(제19조)

지방법원판사는 제3조(반국가단체의 구성, 가입) 내지 제10조(불고지)의 죄로서 사법경찰관이 검사에게 신청하여 검사의 청구가 있는 경우에 수사를 계속함에 상당한 이유가 있다고 인정한 때에는 사법경찰관의 구속기간은 1차, 검사의 구속기간은 2차에 한하여 연장을 허가할 수 있으므로 「국가보안법」의 사법경찰관은 최장 20일, 검사는 최장 30일 구속수사할 수 있다.

① 사법경찰관의 구속기간

현행 「형사소송법」의 10일이나 「국가보안법」은 1차에 한하여 구속기간은 연장 가능하고, 사법경찰관의 최장 구속기간은 20일이다.

② 검사의 구속기간

현행 「형사소송법」의 10일이나 「국가보안법」은 2차에 한하여 구속기간은 연장 가능하고, 검사의 최장 구속기간은 30일이다.

③ 수사기관의 구속기간

사법경찰관은 최장 20일, 검사는 최장 30일 구속수사할 수 있으므로 수사기관의 최장 구속기간은 50일이다.

(3) 공소보류(제20조)

검사는 이 법의 죄를 범한 자에 대하여 「형법」 제51조의 사항을 참작하여 공소제기를 보류할 수 있다. 공소보류를 받은 자가 공소의 제기 없이 2년을 경과한 때에는 소추할 수 없다. 공소보류를 받은 자가 법무부장관이 정한 감시・보도에 관한 규칙에 위반한 때에는 공소보류를 취소할 수 있다. 공소보류가 취소된 경우에는 「형사소송법」 제208조의 규정(재구속의 제한)에 불구하고 동일한 범죄사실로 재구속할 수 있다.

3. 보안수사의 대상

1) 반국가단체 구성・가입죄

(1) 반국가단체의 의의

정부를 참칭하거나 국가를 변란할 것을 목적으로 하는 국내외의 결사 또는 집단으로서 지휘통솔체제를 갖춘 단체를 말한다.

(2) 정부를 참칭하거나 국가를 변란할 목적으로 할 것

정부참칭이란 합법적인 절차에 의하지 않고 임의로 정부를 조직하여 진정한 정부인 양 사칭하는 것이다. 정부를 참칭한다고 하기 위해서는 정부와 동일한 명칭을 사용할 필요는 없고, 일반인이 정부로 오인할 정도이면 충분하다. 한반도에 있어서 유일한 합법정부는 대한민국 정부뿐이므로 함부로 단체를 조직하여 정부를 사칭하는 것은 정부참칭에 해당된다.

국가변란이란 정부를 전복하여 새로운 정부를 조직하는 것을 말한다. 다수설에 의하면 정부를 전복하고 새로운 정부를 조직하는 것은 대한민국의 정치적 기본질서를 파괴하는 것으로서 오직 공산정권의 수립이나 군주국가로의 국가변경의 경우에만 해당하는 것은 아니라고 한다. 정부전복은 정부를 구성하고 있는 자연인의 사임이나 교체만으로는 부족하고 정부조직이나 제도 그 자체를 파괴하는 것을 의미한다.

(3) 결사 또는 집단의 의미

결사란 일정한 공동목적을 수행하기 위하여 조직된 특정 다수인의 계속적인 결합체를 말한다. 결사가 계속적인 집합체인 반면, 집단은 일시적인 집합체인 점에서 차이가 있다.

주된 결사의 산하단체라 할지라도 요건을 갖추고 있을 경우에는 별개의 결사로 인정될 수 있다. 결사는 계속성이 있어야 하나 영구히 존속하거나 사실상 계속하여 존속함을 요하지 않으며, 일정한 기간 존속케 할 의도로 조직된 것이면 충분하다.

(4) 반국가단체로서의 지휘통솔체제를 갖춘 단체

2인 이상의 특정 다수인 사이에 단체의 내부질서를 유지하고, 그 단체를 주도하기 위하여 일정한 위계 및 분담 등의 체계를 갖춘 결합체를 말한다.

2) 간첩죄

(1) 간첩의 의의

「형법」 제98조(간첩)에 규정된 행위를 하거나 국가기밀을 탐지, 수집, 누설, 전달, 중개한 경우를 규정하고 있다. 적국을 위해서 간첩하거나 적국의 간첩을 방조하거나 군사상의 기밀을 적국에 누설한 자도 포함한다.

간첩방조는 간첩의 임무수행과 관련하여 실행행위를 용이하게 하는 것이며, 간첩방조는 유형, 무형방조를 모두 포함한다.

(2) 군사상 기밀의 의의

군사상 기밀은 누설되면 국가의 안전에 위험을 초래할 수 있는 일체의 기밀을 말한다. 사회 · 정치 · 경제 등에 대한 기밀도 군사상 기밀이 될 수 있으며, 기밀로서 보호할 실질적 가치가 있어야 한다. 신문, 라디오에 보도된 공지의 사실은 군사상 기밀로 볼 수 없다.

(3) 간첩죄의 실행의 착수

북한 남파간첩의 경우 간첩의 목적으로 남하하여 대한민국 지역에 잠입하면 이미 실행행위의 착수를 인정할 수 있다. 국내에서 기밀수집지령을 받은 경우에는 기밀탐지, 수집의 행위로 나아가야 실행의 착수가 있다. 국내간첩이 무인 포스트를 설치하거나 암호를 해독하는 것은 실행행위가 아니라 준비행위로 실행의 착수가 없다.

「국가보안법」은 간첩죄에 대한 법정형을 기밀의 등급에 따라 구분하고 있다.

3) 자진지원죄

「국가보안법」은 반국가단체나 그 구성원 또는 그 지령을 받은 자를 지원할 것을 목적으로 자진하여 제4조 제1항 각 호에 규정된 행위를 하는 것을 자진지원죄로 처벌하고 있다. 반국가단체의 구성원 또는 그 지령을 받은 자를 제외한 모든 사람으로서 주체에는 아무런 제한이 없다.

4) 잠입 · 탈출죄

잠입 · 탈출죄는 국가의 존립 · 안전이나 자유민주적 기본질서를 위태롭게 한다는 정을 알면서 반국가단체의 지배에 있는 지역으로부터 잠입하거나 그 지역으로 탈출함으로써 성립한다.

5) 이적단체 구성 · 가입죄

반국가단체나 그 구성원 또는 그로부터 지령을 받거나 그러한 자로부터 다시(헌재 판결) 지령을 받은 자도 주체가 될 수 있다. 이적찬양 · 고무 · 선전의 행위를 목적으로 하는 단체를 구성하거나 이에 가입함으로써 성립한다.

법정형이 1년 이상의 유기징역으로 찬양 · 고무죄보다 중하다. 필요적 공범의 일종으로서 반국가단체의 구성 · 가입죄와는 달리 행위자의 지위와 역할의 차이에 따른 법정형의 구별을 두지 않고 있다.

6) 불고지죄

반국가단체구성죄, 목적수행죄, 자진지원죄 등 일정한 범죄를 알면서 수사기관 또 정보기관에 고지하지 않는 경우에 성립한다. 이 조에 규정된 범죄 외의 불고지 행위에 대한 일반적 처벌규정은 없다.

법정형은 5년 이하의 징역 또는 200만 원 이하의 벌금으로 「국가보안법」 중 유일하게 벌금형을 두고 있으며, 본범과 친족관계가 있는 때에는 그 형을 감경 또는 면제한다. 입법취지는 중요 「국가보안법」 위반 범인에 대한 불가비호성에 있다.

7) 무고 · 날조죄

타인으로 하여금 형사처분을 받게 할 목적으로 「국가보안법」에 규정된 죄에 대하여 무고 또는 위증을 하거나 증거를 날조 · 인멸 · 은닉한 자를 처벌하고 있다.

제 7 절 보안관찰

1. 보안관찰의 개요

1) 보안관찰의 의의

보안관찰은 안보수사경찰의 임무 중 행위자의 위험성을 예방하고 행위자의 치료, 교육, 재사회화를 위한 개선과 사회방위를 목적으로 하는 활동이다.

2) 보안관찰법

「보안관찰법」은 특정 범죄를 범한 자의 재범위험성을 예방하고 사회복귀를 촉진하는 것을 목적으로 하며, 보안관찰의 법적 근거가 된다.

3) 보안관찰처분

보안관찰처분은 보안처분의 일종이다. 보안관찰처분에는 여행의 자유를 제한하는 등 주거제한적 요소는 있지만 가택보호처분은 아니다.

2. 보안관찰처분의 요건 및 주요 내용

1) 보안관찰 해당 범죄

구분	해당 범죄	제외
형법	① 내란목적살인죄, ② 외환유치죄, ③ 여적죄, ④ 모병이적죄, ⑤ 시설제공이적죄, ⑥ 시설파괴이적죄, ⑦ 물건제공이적죄, ⑧ 간첩죄	내란죄 일반이적죄 전시군수계약불이행죄
군형법	① 반란죄 ② 반란목적군용물탈취죄 ③ 군대 및 군용시설제공죄 ④ 군용시설 등 파괴죄 ⑤ 간첩죄 ⑥ 일반이적죄	단순반란불고지죄

국가보안법	① 목적수행죄 ② 자진지원죄 ③ 금품수수죄 ④ 잠입 · 탈출죄 ⑤ 편의제공죄	반국가단체구성죄 찬양고무죄 회합통신죄 불고지죄

2) 보안관찰처분의 주요 내용

보안관찰 결정권자는 법무부장관이다. 보안관찰처분의 기간은 검사의 청구에 의하여 보안관찰처분심의위원회에서 의결을 거쳐 법무부장관의 결정으로 기간을 갱신하게 된다.

법무부장관은 준법정신이 확립되어 있는 자, 일정한 주거와 생업이 있는 자, 대통령령이 정하는 신원보증이 있는 자(2인 이상의 신원보증이 있을 것)에 대해서는 면제결정을 할 수 있다.

보안관찰처분의 집행은 결정서 등본을 첨부하여 검사가 서면으로 관할 경찰서장에게 지휘하여 실시한다. 피보안관찰자의 결정서 등본 수령거부 시 구두로 고지하고, 보고서를 작성, 사안기록에 편철한다.

보안관찰처분의 집행중지는 피보안관찰자의 도주, 소재불명 등으로 사실상 보안관찰을 할 수 없을 경우, 처분기간 도과를 방지하기 위한 제도이다. 피보안관찰자가 도주 1월 이상 소재불명인 경우, 보안관찰처분 집행중지의 요건이 되며, 관할 경찰서장의 신청에 의하여 검사는 집행중지결정과 집행지휘를 하며 이를 지체 없이 법무부장관에게 보고한다.

보안관찰처분의 집행중지결정이 있거나 징역 · 금고 · 구류 · 노역장유치 중에 있는 때, 「사회보호법」에 의한 감호의 집행 중에 있는 때 또는 「치료감호법」에 의한 치료감호의 집행 중에 있는 때에는 보안관찰처분의 기간은 그 진행이 정지된다(보안관찰법 제25조 제3항).

보안관찰처분 대상이 되는 자는 ㉠ 보안관찰처분 대상자 신고, ㉡ 교도소 등의 출소 후 출소사실 신고, ㉢ 변동사항이 있을 경우 7일 이내에 관할 경찰서에 신고해야 한다.

보안관찰처분을 받은 자는 ㉠ 관찰처분을 받은 날부터 7일 이내에 관할 경찰서에 신고서를 제출, ㉡ 추후 매 3개월마다 정기신고, ㉢ 국외여행 또는 국내 10일 이상 여행하거나 신고사항의 변경이 있는 경우에는 수시 신고해야 한다.

「보안관찰법」에 의한 법무부장관의 결정을 받은 자가 그 결정에 이의가 있을 때는 행정소송법이 정하는 바에 따라 결정이 집행된 날부터 60일 이내에 서울고등법원에 소를 제기할 수 있다. 면제결정신청에 대한 기각결정을 받은 자가 그 결정에 이의가 있을 때에는 그 결정이 있는 날부터 60일 이내에 서울고등법원에 소를 제기할 수 있다.

제 8 절 북한의 이해

1. 공산주의 이론의 이해

1) 마르크스주의의 사상적 배경

첫째, 포이에르바하(L. Feuerbach)의 유물론 등을 바탕으로 하며 사유재산제의 철폐를 주장한다.

둘째, 노동가치설에 따라 상품의 가치는 사회적으로 필요한 평균노동량에 의하여 결정된다고 본다.

셋째, 헤겔(G. W. F. Hegel)의 변증법을 토대로 하고 있다.

2) 공산주의 이론

첫째, 인간사회의 발전을 계급투쟁의 역사로 본다.

둘째, 프롤레타리아 혁명은 공산당 선언에서 시작되었다.

셋째, 노동가치설을 경제이론의 토대로 한다.

'뉴레프트(New-Left) 운동'은 1960년대 기존체제와 질서를 부정하면서도 마르크스주의 노선에 입각한 기존 좌익조직의 행동규율에 반기를 들고 행동하는 새로운 좌익행동파의 집단을 지칭한다.

2. 북한의 대남전략전술

1) 조국통일 3대 헌장

조국통일 3대 헌장은 최근 북한이 한국사회에 가장 적합한 통일전략이라고 주장하는 원칙이다. 조국통일 3대 헌장은 김일성 사후 김정일이 유훈을 관철한다고 하면서 조국통일에 대하여 1997년 신년 공동사설을 통해 명명한 것으로 1999년 범민련은 조국통일 3대 헌장을 범민련의 기본투쟁 강령으로 내세웠다.

> **조국통일 3대 헌장의 내용**
>
> • 제1원칙은 1972년 7·4 남북 공동성명서에서 채택한 조국통일 3대 원칙인 자주·평화·민족대단결의 원칙이다.
>
> • 제2원칙은 1980년 10월 10일 조선노동당 6차 대회에서 행한 고려민주연방공화국 창립방안이다. 즉, 남한에서 미군을 몰아내고 현정부를 타도하여 인민정권을 수립한 후, 이 인민정권과 북한의 연방제로 통일하여야 한다는 주장이다.
>
> • 제3원칙은 1993년 4월 7일 최고인민회의에서 채택한 조국통일을 위한 전민족 대단결 10대 강령이다.

2) 대남투쟁의 3대 좌표

북한은 1970년 11월 제5차 노동당 대회 이래 자주·민주·통일을 대남투쟁의 3대 좌표로 내세웠으며, 1985년 7월 27일 한민전의 3대 투쟁강령으로 구체화된다.

자주는 반미자주화, 민주는 반파쇼 민주화, 통일은 연방제 통일방안이다. 북한과 국내 좌익권이 사용하는 자주·민주·통일의 이면에는 미군철수, 현정부 타도, 공산화 통일이 함축된 것이다.

3) 북한의 대남공작기구

최근 북한은 대남공작기구를 노동당에서 국방위원회 정찰총국 위주로 개편하였다.

통일선전부는 남북대화 주관, 조총련 및 해외교포 공작사업, 대남심리전 및 통일전선공작 등을 담당한다[예: 반제민전(구 한민전) 담당].

문화교류국(구 225국)은 공작원의 밀봉교육 · 남파, 남한 내 지하당 구축공작 및 해외공작 등을 전담한다(예: 부여간첩 김동식 소속).

정찰총국 1국(구 작전부)은 공작원들에 대한 기본교육훈련, 침투공작원 호송 · 안내 · 복귀 · 대남테러공작 및 대남침투로 개척 등이 주임무이다(예: 1998년 속초지역 유고급 잠수정 침투사건).

정찰총국 2국(구 정찰국)은 무장공비 양성 · 남파, 요인암살, 파괴, 납치 등 게릴라 활동 및 군사정보를 수집한다(예: 1983년 미얀마 아웅산 암살폭파사건, 1996년 강릉무장공비 침투사건).

정찰총국 5국(구 35호실)은 대남 · 대외정보수집, 해외간첩공작 및 테러공작을 전담한다(예: KAL기 폭파 김현희 소속).

3. 남북교류협력

1) 남북교류협력의 시도

남북교류협력은 1988년 7 · 7 선언으로부터 시작되었다. 7 · 7 선언으로 개방과 화해정책에 의한 남북교류협력의 개막을 선언하고, 남북교류협력을 정착시켜 나가기 위한 노력을 기울여 왔으며, 정경분리 원칙에 입각하여 추진되고 있다.

1990년 8월 1일 「남북교류협력에 관한 법률」의 제정으로 종래 통치행위에서 행정행위로 전환되었다고 볼 수 있으며, 1998년 4월 남북경협활성화 조치는 기업의 자율적 판단을 존중하는 토대 위에서 민간주도의 경제협력을 추진하고, 정부는 과당 경쟁 및 불공정 거래행위방지 등 교류협력 질서 확립에 주력하기 위한 것이다.

북한당국이 교류협력 대상자를 통일전선전술의 대상으로 취급할 가능성이 있어 현 단계의 남북관계에서 정부승인제가 불가피하다.

2) 남북교류협력 절차 – 남북교류협력에 관한 법률

(1) 용어의 정의(2024년 4월 17일 시행)

"출입장소"란 군사분계선 이북지역(이하 "북한"이라 한다)으로 가거나 북한으로부터 들어올 수 있는 군사분계선 이남지역(이하 "남한"이라 한다)의 항구, 비행자, 그 밖의 장소로서 대통령령으로 정하는 곳을 말한다.

교역은 남한과 북한 간의 물품, 대통령령으로 정하는 용역 및 전자적 형태의 무체물(이하 "물품 등"이라 한다)의 반출·반입을 말한다.

반출·반입이란 매매, 교환, 임대차, 사용대차, 증여, 사용 등을 목적으로 하는 남한과 북한 간의 물품 등의 이동(단순히 제3국을 거치는 물품 등의 이동을 포함한다)을 말한다.

협력사업은 남한과 북한의 주민(법인·단체를 포함한다)이 공동으로 하는 환경, 경제, 통계, 학술, 과학기술, 정보통신, 문화, 체육, 관광, 보건의료, 방역, 교통, 농림축산, 해양수산 등에 관한 모든 활동을 말한다.

(2) 남북한 방문(제9조)

① 남한의 주민이 북한을 방문하거나 북한의 주민이 남한을 방문하려면 대통령령으로 정하는 바에 따라 통일부장관의 방문승인을 받아야 하며, 통일부장관이 발급한 증명서(이하 "방문증명서"라 한다)를 소지하여야 한다.

② 방문증명서는 유효기간을 정하여 북한방문증명서와 남한방문증명서로 나누어 발급하며, 다음 각 호와 같이 구분한다.

㉠ 한 차례만 사용할 수 있는 방문증명서

㉡ 유효기간이 끝날 때까지 여러 차례 사용할 수 있는 방문증명서(이하 "복수방문증명서"라 한다)

③ 복수방문증명서의 유효기간은 5년 이내로 하며, 5년의 범위에서 연장할 수 있다.

④ 통일부장관은 방문승인을 하는 경우 대통령령으로 정하는 범위에서 북한 또는 남한에 머무를 수 있는 방문기간(이하 "방문기간"이라 한다)을 부여하여야 하고, 남북교류·협력의 원활한 추진을 위하여 대통령령으로 정하는 바에 따라 북한방문결과보고서 제출 등 조건을 붙일 수 있다.

⑤ 방문승인을 받은 사람은 방문기간에 한 차례에 한하여 북한 또는 남한을 방문할 수 있다.

⑥ 복수방문증명서를 발급받은 사람 중 외국을 거치지 아니하고 북한 또는 남한을 직접 방문하는 사람 등 대통령령으로 정하는 사람은 제5항에도 불구하고 방문기간 내에 횟수에 제한 없이 북한 또는 남한을 방문할 수 있다.

다만, 방문기간에라도 방문 목적이나 경로를 달리하여 방문할 경우에는 통일부장관의 방문승인을 별도로 받아야 한다.

⑦ 통일부장관은 제1항 및 제6항의 단서에 따라 방문승인을 받은 사람이 다음 각 호의 어느 하나에 해당하는 경우에는 그 승인을 취소할 수 있다.

㉠ 거짓이나 그 밖의 부정한 방법으로 방문승인을 받은 경우
 –이 경우에는 그 승인을 취소하여야 한다.

㉡ 제4항에 따른 조건을 위반한 경우

㉢ 남북교류·협력을 해칠 명백한 우려가 있는 경우

㉣ 국가안전보장, 질서유지 또는 공공복리를 해칠 명백한 우려가 있는 경우 등이다.

⑧ 다음 각 호의 어느 하나에 해당하는 사람(이하 "재외국민"이라 한다)이 외국에서 북한을 왕래할 때에는 통일부장관이나 재외공관의 장에게 신고하여야 한다. 다만, 외국을 거치지 아니하고 남한과 북한을 직접 왕래할 때에는 제1항에 따라 발급된 방문증명서를 소지하여야 한다.

㉠ 외국 정부로부터 영주권을 취득하였거나 이에 준하는 장기체류허가를 받은 사람

㉡ 외국에 소재하는 외국 법인 등에 취업하여 업무수행의 목적으로 북한을 방문하는 사람 등이다.

⑨ 제8항에 따른 신고절차 등에 관하여 필요한 사항은 대통령령으로 정한다.

(3) 남북한 주민 접촉(제9조의2)

① 남한의 주민이 북한의 주민과 회합·통신, 그 밖의 방법으로 접촉하려면 통일부장관에게 미리 신고하여야 한다. 다만, 대통령령으로 정하는 부득이한 사유에 해당하는 경우에는 접촉한 후에 신고할 수 있다.

② 방문증명서를 발급받은 사람이 그 방문 목적의 범위에서 당연히 인정되는 접촉을 하는 경우 등 대통령령으로 정하는 경우에 해당하면 제1항의 접촉신고를 한 것으로 본다.

③ 통일부장관은 제1항 본문에 따라 접촉에 관한 신고를 받은 때에는 남북교류·협력을 해칠 명백한 우려가 있거나 국가안전보장, 질서유지 또는 공공복리를 해

칠 명백한 우려가 있는 경우에만 신고의 수리를 거부할 수 있다.

④ 제1항 본문에 따른 접촉신고를 받은 통일부장관은 남북교류·협력의 원활한 추진을 위하여 대통령령으로 정하는 바에 따라 북한주민접촉결과보고서 제출 등 조건을 붙이거나 3년 이내의 유효기간을 정하여 수리할 수 있다.
다만, 대통령령으로 정하는 가족인 북한주민과의 접촉을 목적으로 하는 경우에는 5년 이내의 유효기간을 정할 수 있다.

⑤ 통일부장관은 필요하다고 인정할 경우 제4항에 따른 유효기간을 3년의 범위에서 연장할 수 있다.

⑥ 제1항에 따른 신고의 절차 등에 관하여 필요한 사항은 대통령령으로 정한다.

(4) 외국 거주 동포의 출입 보장(제10조)

외국 국적을 보유하지 아니하고 대한민국의 여권을 소지하지 아니한 외국 거주 동포가 남한을 왕래하려면 「여권법」 제14조 제1항에 따른 여행증명서를 소지하여야 한다.

(5) 남북한 거래의 원칙(제12조)

남한과 북한 간의 거래는 국가 간의 거래가 아닌 민족 내부의 거래로 본다.

(6) 반입·반출의 승인(제13조 제1항·제5항)

① 원칙적으로 물품 등을 반출하거나 반입하려는 자는 대통령령으로 정하는 바에 따라 그 물품 등의 품목, 거래형태 및 대금결제 방법 등에 관하여 통일부장관의 승인을 받아야 한다.

② 통일부장관은 물품 등의 반출이나 반입을 승인받은 자(이하 "교역당사자"라 한다)가 다음 각 호의 어느 하나에 해당하는 경우에는 그 승인을 취소할 수 있다.

㉠ 거짓이나 그 밖의 부정한 방법으로 반출이나 반입을 승인받은 경우
–이 경우에는 그 승인을 취소하여야 한다.

㉡ 통일부장관이 붙인 조건을 위반한 경우

㉢ 반출·반입 승인 대상 물품 등에 관하여 공고된 사항을 위반한 경우

㉣ 교역에 관한 조정명령을 따르지 아니한 경우

㉤ 교역에 관한 보고를 하지 아니하거나 거짓으로 보고한 경우

㉥ 남북교류·협력을 해칠 명백한 우려가 있는 경우

㉦ 국가안전보장, 질서유지 또는 공공복리를 해칠 명백한 우려가 있는 경우 등이다.

3) 남북교류협력에 관한 법률과 국가보안법과의 관계

첫째, 통일부장관이 발급한 증명서를 소지하고 북한을 왕래하더라도 정당성이 인정되지 않으면 「국가보안법」 적용이 배제되지 않는다.

둘째, 단순히 증명서를 발급받지 않고 남북을 왕래하거나 승인 없이 회합하면 「남북교류협력에 관한 법률」이 적용된다.

셋째, 재외국민이 재외공관장에게 단순히 신고하지 않고 북한을 왕래하더라도 「국가보안법」의 적용을 받지 않는다.

넷째, 「남북교류협력에 관한 법률」에 의해 남북을 왕래하면서 승인 없이 금품을 수수한 경우 「남북교류협력에 관한 법률」의 적용을 받는다.

Introduction to Police Science

07 외사 경찰활동

제 1 절 국제화와 외사경찰

1. 국제질서에 관한 주요 견해

홉스(T. Hobbes)는 자연 상태의 인간은 권력을 추구하는 욕망이 지배하는 대로 행동함으로써 무질서한 '만인대 만인의 투쟁' 상태에 있으며 국제정세도 마찬가지로 보았다.

칸트(I. Kant)는 국제정치의 본질은 국가 간의 분쟁에 있는 것이 아니라 국가 내부에 존재하는 '초국가적 유대감'에 있다며 홉스적 전통과 정반대 입장을 취한다.

그로티우스(H. Grotius)적 전통 또는 국제주의적 전통은 국제정치를 '국가들이 이루는 사회' 또는 '국제사회'라는 측면에서 설명한다. 주어진 국제사회의 질서 속에서 상호 공존과 협력을 위하여 노력하는 것이 국제정치의 요체라고 주장하였다.

2. 국제질서에 대한 사상들의 변천과정 및 치안환경의 변화

1) 변천과정

이상주의	18세기	국가도 국제관계의 이익에 봉사 ※ 이익의 조화
자유방임주의	19세기	전 세계적 자유무역 주장
제국주의	19세기 말	보호무역, 열강들의 식민지 쟁탈전 ※ 이익의 충돌
이데올로기적 패권주의	제1차 세계대전 이후	자유주의(미국)와 공산주의(소련)의 이데올로기 대립
경제패권주의	1980년 이후	냉전종식, WTO 체제, 자국의 경제적 이익 추구

2) 국제화에 따른 치안환경의 변화

(1) 인적 교류의 증가

① 출·입국자의 증가, ② 외국인 노동인력의 유입, ③ 해외여행자의 증가, ④ 출입국사범의 증가 등이다.

(2) 물적 교류의 확대

① 저질 외국문화의 유입, ② 산업정보의 유출, ③ 밀수사범의 증가, ④ 외사관찰대상의 증가 등이다.

(3) 범죄의 탈국경화

① 외국인 범죄의 증가, ② 국제범죄조직의 침투, ③ 화폐위조 및 돈세탁, ④ 내국인의 국외범, ⑤ 해외도피사범의 증가 등이다.

제 2 절 외사경찰의 의의

1. 외사경찰의 대상 및 특성

1) 외사경찰의 대상

① 주한 외국인이나 외국기관·단체가 대한민국에서 저지른 범죄

② 내국인 · 해외교포가 외국에서 저지른 범죄
③ 내국인이 외국인이나 외국 기관 · 단체 등과 연계하여 저지른 범죄
④ 외국인이 외국에서 대한민국 또는 대한민국 국민을 대상으로 저지른 범죄
⑤ 간첩 · 불순분자 등의 제3국을 통한 우회침투 방지 · 색출
⑥ 무장 · 과격분자 또는 국제범죄단체 등에 대한 테러와 납치 등의 국제성 범죄 대처

2) 외사경찰의 특성

(1) 대상의 특성

첫째, 외사경찰은 체류하고 있는 외국인 · 해외교포 또는 외국인 범죄가 대상이므로 일반 내국인의 범죄예방 · 단속 등을 주임무로 하는 일반경찰활동과 구별된다.

둘째, 국내 치안질서유지와 반국가적 행위의 예방단속에 관해서도 그 대상이 외국인 또는 교포라는 점에서 정보 · 대공경찰활동과 구별된다.

셋째, 「출입국관리법」, 「여권법」, 「외국인토지법」, 「출판문화산업 진흥법」이나 「밀항단속법」 등 위반사범과 같이 주로 외국인과 관련 있는 범법행위와 내국인의 출입국 위반, 외환불법밀반출 등에 관한 사항을 대상으로 하고 있다.

(2) 일반적인 특성

첫째, 외국인의 특질, 국제관계, 외국의 정치 · 문화 · 경제 · 사회 등에 관한 충분한 이해와 어휘능력 등 고도의 활동기법이 요구된다.

둘째, 개인의 이익보다는 국가의 안전과 국익의 보호를 우선 목적으로 한다.

셋째, 업무를 수행함에 있어서 신분과 업무내용의 비밀보장을 필요로 하며, 외국인 관계는 국제외교에 직접 영향을 미치므로 외사활동의 은밀성과 비밀성이 요구된다.

2. 외사요원의 임무

외사경찰의 임무는 ① 외사정보업무, ② 외사기획업무, ③ 외사수사업무, ④ 해외주재업무 등이다.

제 3 절 외사경찰의 대상

1. 외국인

외국인 여부는 인종이나 언어가 아니라 국적에 의해 결정된다. 국제법상 외국인의 정의는 다양하나, 일반적으로 외국인이란 대한민국의 국적을 가지지 않은 자를 말한다.

외국인은 원칙적으로 내국인과 마찬가지로 대한민국의 주권에 복종한다. 다만, 조약 및 일반 국제법에 의하여 약간 상이한 지위를 갖는다. 여기서 외국인이란 사인(私人)으로서의 외국인을 말하며, 외국의 공적 기관이나 지위에 있는 자, 외국의 외교관 및 군대는 포함되지 않는다.

1) 외국인의 권리

모든 외국인은 체류국에서 권리 능력을 인정받음으로써 일상생활 필수품을 소유할 수 있는 능력 · 계약 능력 · 혼인 능력 및 상속 능력 등을 가지는 바, 사유재산권 및 기득권 존중의 원칙은 국제사회에서 일반적으로 인정되고 있는 권리를 보호받는다. 원칙적으로 외국인의 인격권인 생명권 · 성명권 · 정조권, 재산권인 물권 · 채권 · 무체재산권과 신분권인 상속권 등은 내국인과 동일하게 인정 · 보호된다.

재산권 및 직업에 대해서는 국가의 안전 · 공공의 질서유지 또는 국민의 중대이익 보호라는 관점에서 외국인에게 일정한 제한이 가해진다. 예를 들면, 선박 · 항공기 소유권, 도선사가 되는 권리 등은 외국인의 권리 능력이 절대적으로 제한되는 경우에 속한다.

원칙적으로 참정권인 선거권 · 피선거권 · 공무담임권 등과 생활권인 근로의 권리 · 교육을 받을 권리 등은 인정되지 않는다. 예외적으로 자유권인 신체의 자유, 종교의 자유, 언론 · 출판의 자유, 통신의 자유, 학문의 자유 등과 재판청구권인 민사재판청구권, 형사재판청구권, 행정재판청구권 등은 인정된다. 특히, 협의의 재판거부, 재판절차 및 내용의 불공정, 재판집행의 불공정 등 재판의 거부는 국제법의 국가책임을 성립시킨다.

대한민국에서는 일정 요건을 충족한 외국인에게 지방선거 참정권을 부여하고 있다. 이는 외국인이 지역사회에 참여하고 지역 발전에 기여할 수 있도록 보장하려는 취지에서 도입된 제도이다. 구체적으로 외국인이 지방선거에서 선거권을 행사하기 위해서는 대한민국에서 합법적으로 체류하며 영주권(F-5)을 취득한 상태여야 하며, 영주권을 취득한 후 3년이 경과해야 한다. 다만, 이러한 참정권은 지방선거에 한정되며 국회의원 선거나 대통령 선거에는 적용되지 않는다. 이러한 외국인 참정권 제도는 다문화 사회로 나아가는 대한민국의 변화를 반영하며, 외국인의 권익 보호와 지역사회의 다양한 목소리를 반영하려는 노력의 일환으로 볼 수 있다.

2) 외국인의 의무

외국인은 사법의 권리에 대응하는 사법의 의무를 내국인과 동일하게 부담한다. 공법의 의무에 있어서는 원칙적으로 내국인과 동일하게 체류국의 통치권에 복종할 의무를 지므로 체류국의 재판권·경찰권·납세권에 복종해야 한다. 예외적으로 외국인은 내국인이 부담하는 병역·교육의 의무, 사회보장가입의 의무 등은 부담하지 않는다.

외국인은 체류국의 행위에 의해 입은 손해에 대하여 자국의 외교적 보호권에 의한 보호를 호소하기 전에 먼저 체류국의 국내법 절차에 따른 국내적 구제를 다해야 할 의무가 있으며, 체류국의 질서를 위태롭게 하는 행위, 체류국을 모독하는 행위, 체류국에 경제적 손해를 주는 행위 등 추방의 원인이 되는 행위를 하지 않을 의무가 있다.

3) 외국인의 입국

외국인이 입국하고자 할 때에는 유효한 여권과 법무부장관이 발급한 사증(VISA)을 가지고 있어야 하며 입국금지 사유는 아래와 같다.

① 전염병환자·마약류중독자, 기타 공중위생에 위해를 미칠 염려가 있다고 인정되는 자

② 「총포·도검·화약류 등의 안전관리에 관한 법률」에서 정하는 총포·도검·화약류 등을 위법하게 가지고 입국하려는 자

③ 대한민국의 이익이나 공공의 안전을 해하는 행동을 할 염려가 있다고 인정할 만한 상당한 이유가 있는 자

④ 경제질서 또는 사회질서를 해하거나 선량한 풍속을 해하는 행동을 할 염려가 있다고 인정할 만한 상당한 이유가 있는 자

⑤ 강제퇴거명령을 받고 출국한 후 5년이 경과되지 아니한 자 등이다.

여권이라 함은 대한민국 정부·외국 정부 또는 권한 있는 국제기구에서 발급한 여권 또는 난민여행증명서, 기타 여권에 갈음하는 증명서로서 대한민국 정부가 유효하다고 인정하는 것을 말한다(출입국관리법 제2조 제3호). 여권은 외교부장관이 발급한다.[1)]

사증(VISA)이란 외국에 여행하고자 하는 자에게 목적지 국가에서 발급하는 입국허가서로 해당국에서 입국해도 좋다고 확인하는 행위이다. 여권과 함께 외국여행에 필수적인 것이므로 여권이 있어도 사증을 받지 못하면 그 나라에 입국할 수 없다.

4) 외국인의 출국

외국인의 출국이란 외국인이 체류하는 국가의 영역 밖으로 퇴거하거나 여행하는 것을 말한다. 외국인이 자발적 의사에 의해 체류국으로부터 출국하는 것은 원칙적으로 자유이며, 체류국은 외국인의 출국을 금지할 수 없는 것이 원칙이다.

5) 외교사절의 의의

외교사절이란 외교 목적으로 외국에 공식적으로 파견하는 기관을 말하는데, 그 종류로는 상주사절과 임시사절이 있다. 외교사절은 본국을 대표하여 외교교섭을 하며, 자국 및 자국민을 보호·감독하고 관찰과 보고·우호관계의 촉진 등을 그 직무로 하는데, 외교사절에 대해서는 불가침권과 치외법권 등의 특권이 인정된다.

외교사절이란 국가 간의 외교교섭을 위하여 외국에 파견하는 기관을 말하는데, 외교관계의 원활화와 임무를 능률적으로 수행하기 위해 1963년 「외교관계에 관한 비엔나 협약」이 채택되어 국제법의 일반적인 제도로서 관행화되고 있다.

(1) 파견

① 아그레망의 요청: 외교사절의 파견을 희망하는 국가는 파견에 앞서서 접수국에 특정인의 임명 및 파견에 관해 이의의 유무를 문의하는 것이 보통인데, 이를 아그레망(agreement)의 요청이라고 한다.

② 아그레망의 부여: 파견국의 아그레망 요청에 동의하는 것을 아그레망의 부여라고 하는데, 동의가 있으면 비로소 파견국은 파견예정자를 외교사절로 정식 임명

1) 여권을 소지하고 외국에 여행할 때 출입국항에서 출입국에 필요한 통관절차, 출입국심사, 검역조사를 필수적으로 받게 되는데, 이 절차를 통상 CIQ과정이라 한다.

하게 된다. 일단 아그레망을 부여하면 접수국은 그 인물을 외교사절로 접수할 의무가 있으며, 파견국은 임명된 외교사절에게 신임장을 주어 접수국에 파견한다.

③ 아그레망의 거절: 접수국은 아그레망을 요청받은 특정인이 자국의 이익을 위해 비우호적인 인물이라고 판단되면 이를 거절할 수 있으며, 이때 파견국에 대하여 거절의 이유를 통지할 의무는 없다.

(2) 접수

아그레망이 부여된 후 임명된 외교사절은 그 자격을 증명하는 일정형식의 문서, 즉 신임장을 휴대한다. 대 · 공사의 신임장은 국가원수가 서명한 것으로 상대국 원수에게 보내는 것이나, 대리공사의 신임장은 외교부장관이 서명하여 상대국 외무부장관에게 보내는 것이다. 다만, 임시외교사절에는 신임장이 필요치 않고 전권위임장만이 필요하며, 상임외교사절도 통상의 직무 이외에 일정한 임무(예: 조약의 체결)를 수행할 때에는 전권위임장을 요한다.

외교사절이 접수국에 도착하면 먼저 개봉된 신임장의 부본을 접수국의 외무부 당국에 제출하여 도착을 통지하며 접수국이 지정하는 일시에 정본을 제출한다.

신임장은 대사 · 공사의 경우 접수국의 국가원수에게, 대리공사의 경우 접수국의 외무부장관에게 각각 제출한다.

6) 외교사절의 특권 · 면제

(1) 불가침권

외교사절의 신체는 불가침이며 신체의 불가침에는 생명 · 신체의 안전뿐만 아니라 신체의 자유까지도 포함된다. 외교관은 어떠한 형태의 체포 또는 구금도 당하지 아니한다. 다만, 불가침권도 그 행위의 정당성 여하에 따라 일정한 한계와 예외가 있다. 또한 접수국은 상당한 경의를 갖고 외교관을 대우해야 하며, 그 명예에 대한 침해를 방지하기 위한 적절한 조치를 취해야 한다.

외교사절의 공관뿐만 아니라 관사는 불가침이다. 관사는 본 건물뿐만 아니라 부속 건물, 정원, 차고 등을 포함한다. 접수국의 관헌은 외교사절의 요구나 동의 없이는 출입할 수 없으며, 다만 화재나 전염병 발생 등 긴급을 요하는 경우에는 동의 없이도 출입할 수 있다.

외교사절의 문서(공문서 및 사문서)와 서류는 불가침이다. 즉, 접수국의 관헌은 문서를 수색·검열·압수하거나 그 제시를 요구할 수 없다. 외교관의 개인서류, 통신문서 및 그의 개인재산도 불가침이다.

(2) 치외법권(면제권)

원칙적으로 접수국은 외교사절에 대해 형사재판권을 행사할 수 없으므로 외교사절에 대하여 소추·체포·구속하거나 처벌할 수 없다. 예외적으로는 외교사절의 소환을 요구하거나 퇴거를 요구할 수 있으며, 긴급 시에는 일시적으로 신체의 자유를 구금할 수 있고, 외교사절이 특권을 포기하거나 자격을 상실한 경우에는 소추·처벌할 수 있다.

원칙적으로 외교사절을 상대로 민사사송을 제기할 수 없을 뿐 아니라 수리할 수도 없으며, 강제집행이나 손해배상청구 등도 일체 허용되지 않는다. 예외적으로 외교사절이 본국 정부의 허가를 얻어 면제권을 포기하고 자진출소·응소하는 경우 또는 외교사절 개인의 부동산 소유·영업·상속재산·손해배상 등에 관한 소송의 경우에는 재판에 응할 수 있다.

원칙적으로 외교사절은 민·형사사건을 불문하고 법정에 출석하여 증언할 의무가 없음은 물론 공관에서 증언할 의무도 없다. 다만, 예외적으로 자발적으로 행하는 것은 가능하다.

외교사절이 접수국의 경찰법규를 위반하더라도 강제처분이나 어떤 경찰벌도 과할 수 없다. 그러나 파견국에 대하여 소환을 요구하거나 외교사절의 퇴거를 요구할 수 있고, 예외적으로 긴급 시 일시적으로 신체의 자유를 구속할 수 있다.

원칙적으로 외교사절은 접수국의 과세권으로부터 면제되므로 인적·물적 또는 국세·지방세를 불문하고 조세로부터 면제된다. 그러나 예외적으로 간접세, 사유부동산에 대한 조세, 상속세 및 개인영업의 투자에 관한 등록세, 법원의 수수료 등은 면제되지 않는다. 또한 모든 노무에 대한 수수료, 전기·수도·가스 등 공익사업의 사용료를 부과할 수 있으나 실제로는 국제예양상 면제되는 경우가 많다.

2. 영사

1) 의의

영사는 정치적 교섭을 주임무로 하는 외교사절과 달리 임명국의 통상·산업·교통·항해, 기타의 국가 경제적 목적수행과 임명국 국민의 보호를 위하여 외국에 주재하는 국제법의 국가기관을 말한다. 따라서 영사관계는 외교관계와는 다른 국제법의 규율을 받는다.

2) 외교사절과의 구별

외교사절은 국제법에서 외교교섭을 하는 국가의 대외적 대표기관(정치적 목적을 주로 수행)이지만, 영사는 국가기관이기는 하나 국가를 대표해서 외교교섭을 할 권한은 없다. 외교사절은 원칙적으로 자국민이나, 명예영사는 반드시 자국민인 것은 아니며 보통 접수국의 국민 중에서 신임하는 것이 보통이다.

외교사절의 파견에는 아그레망을 요하지만 영사의 파견에는 이를 요하지 않는다. 외교사절의 파견, 접수, 직무, 특권 등은 일반국제법(예: 국제관습, 협약)에 의해 규제되나, 영사의 그것은 일반적으로 개별적 조약(예: 통상항해조약, 영사조약 등)에 의한다.

3. 외국군대

1) 군대

군대란 국가의 독립·권위·안전을 유지하기 위하여 존재하는 국가기관이며, 국제법의 군대는 법인인 국가의 기능을 담당하는 기관이다. 따라서 군대의 행위는 국가행위로 그 효과가 귀속된다. 외국군대의 구성원은 현역군인, 군속 및 이들의 부양가족을 포함한다. 무관은 외교관으로서의 특권을 향유하는 자이므로 일반적인 외국군대의 대상에서 제외된다.

2) 외국군대의 지위

어느 나라가 평화 시에 군대를 외국 영토에 주둔하려면 반드시 주둔국 정부의 승낙을 받아야 한다. 이러한 경우 외국군대의 구성원은 국가사면의 혜택을 받지 못한다는 것이 국제법의 원칙이다.

3) 외국군대의 지위에 관한 국제법 일반원칙

외국군대 및 그 구성원은 영토국인 접수국의 법률질서를 존중해야 하며, 특히 접수국가의 정치활동에 개입하는 것은 엄격히 금지된다.

외국군대는 접수국에서 특수한 목적을 수행하기 위해 출입하게 되므로 접수국은 이들에 대한 출입국 관리 절차를 간소화해 주는 것이 보통이다.

원칙적으로 접수국 관세법의 적용을 받는다. 다만, 그들이 공용 및 사용으로 직접 사용하기 위하여 외국군대 당국의 공인된 기관을 통하여 수입되는 물건은 관세를 면제하는 것이 일반적이다.

국제법 원칙을 보면 외국군대의 구성원은 국가면제를 누리지 못하며, 원칙적으로 영토국인 접수국의 관할권에 속하게 된다. 협정을 통하여 형사재판관할권의 일정한 배분과 협력을 규정하는 경우가 많다.

일반적으로 군대의 영사(營舍)는 불가침이다. 다만, 범죄인의 비호권은 인정되지 않는다. 군대는 주류(駐留)지역에서 재판권이 면제를 받는다. 다만, 영외에서 공무와 관계없는 범죄에 대해서는 접수국의 재판권이 인정된다.

4) 외국군함

공해의 군함은 그들 국가 이외의 어떠한 국가의 관할권으로부터도 완전한 면제권을 향유한다. 그리고 타국의 영해 또는 항만에 있는 동안은 특권을 향유하며, 연안국의 재판권으로부터 면제된다.

군함은 불가침권을 가지므로 연안국의 관헌은 함장의 동의 없이 함에 들어갈 수 없다. 범인이 함으로 도피한 경우 함장의 동의를 얻어 들어가거나 인도를 요청해야 하며, 함장이 인도를 거부하는 경우 외교경로를 통해 인도를 요구해야 한다.

군함은 원칙적으로 비호권이 없으므로 일반 범죄인은 반드시 인도할 의무가 있으나, 정치범에 관해서는 위험의 중대성과 긴급성을 요건으로 비호할 수 있다고 보는 것이 다수설이다. 범죄인 인도요청에 응하지 않는 군함에 대하여 연안국은 자국의 영해에서 퇴거할 것을 요구할 수 있다.

군함에서의 모든 민사 또는 형사사건뿐만 아니라 군함 자체에 관한 사건에 대해서 연안국의 재판관할권으로부터 면제된다. 그러나 군함은 항해·위생·경찰 등에 관한 연안국의 행정규칙을 준수해야 할 의무가 있다.

군함의 승무원은 제복을 입고 공무수행을 위해서 상륙한 경우에는 치외법권을 가지므로 범죄행위를 한 경우에도 처벌할 수 없다. 그러나 일시적인 신체의 구속은 가능하며, 이 경우에도 함장의 인도요구가 있으면 이에 응해야 한다.

사용(私用) 또는 단순한 휴양 중에 행한 육상범죄에 대해서는 치외법권이 인정되지 않으나, 실제로는 국제예양상 연안국이 재판권을 행사하지 않고 범인을 군함에 인도하는 경우가 많다.

제 4 절 국제형사경찰기구(인터폴)

1. 개요

국제형사경찰기구(INTERPOL)는 196개 회원국으로 구성된 정부 간 기구로 각국 경찰 간의 협력을 지원하며 세계의 안전을 도모하고 있다. 이를 위해 INTERPOL은 범죄 및 범죄자에 대한 데이터를 공유하고 접근할 수 있는 환경을 제공하며, 다양한 기술적·운영적 지원을 통해 범죄와 싸우고 있다.

국제형사기구의 일상 업무는 프랑스 리옹에 위치한 사무총국에서 조정되며, 싱가포르의 글로벌 혁신 복합단지와 여러 지역의 위성 사무소가 이를 보조한다. 각 회원국에는 국가중앙사무소(NCB)가 설립되어 사무총국과 다른 회원국 간의 연락 중심점 역할을 한다. INTERPOL의 최고 의사결정 기구는 연 1회 개최되는 총회로 주요 정책과 운영 방향을 결정한다.

국제형사기구는 I-24/7이라는 보안 통신 네트워크를 통해 회원국을 연결하며, 이

네트워크를 통해 각국은 실시간으로 데이터베이스와 서비스를 이용할 수 있다. 또한 다양한 범죄 분야의 전문가와 경찰 간 협력을 촉진하여 경험과 정보를 공유하고 있다.

국제형사기구는 범죄 대응을 위해 법의학, 수사 분석, 도주범 추적 등 다양한 지원을 제공하며, 회원국 관계자들에게 관련 훈련을 제공한다. 주요 활동은 테러, 사이버범죄, 조직범죄, 금융범죄 및 반부패 등 국제적으로 중요한 범죄 분야에 집중되어 있다. 또한 국제범죄의 동향을 분석하고 연구하며 미래의 위협에 대비하고 있다.

오늘날의 범죄가 점점 국제화됨에 따라 국제형사경찰기구는 글로벌 협력의 플랫폼 역할을 하며 회원국 경찰이 직접 협력할 수 있도록 지원한다. 외교관계가 없는 국가 간에도 협력이 가능하며, 모든 활동은 정치적으로 중립적이고 각국의 법률을 준수하는 범위에서 이루어진다.

국제형사경찰기구는 종교, 인종 관련 사건에 대한 관여는 엄격히 금지되며, 인터폴 운영경비는 회원국의 재정 분담금에 주로 의존한다.

인터폴헌장은 국제조약이나 협약이 아니라 경찰기관들의 국제적 공조기구의 헌장일 뿐이므로 외교적 서명이나 정부의 비준을 필요로 하지 않는다. 우리나라와 미국은 회원국이며 인터폴은 국제적인 사법경찰로서 형사범 체포 및 구속 등에 대한 권한이 없다.

1) 국가중앙사무국(NCB)

인터폴 사무총국은 회원국 정부가 자국에 인터폴 국가중앙사무국으로서의 임무를 수행하는 국제경찰협력의 구심점인 상설 경찰부서를 지정하도록 하고 있는데, 이를 국가중앙사무국이라 한다. 국가중앙사무국은 사무총국 또는 타국 국가중앙사무국으로부터 수신되는 각종 공조요구에 응해야 하며, 필요한 경우 자국의 타 법집행기관들을 동원한 경찰활동을 전개할 수 있어야 한다. 국가중앙사무국은 각국 중앙경찰 산하의 한 기구로 인터폴의 모든 회원국에 설치되는 상설기관으로 1개국에 1국의 중앙사무국을 운영하고 있다.

① 국제범죄의 정보 및 자료교환, ② 국제범죄의 동일증명 및 전과조회, ③ 국제범죄의 수사 및 체포, ④ 국외 도주범 소재수사, ⑤ 사무총국 또는 타 국가 사무국이 요청하는 경찰업무에 대한 협조와 업무의 협조 요청, ⑥ 범죄예방과 일반협조, ⑦ 기술향상을 위한 교육 또는 자료교환, ⑧ 총회가 결정한 사안의 진행, ⑨ 기타 인터폴 운영에

관한 사항 등의 기능을 하고 있다.

2) 인터폴 회원 간 협력의 기본원칙 및 활용방법

(1) 인터폴 회원 간 협력의 기본원칙

경찰협력은 각 회원국 경찰기관들이 자국 영토에서 국내법에 따라 행하는 통상적인 업무수행의 범위에서만 협조하며, 인터폴의 활동범위는 일반범죄와 관련된 범죄의 예방·진압에 국한하며, 정치·군사·종교·인종적 사항에 관해서는 어떠한 관여나 활동도 배제한다.

모든 회원국은 타 회원국과 협력할 수 있으며, 그러한 협력은 지리적·언어적 요소에 의해 방해받지 않으며, 재정 분담금의 규모와 관계없이 동일한 혜택과 지원을 받는다.

각 회원국은 국가중앙사무국을 통해 일반범죄의 예방·진압에 관여하고 있는 타 국가기관과도 협조할 수 있고, 협조방식은 규칙성·계속성이 있어야 하지만 회원국의 국내실정을 충분히 고려하여 그 방식을 변경할 수 있다.

(2) 인터폴 활용방법

① 해외도주 지명수배자 수사

② 외국인 피의자의 송환

③ 내국인의 국외범죄수사

④ 각종 인·허가 관련

⑤ 국내거주 외국인에 대한 신원 및 범죄경력조회 등이다.

2. 국제경찰공조의 의의

1) 국제공조수사 시 구비서류

① 피의자 인적사항 - 여권의 영문성명, 여권번호

② 범죄사실 - 송치의견서 사본 등 첨부

③ 도주예상국 및 은신처 - 영문 등 현지어로 표기

④ 출국기록 - 일시, 국가

⑤ 구속 또는 체포영장 사본

⑥ 여권 행정제재 공문 사본 - 외교부 여권과에 요청

⑦ 출입국 규제 공문 사본 - 입국 시 통보요청, 경찰청 수사과에서 법무부에 요청

⑧ 기타 관련 사항 등이다.

2) 국제형사사법공조조약

(1) 공조조약의 효력

「국제형사사법 공조법」 제3조는 '공조에 관하여 공조조약에 이 법과 다른 규정이 있는 경우에는 그 규정에 따른다'라고 하여 공조조약의 우선적 효력을 인정하고 있다.

(2) 공조조약 체결의 장점

첫째, 조약미체결국가 간의 사법공조는 원칙적으로 피요청국의 재량적 판단에 따라 이루어지는 우호적 협조에 불과하지만, 조약을 체결한 경우에는 공조를 제공해야 할 국제법의 의무를 부담하게 되므로 국제적 협력이 강화된다.

둘째, 공조조약의 체결은 신속하고 효율적인 공조를 가능하게 한다.

셋째, 공조조약은 공조법의 공조범위에 포함되지 않은 사항을 공조 대상으로 규정하고 있어 공조범위를 확대한다.

공조조약을 체결하는 주된 이유는 가능한 넓은 범위의 공조를 보다 신속하고 효율적으로 실시하기 위함이다.

(3) 국제형사사법공조의 기본원칙

첫째, 공조조약이 체결되어 있지 않은 경우에도 동일 또는 유사한 사항에 관하여 대한민국의 공조요청에 응한다는 것이 상호주의 원칙이다. 요청국의 보증이 있는 경우에는 이 법을 적용한다. 즉, 외국이 사법공조를 해주는 만큼 자국도 동일하거나 유사한 범위에서 공조요청에 응해야 한다는 원칙이다.

둘째, 국제형사사법공조의 대상이 되는 범죄는 피요청국과 요청국 모두에서 처벌이 가능한 범죄이어야 한다는 것이 쌍방가벌성의 원칙이다.

셋째, 요청국이 공조에 의하여 취득한 증거를 공조요청의 대상이 된 범죄 이외의 수사나 재판에 사용해서는 안 된다는 의미와 피요청국의 증인 등이 공조요청에 따라 요청국에 출두한 경우 피요청국을 출발하기 이전의 행위로 인해 구금 · 소추를 비롯한

어떠한 자유도 제한받지 않는다는 의미를 포함하는 것이 특정성의 원칙이다.

(4) 국제형사사법공조법에서의 제한 사유－임의적 거절 사유

① 대한민국의 주권, 국가안전보장, 안녕 · 질서 또는 미풍양속을 해할 우려가 있는 경우
② 인종 · 국적 · 성별 · 종교 · 사회적 신분 또는 특정 사회단체에 속한다는 사실이나 정치적 견해를 달리한다는 이유로 처벌되거나 형사상 불이익한 처분을 받을 우려가 있다고 인정되는 경우
③ 공조범죄가 정치적 성격을 지닌 범죄이거나 공조요청이 정치적 성격을 지닌 다른 범죄에 대한 수사 또는 재판을 할 목적으로 행하여진 것이라고 인정되는 경우
④ 공조범죄가 대한민국의 법률에 의하여 범죄를 구성하지 않거나 공소를 제기할 수 없는 범죄인 경우
⑤ 이 법에 요청국이 보증하도록 규정되어 있는 데도 불구하고 요청국의 보증이 없는 경우 등이다.

3. 범죄인 인도

1) 범죄인 인도에 관한 제 원칙

대한민국 영역 안에 있는 범죄인은 「범죄인 인도법」이 정하는 바에 따라 청구국의 인도청구에 의하여 소추 · 재판 또는 형의 집행을 위하여 청구국에 인도할 수 있다.

우리나라와 범죄인 인도조약이 체결되어 있지 않은 경우에도 범죄인의 인도를 청구하는 국가가 동종의 또는 유사한 인도범죄에 대한 대한민국의 범죄인 인도청구에 응한다는 보증이 있는 경우에는 이 법을 적용한다.

범죄가 청구국과 피청구국의 쌍방법률에 의하여 범죄를 구성하지 않는 경우에는 범죄인을 인도하지 않는다는 원칙이다. 「범죄인 인도법」 제6조 '대한민국과 청구국의 법률에 따라 인도범죄가 사형, 무기, 징역, 무기금고, 장기 1년 이상의 징역 또는 금고에 해당하는 경우에만 범죄인을 인도할 수 있다'의 규정이 여기에 해당한다.

「범죄인 인도법」 제10조는 원칙적으로 '인도된 범죄인이 인도가 허용된 범죄 외의

범죄로 처벌받지 아니하고 제3국에 인도되지 아니한다는 청구국의 보증이 없는 경우에는 범죄인을 인도하여서는 아니 된다'고 하여 특정성의 원칙을 규정하고 있다.

법무부장관은 범죄인을 인도받은 청구국으로부터 인도가 허용된 범죄 외의 범죄로 처벌하거나 범죄인을 제3국으로 다시 인도하는 것에 관한 동의요청이 있는 경우 그 요청에 상당한 이유가 있다고 인정되는 때에는 이를 승인할 수 있다. 다만, 청구국 또는 제3국에서 처벌하려고 하는 범죄가 제7조(절대적 인도거절 사유) 또는 제8조(정치적 성격을 지닌 범죄 등의 인도거절)에 해당하는 경우에는 이를 승인해서는 안 된다.

자국민은 청구국에 인도하지 않는다는 원칙으로 일반적으로 대륙법계 국가들은 자국민 불인도의 원칙을 채택하고 있으나, 영·미법계 국가들은 채택하고 있지 않는다. 우리나라는 「범죄인 인도법」 제9조(임의적 인도거절 사유) 제1호에 '범죄인이 대한민국 국민인 경우 범죄인을 인도하지 아니할 수 있다'고 규정하고 있다.

범죄인 인도에 많은 경비와 노역이 들어 너무 경미한 범죄까지 인도 대상으로 삼으면 낭비이기 때문에 일반범죄라도 최소한 중요성은 있어야 한다는 원칙이다. 구체적인 기준은 조약이나 국가에 따라 다양하며, 우리나라의 경우 「범죄인 인도법」 제6조에 '대한민국과 청구국의 법률에 따라 인도범죄가 사형, 무기, 징역, 무기금고, 장기 1년 이상의 징역 또는 금고에 해당하는 경우에만 인도할 수 있다'고 규정하고 있다.

범죄인의 인도는 실제로 처벌하기 위한 것이므로 범죄인 인도가 처벌목적에 유용해야 한다는 원칙이다. 실제로 처벌하기 위해 필요한 범죄인만 인도해야 하므로 공소시효 또는 형의 시효의 완성, 사면 등으로 처벌하지 못하는 범죄인은 인도 대상에서 제외된다. 「범죄인 인도법」 제7조(절대적 인도거절 사유) 제1호에 '대한민국 또는 청구국의 법률에 따라 인도범죄에 관한 공소시효 또는 형의 시효가 완성된 경우에는 범죄인을 인도해서는 아니 된다'고 규정하고 있다.

군사적 의무관계에 기인하는 군사범죄, 즉 탈영·항명 등의 범죄자는 인도하지 않는다는 원칙이다. 군대 내 범죄라 할지라도 일반범죄의 성격도 동시에 갖고 있는 직권남용, 가혹행위, 절도와 같은 범죄는 인도 대상이 된다. 우리나라는 남북한 대치상황으로 인하여 명문규정이 없다.

「범죄인 인도법」 제8조 제1항 전문은 '인도범죄가 정치적 성격을 지닌 범죄이거나 그와 관련된 범죄인 경우에는 범죄인을 인도하여서는 아니 된다'고 규정하고 있다.

2) 외국의 인도청구 및 외국에 대한 인도청구

범죄인의 인도심사청구는 서울고등검찰청, 심사결정은 서울고등법원의 전속관할사항으로 하고 있다. 인도심사를 청구하도록 하는 명령의 발령권자는 법무부장관이다. 법원은 범죄인이 인도구속영장에 의하여 구속 중인 때에는 구속된 날부터 2월 이내에 인도심사에 관한 결정을 해야 한다.

외국에 인도를 청구할 수 있는 대상은 대한민국 법률을 위반하여 대한민국에서 수사 또는 재판을 받고 있는 자 또는 유죄의 판결을 받은 자이다. 단, 내사 중에 있는 자는 제외된다.

3) 범죄인 인도청구의 대체수단

첫째, 인터폴 중앙사무국(경찰청 인터폴국제공조과 인터폴계)에서 가입국에 수배자료를 송부하고 소재확인이 되면 해당국에 강제송환을 요청하여 인도받는 방법으로, 절차가 간편하고 신속하며 효율적이다.

둘째, 청구국은 피청구국의 국민 또는 법률상 거주자가 아닌 경우, 피청구국에 대하여 강제추방요구를 할 수 있으나 배제 사유가 있다.

셋째, 범죄인의 인도가 불가능한 나라일 경우에는 범죄인의 인도가 가능한 제3국에 대하여 인도를 요청할 수 있다.

넷째, 범죄인이 우리나라의 여권을 무효처리할 수 있는 나라에 입국할 때에는 당해 국가에서 입국금지나 불법체류자로 추방하게 하여 범죄인을 인도받는 효과가 있게 된다.

다섯째, 당해 국가에서 자국민이라는 이유로 인도를 거절할 경우에는 범죄인이 우리나라에서 범한 죄에 대하여 사법처리를 요구한다.

4) 국제수배서

(1) 국제수배서의 종류

① 적색수배서(Red Notice): 국제체포수배서(International Wanted Notice)로 일반 형법을 위반하여 체포영장이 발부되고 범인인도를 목적으로 하는 경우에 한하여 발행한다.

② 청색수배서(Blue Notice): 국제정보조회수배서(International Inquire Notice)이다. 수배서 오른쪽 위에 청색 4각 마크가 표시되어 있으며, 일반 형법위반자로 범인 인도를 요청할 가능성이 있는 자의 소재파악을 위해 피수배자의 신원 및 전과 파악, 범인 소재확인을 위해 발행한다.

③ 녹색수배서(Green Notice): 국제경고수배서(International Warning Notice)라고도 한다. 여러 국가에서 상습적으로 범행하였거나 범행할 가능성이 있는 국제범죄자의 동향을 파악케 하여 사전에 그 범행을 방지하기 위해 발행한다. 전과의 정도, 범죄의 종류, 국제범죄조직원 여부 등을 고려하여 중요한 국제적 범죄자라고 판단되는 경우에 한하여 발행한다.

④ 황색수배서(Yellow Notice): 가출인의 소재확인 또는 기억상실자 등의 신원파악을 위해 발행한다. 특히, 어린이들이 통상의 주거장소에서 실종된 경우 발행된다.

⑤ 흑색수배서(Black Notice): 사망자의 신원을 확인할 수 없거나 사망자가 가명을 사용하였을 경우 정확한 신원을 확인하기 위해 발행한다. 시체의 사진과 지문·치아상태·문신 등 신체적 특징, 의복 및 소지품의 상표 등 사망자의 신원파악에 도움이 될 수 있는 자료가 수록되어 있다.

⑥ 장물수배서(Stolen Property Notice): 도난당하였거나 불법적으로 취득한 것으로 보이는 물건이나 문화재 등에 대해 수배하는 것으로 상품적 가치 및 문화적 가치를 고려하여 발행되며, 장물의 특성과 사진 등이 첨부되어 있다. 장물 발견 시 사무총장 및 수배요청국에 통보하여 외교절차를 밟아 해결한다.

⑦ 범죄수법수배서(Modus Operandi): 세계 각국에서 범인들이 범행 시 사용한 새로운 범죄수법 등을 사무총국에서 집중적으로 관리하고, 각 회원국에 배포함으로써 수사기관이 범죄예방과 수사자료에 활용하도록 하는 한편, 경찰 교육기관의 교육자료로 이용하기 위해 발행된다.

⑧ 오렌지 경고(Orange Notice: Security Alert): 2004년부터 폭발물, 테러범(위험인물) 등에 대하여 경보하기 위하여 발행되는 인터폴 국제수배서이다.

(2) 국제수배서의 발행 및 취소절차

국제수배서는 외교경로를 통하지 않고 인터폴을 이용하여 사무총국에서 국제수배서를 발행한다. 긴급한 경우 우선 인터폴 통신망을 이용하여 사무총국 및 각 회원국에 수배의뢰한 후 소정의 양식으로 사무총국에 국제수배서 발행을 요청한다. 사무총국은 각 회원국에서 수배의뢰한 것을 종합하여 월 1회 국제수배서를 발행하고, 이를 각 회원국에 배포한다. 단, 청색 및 황색수배서 등은 사무총국의 재량으로 발행하고 있다.

수배자검거 · 시효완성 · 범인인도 · 소재확인 · 신원파악 · 장물회수 등 수배취소사유 발생 시에는 사무총국에 통보하며, 사무총국은 이를 종합하여 월 2회 수배해제를 각 회원국에 통보한다.

그러나 녹색수배서는 특별한 경우를 제외하고는 취소하지 않으며, 이것은 수배요청국의 재량에 의해 취소할 수 있다.

제 5 절 주한미군지위협정(SOFA) 사건 수사

1. 주한미군지위협정(SOFA)의 의의 및 대상

1) 의의

「대한민국과 아메리카합중국과의 상호방위조약 제4조에 의한 시설과 구역 및 대한민국에서의 합중국 군대의 지위에 관한 협정」을 말한다. SOFA 규정으로 인해 미군 범죄에 대해 한국사법당국의 개입 여지가 매우 제한되어 있으며, 다른 주둔군 지위협정과 마찬가지로 접수국 법령 존중의 원칙을 규정하고 있다.

주한미군지위협정의 문제점은 다음과 같다.

첫째, 미군 · 군속 및 그들의 가족과 함께 초청계약자까지를 대상으로 포함하고 있어 그 범위가 지나치게 넓다.

둘째, 한국정부가 1차적 재판권을 가지고 있는 경우에도 특히 중요하다고 인정되는 경우 외에는 1차적 재판권을 포기하는 경우가 많다.

셋째, 미군이 미군 피의자의 신병인도 요청을 하는 경우 살인 등 12개 범죄유형 외에는 즉시 신병을 인도하게 되어 있다.

넷째, 미군 피의자는 재판이 시작되어도 육체적 · 정신적으로 자신의 변호에 부적당한 때에는 심판에 출석을 요청받지 않을 권리, 미국의 위신과 합당하는 조건이 아닌 경우에는 죄수복을 입지 않을 수도 있고, 수갑을 채우지 아니할 수 있는 권리가 있다고 규정하고 있어 사실상 재판을 거부할 권리를 미군에게 부여하는 결과를 초래하고 있다.

2) 주한미군지위협정 적용 대상자

(1) 미합중국군대의 구성원

대한민국의 영역 안에 주둔하고 있는 미합중국의 육·해·공군에 속하는 현역군인을 말한다. 다만, 주한 미대사관에 근무하는 무관(military attache) 및 군인은 「외교관계에 관한 비엔나협약」, 주한 미군사고문단원(United States Joint Military Advisor Group-Korea: JUSMAG-K)은 외교특권이 부여되므로 SOFA의 적용을 받지 않는다.

(2) 군속

미합중국의 국적을 가진 민간인으로서 대한민국에 주둔하고 있는 미국군대에 고용되어 근무하거나 또는 동반하는 자를 말하나, 한국에 통상적으로 거주하는 자와 초청계약자는 제외된다. 또한 대한민국 및 미국의 이중국적자와 제3국의 국민이라도 미국정부에 고용되어 한국에 파견된 자는 이 협정에 의한 군속으로 간주한다.

기술대표(Technical Representative)는 복잡한 군사장비의 정비를 위하여 특별한 기술이 필요하나 주한 미군이나 한국에서 채용할 수 없는 사람으로서 미군이나 한국요원의 특별강사 또는 고문인 자를 말하며 주한 미군의 군속으로 취급된다.

(3) 가족

미합중국 군대의 구성원 또는 군속의 가족 중

① 미군·군속의 배우자 및 21세 미만의 자녀

② 부모 및 21세 이상의 자녀 또는 기타 친척으로서 그 생계비의 반액 이상을 미합중국 군대의 구성원 또는 군속에게 의존하고 있는 자

③ 기타 친척은 미군에게 의존하고 있는 가족구성원 또는 피보호자로서 한·미 정부 또는 법원이 이러한 관계를 법적으로 확인하고, 미군 당국이 한국정부에 기타 친척으로 통보한 경우도 포함한다.

(4) 초청계약자

미합중국법에 의하여 설립된 법인이나 미합중국에 통상적으로 거주하는 그의 고용

원 및 그의 가족으로서 미합중국 군대 또는 동 군대로부터 군수지원을 받는 통합사령부 산하 주한외국군대를 위한 미합중국과의 계약이행만을 위하여 대한민국에 체류하고, 또한 미합중국 정부의 지정에 의한 수의계약을 맺고 한국에서 근무하는 자(법인, 고용원 및 그의 가족)를 말한다.

2. 재판권의 행사

1) 전속적 재판권

미국군대의 구성원 · 군속 및 그들의 가족이 범한 범죄로서 한 · 미 양국 중 어느 일방 국가의 법령에 의하여서만 처벌할 수 있는 경우 그 국가만이 배타적으로 재판권을 행사할 수 있으며 이를 전속적 재판권이라고 한다.

미국의 안전에 관한 범죄를 포함하여 미국 법령에 의해서는 처벌할 수 있으나 한국의 법령에 의해서는 처벌할 수 없는 범죄에 대하여 전속적 재판권을 가진다.

한국의 안전에 관한 범죄를 포함하여 우리나라 법령에 의해서는 처벌할 수 있으나 미국의 법령으로는 처벌할 수 없는 범죄에 관하여 한국이 전속적 재판권을 가진다.

2) 제1차적 재판권의 행사

미국군대 내부의 범죄 및 공무집행 중의 범죄에 관해서는 미군 당국이 미군 · 군속 및 그들의 가족에 대하여 제1차적 재판권을 가진다. 그러나 미국대법원 판례에 의하면, 미군 당국은 평상시에는 민간인에 대한 형사재판권의 행사가 불가하다는 위헌판결을 한 바 있다. 그러므로 군속 및 그의 가족에 관한 한 전쟁 시를 제외하고는 한국이 전속적 재판권을 행사한다.

미군 당국이 제1차적 재판권을 행사하는 범죄로는 ㉠ 오로지 미합중국의 재산이나 안전에 대한 범죄, ㉡ 오로지 미합중국 군대의 타 구성원이나 군속 또는 그들의 가족의 신체나 재산에 대한 범죄, ㉢ 공무집행 중의 작위 또는 부작위에 의한 범죄 등이다.

한국 당국은 미군 당국의 제1차적 재판권에 속하지 않는 기타 모든 범죄에 대하여 제1차적 재판권을 가진다.

3) 재판권의 경합 및 포기

재판권의 경합이란 양국이 각각 자국의 법률에 의하여 재판할 수 있는 경우를 말하며, 이 경우 재판권을 가지는 국가는 타방의 권리포기요청이 있으면 호의적으로 이를 고려해야 한다. 재판권이 경합하는 경우 한국은 모든 사건을 미국에 통고해야 하나 미군은 한국이 제1차적 재판권을 가질 경우에만 통고하도록 규정되어 있다.

우리나라가 재판하는 것이 특히 중요하다고 결정하는 경우를 제외한 기타 사건에 대하여 미군 당국이 재판권의 포기를 요청하는 경우에는 호의적으로 고려해야 한다.

3. 재판 전 피의자의 체포 및 구금

주한미군지위협정 대상자에 대한 체포와 인도에 있어서 상호 조력해야 한다는 취지가 명시되어 있다. 주한미군지위협정 대상자를 체포한 경우 상호 통고 및 통지의무가 명시되어 있다. 우리나라가 재판권을 가지는 자를 체포하였을 때는 우리나라 법에 따라 수사 또는 재판의 원활한 진행을 위하여 당연히 우리나라 관계 당국이 구금해야 하는 것이지만, 주둔군의 군사상의 특수한 사명에 비추어 각국 협정은 파견국 당국으로 하여금 재판 전 피의자를 구금하도록 하고 있다.

체포한 피의자가 대한민국의 수사기관에 있는 경우에는 미군 당국의 요청이 있으면 미군 당국에 인도해야 한다. 피의자가 미군 당국의 구금 아래 있는 경우에는 미군 당국은 언제든지 대한민국의 당국에 구금을 인도할 수 있다. 다만, 살인 또는 죄질이 나쁜 강간을 저지른 미군 피의자를 우리 측이 현행범으로 체포하였을 경우 미군 당국에 신병을 인도하지 않고 계속 구금이 가능하며, 나머지 범죄도 증거인멸 · 도주 · 피해자 및 증인에 대한 가해 가능성이 있을 경우에는 계속 구금권을 행사할 수 있다.

다음 범죄의 유형에 해당하는 미군 피의자는 '기소 시에' 한국정부에 신병을 인도해야 하며, 나머지 범죄의 경우에는 재판종결 후에 신병을 한국정부에 인도해야 한다.

① 살인

② 강간

③ 석방대가금 갈취목적의 유괴(인질강도)

④ 마약거래(불법마약거래)

⑤ 마약생산(불법마약제조)

⑥ 방화

⑦ 흉기를 휴대한 강도(흉기강도)

⑧ ①~⑦의 범죄에 대한 미수

⑨ 폭행치사 · 상해치사

⑩ 음주운전으로 인한 치사

⑪ 교통사고 치사 후 도주

⑫ ①~⑪의 범죄를 포함하는 다른 죄명의 범죄(①~⑪의 범죄의 하나 이상을 포함하는 보다 중한 범죄)의 경우 등이다.

'기소 전 구금인도'란 경찰의 조사가 끝나고 검찰에 송치 후 검찰이 구속의 상당한 이유와 필요가 있고 재판 확정 전에 신병을 인도받음이 상당하다고 판단되는 경우 검찰총장의 승인을 받아 구속영장을 청구하는 것을 뜻하는 것으로 검찰수사 단계에서 검토해야 할 사항으로 경찰에서 구금인도 요청할 수 없다.

일반적으로 한국 「형사소송법」의 피의자 권리를 갖는다. 추가적으로 미합중국 정부대표와 접견 · 교통할 권리를 갖는다.

미군이 체포 · 구속되었을 경우 미군대표는 광범위한 접견교통권을 갖는데, 이 경우 음식, 침구, 의료 등을 제공할 수 있다.

4. 피의자 조사

1) 출석요구 및 조치

가능한 한 서면으로 관할 미군 헌병대장에게 필요로 하는 피의자의 성명 · 소속 · 출석장소 · 출석시간 등을 명시한 출석요구서를 발부해야 한다. 출석요구서 발송 시 미군 당국의 공휴일 · 국경일은 가급적 피하고, 적어도 48시간 정도의 시간적 여유를 주는 것이 좋다.

출석요구서를 발부받은 미군 헌병대 측은 피의자의 부대장 등에게 이를 통보하고, 피의자 소속부대장 등은 미국정부대표의 직무를 담당할 자를 피의자의 상급자(통상 부대의 장교 또는 하사관급 이상자) 중에서 대표를 지정한다. 지정된 대표는 미군 법무감실로부터 미국정부대표 임명장(위임장)을 수여받은 뒤 피의자를 대동하고 지정된 날짜에 경찰서로 출석한다.

2) 피의자신문조서의 작성

(1) 대표임명장 접수

미국정부대표자는 임명장을 수사관에게 제시해야 하며, 출석한 피의자에 대하여 미국정부대표 임명장을 접수한 후 피의자를 신문한다.

(2) 피의자신문조서 작성

첫째, 미국정부대표의 입회 없는 신문조서는 피의자 또는 피고인에 대한 유죄의 증거로 채택되지 않으므로 수사당국은 미국정부대표자의 입회 하에 미군 피의자를 신문해야 하며, 이를 결하고 작성된 조서는 그 효력을 상실한다. 미국정부대표는 정부대표 임명장을 수사기관에 제시 또는 제출하고 수사과정에 참여한 후 피의자신문조서에 자신이 정부대표로서 입회하였다는 사실을 기재하고 서명하게 된다.

둘째, 담당 경찰관이 영어에 능통하더라도 직접 영어로 신문하지 말고 반드시 통역인을 거쳐서 신문해야 한다.

셋째, 조서는 반드시 한국어로 기재하되, 소속과 성명은 반드시 영문으로 병기해야 한다.

넷째, 피의자가 서명·날인을 거부하였더라도 조사관의 서명·날인과 미국정부대표의 서명·날인이 있는 한 일반적으로 효력에는 영향이 없다. 다만, 피의자가 서명·날인을 거부한 사유는 「형사소송법」 제48조에 따라 그 사유를 조서에 기재해야 한다.

(3) 피의자신문조서 기재사항

SOFA 대상 피의자의 신문조서는 일반적인 조사사항 이외에 ㉠ 부대명(Unit), ㉡ 계급(Rank), ㉢ 성명(Full Name), ㉣ 사회보장번호(SSN)를 반드시 기재해야 한다.

(4) 조서의 서명

조서 말미에 반드시 입회한 통역인과 미국정부대표의 서명이 있어야 한다.

3) 송치

조서작성 단계에서 미군 측은 한국 측에 재판권이 없음을 항변하기 위하여 공무집행증명서(주한미군 장성급 이상 장교가 발행)를 제출하는 경우가 있으나 재판권의 귀속 여부에 대한 판단은 검찰에서 하는 것임을 설득시키고 일단 피의자를 신문한 뒤 제출된 공무집행증명서를 기록에 첨부하여 기소의견으로 송치한다.

5. 시설 및 구역의 경찰권 및 손해배상

1) 시설 및 구역 내부 경찰권

미합중국 군당국은 미합중국 군대가 사용하는 시설과 구역에서 통상 모든 체포를 행한다. 이 규정은 미합중국 군대의 관계당국이 동의한 경우 또는 중대한 범죄를 범한 현행범을 추적하는 경우에 대한민국 당국이 시설과 구역에서 체포를 행하는 것을 막는 것은 아니다. 중대한 범죄를 범한 현행범인이 미군 시설과 구역으로 도망한 경우 주한미군지위협정합의의사록 규정에 의하여 추적하여 현행범인을 체포할 수는 있으나 실제로는 미군 당국에 의해 일단 제지될 것이므로 이때 그 취지를 설명하고 권한있는 미군 당국자의 동의를 구한 후 미군 시설에 출입하거나, 미군 당국에 피의자의 체포를 요청하는 것이 타당하다.

대한민국 당국이 체포하고자 하는 자로서 미합중국 군대의 구성원, 군속 또는 가족이 아닌 자가 미합중국 군대가 사용하는 시설과 구역 안에 있는 경우에는 미합중국 군당국은 대한민국 당국의 요청에 따라 그 자를 체포할 것을 약속한다. 미합중국 군당국에 의하여 체포된 자로서 미합중국 군대의 구성원, 군속 또는 가족이 아닌 자는 즉시 대한민국 당국에 인도되어야 한다. ※ 한국 당국의 요청 불요

미합중국 군당국은 시설이나 구역의 주변에서 동 시설이나 구역의 안전에 대한 범죄의 기수 또는 미수의 현행범을 체포 또는 유치할 수 있다. 미합중국 군대의 구성원·군속 또는 가족이 아닌 자는 즉시 대한민국 당국에 인도되어야 한다.

한국 당국은 미군 당국이 동의하는 경우가 아니면 시설 또는 구역에서 사람이나 재산에 관하여 또는 시설 및 구역 내외를 불문하고 미국재산에 관하여 수색·압수 또는

검증을 할 수 없다. 단, 미군 당국의 동의가 있는 경우에는 미군 시설에서의 압수 · 수색 · 검증이 가능하다. 그러나 이에 관한 한국 당국의 요청이 있을 때에는 미군 당국은 필요한 조치를 취해야 한다.

2) 손해배상

교통사고 · 폭행 등으로 인하여 한국인이 미군으로부터 피해를 입었을 경우 비록 미군에 대해서 형사재판권을 포기하더라도 민사상 손해배상은 청구할 수 있으므로 참고인 등의 진술서, 진단서 및 기타 증거서류를 수사기록에 첨부한다.

미군의 공무 중 행위로 발생한 손해는 한국군의 행위로 발생하는 손해와 같이 한국 정부 또는 법원이 심사하여 배상금을 결정 · 지급하며, 피해가 미군 측의 전적인 과실로 발생하였을 경우 미군 측이 75%, 한국 측이 25%를 부담한다.

비공무 중 사건의 경우에는 국가배상심의회가 배상액을 산정하여 미군 당국에 통보하면 미군 당국이 보상액을 최종적으로 결정하고, 피해자가 이러한 보상금 지급에 전적으로 동의할 경우에 이를 지급하며 보상금은 전액 미군 측이 부담한다.

제 6 절 국기의 게양방법 및 외교관의 서열

1. 국기의 게양방법

국기와 다른 기를 같이 게양할 때에는 게양하는 기의 수가 홀수인 경우에는 국기를 중앙에, 그 수가 짝수인 경우에는 앞에서 바라보아 왼쪽 첫 번째에 게양한다.

외국기의 게양 순서는 외국 국가 명칭의 영문 알파벳 순서에 따른다. 국기와 외국기를 교차시켜 게양하는 경우에는 앞에서 바라보아 국기의 깃면이 왼쪽에 오도록 하고, 그 깃대는 외국기의 깃대 앞쪽에 오도록 한다.

국기와 유엔기를 게양할 경우에는 앞에서 바라보아 왼쪽에 유엔기를, 오른쪽에 국기를 게양한다. 국기 · 유엔기 및 외국기를 함께 게양할 경우에는 유엔기 · 국기 및 외국기의 순서로 게양한다.

단독주택의 대문과 공동주택 각 세대의 난간에는 중앙이나 앞에서 바라보아 왼쪽에 국기를 게양한다. 건물 안의 회의장·강당 등에서는 그 내부의 전면을 앞에서 바라보아 그 전면의 왼쪽 또는 중앙에 국기가 위치하도록 한다.

2. 외교관의 서열

대사의 경우 같은 계급일 때에는 신임장 제정 순위에 따른다. 공관장인 총영사는 외국공사에 준하는 예우를 한다. 공관장 이외의 외교관은 계급과 부임 순서에 따른다.

같은 계급일 경우 외교관은 무관보다 상위에, 무관은 다른 주재관(예: 상무관, 공보관, 노무관 등)보다 상위에 위치한다.

Introduction to Police Science

08 기타 경찰활동

제 1 절 경찰교육훈련

1. 경찰교육훈련의 개요

1) 경찰교육훈련의 목적

현대의 교육훈련은 경찰관의 일반능력을 계발하고 직무수행에 필요한 지식과 기술을 연마하며, 태도의 발전적 변화를 촉진하는 활동을 뜻하는 넓은 개념이다.

경찰교육훈련의 목적은 ① 경찰지식과 가치의 학습, ② 효율성 향상, ③ 새로운 관리기법의 도입, ④ 승진대비와 발전성 유지 등이다.

2) 경찰교육훈련기관의 유형

(1) 경찰대학

국가치안 부문에 종사하는 경찰간부가 될 사람에게 학술을 연마하고 심신을 단련하게 하기 위한 교육훈련과 치안 부문에 관한 학술 연구·발전 및 교육과 치안 부문에 종사할 전문인력을 양성하고 있다. 경정·경감의 고급간부과정과 총경의 치안정책과정을 운영하며, 경찰청장 소속으로 설치되어 있다(경찰대학 설치법 제1조).

(2) 경찰인재개발원

경찰청장 소속으로 설치되어 있으며, 경찰공무원에 대한 교육훈련을 관장한다. 여기서 말하는 경찰공무원의 교육훈련은 경위 이하의 경찰관에 대한 재교육을 의미한다. 또한 정보 등 특수 분야에 대한 전문화 교육도 실시하고 있다.

(3) 중앙경찰학교

경찰공무원으로 임용될 자(경위공개경쟁시험합격자를 제외한다)에 대한 교육훈련을 관장한다. 즉, 순경으로 처음 채용된 자와 특별채용으로 선발된 경장은 중앙경찰학교에서 신임교육을 받는다.

3) 경찰교육훈련의 내용

(1) 학교교육

학교교육이란 신임 및 재직경찰관에 대하여 경찰대학과 경찰인재개발원, 중앙경찰학교에서 실시하고 있는 교육훈련을 말하며, 교육훈련 대상에 따라 대체적으로 신임교육, 기본교육, 전문교육으로 구분할 수 있다.

① 신임교육

경찰관으로 신규 채용된 사람에 대해 임용을 전제로 실시하는 적응훈련을 신임교육이라고 하며, 직무수행에 필요한 기초지식, 실무에 필요한 법률과 규정, 체력연마 및 무술훈련을 내용으로 한다. 경위공개채용시험합격자 교육과정도 신임교육과정이다.

② 기본교육

경정·경감·경위 및 경사(경정·경감·경위 및 경사 승진후보자명부에 등재된 자를 포함한다)는 해당 계급별 기본교육을 받아야 한다. 경찰청장 또는 해양경찰청장이 정하는 바에 의하여 교육훈련 대상자로 선발된 총경(총경승진후보자명부에 등재된 자를 포함한다)은 기본교육으로 치안정책교육을 받아야 한다.

③ 전문교육

경정 이하 경찰공무원은 직무와 관련된 전문교육을 받아야 하며, 전문교육과정은 매년도 경찰교육훈련계획에 의하므로 교육 대상 및 기간은 매년 바뀔 수 있다.

(2) 위탁교육

위탁교육이란 「경찰공무원법」 제17조 제3항의 규정에 의하여 재직경찰관들을 국내·외의 교육기관 등에 위탁하여 행하는 교육훈련을 말한다.

파견교육은 재직자를 대상으로 전문화, 국제화에 대비하기 위하여 국내·외 관계기관에 위탁하여 실시하는 교육으로 특수교육이다.

(3) 직장훈련

직장훈련이란 경찰기관의 장이 소속 경찰공무원의 직무수행 능력을 향상시키기 위하여 일상업무를 통하여 행하는 훈련을 말하며, 「경찰공무원 직장훈련 시행규칙」에 의해 경정 이하의 경찰공무원을 대상으로 한다.

직장훈련은 학과교육과 술과훈련으로 구분된다. 학과교육은 정신교육, 술과훈련은 사격훈련과 무도훈련으로 구분 실시한다.

2. 경찰교육훈련의 관리

1) 수료점수 미달자에 대한 인사조치

교육훈련에서 수료점수에 미달된 경찰공무원은 1회에 한하여 다시 그 과정의 교육훈련을 받게 할 수 있다.

2) 퇴학처분

① 경찰교육기관의 장은 피교육자가 다음에 해당하게 된 때에는 퇴학처분을 하고, 해당 소속기관 등의 장에게 이를 통보해야 한다.

㉠ 입교명령을 받은 자가 타인으로 하여금 대리로 교육훈련을 받게 한 때

㉡ 정당한 이유 없이 결석한 때

㉢ 수업을 극히 태만히 한 때

㉣ 생활성적이 극히 불량한 때

㉤ 시험 중 부정한 행위를 한 때

㉥ 경찰교육기관의 장의 교육훈련에 관한 지시에 따르지 않은 때

㉦ 질병 기타 피교육자의 특수사정으로 인하여 교육훈련을 계속 받을 수 없게 된 때

② 교육기관에서 퇴학처분된 자에 대하여 징계할 수 있다.

③ 퇴학처분을 받은 자는 차후 다시 교육훈련을 받아야 한다.

3) 위탁교육이수자 결과보고

위탁교육을 이수한 자는 교육훈련결과보고서를 그 이수 후 출근하는 날부터 30일 안에 경찰청장에게 제출해야 한다.

제 2 절 경찰홍보

1. 경찰홍보의 의의

경찰의 활동이나 업무와 관련된 사항을 널리 알려서 경찰 목적달성에 유리한 환경을 조성하는 행위(협의)를 말한다. 지역주민의 경찰활동에 대한 참여를 확대하고 각종 기관·단체 및 언론 등과의 상호 협조체제를 강화하여 이를 경찰이 수행하는 모든 업무에 연계시키는 것까지를 포함(광의)한다.

지역사회와 유기적 협조체제를 구축, 지역사회의 요구에 부응하고 긍정적인 측면을 알리는 활동으로 조직 이미지를 고양하고 주민 지지도를 제고하기 위한 방법으로 친근한 상징물을 전파하는 것도 하나의 방법이다.

경찰홍보의 근본취지는 경찰과 지역주민과의 원활한 의사소통을 위해 주민 요구에 부응하는 서비스를 제공하고, 주민의 협조를 바탕으로 한 효율적 치안체제를 구축하는데 있으므로 적극적인 홍보자세가 필요하다.

1) 공공관계(Public Relations: PR) = 행정 PR

(1) 의의

공공관계(PR)란 조직의 활동에 대한 공중의 태도를 평가하고, 조직의 정책·사업에

대한 공중의 이해, 협력과 신뢰를 확보하여 이를 유지·증진시키기 위한 관리활동을 의미한다. 조직과 그를 둘러싸고 있는 사람들과의 우호적인 관계를 유지하려는 조직화된 노력이라고 볼 수 있다. 협의의 홍보(PR)란 유인물, 팸플릿 등 각종 매체를 통해 개인이나 단체의 좋은 점을 일방적으로 알리는 활동이다.

(2) PR의 필요성

첫째, 국민의 알 권리를 충족시켜 준다.

둘째, 국민의 요구를 정책에 반영시킬 수 있다.

셋째, 정책의 공공성과 객관성을 제고시킨다.

넷째, 행정과 국민과의 오해와 불신을 제거함으로써 양자 간의 거리를 좁혀준다.

(3) 선전과의 구분

상대방의 지지를 얻기 위한 노력이나 활동이며, 인간의 집단의견에 영향을 미치려는 활동은 공통점이다. 하지만, 선전은 선전자의 이익이나 특정 목적을 위하여 선전자의 입장에서 호의적인 정보만을 일방적으로 제공하고 왜곡된 사실을 단순화시켜 감정에 호소하면서 반복적으로 알리는 것이다. 하지만, PR은 쌍방적인 교류를 통하여 상호간에 영향을 미치고 왜곡 없이 사실상의 정보만을 제공한다.

2) 지역공동체관계(Community Relations: CR)

지역사회의 각종 기관, 단체 및 주민들과 유기적인 연락 및 협조체제를 구축·유지하여 지역사회 각계각층의 요구에 부응하는 동시에 경찰활동의 긍정적인 측면을 지역사회에 널리 알리는 종합적인 지역사회 홍보체계를 의미한다. 지역사회의 경찰, 공사기관, 그리고 각 개인들이 그들의 공통된 문제, 욕구, 책임을 발견하고 지역사회문제의 해결과 적극적인 지역사회 프로그램을 위해 공동 노력하는 것이다.

3) 언론관계(Press Relation)

언론관계란 신문, TV 등 뉴스 프로그램의 보도 기능에 대응하는 활동으로 대개 사건·사고에 대한 기자들의 질의에 답하는 대응적이고 소극적인 홍보활동을 말한다.

4) 대중매체 관계

대중매체 관계란 언론관계의 대상과 범위가 확대 · 발전한 보다 종합적인 홍보활동을 말한다. 각종 대중매체 제작자와 긴밀한 협조관계를 구축 · 유지하여 대중매체의 필요를 충족시키는 한편, 경찰의 긍정적인 측면을 널리 알리는 홍보활동이다. 대중매체에 대한 종합적인 이해와 전문적 지식이 필요한 적극적 홍보활동으로 전직 언론인, 문화산업 종사자 등 전문가를 채용하여 활용하는 추세이다.

5) 기업 이미지식 경찰홍보

소비자 주권시대를 맞아 경찰업무의 서비스 개념, 즉 주민을 소비자로 보는 관점에서 발달한 개념이다. 일반기업이 행하는 것과 같이 유료광고를 내고 친근한 상징물(캐릭터)을 개발 · 전파하는 등 조직 이미지를 고양하여 높아진 주민 지지도를 바탕으로 예산 획득, 협력확보 등의 목적을 달성하는 종합적이고 계획적인 홍보활동을 의미한다. 즉, 경찰청 '포돌이'의 경우처럼 주민에게 친근한 상징물을 개발 · 전파하는 활동과 관계가 깊다.

사설 경비업체의 증가와 더불어 경찰이 더 이상 독점적인 치안기구가 아니라는 인식에서 출발한 개념으로 영 · 미를 중심으로 발달한 매우 적극적인 홍보활동이다.

2. 경찰홍보의 강화 및 전략

1) 경찰홍보의 강화

오늘날 경찰활동은 주민의 협력을 바탕으로 수행되고 있기 때문에 경찰의 홍보도 적극적으로 변화되어야 할 시점이다. 홍보요원으로 전직 언론인이나 문화산업 종사자를 채용하여 홍보업무를 수행시킬 필요가 있으며, 전 경찰의 교육과정에 언론 대응훈련을 실시할 필요가 있다. 또한 경찰의 활동을 적극적으로 공개하는 태도가 정착되어야 한다. 나아가 홍보실을 대언론 창구로서 기능케 하여 기자들이 현장의 업무담당자를 직접 찾아가 업무수행에 지장을 주는 부작용을 최소화하기 위해서는 홍보기능과 타 기능의 유기적 협조체제 구축이 선행되어야 한다.

2) 경찰홍보전략

① 소극적 홍보전략

홍보실과 기자실, 비밀주의와 공개최소화 원칙, 언론접촉 규제, 홍보기능의 고립 등이다.

② 적극적 홍보전략

대중매체의 이용, 공개주의와 비밀최소화 원칙, 언론접촉 장려, 홍보와 타 기능의 연계를 통한 총체적 홍보전략 등이다.

3) 대언론관계

(1) 신문기자와의 인터뷰 10원칙

① 모든 발언에 주의하라.
② 필요하면 확인할 시간을 달라고 요청하라.
③ 계속 이어질 질문을 예상하라.
④ 확실하고 명확하게 답변하라.
⑤ 사실에 입각한 이야기만 하라.
⑥ 자신 스스로의 말을 하라.
⑦ 말 다듬어 주기는 받아들여라.
⑧ 단호하게 말하되 실수에 대해서는 사과하라.
⑨ '할 말 없습니다(No Comment, 노 코멘트)'라고 답하지 말라.
⑩ 혼자 고민하지 마라.

(2) 보도기관에의 발표 시 유의사항

① 보도기관의 마감시간을 고려한다.
② 사건의 전모를 파악하는 데 상당한 시간을 요하는 경우에는 중간발표를 한다.
③ 취재활동이 예상되는 사건현장에는 공보연락이 이루어지도록 조치한다.
④ 경찰업무수행을 위해 필요한 보도의 유보는 발표할 수 없는 이유를 솔직하게 설명하고 협력을 요청한다.
⑤ 범죄사실 발표 시에는 개인의 사익과 국민의 알 권리 등과의 비교형량을 통하여

연예인이나 정치인과 같은 이른바 공인에 관한 사건과 사회이목을 집중했던 사건과 같은 경우에도 범죄의 재발방지와 국민불안의 해소 등 공익목적을 위한 경우에는 언론 발표가 가능하다고 볼 수 있다.

⑥ 진실의 증명이 불가능한 사실은 발표해서는 안 된다.

⑦ 소년범이나 성범죄자에 대해서는 실명으로 발표해서는 안 된다.

참고문헌

[국내 문헌]

1. 단행본

강영규 외(2005). 『경찰경비총서』. 경찰대학.
강욱 외(2014). 『경찰경무론』. 경찰대학.
경찰대학(2004). 『범죄예방론』. 경찰공제회.
경찰사편찬위원회(1995). 『경찰50년사』. 경찰청.
경찰수사보안연구소(2000). 『컴퓨터범죄 수사』.
경찰전문학교(1955). 『경찰제도사』. 경찰전문학교.
경찰청(1998). 『일본경찰연구자료집 III-1』 기본자료편. 치안연구소 제도개선기획단.
______(2014). 『경찰백서』.
______(2015). 『경찰백서』.
______(2024). 『경찰백서』.
국립경찰전문학교(1955). 『경찰제도사』.
권기헌(2009). 『행정학』. 박영사.
권영성(2010). 『헌법학원론』. 법문사.
길준규(2009a). 『행정법 I』. 법문사.
______(2009b). 『행정법 II』. 법문사.
______(2014). 『행정법입문』. 박영사.
김남진(1995). 『행정법각론』. 법문사.
______(2004). 『경찰행정법』. 경세원.
김남현 · 문병혁(2012). 『경찰교통론』. 경찰대학.
김남현 외(2002). 『경찰행정법』. 코리아헤럴드출판사.
김도창(1993). 『일반행정법론(하)』. 청운사.
김동희(2002). 『행정법 II』. 박영사.

______(2009). 『행정법연습』. 박영사.
김상호 외(2004). 『경찰학개론』. 법문사.
김성수(2004). 『개별행정법』. 법문사.
______(2006). 『행정법판례평론』. 홍문사.
______(2008). 『일반행정』. 법문사.
김종수(2007). 『경찰학원론』. 교육과학사.
김중겸(1998). 『일본의 경찰제도: 조직을 중심으로』. 경찰청.
김창윤 외(2020). 『경찰학』. 박영사.
김철수(2002). 『헌법학원론』. 박영사.
______(2012). 『헌법개설』. 박영사.
______(2013). 『헌법학신론』. 박영사.
김철용(2009a). 『행정법 I』. 박영사.
______(2009b). 『행정법 II』. 박영사.
김충남(2008). 『경찰학개론』. 박영사.
______(2013). 『경찰수사론』. 박영사.
김충남 역(1991). 『경찰과 지역사회: 현대의 위기』. 여명출판사.
김형민(1996). 일본의 수사구조 및 사법경찰제도. 『주요 국가의 수사구조 및 사법경찰 제도』. 치안연구소.
______(2007). 『비교경찰제도론』. 법문사.
김형중(1991). 『한국고대경찰사』. 수사원.
______(1998). 『한국중세경찰사』. 수사원.
______(2009). 『경찰학총론』. 청목출판사.
내무부 치안국(1972). 『한국경찰사』.
류지태(2006). 『행정법의 이해』. 법문사.
______(2008). 『행정법신론』. 신영사.
______(2009). 『행정법신론』. 박영사.
마야타 사부로우(한귀현 역)(2003). 『일본경찰법』. 한국법제연구원.
문정인(2016). 『국가정보론』. 박영사.
박균성(2012). 『행정법연습』. 삼소사.
______(2020). 『행정법기본강의』. 박영사.
박범래(1988). 『한국경찰사』. 경찰대학.
박상기 외(2019). 『형사정책』. 한국형사정책연구원.
______(2023). 『형사정책』. 한국형사·법무정책연구원.
박연호(2015). 『행정학개론』. 박영사.
박윤흔(2009a). 『최신 행정법강의』. 박영사.
______(2009b). 『행정법강의(하)』. 박영사.

박정훈(2009). 『행정법사례연습』. 법문사.
박평준 외(2005). 『경찰행정법』. 고시연구사.
배찬복(1989). 『이데올로기 이론과 실천』. 법문사.
배철효(2004). 『현대행정관리론』. 대영문화사
_____(2005). 『핵심 경찰수사론』. 백산출판사.
_____(2007). 『경찰학개론』. 대영문화사.
배철효 · 박동균(2004). 『경찰인사관리론』. 남두도서.
백완기(1988). 『한국행정학의 기본문제들』. 나남.
_____(2010). 『신판 행정학』. 박영사.
백원기(1996). 프랑스의 수사구조 및 사법경찰제도. 『주요 국가의 수사구조 및 사법경찰제도』. 치안연구소.
볼프 R. 쉔케(서정범 역)(2003). 『독일경찰법론』. 세창출판사.
부패방지입법시민연대(2001). 『부패방지입법시민연대 백서』.
서기영(1976). 『한국경찰행정사』. 법문사.
서정범(2009). 『경찰법연구』. 세창출판사.
석종현(2005). 『일반행정법(하)』. 삼영사.
_____(2009). 『일반행정법(상)』. 삼영사.
성낙인(2020). 『헌법학』. 법문사.
손봉선(2006). 『신경찰학개론』. 백산출판사.
신두범(2006). 『행정학원론』. 박영사.
신봉기(2007). 『행정법의 주요판례』. 대명출판사.
신현기(2005). 『경찰행정학』. 법문사.
_____(2008). 『새행정학개론』. 21세기사.
신현기 외(2016). 『경찰인사관리론』. 법문사.
_____(2024). 『비교경찰제도론』. 우공출판사.
실무전서편찬위원회(2000). 『경찰실무전서』. 경찰공제회.
양건(2019). 『헌법강의』. 법문사.
_____(2024). 『헌법강의』. 법문사.
오수복(2005). 『경찰학 개론』. 푸른세상.
오석홍(2013). 『행정학의 주요이론』. 법문사.
_____(2016). 『행정학』. 박영사.
유민봉(2019). 『한국행정학』. 박영사.
유지태(2006). 『행정법신론』. 신영사.
윤백남(1948). 『조선형정사』. 문예서림.
윤세창(1985). 『행정법(하)』. 박영사.
윤세창 역(Bernard schwartz 저)(1981). 『미국행정법』. 고려대학교출판부.

이광윤(2006). 『일반행정법』. 법문사.
이광윤 외(2002). 『최신행정법론』. 법문사.
이무영(1998). 『수사전서』. 제일가제법령출판사.
이민웅(1993). 『수사실무』. 정문출판사.
이상규(2000). 『신행정법론(하)』. 법문사.
이상안(1993). 『미국의 수사구조』. 이삭원.
______(2002). 『신경찰행정학』. 대명출판사.
이상원 · 김상균(2014). 『경찰학개론』. 대명출판사.
이상훈(2008). 『경찰학개론』. 청목출판사.
이석우(1995). 『한미행정협정연구』. 도서출판 민.
이영남(2008). 『경찰행정학』. 대영문화사.
이영남 · 신현기(2003). 『경찰조직관리론』. 법문사.
이영조(2005). 『행정학원론』. 학우.
이운주(1999). 『경찰학개론』. 경찰대학.
이윤근(2001). 『비교경찰제도론』. 법문사.
이윤호(2014). 『경찰학』. 박영사.
이철호(2004). 『경찰행정법』. 푸른세상.
이한익(2006). 『경찰학개론』. 형설출판사.
이황우(2007). 『경찰행정학』. 법문사.
이황우 외(2004). 『경찰학개론』. 한국형사정책연구원.
______(2007). 『경찰인사행정론』(제2판). 법문사.
이황우 · 임창호(2019). 『현대 경찰학개론』. 법문사.
이황우 · 조병인 · 최응렬(2001). 『경찰학개론』. 한국형사정책연구원.
이호용(2009). 『행정법강의』. 청목출판사.
장태주(2009). 『행정법개론』. 법문사.
전용찬(2000). 『경찰윤리론』. 경찰대학.
정균환(1988). 『경찰개혁(상, 중, 하)』. 도서출판 좋은세상.
정종섭(2009). 『헌법학원론』. 박영사.
정진환(2001). 『비교경찰제도론』. 책사랑.
______(2006). 『경찰행정론』. 대영문화사.
정하중(2005). 『행정법각론』. 법문사.
______(2009). 『행정법개론』. 법문사.
조만형(2009). 『행정법 I』. 박문각.
조석준(1998). 『경찰행정학』. 박영사.
조철옥(2003). 『경찰행정론』. 대영문화사.
______(2008). 『경찰학개론』. 대영문화사.

천병태(2009). 『행정구제법』(행정법 II). 삼영사.
______(2009). 『행정법총론』(행정법 I). 삼영사.
최선우(2010). 『경찰과 커뮤니티』. 대왕사.
최영호(1995). 『컴퓨터와 범죄 현상』. 컴퓨터 출판.
최응렬(2015). 『경찰조직론』. 박영사.
최정일(2006). 『새행정학』. 삼영사.
______(2009a). 『새행정학개론』. 삼영사.
______(2009b). 『행정법 I』. 박영사.
치안본부(1987). 『일본경찰』. 형설출판사.
______(1988). 『미국경찰』. 치안본부.
치안연구소(1996a). 『각국의 수사구조 및 사법체계』.
______(1996b). 『주요 국가의 수사구조 및 사법경찰제도』.
행정쇄신위원회(1994). 『경찰 행정쇄신 방안』. 행정쇄신위원회.
허경미(2003). 『경찰행정법』. 법문사.
______(2006). 『현대사회와 범죄』. 박영사.
______(2020). 『경찰학개론』. 박영사.
허영(2009). 『헌법이론과 헌법』. 박영사.
______(2020). 『한국헌법론』. 박영사.
홍대식 역(2007). 『사회심리학』. 박영사.
홍정선(2008). 『행정법연습』. 신조사.
______(2009). 『행정법특강』. 박영사.
______(2013). 『경찰행정법』. 박영사.
황현락(2009). 『경찰학총론』. 청목출판사.

2. 논문

강현호(2005). 국가와 무과실책임(인재 임정평(林正平) 교수 정년기념). 『법학논총』. 단국대학교 법학연구소.
곽노현(2002). 국가인권위원회의 법과 현실. 『헌법학연구』, 제8집 제4호. 한국헌법학회.
김동희(1986). 프랑스 행정법상의 재량준칙에 관한 고찰. 『법학』. 서울대학교 법학연구소.
______(1990). 무하자 재량행사청구권. 『법학』. 서울대학교 법학연구소.
김명길(2003). 재량준칙의 재량통제법리. 『법학연구』. 부산대학교 법학연구소.
김상호(2003). 경찰학의 정체성 및 학문적 성격에 대한 고찰. 『경찰학연구』, 제4호. 경찰대학.
김성언 외(2007). 수사경과제의 운용평가. 『한국공안행정학회보』, 제26호. 한국공안행정학회.
김성호(1998). 경찰관리기관으로서의 국가지방경찰위원회의 모형 및 상호관계에 관한 연구. 자치경찰제도 공청회. 경찰개혁위원회.

김영종(1988). 민주사회 발전을 위한 행정부패의 방지전략. 『한국행정학회보』, 401.
김용현(2008). 경찰중간관리자의 리더십이 조직성과에 미치는 영향에 관한 연구. 계명대학교 대학원 박사학위논문.
김욱동 · 배철효(2006). 피의자 신문조서의 증거 능력에 관한 고찰. 『한국치안행정논집』, 제2권 제2호. 한국치안행정학회.
김재형(2005). 인격권에 관한 판례의 동향. 『민사법학』, 제27호. 한국민사법학회.
김진우(1989). 검찰과 경찰과의 관계. 『사법행정』, 1989.7.
김태천(1995). 국제적 인권의 보장과 최근 동향. 『형평과 정의』. 대구지방변호사회.
김형남(2000). 미국 행정법상 재량행위의 사법적 통제. 『공법학연구』. 한국비교공법학회.
남궁구(1988). 경찰학의 정체성 규명에 관한 시론. 『한국정책연구』, 제11호. 치안연구소.
문성호(2002). 경찰부패와 경찰옴부즈만: 각국 사례를 중심으로. 『한국부패학회보』, 제6호.
박경식(1999). 스토킹: 새롭게 인식되는 범죄행위. 『경찰대학논문집』, 제19편. 경찰대학.
박균성(2004). 항고소송의 원고적격 및 항고소송에 관한 기타의 논점. 『2004 행정소송법 개정안 공청회 발표자료집』. 대법원.
박병식 외(1999). 파출소 근무제도 및 순찰 개선 방안 연구보고서, 97-05. 치안연구소.
박상희 · 서정범(1996). 경찰작용법제의 개선 방안. 한국법제연구소.
박종국(1999). 행정재량론에 관한 현대적 과제. 『안암법학』. 안암법학회.
박현호(2006). 자치경찰시대를 맞는 한국의 일선 경찰서비스 개선방안에 관한 연구. 『경찰과 사회』, 제1집. 경찰대학.
박효근(2002). 재량론에 있어서의 행정절차론과 참가론. 『한양법학』. 한양법학회.
배철효 · 황영구(2006). DNA형 감정의 운용에 관한 지침의 개정에 관한 고찰. 『한국치안행정논집』, 제3권 제1호. 한국치안행정학회.
서병훈(1995). 자유의 본질과 유토피아: 존 스튜어트 밀의 정치사상. 『사회비평사』.
서원우(1969). 재량권남용에 대한 법적 통제: 미국행정법의 일단면. 『행정논총』. 서울대학교 행정대학원 한국행정연구소.
석진강(1995). 왜 검사의 수사 지휘가 필요한가. 『시민과 변호사』.
손동권(1994). 수사독립권, 경찰에게 보장하여야 한다. 『시민과 변호사』.
신현호(1992). 경찰수사권 독립의 범위. 『수사연구』.
신동운(1994). 가벌적 위법성과와 사회상규. 『고시연구』. 고시연구사.
심영희(1989). 성폭력의 실태와 법적 통제: 성폭력의 연속선 개념에 입각하여. 『한국여성학』. 한국여성학회.
안영훈(1998). 프랑스의 경찰조직체계와 수사구조에 관한 연구. 경찰개혁위원회.
양문승(2003). 효율적인 범죄예방을 위한 경찰활동과 시민참여. 『한국경찰학회보』, 제5호. 한국경찰학회.
오동석(2001). 국가인권위원회의 민주주의적 정당성과 그 정당화 과제. 『아태공법연구』, 제9권. 아세아태평양공법학회.

오문환(2002). 징벌적 손해배상제도의 도입. 『노동법연구』. 서울대학교 노동법연구회.
오영근(1995). 형법상 폭행의 개념. 『형사법연구』, 제8권. 한국형사법학회.
유훈(1988). 정책집행과 재량. 『행정논총』. 서울대학교 행정대학원 한국행정연구소.
윤기택(2005). 영연방 국가의 불법행위의 영역에 있어서의 정신적 충격에 대한 손해배상 제도에 관하여. 『미국헌법연구』. 미국헌법학회.
윤태범(1998). 자치경찰제도하에서의 효율적인 경찰 인사관리 방안. 자치경찰제도 공청회. 경찰개혁위원회.
이관희(1992). 경찰수사권의 독자성 확보 방안. 『수사연구』.
이기우(1990). 경찰작용법의 체계. 『수사연구』.
______(1998). 지방경찰제의 개선방안. 『한국지방자치학회보』, 제10호.
이기호(1993). 경찰활동과 무기사용의 한계에 관한 연구. 한국형사정책연구원.
이동춘(1983). 해암 문홍주 총장 정년기념 논문집 "행정청의 자유재량행위의 한계." 『법학연구』. 부산대학교 법학연구소.
이미정(2004). 지역사회 경찰활동에 근거한 지역경찰제의 실행과제. 『한국공안행정학회보』, 제18호. 한국공안행정학회.
이백철 외(1995). 민간방범 역량 강화를 위한 사경비 제도 발전 방안. 『치안논총』, 제11집. 경찰대학 치안연구소.
이상원(1999). 자치경찰제도하에서의 지방경찰위원회 운영방안에 관한 연구. 『한국공안행정학회보』, 제8호. 한국공안행정학회.
이영란(1996a). 한국의 수사권 체제. 『형사정책』, 제7집. 한국형사정책학회.
______(1996b). 영국의 수사구조 및 사법경찰제도. 치안연구소 연구보고서, 96-11. 경찰청.
이영조(1996). 재량행위의 통제수단으로서 행정윤리의 효용성과 한계. 『한국행정논집』. 한국정부학회.
이완영(1960). 행정행위에 있어서의 자유재량. 『법학연구』. 부산대학교 법학연구소.
이창무(2007). 각국 경찰의 집회시위관리방식의 변천과정에 대한 비교연구. 『한국공안행정학회보』, 제26호. 한국공안행정학회.
이황우(1998). 우리나라 실정에 맞는 자치경찰제도. 자치경찰제도 공청회 자료집. 경찰개혁위원회. 한국경찰학회.
이황우 · 조병인 · 최응렬(1998a). 우리나라 실정에 맞는 자치경찰제도 공청회. 경찰개혁위원회.
______(1998b). 프랑스의 경찰조직체계와 수사구조에 관한 연구. 자치경찰제도 공청회 자료집. 경찰개혁위원회 · 한국경찰학회.
______(2001). 경찰학의 학문적 발전 방향. 『한국공안행정학회보』, 제12호. 한국공안행정학회.
임준태(1998). 독일경찰제도와 수사구조에 관한 연구. 자치경찰제도 공청회. 경찰대학 치안연구소.
임창호(2005). 지역사회에 기초한 범죄예방에 관한 연구. 『한국공안행정학회보』, 제19호.

한국공안행정학회.
장석헌 · 최진태(1999). 사이버 테러리즘의 본질과 전망. 『한국경찰학회보』, 제1호. 한국경찰학회.
장태주(1988a). 공법과 사법의 충돌(특별법 이론을 중심으로). 『고시계』. 고시계사.
______(1998b). 문화 규범으로서의 법과 도덕. 『한국사회이론학회』. 사회이론.
정진환(1998). 주요국가간 경찰의 임무 및 치안상태의 비교연구. 경찰대학 치안연구소.
정해상(2004). 배상책임의 법리와 징벌적 손해배상과의 관계. 『중앙법학』. 중앙법학회.
조강원(2003). 문제해결 방안으로서 자치경찰제도와 국가경찰 체제 내 개선 방안. 『경찰학연구』, 제5호. 경찰대학.
조국(2002a). 여성주의 관점에서 본 성폭력범죄. 『법학』. 서울대학교 법학연구소.
______(2002b). 형사절차에서 성폭력범죄 피해여성의 저지와 보호방안. 『형사정책』. 한국형사정책학회.
조병인 · 전영실(1996). 서울시민의 기초질서 준수에 관한 연구. 형사정책연구원.
조선호(2003). 지역사회중심 범죄통제에 관한 이론적 고찰. 『한국경찰학회』, 제5호. 한국경찰학회.
조태제(1990). 의회유보와 본질성이론. 『한양법학』. 한양법학회.
______(2004a). 행정법상의 효율성원칙. 『공법학연구』. 한국비교공법학회.
______(2004b). 일본에서의 행정재량론. 『법과 정책연구』. 한국법정책학회.
최기문(2001). 한국적 자치경찰제 확립 방안에 관한 연구. 동국대학교 대학원 박사학위논문.
최송화(1999). 행정재량의 절차적 통제. 『법학』. 서울대학교 법학연구소.
최응렬(1994). 환경설계를 통한 범죄예방에 관한 연구. 동국대학교 대학원 박사학위논문.
______(2002). 자치경찰제의 도입방안. 『聲石 정진환 교수 정년기념논총, 21세기 질서행정』. 청계출판사.
최종술(1999). 자치경찰제에 대한 경찰관의 수용태도에 관한 연구. 『한국경찰학회보』, 제1호. 도서출판 경승.
한견우(1998). 자치경찰도입에 따른 국가(중앙)경찰의 수사업무 및 조직에 관한 연구. 자치경찰제도 공청회 자료집. 경찰개혁위원회 · 한국경찰학회.
허경미(2003a). 경찰청 자치경찰제안의 문제점 및 대안. 『한국공안행정학회보』, 제16호. 한국공안행정학회
______(2003b). 지방자치경찰제의 도입모형에 관한 연구. 『한국공안행정학회보』, 제16호. 한국공안행정학회.
______(2007). 정치적 관점과 지역사회 범죄예방 전략의 관계에 관한 연구. 『한국공안행정학보』, 제29호. 한국공안행정학회.
허경미 외(2006). 경찰공무원의 삶의 질에 관한 연구. 『한국공안행정학회보』, 제24호. 한국공안행정학회.
홍준형(1997). 경찰통합법에 관한 연구. 치안연구소.

황현락(2006). 성희롱예방과 구제에 관한 연구. 한양대학교 대학원 박사학위논문.
______(2008). 우리나라 자치경찰제도 정착을 위한 법정책적 고찰. 한국경찰학회.
______(2009). 자율방범대 설치운영에 관한 법률안 검토의견. 국회행정안전위원회 공청회.

[국외 문헌]

Ackroyd, Stephen, Harper, Richard, Hughes, John A., Shapiro, Dan, & Soothill, Keith(1992). *New Technology and Practical Police Work*. Open University Press.

Adams, Thomas F.(1994). *Police Field Operation*, Englewood Cliffs. N.J: Prentice Hall, Inc.

______(2007). *Police Field Operations*, 7/E. Prentice-Hall, Inc.

Alexander, Judith W. & Randolph, W. Alan(1985). The Fit between Technology and Structure as Predictor of Performance in Nursing Subunits. *AMJ*, Vol. 28-4.

Asirvatham, Sandy(2002). *Police and Policing*. Chelsea House Publishers.

Astley, W. Graham(1985). The Two Ecologies: Population and Community Perspectives on Organization Evolution. *ASQ*, Vol. 30.

Astley, W. Graham & Andrew, Van de van(1983). Central Perspectives and Debates in Organization Theory. *ASQ*, Vol. 28-2.

Azimi Nasnsrine(EDT)(1996). *The Role and Functions of Civilian Police in United Nations Peace-Keeping Operations: Debriefing and Lessons*. Brill Academic Pub.

Baker, Thomas, Hunter, Ronald D., & Rush, Jeffery P.(1994). *Police Systems & Practices: An Introduction*. Englewood Cliffs. N.J: Prentice Hall, Inc.

Bell, Jeannine(EDT)(2006). *Police And Policing Law*. Ashgate Pub Co.

Betton, John & Dess, Gregory G.(1985). The Application of Population Ecology Models to the Study of Organization. *AMR*, Vol. 10-4.

Blackburn, Richard & Cummings, Larry L.(1982). Cognition of Work Unit Structure. *Academy of Management Journal(AMJ)*, Vol. 25-4.

Block, Fred(1977). The Ruling Class Does Not Rule. *Socialist Revolution*, Vol. 7, No. 3.

Boal, Kimberil B. & Cummings, L. L.(1981). Cognitive Evaluation Theory: An Experimental Test of Processes and Outcomes. *OBHP*, Vol. 28.

Bonefeld, W.(1993). The Global Monet Power of Capital and the Crisis of Keynesianism. *Common Sense*, 13.

Brass, D. J.(1984). Being in the Right Place: A Structural Analysis of Individual Influence in an Organization. *ASQ*, Vol. 29: 518-539.

Brewer, J. D. et al.(1988). *The Police, public Order and the State*. Macmillian.

Brues, L. Berg(1999). *Policing in Modern Society*. Woburn. Ma: Butter worth-Heinemann.

Carson, W. G.(2004). Is Communalism Dead? Reflections on the Present and Future Practice of Crime Prevention Part 1. *Australian and New Zealand Journal of Criminology*, 37(1): 1-22.

Charlton, R & Dewdney, M.(2004). *The Mediators Handbook: Skill and Strategies for Practitioners*. Sydney: Lawbook Company.

Clarke, S.(1988). *Keynesianism, Monetarism and the Crisis of the State*. London: Edward Elgar.

Cohen, Howard S. & Feldberg, Michael(1990). *Power and Restraint: The Moral Dimension of Police Work*. Praeger.

Cook, Karen S. & Emerson, Richard M.(1980). Power, Equity, Commitment in Exchange Networks. *American Sociological Association*, 43(5): 721-739.

Connor, Paul, Johnston, David, Hutton, & Gleen, Coop(2008). *Blackston's Police Manual*, Oxford Univ Press.

Cox, Steven M.(1995). *Police*. N.Y: Allyn and Bacon.

Crandon, Garth(1990). The Media View of the Police. *Policing*, 6(3): 573-581.

Crawford, A.(1998). *Crime Prevention and Community Safety: Politics and Practices*. London: Addison Wesley Longman Limited.

Crawshaw, Ralph(2008). *Police And Human Right: A Manual For Teachers and Resource Persons and for Participants in Human Rights*. Brill Academic.

Crawshaw, Ralph & Holmstrom, Leif(2006). *Essential Cases on Human Rights for the Police: Reviews and Summaries of International Cases*. Brill Academic Pub.

Crawshaw, Ralph(EDT) & Holmstrom, Lief(EDT)(2008). *Essential Texts on Human Rights for the Police: A Compilation of International Instruments*. Brill Academic Pub.

Cummings, Bruce(1981). *The Origins of the Korean War*. Princeton University Press.

Das, Dilip K.(EDT) & Palmiotto, Michael J.(EDT)(2005). *World Police Encyclopedia*. Taylor & Francis.

Deflem, Mathieu(2003). *Policing World Society: Historical Foundations of International Police Cooperation*. Oxford Univ Press.

Dunham, Roger G. & Alpert, Geoffrey P.(1989). *Critical Issues In Policing*. N.Y: Waveland Press, Inc.

Ekblom, P. & Tilley, N.(2000). Going Equipped: Criminology, Situational Crime Prevention and the Resourceful Officer. *Chicago-Kent Law Review*, 65: 23-55.

Elliston, Frederick A. & Feldeberg, Michal(eds.)(1985). *Moral Issue in Police Wolk*. Rowan and Allanheld.

Emsley, Clive(2006). *Police Detectives in History*. Ashgate.

English, Jack & Card, Richard(2009). *Police Law*. Oxford U.K.

Erickson, Richard V.(1991). Mass Media, Crime, Law, and Justice: An Institutional Approach. *British Journal of Criminology*, Vol. 31, No. 3. Summer.

Ero, C. Vigilantes(2000). Civil Defence Forces and Militia Groups: The Other Side of the Privatization of Security in Africa. *Conflict Trends*, 2000(1): 25–29.

Feldman, Jack(1986). On Difficulty of Learning from Experience. Henry P. Sims, et al.(ed.). *The Thinking Organization*. San Francisco: Jossey–Bass.

Fombrun, Charles J.(1986). Structural Dynamics Withim and Between Organizational. *ASQ*, Vol. 31.

Forester, John(1984). Bounded Rationality and the Politics of Muddling Through. *PAR*.

Fox, William F.(1997). *Understanding Administrative Law*(3rd ed.). Matthew Bender.

Friedrichs, Jorg(2007). *Fighting Terrorism and Drugs: Europe and International Police Co-operation*. Taylor & Francis.

Fyfe, James J.(1997). *Police Patrol: Operations & Management*. Prentice Hall, Inc.

Gladstein, Deborah L.(1984). Groups in Context: A Model of Task Group Effectiveness. *ASQ*, 29: 499–517.

Gottfredson, M. R. & Hirschi, T.(1990). *A General Theory of Crime*. CA: Stanford University Press.

Haberfeld. M. R.(2006). *Police Leadership*. Prentice–Hall, Inc.

______(2002). *Critical Issues in Police Training*. N.Y: Pearson Education Inc.

Hamilton, V. I.(1980). Intuitive Psychology or Intuitive Lawer? Alternative Model of the Attribution Process. *Journal of Personality and Social Psychology*, 39(5): 767.

Hannan, Micheal T. & Freeman, John(1984). Equity Theory and in Organizational. in Samuel B. Bacharach(ed.). *Research in The Sociology of Organizational*, Vol. 3.

Hess, Kären M. & Wrobleski, Henry M.(2005). *Police Operations: Theory And Practice*. Cengage Learning.

Holm, Tor Tanker & Eide, Espen Barth(1995). *Peace building and Police Reform*. Taylor & Francis.

Hood, Christopher, James, Oliver, Jones, George, Scott, Colin & Travers, Tony(1999). *Regulation Inside Government: Waste–Wasters, Quality Police, and Sleazebusters*. Oxford Univ Press on Demand.

Hope, T. & Lab, S. P.(2001). Variation in crime prevention participation: evidence from the British Crime Survey, Crime Prevention and Community Safety. *An International Journal*, 3(1): 7–22.

Hunter, Ronald D., Mayhall, Pamela D., & Barker, Thomas(2000). *Police–Community Relations and the Administration of Justice*. Prentice–Hall, Inc.

Ian, Oliver(1997). *Police, Government and Accountability*. N.Y: Macmillan Press Ltd.

Innes, Martin(2003). *Investigating Murder: Detective Work and the Police Response to Criminal Homicide*. Oxford Univ Press.

International Business Publications, USA.(2007). *European System And Organization Handbook*. Intl Business Pubns USA.

______(2007). *Germany Justice System and National Police Handbook*. Intl Business Pubns USA.

______(2007). *Italy Justice System and National Police Handbook*. Intl Business Pubns USA.

______(2007). *United States Justice System and National Police Handbook*. Intl Business Pubns USA.

______(2007). *United States Justice System and National Police Handbook: Federal Justice System*. Intl Business Pubns USA.

Jeffery, C. R.(1971). *Crime Prevention Through Environmental Design*(2nd ed.). Sage: Beverly Hills.

King, Robert(1990). *Policy and Processes in the Modern*, in James Simmie & Roberg King. *The State in Action: Public Police and Politics*. London & N.Y: Pinter Publishers.

Klitgaard, R.(1988). *Controlling Corruption*. Berkeley: University of California Press.

Kratcoski, Peter C.(EDT) & Das, Dilip K.(EDT)(2007). *Police Education and Training in a Global Society*. Rowman & Littlefield Pub Inc.

Lab, S. P.(1992). *Crime Prevention Approaches: Practices and Evaluation*. Anderson Pub.

Lane, M. & Henry, K.(2004). Beyond Symptoms: Crime Prevention and Community Development. *Australian Journal of Social Issues*, 39(2): 201-213.

Leach, P.(2003). *Citizen Policing as Civic Activism: An International Conference on Policing and Security*, 19-22.

Lee, M. & Herbon, P.(2003). The Role of Place Management in Crime Prevention: Some Reflections on Governmentality and Government Strategies. *Current Issues in Criminal Justice*, 15(1): 26-39.

Leonard. V. A., Ph. D. & More, Harry W.(1993). *Police Organization and Management*. West Group.

Leo, Richard A.(2008). *Police Interrogation and American Justice*. Harvard Uni Pub.

Miller, Seumas(EDT)(2006). *Police Ethics*. Ashgate Pub Co.

Moreno, John(2002). *Spirituality for Police Officers*. Trafford.

Natarajan, Mangai(EDT)(2005). *Women Police*. Ashgate Pub Co.

Peak, K. J. & Glensor, R. W.(1996). *Community Policing and Problem Solving: Strategies and Practices*. Prentice Hall, Inc.

Pugh, G. M.(1986). The Good Police. *Journal of Police Science and Administration*, 14(1): 1-5.

Punch, Maurice(2000). Police Corruption and Its Prevention. *European Journal of Criminal Policy and Research*, 8: 301-324.

Reflection on Governmentality and Government Strategies. *Current Issues in Criminal Justice*, 15(1): 26-39.

Reiner, Robert(1992). *The Politics of the Police*. Harvester Wheatsheaf.

Retcliffe, J. & Makki, T.(2004). Diffusion of Benefits: Evaluating a Policing Operation. *Trends and Issues in Crime and Criminal Justice*, 1-6.

Robertson, D.(1998). Public and Private Policing: Issues and Option for Collaboration with in Australia. *Paper Presented at the Partnership in Crime Prevention Conference*, 1-12.

Ruiz, Jim(EDT) & Hummer, Don(EDT)(2007). *Handbook of Police Administration*. Taylor & Francis.

Sampson, Fraser(2006). *Blackstone's Preparing for Police Duty*. Oxford U.K.

Sherman, L.(1982). Learning Police Ethics. *Criminal Justice Ethics*, 1(1): 10-19.

Skogan, Wesley G.(2006). *Police and Community in Chicago: A Tale of Three Cities*. Oxford USA.

Smith, David J.(2007). *Police and People Twenty Years On*. Ashgate.

Swanson, Charles R.(2008). *Police Administration: Structures, Processes, and Behavior*. Prentice-Hall, Inc.

Swanson, Charles R., Territo, Leonard, & Taylor, Robert W.(1998). *Police Administration*. N.Y: Prentice-Hall, Inc.

Walker, S.(1992). *The Police in America: An Introduction*. McGraw-Hill.

Walker, Samuel & Katz, Charles M.(2002). *The Police in America*. N.Y: The McGraw-Hill Companies, Inc.

White, R. & Haines, F.(2004). *Crime and Criminology: An Introduction*(3rd ed.). South Melbourne. Oxford University Press.

White, R. & Perrone. S.(2005). *Crime and Social Control, South Melbourne*. Oxford University Press.

찾아보기

ㄱ

ㄴ

ㄷ

ㄹ

ㅁ

ㅂ

ㅅ

ㅇ

저자 소개

■ **최응렬**(chr134@dongguk.edu)

[약력]

동국대학교 경찰행정학과 및 동 대학원 졸업(경찰학・범죄학 전공)
계명대학교 경찰학부 교수
동국대학교 대외협력본부장
동국대학교 경찰사법대학 학장
동국대학교 경찰사법대학원 원장
동국대학교 국제정보보호대학원 원장
동국대학교 언론정보대학원 원장
동국대학교 사회과학연구원 원장
동국대학교 사회안전교육연구원 원장
경찰대학 치안연구소 연구위원(비상임)
경찰청 규제심사위원회 위원
경찰청 성과평가위원회 위원장
경찰청 중앙징계위원회 위원
국가정보원 국제범죄 정책위원회 위원장
서울특별시경찰청 시민감찰위원회 위원장
해양경찰청 수사구조개혁위원회 위원장
국가인권위원회 자유권전문위원회 검・경수사분과 위원
국회입법조사처 조사분석지원위원
국회입법지원 위원
대통령 소속 군의문사진상규명위원회 자문위원
서울특별시 공공디자인 진흥위원회 위원
진실・화해를 위한 과거사정리위원회 민족독립규명위원회 자문위원
외교부 자체평가위원회 위원
통계청 제2기 한국범죄분류 자문위원
한국형사정책연구원 형사정책연구 자문위원
한국경찰연구학회 회장
한국공안행정학회 회장
한국경찰학회 회장
경찰학교육협의회 회장
한국교정학회 회장
한국소년정책학회 회장

사법시험 출제위원
행정고등고시 출제위원

제5급 · 제7급 · 제9급 국가고시 출제위원, 선정위원 및 면접위원
국가공무원 및 경찰공무원 채용 및 승진시험 출제위원 및 면접위원
외교부 주재관 공개모집 선발심사위원

현 동국대학교 경찰사법대학 경찰행정학부 교수
현 동국대학교 교무부총장
현 서울특별시 자치경찰위원회 위원
현 경찰청 중앙공적심사위원회 위원
현 법무부 공적심사위원회 위원
현 법무부 자체평가위원회 위원
현 서울지방교정청 교정자문위원회 위원
현 제주4 · 3사건 진상규명 및 희생자 명예회복위원회 위원
현 치안정책연구소 치안정책연구 편집위원장
현 해양경찰청 마약범죄자문위원회 위원
현 해양경찰청 수사심의위원회 위원
현 한국가스기술공사 인권경영위원 및 청렴옴부즈만위원

[주요 저서 및 논문]
『민간경비론』(공저, 대영문화사, 2023)
『경찰행정학』(공저, 박영사, 2021)
『경찰조직론』(박영사, 2015)
『현대사회와 범죄』(공저, 청목출판사, 2010)
『경찰학개론』(공저, 한국형사정책연구원, 2006)
『경찰행정학』(편저, 경찰공제회, 2006)
『경찰개혁론』(편저, 법문사, 2006)
『환경설계를 통한 범죄예방』[한국학술정보(주), 2006]
"국가경찰위원회 발전방안에 관한 체계적 문헌고찰"(제11기 국가경찰위원회백서, 2024)
"소년원생이 인식한 비공식 낙인과 청소년비행의 관계: 비행친구교제의 매개효과를 중심으로" (한국범죄학, 2024)
"시 · 도자치경찰위원회의 운영실태 및 발전과제"(한국경찰학회보, 2023)
"경찰공무원의 자살 현황 및 예방에 관한 연구"(한국경찰연구, 2023)
"일본 아베 전총리 경호 실패사례분석 및 시사점"(한국경찰학회보, 2022)
"순경채용시험의 『경찰학개론』 출제경향 분석 및 개선방안"(한국경찰연구, 2016)
"한국갱생보호사업의 적용현황 및 개선방안"(교정연구, 2013)
"제17대 대통령 후보자들의 치안정책 공약 비교 분석 및 평가"(한국공안행정학회보, 2008)
"성범죄자 신상공개제도의 효과성에 관한 연구"(형사정책, 2007)
"경찰행정학 전공자의 활용방안"(한국경찰학회보, 2003)

■ 하상군(hahaha100@hywoman.ac.kr)

[약력]

동국대학교 대학원 졸업(경찰학 박사)
부산대학교 지역개발연구소 전임연구원
(사)한국지방자치발전연구원 학술분과 전문위원
부산대 · 전남대 · 충북대 · 대전대 · 강원대 특강교수
경기경찰청 지방경찰학교 교수
대전경찰청 시민감찰위원
한국경찰학회 기획이사
한국보훈학회 편집위원
현 한양여자대학교 사무행정과 교수

[주요 저서 및 논문]

『인사행정론』(대영문화사, 2015)
『행정학』(대영문화사, 2013)
『지방자치행정론』(대영문화사, 2013)
『경찰학개론』(대영문화사, 2013)
『행정학개론』(고시계사, 2013)
“서울시 행복주택의 주거이동 영향요인 분석(주택도시연구, 2024)
“한국 지방행정의 역사적 변천에 관한 연구(한국행정사학지, 2023)
“해양경찰의 조직문화가 공공봉사동기(PSM)에 미치는 영향(한국테러학회보, 2022)
“테러행위의 범위와 확장가능성에 대한 연구(한국범죄심리연구, 2021)
“초국가적 안보위해범죄에 대한 대응법제 비교연구(한국테러학회보, 2020)
“해양주권수호와 해양경찰의 역할 재정립을 위한 전문가 인식연구(한국테러학회보, 2019)
“정보주도형 대테러활동의 사전예방적 기능과 역할(한국테러학회보, 2018)
“경찰공무원의 동기요인에 대한 인식이 직무열의에 미치는 영향”(사회과학연구, 2014)
“한국 경찰사의 변천에 관한 연구”(한국행정사학지, 2014)
“경찰 사회자본과 개인 및 조직성과와의 관계에 관한 지역별 차이 검증”(경찰학논총, 2013)

■ 김종길(belroad@hanmail.net)

[약력]

동국대학교 대학원 졸업(경찰학 박사)
김포대학교 경찰행정학과 교수
동국대학교 강사
전주대학교 강사
한국공안행정학회 이사
한국범죄심리학회 이사
7급 교정학 형사정책출제

서울청, 경기청 경찰면접관
전 국립군산대 교무처장
현 국립군산대 입학처장
현 군산대학교 해양경찰학과 교수

[주요 저서 및 논문]
『길 형사소송법』(길벗출판사, 2008)
"해양경찰의 사회자본이 조직성과에 미치는 영향"(해양경찰학회보, 2015)
"인천지역의 범죄두려움에 관한 연구"(한국경찰학회보, 2015)
"해양경찰의 감정노동이 직무소진에 미치는 영향"(해양환경안전학회지, 2015)
"경찰공무원의 사회적 지지와 감성지능이 외상후 스트레스 장애에 미치는 영향"(동국대학교 대학원 박사학위논문, 2012)

■ **조성택**(stcho1126@sunmoon.ac.kr)

[약력]
단국대학교 대학원 졸업(행정학 박사)
한국테러학회 부회장
행정안전부 국정합동평가 평가위원
경찰인재개발원(구 경찰교육원) 자문위원
한국공안행정학회 · 한국경찰학회 · 한국치안행정학회 · 한국경찰연구학회 이사
제5급 공무원 채용 면접위원
경찰간부후보생 선발 필기시험 출제위원
현 선문대학교 법경찰학과 교수

[주요 저서 및 논문]
『경찰학사전』(법문사, 2012)
"EU에서의 지하드 테러리즘 실태 및 대응에 관한 연구"(한국경찰학회보, 2020)
"A Study on History of CBRN Weapons and New Terrorism"(*Interational Journal of National Security*, 2020)
"A Study on the Evolution of Terrorism Groups in the Middle East"(*Interational Journal of National Security*, 2018)
"일제 강점기 공창제에 관한 연구"(한국행정사학지, 2018)

■ **송병호**(sbhpol@bu.ac.kr)

[약력]
동국대학교 대학원 경찰행정학 졸업(경찰학 박사)

동국대학교 대학원 경찰행정학 졸업(법학 석사)
한양대학교 법학 졸업(법학사)
백석대학교 경찰학부 학부장(도서관 · 박물관 · 시100년관 부관장 역임)
한국범죄심리학회 고문(회장 역임)
충청남도자치경찰위원회 정책자문위원(생활안전 분야)
세종경찰청 인권위원
대전지검 천안지청 시민검찰위원
대전지검 천안지청 천안아산범죄예방위원
법무부 법교육 강사(청소년 범죄예방교육)
한국경찰학회 이사
한국공안행정학회 이사
한국치안행정학회 이사
전 교정행정자문위원

[주요 저서 및 논문]
『탐정사의 이론과 실제』(한수, 2020)
『영화속범죄심리』(박영사, 2017)
『교정학개론』(박영사, 2016)
『경찰학입문』(박영사, 2014)
『경찰조직관리론』(청목출판사, 2013)
『교정보호론』(청목출판사, 2012)
『현대범죄학』(삼진프린트, 2010)
『특수범죄론』(다해, 2009)
『형사사법학개론』(다해, 2008)
『민간조사업법』(한국고시미디어, 2007)
『형사사법행정론』(학현사, 2005)
『조직범죄론』(형설출판사, 2004)
"범죄분석을 통한 안전도시 구축의 효율화방안"(한국범죄심리연구, 2022)
"공공데이터 분석을 통한 범죄안전도시 구축의 제언"(안전문화연구, 2022)
"유관순열사의 정신계승에 관한 연구"(유관순연구, 2021)
"청소년범죄의 신학적 접근과 치료"(한국범죄심리연구, 2020)
"경찰과 민간경비의 치안공조에 관한 소고"(한국치안행정논집, 2018)
"스마트폰 중독실태와 대응방안에 관한 연구"(한국범죄심리연구, 2017)
"지역사회의 범죄안전"(안전문화연구, 2017)
"스토킹범죄피해자에 관한 연구"(한국범죄심리연구, 2016)
"경찰의 범죄피해자 보호에 관한 연구"(한국중독범죄학회보, 2015)
"군조직 부적응 예측요인 연구"(한국공안행정학회보, 2013)
"한국정보경찰의 직무만족과 효과성 인식에 관한 연구"(한국자치행정학회보, 2011)

■ **박상진**(idsjsj2@hanmail.net)

[약력]

동국대학교 대학원 졸업(경찰학 박사)
경찰청 채용・승진시험 출제위원 및 면접위원
한국해양경찰학회 연구윤리이사
한국경찰연구학회 이사
한국공안행정학회 연구윤리이사
한국경찰학회 이사
한국범죄심리학회 부회장
한국보험범죄연구원 원장
경기도교육청 행정심판위원회 위원
서울・경기・충남・세종・전남경찰청 심의위원회 위원
사립대학교 총장협의회 정책개발위원장
사학발전협의회 간사
전국경찰학교육협의회 총무이사
교육부 성과평가위원회 위원
통일부 교육위원회 위원
경찰청 정책자문위원회 위원
해양경찰청 정책자문위원회 위원
전라남도 경영평가위원회 위원
당진시 자치행정 정책자문위원회 위원장
서울 중구청 예산심의위원회 위원
서울 서대문구청 인사위원회 위원
서울 은평구청 공공디자인위원회 위원
동국대학교 사회과학연구원 연구원
백석문화대학교 경찰경호학과 조교수
세한대학교 경찰행정학과 교수(학부장)
현 동국대학교 융합보안학과/응용범죄학과 교수(학과장)

[주요 저서 및 논문]

『경찰학입문』(박영사, 2020)
『영화속범죄심리』(박영사, 2017)
"A Comparison of Traditional Delinquency and Cyber-Delinquency: General Strain Theory and Community Protective Factors(SSCI)"(*Deviant Behavior*, 2024)
"The Effects of Cybercrime Investigation Agents' Career Choice and Career Satisfaction on Educational Implementation(KCI)"(한국테러학회보, 2023)
"Longitudinal relationship between depression and antisocial behaviors in Korean adolescents(SSCI)"(*Frontiers in Psychiatry*, 2023)
"Testing stability of self-control over time among South Korean Youth using semi-parametric group-based modeling(SSCI)"(*Children and Youth Services Review*, 2023)

"범죄피해 지역무질서의 자영업자 범죄두려움 영향 분석(KCI)"(한국범죄심리연구, 2022)
"A study on the measurement method of gait abnormality using autocorrelation coefficients(SCIE)"(*Multimedia Tools and Applications*, 2021)

■ 박헌국(daegus@kmcu.ac.kr)

[약력]

국립경찰대학교 법학과 졸업
경북수사과학대학원 수사과학 석사
영남대학교 대학원 행정학 박사
문경경찰서 수사과 수사계장, 가은파출소장
경찰청 경비국 근무
김천 제2315전경대장
경주경찰서 경비교통과장
경산경찰서 정보과장
경북경찰청 교통안전계장, 경비경호계장
경북경찰청 보안수사대장
전 대구자치경찰위원회 자치경찰위원
현 대구지방경찰청 성과평가위원회 위원(생활안전)
현 대구지방경찰청 과학수사 자문위원
현 대구시체육회 스포츠공정위원회 위원
현 계명문화대학교 경찰행정과 학과장

[주요 저서 및 논문]

『경찰조직과 공공봉사동기』(바른숲, 2023)
『경찰학개론』(공저, 대영문화사, 2021)

■ 신소영(agilescv@joongbu.ac.kr)

[약력]

경기대학교 대학원 졸업(보안관리학 박사)
경찰청채용시험 출제위원 및 면접위원
청원경찰, 교도소 방호원, 공무직 출제위원 및 면접위원
충청남도금산군선거관리위원회 위원
대전경찰청 징계위원회 위원
대전경찰청 민원조정위원회 위원
충남경찰청 고충심사위원회 위원
경기남부경찰청 경찰기동대 교육위원
충남 금산군청 정보공개심의회 위원
충남 금산경찰서 경미심사위원회 위원

충남 금산경찰서 정보공개심의회 위원
사단법인 한국관광서비스안전표준협회 이사
한국보안관리학회 이사
한국경찰학회 이사
한국민간경비학회 이사
현 중부대학교 경찰행정학과 교수

[주요 저서 및 논문]

『경찰학개론』(공저, 대영문화사, 2021)

"전자감독 특별사법경찰제도의 도입효과와 발전방안: 신속수사팀을 중심으로"(한국치안행정논집, 2024)

"교제폭력 피해자 보호를 위한 경찰-민간 협력과 예방적 접근"(시큐리티연구, 2024)

"Change in Factors Affecting Cyberbullying of Korean Elementary School Students during the COVID-19 Pandemic"(*International Journal of Environmental Research and Public Health*, 2022)

"자치경찰제 도입에 따른 지역사회 경찰활동의 활성화 방안 고찰"(시큐리티연구, 2021)

"Conflict Management Strategies of Police Managers-A case study"(시큐리티연구, 2019)

"국민보호와 공공안전을 위한 테러방지법과 기본권 제한에 대한 실증연구"(한국테러학회보, 2018)

"효과적인 재난 예방 및 관리를 위한 경찰활동 방향"(한국경호경비학회지, 2017)

"Organizational Citizenship Behavior of Special Forces in the ROK Army"(*Asian Journal of Social Sciences and Management Studies*, 2015)

■ **염건웅**(guncool@u1.ac.kr)

[약력]

연세대 학사 · 동국대 석사 · 한양대 박사
경찰청 대혁신TF위원
경찰청 수사분야 자문위원
경찰청 공공안전분야 자문위원
서울시경찰청 특별승급 심사위원
경기북부경찰청 생활안전분야 성과평가위원
경찰수사연수원 사기방지연구회 금융사기분과 연구위원
경찰간부후보생 선발 필기시험 출제위원(국가고시 시험위원)
행정안전부 공공안전분야 자문위원
행정안전부 국가안전시스템 개편 자문위원
행정안전부 정부합동안전 점검단 점검위원
행정안전부 재난안전기본법 및 매뉴얼 개정 자문위원
한국법학회 학술부회장
한국법이론실무학회 부회장
한국인권학회 상임이사

법무법인 창과방패 고문
한양대학교 미래인재교육원 경찰행정학 주임교수
유원대학교 입학홍보부처장
현 유원대학교 경찰소방행정학부 교수

[주요 저서 및 논문]

"딥페이크 성범죄의 가해자 분석을 통한 정책적 대응방안 제시"(법이론실무연구, 2024)
"A Study on the Countermeasures against Socoal Disasters in the Itaewon"(*International Journal of Human & Disaster*, 2024)
"이태원 참사로 본 인파사고 안전관리 개선방안"(법이론실무연구, 2023)
"차별금지법안 찬반 논쟁에 관한 연구: 낸시 프레이저의 정의론을 중심으로"(동아법학, 2022)
"제4차 산업혁명사회의 범죄와 대응방안의 변동과 발전 연구"(법학연구, 2021)
"Policy Response to the Crisis of New Drugs Crime"(*International Journal of Crisis & Safety*, 2021)
"여성정의론 관점에서 본 여성경찰의 채용시험 체력기준 평가기준 논쟁"(한국경찰학회보, 2021)
"A Study on the Judicial Discussion and Improvement of the Police Line in the Assembly Demonstration(*International Journal of Police and Policing*, 2020)
"남자대학생의 데이트폭력 인식이 데이트폭력 가해행동 및 피해행동에 미치는 영향"(융합정보논문지, 2020)
"대형화재사고 예방을 위한 정책적 대응방안 연구: 이천물류창고 화재사고를 중심으로"(법학연구, 2020)
"신종마약류 범죄의 특징에 따른 제도적 대응방안 연구"(법학연구, 2019)
"A Study on the Non-Criminalization of Voluntary Prostitution for the Protection of Sex Moral"(*International Journal of Protection, Security & Investigation*, 2019)
"학교전담경찰관의 직무특성과 직무스트레스가 조직유효성에 미치는 영향"(형사정책, 2018)
"A Study on the Development of the Korean National Police Workers Union from a Criminal Law Perspective"(*International Journal of Justice & Law*, 2018)
"한국의 경찰공무원 노동조합 발전방향에 관한 연구: 미국·독일·일본과의 노동권 비교를 중심으로"(연구논총, 2017)

제3판
경찰학개론

펴낸날 제1판 제1쇄 2016년 2월 15일
개정판 제1쇄 2021년 3월 15일
제3판 제1쇄 2025년 2월 28일
지은이 최응렬 · 하상군 · 김종길 · 조성택
송병호 · 박상진 · 박헌국 · 신소영 · 염건웅
펴낸이 임춘환
펴낸곳 도서출판 **대영문화사**
주소 (본사) 사무실: 경기도 고양시 일산서구 주화로 70
우신프라자 307호 (㊐ 10387)
(본사) 물류센터: 경기도 고양시 일산서구 덕산로
107번길 68-50 (㊐ 10205)
등록 1975년 12월 26일 제3-16호
전화 (031) 913-3062, (031) 914-3884~5
팩스 (031) 913-3839
홈페이지 http://www.dymbook.co.kr

ISBN 978-89-7644-987-0
값 33,000원